직장에서의
남녀
불평등

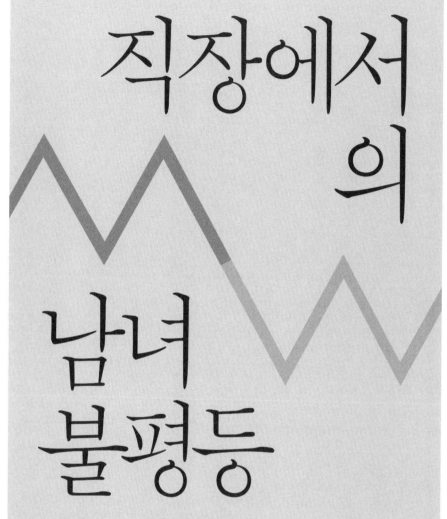

직장에서의 남녀 불평등

야마구치 가즈오 지음 | 선성혜 옮김

연암서가

기존의 불평등 논의를 넘어서

신광영(한국사회학회 회장·중앙대 사회학과 교수)

이 책은 미국 시카고대학 사회학과 교수로 재직 중인 일본 출신 야마구치 가즈오山口一男 교수의 저서인 『働き方の男女不平等』(일본경제신문사)을 번역한 것이다. 야마구치 교수는 계층과 불평등에 대한 치밀한 수리적인 분석을 통해서 사회 불평등 구조와 재생산을 이해하는 데 기여한 사회학자이다. 이 책은 저자가 일본에 체류하면서 일본의 남녀 불평등에 대한 체계적인 분석을 시도한 책으로, 한국을 포함한 동아시아 사회에서 나타나는 남녀 불평등 문제에 관심이 있는 사람들에게 많은 시사점을 제공한다.

야마구치 교수는 이 책에서 극심한 남녀 격차로 특징지어지는 일본의 고용 체제를 설명하기 위하여, 기존의 다양한 사회학과 경제학의 이론들을 동원하고 있다. 현재의 남녀 불평등 구조뿐만 아니라 그것이 형성되는 역사적 과정에 대한 설명도 곁들여서 서구와는 대단히 다른 일본의 독특한 고용관행에 대한 이해도 돕고 있다. 예를 들어, 관리직에서 여성이 비율이 극단적으로 낮은 일본은 서구와 같은 근대 사회가 아니라고 비판하면서, 그러한 현상이 발생하는 이유는 장시간 노동을 특징으로 하고 있는 일본 남성의 기준에 비추어 여성을 관리직에서 배제하기 때문이라는 점을 밝히고 있다. 이러한 분석은 통계적인 분석에 기초하고 있고, 이러한 분석에 기초하여 여성들이 일과 가정의 양립을 도모할 수 없는 일본 기업의 고용현실을 비판적으로 논의하고 있다.

일본은 비서구 사회에서 산업화에 성공한 대표적인 나라이다. 그리고 상당 부분 후기 산업사회의 모습을 보여주고 있음에도 불구하고, 일본의 남녀 불평등은 견고하게 유지되고 있다. 한국도 후발 산업화에 성공하였지만, 남녀 불평등은 일본보다 더 극심한 수준을 보여주고 있다. 한국과 일본 두 나라는 OECD 회원국 가운데서 남녀 불평등이 가장 심한 수준을 보여주고 있다. 산업화 시기나 속도가 다르긴 하지만, 한국과 일본은 적어도 남녀 불평등 차원에서 공유하는 바가 대단히 많다는 점에서 일본의 사례는 한국의 남녀 불평등을 이해하는 데 많은 시사점을 제공한다.

야마구치 교수는 이 책에서 남녀 불평등을 줄이기 위해서 '동일노동 동일임금'보다 '남녀 기회의 평등'을 우선적으로 강조하고 있다. 남성과 동일한 능력을 가지고 있지만, 기회의 불평등으로 인하여 여성들의 경제활동에서 제약이 발생한다고 보기 때문이다. 남성은 과로사, 여성은 과소 고용으로 특징지어지는 일본 고용 현실에 대한 야마구치 교수의 분석은 마치 한국 사회의 단면을 보여주는 듯하다.

『직장에서의 남녀 불평등』은 일본을 통해서 한국 사회를 들여다볼 수 있는 거울과 같은 역할을 할 것이다. 그리고 일본의 남녀 불평등과 차별의 현실에 대한 이론적인 설명은 독자들에게 이론적인 설명의 묘미를 제공할 것이다. 더 나아가 이 책은 '남녀 불평등'뿐만 아니라 사회 불평등 일반에 관한 이론적인 논의를 발전시키는 데도 큰 도움이 될 것이다. 이론적인 작업이 현실에 대한 사변적인 논의로 그치는 것이 아니라, 구체적인 현실을 치밀하게 다루는 작업이라는 것을 잘 보여주기 때문이다.

성 불평등에 대한 본격적인 실증연구의 참된 예시

염유식(연세대학교 사회학과 교수)

이 책은 시카고대학 사회학과 교수인 야마구치 가즈오 교수가 일본어로 집필한 것으로, 원래 제목은 『일하는 방식에서의 남녀 불평등 働き方の男女不平等』입니다. 일본에서 이 책의 높은 위상은 저서에 수여하는 저명한 상을 두 개나 수상한 것으로 알 수 있습니다. 60년 역사를 가진, 일본에서 가장 권위 있는 상 중의 하나인, '일본경제도서문화상'을 수상한 데다, 성 평등에 기여한 책을 매년 한 권씩 선정하여 수여하는 '소화여자대학성문화연구상'도 수상하였습니다. 일본과 여러 면에서 유사한 성격의 성 불평등 사회로 믿어지는 한국에 이 책이 번역된 것은 의미 있는 일입니다.

이 책은 매우 뚜렷한 한 가지 특징을 가지고 있습니다. 그것은 원저의 부제에서도 나타나듯이 이론과 실증분석이 서로 어우러져 잘 드러나 있으며, 그 결과 자연스럽게 성 불평등과 관련된 정책에 대한 직접적인 함의들이 구체적으로 제시되고 있다는 점입니다. 한국은 여러 가지 이유로, 특정 사회현상이 전국민적 관심 사항으로 자주 달아오르는 사회이며, 성 불평등 또는 페미니즘은 현재 한국 사회에서 가장 뜨거운 사회적 논의의 대상입니다. 하지만 많은 경우에, 논의의 성격이나 방향이, 성 불평등의 현황이나 그 원인을 밝히기 위하여 차분하게 자원과 시간을 들여 실증 자료를 수집하고 분석한 결과를 바탕으로 근거 있는 정책evidence-based policy을 생산해내기보다는, 각자의 이념이나 정치적 이해에 따라 근거 없는 주장이나 기세 몰이로 흐르는 걸 목격하기도 합니다. 특정 사회문제에 객관적으로 접근하기 위해 필요한 자료를 공들여 모으고, 그렇게 수집된 자료에 적합한 방법을 사용하여, 실증 근거가 탄탄한, 깊이 있고 꼼꼼한 논의와 정책 제언을 끌어내어 사회에서 공유하는 과정은 현재, 한국에서 보다 많이 필요하다고 믿습니다.

이 책에서 일본 직장에서의 성 불평등 현황을 분석한 결과는 매우 놀랍습니다. 대표적인 발견 중 몇 가지만 열거한다면 다음과 같습니다. 화이트칼라 정사원의 관리직 비율의 남녀 차이는 학력이나 연령, 근속 연수를 다 고려하다 하더라도, 그 차이의 약 70~80%는 설명할 수 없으며 (즉, 아마도 불평등의 결과이며), 남성은 여성보다 관리직으로 승진할 확률이 10배 이상 높습니다. 또한 일본보다 시간당 생산성이 높은 OECD 국가는 모두 일본보다 여성의 활약도가 높으며, 일과 가정의 양립work-life balance을 지원하는 정책이 있는 기업에서는 없는 기업에 비교해 남성의 과장급 이상 관리직 비율이 현저히 감소하고 여성의 과장급 이상의 비율은 유의미하게 증가했습니다. 저는 이러한 놀라운 남녀 불평등의 성격이나 정도가 우리나라에서도 비슷할 것임을 보여주는 연구를 야마구치 교수와 함께 한 적이 있습니다. 1990년에서 2013년 기간의 한국 자료(임금구조 기본통계조사)를 분석하여 2016년에 발표한 이 연구에 따르면(Youm, Y. & Yamaguchi, K. 2016. Gender Gaps in Japan and Korea: A comparative study on the rates of promotions to managing positions. RIETI Discussion

Paper Series, 16-E-011), 관리직 비율에서의 성별 차이는 OECD 국가 중에서 한국과 일본이 가장 심하였습니다. 또한 이러한 차이 중에서, 연령이나 학력, 경력 등으로 설명되지 않는 (그래서 불평등으로 추론할 수 있는) 부분이 얼마나 되는지를 반사실적 통계기법counterfactual analysis을 사용하여 추정하였더니, 약 70% 내외였습니다. 이 책이 한국 사회에 가지는 함의가 중요하다고 믿는 이유 중의 하나입니다.

야마구치 교수 저서의 한국어 번역은 이번이 처음이 아닙니다. 2010년에 이미 『여섯 개의 단추를 가진 미나』라는 사회학을 소개하는 소설과, 『일과 가정의 양립과 저출산』이라는, 일본 사회의 저출산 현상을 연구한 저서가 번역되었습니다. 이 중 두 번째 저서는 현재 우리 사회에 함의하는 바가 여전히 매우 크며, 이 책을 읽는, 아마도 성 불평등에 관심을 가지고 계신, 여러분들에게 추천해 드립니다. 하지만 저자는 『일과 가정의 양립과 저출산』을 집필하였을 때와 비교하여, 이번 저서에서 매우 큰 인식론적 변화가 자신에게 생겼다고 강조하고 있습니다. 저자는 연구의 결과, (본인이 연구를 시작했을 때 가졌던 가정과는 다르게), 성 불평등을 체계적으로 생산하는 기업의 행동이 최소한의 전략적인 합리성의 결과라기보다는 도리어 고도 성장기의 일본 기업이 만들어 낸, 장시간 근무 관행과 연결된 남성 우선의 관습의 결과로 믿어진다며, 성 불평등 문제의 뿌리가 생각보다 깊다고 합니다. 그리하여 하나의 원칙을 제창합니다. "여성 차별의 의사 유무와 관계없이 특정한 제도가 원인으로 남녀 간의 임금이나 승진 기회의 격차를 초래한다면, 그 제도는 여성에 대한 간접차별이며 남녀의 기회 평등을 막는 것으로서 법적으로 금지되어야 한다." 이 원칙은 기업이 의도하든 의도하지 않든, 결과적으로 기회의 격차가 존재한다면 이를 법적으로 금지해야 한다는, 매우 과격하게 보일 수도 있는 원칙입니다. 이러한 대담한 원칙이 단순하게 이념이나 입장에서 나온 것이 아니라, 책 한 권 분량의 옹골찬 실증분석의 결과이기 때문에 저에게는 실로 묵직하게 다가옵니다. 아무쪼록 이 책으로 인해, 성 불평등에 관한 의미 있는 실증연구가 한국 사회에서 더 많이 생산되고, 그리하여 근거와 증거에 바탕을 둔 생산적인 논의가 더 넓게 공유되길 꿈꿔 봅니다.

한국어판 저자 서문

이 책은 2017년 5월에 일본의 일본경제신문사日本經濟新聞社에서 출판되고 같은 해 11월에 일경·경제도서문화상日經·經濟圖書文化賞을 수상한 『働き方の男女不平等』의 한국어 번역판이다.

일본에서는 아베安倍 정권 아래 장시간 노동의 개선과 동일노동 동일임금의 실현을 중심으로 하는 '일하는 방식 개혁'働き方改革이 현재 진행되고 있다. 이는 이 책의 주제인 남녀 불평등의 개선에도 관련되고 있으며, 남성을 포함한 일하는 방식 개혁이라는 점이 중요하다.

장시간 노동의 개선에 대해서는 이전에 출판한 『워크 라이프 밸런스-실증과 정책 제언』(일본경제신문출판사, 2009. 한국보건사회연구원에서 『일과 가정의 양립과 저출산』이라는 제목으로 2010년에 한국어판 출판)에서 다룬 바 있다. 이 책은 이전에 출판된 책에서 다룬 내용에 이어 워크 라이프 밸런스가 아닌 고용, 승진, 직업 기회에 관한 남녀의 기회와 결과의 불평등에 초점을 맞추고, 일본 여성의 활약 추진의 현저한 지체가 현재 일하는 방식 개혁 문제로 여겨져 있는 것보다도 훨씬 뿌리 깊은 문제인 것을 밝히고 있다.

또 이 책은 일본의 고용과 직장에서의 남녀 불평등에 관한 연구서이지만, 제1장에서는 문제의 성립과 경위에 대해서, 제8장에서는 이 책의 분석 결과가 의미하는 것에 대해서 더 넓은 독자가 이해하기 쉽도록 해설하고 있다. 통계적 분석 기술 등에 낯선 독자에게는 그 장들을 중심으로 읽어 주셨으면 한다.

한편, 제2장에서 제7장의 분석은 필자가 경제산업연구소(이하 RIETI)에서 이전의 책을 출판한 이후에 작성한 연구 논문이 기반이 되고 있다. 이 책을 집필하면서 『일본노동연구잡지』에서 이미 발표된 논문[1]이 바탕이 되는 제2장 이외는 모두 대폭적인 수정을 하였다. 원래 논문은 독립적으로 쓰였는데, 이는 변수의 취급 등이나 분석상의 문제들도 포함하여 전체를 통일할 필요가 있었기 때문이다.

사회과학에서 통계적 데이터 분석에 의한 인과추론은 그 중요성에도 불구하고 일본이나 한국에서는 아직 사용되는 경우가 많지 않다. 이 책에서는 루빈의 인과추론에 유래하는 분석 방법(제1장의 부록으로 비기술적인 해설을 하고 있다)을 많이 사용하고 있다. 이러한 이론과 분석 방법은 이 책을 읽는 연구자들에게 도움이 됐으면 한다.

또 필자는 연세대학교 염유식 교수와의 공동 연구를 통해서 출생률 감소나 남녀 불평등에 관하여 일본과 한국이 안고 있는 문제에는 공동되는 부분이 상당히 있다고 생각한다. 이 책이 일본뿐만 아니라 한국에서도 진정한 남녀의 사회적 기회 평등을 실현하는 데 도움이 되기를 바란다.

---

[1] 이 논문은 영문으로 아래와 같이 출판되었다.
Kazuo Yamaguchi. 2016. "Determinants of the Gender Gap in the Proportion of Managers among White-Collar Workers in Japan" *Japan Labor Review* 13: 7-31.

차례

제1장

여성의 활약 추진 지체와 일본적 고용 제도
—이론적 개요와 이 책의 목적

이 장에서는 일본의 경제활동에서 여성의 활약 추진이 여러 법제적 지원에도 불구하고 지체되어 온 현상을 돌아본다. 그리고 여성 활약 추진이 뒤쳐진 주된 원인이 일본적 고용 관행에 있고, 그 관행의 역사적 성립 과정과 여성 활약의 지체를 이해하기 위해서는 본 장에서 필자가 언급하는 '특수적 전제의 합리성'이라고 부른 문제 및 게임이론에서 말하는 '전략적 합리성', 그리고 그에 따른 '열등 균형'의 구조적 타성 및 '전통적 부부의 분업'의 사회적인 강요 문제가 있음을 밝힌다. 그것을 바탕으로 이 책의 목적을 설명한다. 또 이 책이 주로 실증분석을 핵심으로 하는 것으로, 무엇을 어떻게 실증하려는 것인지에 대해서 분석 전략의 취지와 그 배경에 대해서도 설명한다.

1.1 서론—남녀 고용 불평등에 관한 기본적인 사실

성별이나 기타 속성에 따르지 않고 누구라도 자신이 가질 수 있는 잠재 능력을 충분히 발휘할 수 있는 사회를 만들고 싶다. 일반론으로서 이 생각에 이의를 제기하는 사람은 지극히 드물 것이다. 또 여성에 대한 차별은 옳지 않다고 보는 것에 이의를 제기하는 사람도 또한 극소수일 것이다. 그러한 사회를 만들기 위해 일본에서는 법적 정비도 진행되어 왔다. 1986년의 고용기회균등법, 1999년의 남녀공동참획사회기본법, 2006년의 고용기회균등법 개정, 2015년의 여성활약추진법 등이다.

그럼에도 불구하고 일본에서 여성의 경제적 활약의 진전이 현저하게 뒤쳐진다. 현상을 다른 OECD 국가와 몇 가지 지표로 비교하면 경제선진국 가운데 최하위에 가까운 상태이며(이에 관련되는 통계는 제3장에서도 소개한다), 아직 만족스럽지 않은 상태이다.

예를 들면, 2009년 유엔이 실시한 경제와 정치 분야에서 여성이 의사결정에 참가할 수 있는 정도를 나타내는 젠더 임파워먼트 척도[GEM]에서 일본이 109개국 중 57위를 보였다. 교육·건강도를 나타내는 인간개발지수[HDI]가 같은 해에 10위였던 것과 비교하면 여성의 활약이 두드러지게 뒤쳐지고 있다. 또한 2009년에 중지된 유엔에 따른 GEM 발표를 대신하는 것으로 간주되는 세계경제포럼의 성별격차지수[GGI]에서도 일본은 2016년에 144개국 중 111위로 지극히 순위가 낮고, 게다가 2015년의 101위보다 순위가 낮아졌다. 국제 비교상 일본의 여성 활약은 전혀 추진되어 있지 않은 상태라고 할 수 있다.

먼저 일본 고용에 대해서 여성의 활약 지체에 관한 기본적 사실을 확인해 두자. 전술한 GEM 지표나 GGI 지표에서 경제 활동 측면에서 일본의 순위가 현저하게 낮은 것은 다른 OECD 국가와 비교하여 관리직에서의 여성 비율이 극단적으로 낮은 것이 그 이유의 첫째로 들 수 있다.

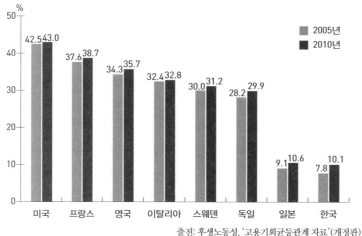

〈그림 1.1〉 관리직 여성 비율의 국제 비교

출전: 후생노동성, '고용기회균등관계 자료'(개정판)

〈그림 1.1〉은 후생노동성 자료를 인용한 것인데, 구미 6개국과 일본 및 한국에서의 관리직 여성 비율을 나타내고 있다. 미국이 40%대, 구미 4개국이 30%대, 독일이 30%를 조금 밑도는 정도인 것에 반해에 일본은 10% 정도로 지극히 낮고, 1990년에 남녀공동참획사회기본법이 제정된 후인 2005~2010년 사이에 1.5% 포인트 정도밖에 개선되지 않고 있다. 한편, 한국은 일본보다 관리직의 여성 비율이 낮지만, 개선도는 일본보다 높다. 일본 관리직의 여성 비율이 낮은 원인에 대해서는 다음 절에서 서술하는 일본적 고용 제도 성립의 역사와 제2장의 계량 분석에서 밝힌다. 또 일본 여성의 직업에 대한 현저한 활약지체는 관리직에 머물지 않고, 주된 전문직에서도 마찬가지임을 제3장에서 분석·해설한다.

일본이 경제 활동 면에서 GEM 지표나 GGI 지표의 순위가 낮은 두 번째 이유는, 남녀 임금 격차가 지극히 큰 것에 있다. 〈그림 1.2〉는 2015년의 OECD 통계 자료를 기반으로 필자가 작성한 것으로, 세로

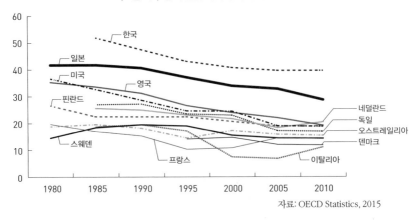

〈그림 1.2〉 남녀 임금 격차의 국제 비교

자료: OECD Statistics, 2015

축은 '남성 평균 임금-여성 평균 임금'을 '남성 평균 임금'으로 나눈 값에 100을 곱한 수치이다. 남녀 임금 격차가 없으면 0, 여성의 임금이 남성의 임금 70%이라면 30이 된다. 이 그림을 보면 많은 OECD 국가에서 남녀 임금 격차가 감소하여, 최근에는 격차 10~20(즉 여성의 평균 임금이 남성의 평균 임금의 80~90%) 수준이지만, 일본에서는 여성의 임금이 남성의 임금의 70% 전후, 한국에서는 60% 전후로 다른 OECD 국가보다 상당히 격차가 큰 것을 알 수 있다. 사실 이 격차는 파트타임 근무자를 제외하고 있다. 일본은 여성의 비정규 파트타임 근무자가 많고 그녀들의 임금은 낮으므로 아래에서 나타내는 파트타임 근무자를 포함하는 시간당 남녀 임금 격차는 훨씬 크다.

〈표 1.1〉은 2005년 임금동향 기본조사의 결과에 근거하여 4개의 고용 형태별, 남녀별 취업자 비율과 시간당 임금을 나타내고 있다. 또 이 표는 야마구치(山口, 2009)를 인용한 것이다. 본 장은 1.1절을 제외하여 필자가 이전에 출판한 책과 중복되는 부분은 전혀 없지만, 이 책이 야마구치(山口, 2009)의 연구를 이어받는 형식으로 진행하고 있

으므로 남녀 임금 격차와 여성에 대한 통계적 차별 등 필자의 이전 연구를 인용하고 있다.

〈표 1.1〉 남녀의 고용 형태별 취업자 비율과 시간당 임금: 2005년 임금동향 기본조사

		풀타임 정규	풀타임 비정규	파트타임 정규	파트타임 비정규	총수(비율) 평균 임금
취업자 비율	남성	0.840	0.075	0.003	0.082	1.000
	여성	0.474	0.146	0.009	0.371	1.000
시간당 임금 (단위: 엔)	남성	2,094	1,324	1,342	1,059	1,949
	여성	1,462	1,041	1,068	939	1,203
임금 비율 (여성 대 남성)		0.698	0.786	0.796	0.887	0.617

출처: 山口一男(2009), 『워크 라이프 밸런스-실증과 정책 제언』, 일본경제신문출판사, 제5장

〈표 1.1〉을 보면 분명한 것처럼, 시간당 임금은 풀타임 정규직 노동자가 가장 높고, 파트타임 비정규직 노동자가 가장 낮고, 풀타임 비정규 노동자와 파트타임 정규 노동자의 시간당 임금은 그 중간에 있다. 한편, 고용 형태별 남녀 임금 격차를 보면, 시간당 평균 임금이 가장 높은 풀타임 정규 고용에서 임금 격차가 가장 크고, 시간당 평균 임금이 낮은 파트타임 비정규 고용에서 임금 격차가 가장 작고, 다른 두 개의 고용 형태는 격차도 중간 수준이다. 즉 여성의 상대적 임금은 가장 유리한 고용 형태에서 가장 불리해지는 경향이 있다.

아울러 취업자 비율을 보면, 가장 유리한 고용 형태인 풀타임 정규 고용에서 남성이 여성을 크게 상회하고, 가장 불리한 고용 형태인 파트타임 비정규 고용에서 여성이 남성을 크게 상회하고 있다. 이것으로부터 여성이 남성에 비해 고용 형태 내 격차와 고용 형태 간 격차를 통해서 이중의 불이익을 받고 있는 것을 알 수 있다.

첫째, 각 고용 형태 내에서의 여성 상대 임금이 남성보다 낮을 뿐만 아니라 더 유리한 고용 형태일수록 남녀의 임금 격차가 큰 점이 고용 형태 내 격차를 심각한 것으로 만들고 있다. 둘째, 상대적으로 평균 임금이 높은 고용 형태일수록 남성과 비교했을 때 여성의 취업자 비율이 낮기 때문에 고용 형태의 차이에 의한 남녀 임금 격차가 심화된다. 이상의 결과 여성의 시간당 평균 임금은 남성의 62%가 되어 있다.

야마구치(Yamaguchi, 2011)는 2005년 임금동향 기본조사에 근거하는 남녀 임금 격차를 요소 분해하였다. 여기서는 기술적인 설명은 생략하지만, 풀타임 정규 고용 내의 남녀 임금 격차가 51~52%, 남녀 고용 형태의 차이에 의해 생긴 임금 격차가 36~37%, 아울러 남녀 임금 격차의 약 88%가 이 두 대 요인에 의해 생기고 있는 것이 나타났다. 정규 노동자 내 남녀 임금 격차에 관한 요소 분해에 대해서는 이 책의 제4장에서 더 자세히 다루고 있다.

이 고용 형태의 남녀 격차는 일본의 여성 육아 이직과 크게 관계되어 있다. 〈그림 1.3〉은 후생노동성이 2011년도에 '일하는 여성의 실정 개요 보고'로 21세기 출생아 종단 조사의 결과로서 보고한 표의 인용이다. 이 조사는 2001년에 출생한 아동과 그 부모에 대한 추적 조사이지만, 출산 1년 전에 비해 6개월 후의 제1회 조사 당시에서는 노동자의 비율이 '상근'과 '파트타임 아르바이트'를 합쳐 48.8%에서 19.6%로 이직률이 60%[=(48.8-19.6)/48.8]로 대폭 감소하고 있다. 이 결과는 일본에서 60% 이상의 여성이 출산·육아 이직을 한다는 다른 조사의 결과를 뒷받침하고 있다. 또 결혼을 계기로 이직하는 여성도 상당히 있으므로 결혼·육아에 의한 이직률이 더욱 높다. 단, 2016년 9월에 발표된 제15회 출생동향 기본조사 결과의 개요(국립사회보

〈그림 1.3〉 출산 전후와 그 후의 여성 취업 상황과 고용 형태

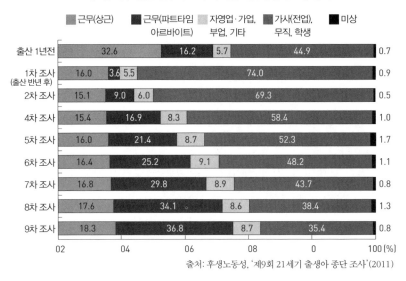

	근무(상근)	근무(파트타임 아르바이트)	자영업·가업, 부업, 기타	가사(전업), 무직, 학생	미상
출산 1년 전	32.6	16.2	5.7	44.9	0.7
1차 조사 (출산 반년 후)	16.0	3.6	5.5	74.0	0.9
2차 조사	15.1	9.0	6.0	69.3	0.5
4차 조사	15.4	16.9	8.3	58.4	1.0
5차 조사	16.0	21.4	8.7	52.3	1.7
6차 조사	16.4	25.2	9.1	48.2	1.1
7차 조사	16.8	29.8	8.9	43.7	0.8
8차 조사	17.6	34.1	8.6	38.4	1.3
9차 조사	18.3	36.8	8.7	35.4	0.8

출처: 후생노동성, '제9회 21세기 출생아 종단 조사'(2011)

장·인구문제연구소)에 따르면 2010년 이후 첫아이 출산 전후인 여성의 지속 취업률이 늘고 있다는 보고가 있어, 가까운 장래에 이 '높은 육아 이직률'이라는 일본 여성의 특성은 크게 바뀔 가능성이 있다.

또한 〈그림 1.3〉은 일본 여성의 출산·육아 이직 후의 노동력 재참여에 의해 노동자 비율은 늘어나지만, 정규 노동자의 비율은 늘어나지 않고, 파트타임 아르바이트만이 늘어난다는 지극히 특이한 상황을 밝히고 있다. 한편, 이 후생노동성이 실시한 조사의 고용 형태 구분에서의 '상근'은 대부분이 정규 노동자로 생각되지만, 정의상 정규 노동자와 완전히 같지 않고, 비정규인 풀타임 근무자가 '상근'으로 여겨질 경우도 있다. 이러한 애매함은 있지만, 일본에서는 재능이나 직업 경력에 관계없이 출산·육아로 이직한 사람이 '상근'하는 일에 다시 취직하여 그 능력을 발휘하는 기회가 대단히 적다.

이것은 정규 고용이 거의 갓 졸업한 사람을 대상으로 하는 신규 채용에 한정되는 일본의 고용 관행 때문이다. 일단 정규 고용을 이직하면 안정된 직업 경력을 가지는 두 번째 기회가 적은 일본 노동시장의 특성에서 초래된다. 이러한 상황은 남성에도 해당되지만, 가정과 일의 양립이 어려운 고용 환경에서 육아기에 높은 이직률을 보이는 여성이 남성에 비해 현저하게 불리하고, 사회적으로도 많은 재능이 있는 여성들의 생산성을 살릴 수 없는 것은 경제적으로 보아서 지극히 불합리한 관행이다. 일본 기업이 정규 고용을 경력직 채용자에게 확대하지 않는 이유에 대해서는 다음 절에서 논의한다.

여성의 비정규 고용 비율이 남성보다 높은 현상을 개선하기 위해서는 어떻게 하면 좋을까? 그 방책은 자명한데, ① 신입사원의 정규 노동자의 채용에서 성별에 따르지 않고 기회를 균등하게 하는 것, ② 여성의 출산·육아 이직률을 줄이는 것, ③ 출산·육아 이직자의 정규 재고용의 길을 열어주는 것, 이상의 세 가지이다. ①에 대해서는 고용기회균등법이 다루지만 일본에서는 기업들이 이 법을 얼마나 지키는지를 확인하는 제도가 존재하지 않은 것이 문제이다. ②에 대해서는 단시간 정사원 제도의 보급을 포함하여 워크 라이프 밸런스(일과 삶의 균형)를 달성할 수 있는 직장 환경의 개선이 중요하다. 그러한 기업 정책이 기업에도 플러스인 것을 이 책의 제5장과 제6장에서 밝히려고 한다. ③에 대해서는 육아 이직에 관계없이 이직한 사람의 정규 고용 기회가 대단히 적은 이유를 다음 절에서 서술하지만, 전후 종신고용제도가 대기업·중기업에서 발달한 것과 관계되어 있다. 그러나 현재 이러한 제도는 여성뿐만 아니라 글로벌 인재나 타사에서의 풍부한 경험을 쌓은 사람들을 활용하는 데 기업에도 큰 장애가 되고 있어, 이 문제에 대해서는 본 장의 1.2.5절에서 이어서 논의한다.

지금까지 고용에 대한 남녀 불평등에 관한 기본적인 사실을 살펴보았다. 아래 절에서 이러한 불평등을 야기하는 일본적 고용제도의 유래와 그 합리성의 유무에 대해서 필자의 해석과 견해를 서술하고, 이어서 이 책의 분석상의 전략과 각 장의 역할에 대해 언급하고자 한다.

1.2 일본적 고용 제도의 분석

1.2.1 일본적 고용 관행의 주된 논점에 대해서

일본적 고용 관행에 대해서는 많은 선행연구가 있지만, 여기서 그것을 모두 논의·음미하지는 않는다. 그러나 연구의 역사적 과정은 리뷰할 필요가 있고 몇 가지 주된 논점은 그 후의 논의에 관계되므로 지적해 두고 싶다.

일본의 공장 관찰을 통해서 구미에서는 볼 수 없는 '종신고용', '연공임금', '기업 내 조합', '기업 내 복지'를 일본적 고용 제도의 '네 가지 기둥'으로 한 아베글렌(Abegglen, 1958)의 연구에 촉발된 이후, 일본의 고용 제도·관행 연구는 1970년대에 두 번의 비약적 발전(break through)이라고도 해야 할 이론의 질적 고조를 맞이하였다.

그 하나는 도린저와 피오레(Doeringer and Piore, 1971)에 의한 미국 기업에서의 '내부노동시장' 연구에 기초를 둔, 종신고용·연공임금 제도를 내부노동시장이라고 보는 스미야(隅谷, 1974a; 1974b)와 일본적 고용 제도가 일본의 독자적인 것으로서 스미야를 비판한 후나바시(船橋, 1975)에 의한 '스미야-후나바시 논쟁'에서 시작하였다. 도린저와 피얼에 따르면, 내부노동시장은 아래의 이유로 생긴다.

①상품시장과 다르게 노동시장은 노동자의 채용과 훈련에 비용이

들고, 특히 그 기업 특유의 지식이나 기술('기업 특수 인적자본'이라고
한다)을 획득한 노동자를 필요로 하는 기업은 그 지식과 기술을 위한
OJT^{on the Job Trainig} 등의 훈련 비용을 부담하지 않으면 안 된다. ②기
업에는 이러한 기업 특수 인적자본을 획득한 노동자의 유출을 줄이기
위해 인센티브가 생기고, 또 기업 특수 인적자본을 획득한 노동자는
그것을 그 기업에서 살리고 높은 보수를 얻고자 하는 상호의존이 생
긴다. ③그렇기 때문에 기업은 '채용의 첫 단계'를 제외하고, 기업 내
포지션의 빈자리를 원칙적으로 기업 내 인재로 채우는 제도·관행이
나 다른 안정적인 고용 관계의 제도를 만들어 채용 비용과 훈련 비용
을 절감하고, 또 노동자 유출을 막게 된다. 이것이 바로 내부노동시장
이다.

　스미야는 일본 종신고용이나 연공임금을 중심으로 하는 내부 승진
제도를 이러한 내부노동시장으로 보았다. 한편, 후나바시의 주된 반
론은 미국에서 내부노동시장을 가지는 기업이 연공에 근거한 자동적
승급이 있을 리도 없고, 또 기업 내 이동에 대해서는 노동자의 주도적
인 의사를 존중해서 진행하지만, 일본적 고용 관행에서는 전혀 존중
되지 않고 경영자의 뜻에 따라 주로 인사부에 의해 결정되는 점이 전
혀 다르다고 하는 점이었다.

　이 논쟁에 대해서 몇 가지 의견을 언급해두고 싶다. 하나는 일본에
서 인용될 경우는 많지 않으나, 스미야 논문에 앞서 1973년에 미국
사회학의 일류 잡지인 *American Sociological Review*에서 로버트
콜(Cole, 1973)이 일본 종신고용·연공임금제도가 내부노동시장의 기
능적 대체물이라는 이론을 발표한 것이다. 기능적 대체물이란 사회학
용어로 제도에 대해서 기능(완수하는 역할)은 동일하나 구조(제도·틀)
는 다른 것을 의미한다. 여기서 기능이란 기업의 특수한 인적자본의

유출을 막고, 채용·훈련 비용을 억제하는 것이다. 미국의 일본 사회 연구자들이 이해하는 종신고용·연공임금은 거의 이 콜의 이론에 기반하고 있다고 할 수 있다.

또 노동경제학을 발달시킨 라지어(Lazear, 1979; 1995)는 연공임금제도나 연공과 함께 증가하는 퇴직금 제도는 임금 후불 제도이며, 이 기능은 노동자에게 오래 근무하는 인센티브를 주는 것이라는 이론적 해석을 하였다. 연공임금제도 아래에서는 임금이 취업 조기에는 노동 생산성 이하로, 만년에는 노동 생산성 이상으로 설정되므로 짧은 기간 근무하면 손해를 보고, 오랜 기간 동안 근무하면 이득을 보는 임금 제도가 되기 때문이다. 또 이 제도는 고령 노동자가 늘어나면 인건비 부담이 크기 때문에 연공 임금은 비교적 조기의 정년 퇴직제가 수반되는 것이 라지어에 의해 지적되었다(Lazear, 1979). 이와 같이 일본의 종신고용이나 연공임금제도에 일정한 합리적 의미가 부여된 것은 중요하다.

이러한 미국에서의 이론을 감안하여 필자도 처음에는 스미야-후나바시 논쟁이 기본적으로 스미야가 옳고, 후나바시의 비판은 콜의 기능적 대체물을 병용하면 본질적이지 않다고 생각했다. 즉 일본 고용 관행에서 보이는 종신고용·연공임금제도의 기능이 미국의 내부 노동시장의 기능과 동일하게 기업 특수적 인적자본의 유출을 막고, 채용·훈련 비용을 억제하는 것에 있는 것이라면, 후나바시가 지적했듯이 두 고용 제도의 차이는 구조적 특질의 차이이며, 기능의 차이가 아니라고 생각할 수 있다. 또 그렇다면 콜의 기능적 대체물 이론에 따른 종신고용·연공임금제도는 미국의 내부노동시장의 기능적 대체물로 볼 수 있다고 당초에는 생각한 것이다.

그러나 점차 후나바시가 지적한 일본 기업이 노동자의 주도적인 의

사를 고려하지 않는다는 점이 사실 상당히 본질적인 차이라는 생각이 들기 시작하였다. 누가 최초로 언급한 것인지 정확하지 않으나, 정규 고용은 '보장과 구속의 교환'이라고 한다. 일본적 고용 제도의 기능이 단지 '기업 특수적 인적자본의 유출을 막고 채용·훈련 비용을 억지하는 것'뿐만 아니라, 무한정한 직무 내용이나 불규칙한 잔업 요구에 대한 종속을 부과하는 것에 의한 구속과 높은 고용 보장을 하는 것의 교환이라는 기능도 가진다는 이론이다. 만약 그렇다면, 그것은 구미 내부 노동지장의 기능과 동일하지 않다. 또 그러한 기능을 가진다면, 그 합리성은 어디에 있는 것인지가 문제가 된다. 일본 기업에서 인사이동에 한정하지 않고 개인의 의사가 존중되지 않는 것이 유능한 여성이나 외국인 고용을 어렵게 하고 있다는 비용면도 적지 않게 존재하고 있기 때문이다. 내부노동시장론에 대해서는 그 후에도 고이케(小池, 1991), 노무라(野村, 2003) 등에 따른 한 논의가 있으나 기능에 대해서 아래에서 보는 일본 기업과 구미 기업의 차이를 제기한 무라카미村上·사토佐藤·구몬公文의 이론이 중요하다.

1970년대에는 다른 한 가지 이론의 고조가 있었다고 필자는 생각한다. 그것은 무라카미·사토·구몬의 공저인『문명으로서의 이에 사회』(1979)이다. 그들의 이론은 나카네中根의『종적 사회의 인간관계』(1967)의 이론에 역사적 근거를 두고 정교화한 것이라고 해석할 수 있지만, 상당히 대작인 테다가 읽기 쉽지가 않고, 그 때문에 그 중요성에도 불구하고 많은 주목을 받지 못하였다.

무라카미·사토·구몬은 일 중심 조직仕事組職인 일본 사회가 '이에ィ ㅗ 사회'의 전통을 이어받고 있다고 생각했다. '이에'란 에도 시대의 무가武家 사회에서의 '이에家 제도'를 일반화한 것이다. 그들은 일본의 일 중심 조직仕事組織이 구미의 기업과 다르게, ①'초혈연성'緣約, ②'계보성', ③'기능적 계통階統성', ④'자립성'을 지니고, 그들이 각각 구미 기업의 ①계약제, ②이윤 극대화, ③기능적 분업, ④효율성과 대비되며 다르다고 생각했다(Murakami, 1984). 사회학에서 기능과 구조의 구분은 ②가 기능, ④가 그 기능을 달성하는 주된 수단, ①과 ③이 구조의 특성이다.

그들의 이론이 콜의 이론과 정면으로 대립하는 것은 일본 기업이 구조뿐만 아니라 기능도 다르다고 생각한 점이다. 우선 '초혈연성'은 종진고용제를 바꿔 말한 것이라고도 할 수 있지만, 무가 사회의 '이에'가 '이에노코'家子라고 불리는 혈연자만이 아니라 일족과 주종 관계에 있는 사람郎從: 家人, 소종所從: 下人과 같은 비혈연자도 이에家의 구성원으로 여겨지고, 일단 이 구성원이 되면 혈연관계가 없는 사람이라도 가족처럼 평생 그 집에 종속하는 관행이며, 그것을 초혈연성이라고 부른 것이다. 또 구미 기업과 같이 시기를 정한 고용주와 노동자간 계약이 아니라 반영구적 고용 관계인 점을 무라카미·사토·구몬은 '연약'緣約이라고 부르고, 무라카미(Murakami, 1984)는 그 영역으로 kintract라는 조어를 사용했다. 혈족을 의미하는 kin과 계약을 의미하는 contract를 결합시킨 것이다. 직역하면 '혈연계약'이라고 할 수 있을 것이다.

두 번째의 '계보성'은 일본 기업의 목적이 구미의 기준과 같이 이윤을 얻는 것이 아니라 무가가 '이에(家)'의 존속을 목적으로 한 것 같이 기업의 존속과 번영을 의미한다. 그렇기 때문에 구미 기업이 이윤의 최대화를 목적으로 하는 것에 반해 일본 기업은 규모를 키우면 키울수록 번영을 의미하는 견해로부터, 상품시장에서의 자회사의 점유율 확대를 목적으로 한다고 했다. 존속을 목적으로 한다는 생각에 대해서 이론과 해석을 더 하면, 만약 존속을 위한 수단이 적절하면, 최근 발달한 진화적 게임 이론적 의미로 합리성을 가지게 된다. 진화적 게임이론에서는 행위의 합리성을 "목적에 대한 최적인 수단의 선택"이라고 하는 신고전파 경제학의 정의가 아니고, "선택된 행동이 보다 높은 생존율로 이어진다"라고 하는 결과의 척도로 판단하기 때문이다. 그러나 상품시장에서의 점유율의 확대를 수단으로 하는 것이 존속 목적상 합리적인지 아닌지는 후술하는 바와 같이 의문의 여지가 있다.

세 번째의 '기능적 계통성'은 무라카미·사토·구몬의 조어이지만, 부장-차장-과장-대리와 같은 직급 계열이 구미 기업과 같은 일(잡)의 직무 명기가 있는 분업이 아니고, 군대와 같은 명령 계통의 명확화를 주된 목적으로 한다. 한편, 직무 분업은 그때 상황에 따라 적당히 행해져, 명확한 잡의 권한·의무 명기가 없는 것을 의미한다. 이것 또한 무가의 이에노코家子-가이家人-하인下人의 신분 계열과 동등한 것이다.

네 번째의 '자립성'은 계보제와 관련하여, 일본 기업은 외부 기업에 의존하는 것이 기업의 존속을 위태롭게 한다고 하여 이를 피하고, 내부 동료인 계열 기업 등을 발전시켜 일체로서 자기부담으로 생산·서비스 제공을 할 수 있는 자립성을 목적으로 한다. 한편, 이윤 최대화를 목적으로 하는 구미 기업은 효율화의 원칙이 이것을 대신한다고 했다. 무가 사회의 이에가 향사(鄕士: 에도 시대 무사 계급의 하층에 속하고 농업으로 생계를 지탱한 사람들을 뜻함)로 전형적으로 볼 수 있었던 것과 같이, 행정과 농업의 겸업을 통해서 자립을 헤아리고 있었다는 점과의 유사성이 지적된다. 실제로 일본 기업은 자기 자본율이 낮은 것으로 자립성이 낮다고 생각이 되지만, 이와이(岩井, 2003)가 지적했듯이 주거래 은행을 포함하고 관련 회사의 주식을 '상호 보유'하는 것을 포함하면 일본 기업의 그룹 전체로서의 지주율은 높고, 외부 주주에 의한 홀드 업 문제의 위험은 적으므로 의사결정하기 쉽다는 의미에서 자립성은 높다. 이론과 해석을 더하자면, 그들이 말하는 자립성은 일종의 '내부상품시장'을 만드는 것이다. 기업이 필요한 중간 재료나 서비스를 내부 혹은 계열 기업으로부터 조달하는 것을 의미하기 때문이다. 이 상품시장의 일종의 내부화는 거래 비용을 줄일 수 있는 장점이 있지만, 기업 그룹은 전체로서 외부 시장에 비해 상대적 생산성이 높지 않은 부문도 포함하여 껴안게 되므로 그 합리성을 일률적으로 판단할 수는 없다.

이와 같이 무라카미·사토·구몬의 이론이 무가 사회의 이에의 특징을 현대 일본 기업 조직의 특징을 같이 살펴보면, 일본 기업의 특질을 일본 고유의 문화적인 환경 아래에서 완성된 점을 강조했다. 한편, 그들의 연구에 앞서 다이라(Taira, 1962)는 종신고용제도가 보급된 것은 전후의 고도 성장기에 들어서 상시적으로 노동 수요가 공급을 상회하는 상태가 된 이후라고 지적한 것은 고려할 가치가 있다. 다이라의 연구는 일본적 고용 제도의 내부노동시장론과는 잘 맞지만, 무라카미·사토·구몬의 이론에는 에도 시대의 무가 사회의 제도가 왜 메이지明治·다이쇼大正·쇼와昭和 초기에는 일부의 예외를 제외하고는 널리 일본 기업에 보급되지 않고, 고도 성장기가 되어서야 보다 널리 기업에 받아들여지게 된 것인지에 대한 설명을 필요로 한다. 그리고 그것은 문화론만으로는 설명하기 어렵다. 1.2.2절에서 설명하는 바와 같이 일본적 고용 관행의 성립은 상시적으로 노동 수요가 공급을 상회함으로써 기대할 수 있는 경제 환경 조건이 문화적 조건과 함께 초기 조건으로서 존재하고, 1.2.2절에서 설명하는 전략적 합리성의 원리 아래 발달한 것이다.

덧붙여 무라카미·사토·구몬의 이론에 대해서 몇 가지 더 논의하고 싶다. 첫 번째는 그들이 지적한 '이에 사회'家社會 조직으로서의 일본 기업과 구미 기업 간에는 그들이 지적하지 않은 두 가지 특성의 차이가 있다. 하나는 '이에 사회'의 조직과 일본 기업은 남성 중심이며, 여성의 역할은 남성의 보조적인 역할로 여겨졌다는 점이다. 이것은 서양 기업의 특질이라고는 할 수 없고, 그들이 이에 사회와 대비한 우지 사회(ウジ社會: 일본의 농촌사회)와도 또 다른 특징이다. 전통적 농촌사회에서는 부부의 공동 노동이 전형적이었기 때문이다. 또 하나는 그들의 이분법적인 대비를 이용하면, 그들은 지적하지 않았으나 일본 기업의 '보수의 연대성'과 구미 기업의 '보수의 개별성'이라고 해야 할 대비가 존재한다는 것이다. 구미 기업에서도 기업 이익과 경영·관리자나 일반노동자의 이익이 연동하는 시스템(스톡옵션 제도, 보너스 제도 등)은 있지만, 일본 기업에서는 고도 성장기에 노동자 간의 이익이 더욱 연동하는 제도가 구축되었다. 장기적으로는 종신고용제도 자체가, 단기적으로는 후술하는 일본형 보너스 제도가 그러한 운명공동체적인 의미를 지니고 있다.

무라카미·사토·구몬의 '계보성' 대 '이윤 최대화'의 대비, 그리고 필자가 말하는 '보수의 연대성' 대 '보수의 개별성'의 대비는 모두 기능의 차이를 의미한다. 이들의 차이는 일본 기업의 고용 제도·관행이 단지 구미의 내부노동시장의 기능적인 대체물로 간주될 수 없음을 의미하는 것이라고 생각된다. 그리고 '보수의 연대성'은 보수가 개인의 실적·성과에 대해 주어져야 한다고 하는 규범이 존재하지 않는 일본의 문화적 초기 조건 아래에서 가능했다. 또 그들이 말하는 '연약'이 일본 기업의 특성이 된 것은 '계약'의 내용인 '노동과 임금의 교환'에 더해 '회사라는 유사가족의 구성원이 되는 것'과 '회사를 향한 충성심'의 교환이라는 측면을 정규 고용에 부여하였다고 생각된다. 그렇기 때문에 일본 기업이 정규 고용에서 갓 졸업한 사람을 중시하고, 전직자·이직자를 '충성심이 결여되는 사람'으로 경시하는 관행이 생겼다고 생각된다.

두 번째는 노동법 학자인 하마구치가 『일본 고용과 노동법』(濱口, 2011)에서 전개한 '멤버십형(전형적 일본 기업)'과 '잡job형(전형적인 구미 기업)'의 대비는 구조면(연약 대 계약, 무한정한 직무 대 역할 분업의 명확한 직무)에서 무라카미·사토·구몬의 일본 기업과 구미 기업의 대비와 거의 일치한다는 점이다. 다만, 하마구치는 일본의 노동관계법 성립 시의 개념이 서양의 법에 근거하면서 그 적용에서 일본적 고용(멤버십형)의 고용 관행 실태에 맞도록 해석되어 왔다고 실례의 기술을 다수 제시하고 있다. 그것은 하마구치의 독자적인 공헌으로 일본의 노동관계법 적용의 애매함을 이해하는 점에서도 참고가 된다.[1]

세 번째와 네 번째는 무라카미·사토·구몬이 일본 기업이 '계보성'과 '자립성'을 중시하고 구미 기업이 '이윤 최대화'와 '효율성'을 중요시하는 것을 대비시켜, 그 이유로 일본 기업이 조직의 존속과 번영을 목적으로 하는 것을 든 것과 관련이 있다. 세 번째는 만약 그러한 차이가 있다고 해서 다른 목적이 성립된 이유에 대한 설명이 없으면, 흔히 말하는 '논리적인 정당성이 없는 목적론'illegitimate teleology이 된다는

---

1 하마구치는 구미에서 전형적으로 보이는 직무나 노동 시간이 한정된 유기고용을 '잡형'이라고 부르고, 일본 기업의 정규 고용에 전형적으로 보이는 직무나 노동 시간이 무한정한 무기고용을 '멤버십형'이라고 불렀다. 한편, 최근 일본에서 증가하고 있는 직무 지역이나 노동 시간에 한정이 있는 '한정 정사원'은 무기한이라는 의미에서는 '멤버십형'의 특질을 어렴풋 가지고 있기만 직무나 근로 시간이 한정되는 점에서는 '잡형'에 가깝다.

문제이다. 일본 기업이 무가 사회의 이에 제도를 모범으로 했기 때문이라는 것이 그들의 설명이지만, 그것은 다소 거칠다고 생각된다.

필자는 여기서 이와이岩井의 『회사는 누구의 것인가』(2005)의 이론이 관련된다고 생각한다. 이와이는 회사를 두 가지 성질로 해석할 수 있음을 제기하였다. 하나는 회사를 '사물'로 보는 해석이다. 회사는 주주가 주권자이며 경영자는 그 대리인에이전트이고 기업 자체는 단지 소유되는 '사물'이라는 것이다. 또 하나의 해석은 회사가 기업 자산의 법적 소유자인 '인간'성을 지닌 법인이고, 주주·경영자·정규 고용자와 같은 주된 이해관계자stakeholder의 이익을 대표하는 주권자라는 것이다.

추가해야 할 점은 구미에서 지배적인 주주 주권에 대한 견해는 무라카미·사토·구몬이 서양 기업의 특징으로 하는 이윤 최대화·효율성의 기능과 정합성이 높고, 회사 자신이 주권자라는 견해는 그들이 지적한 일본 기업의 계보성의 중시와 정합성이 높은 것이다. 왜냐하면 주주 주권 아래에서 주주는 기업의 존속 등에 의해 주식 배당의 최대화에 관심이 있고, 거기서는 이윤의 최대화가 적절한 수단이 된다. 한편, 기업 그 자체가 '인간'으로서의 성격을 가진다면, 그 존속과 번영이 최대 관심사임을 이해할 수 있다. 원래 기업이 이 두 측면의 성격을 가진다면 구미와 일본에서 다른 측면이 발달된 것은 문화적 초기값의 차이와 경제 환경을 전제로 나중에 해설하는 전략적 합리성을 고려하면 설명할 수 있다. 이것은 다음 절에서 논의한다.

또 이와이가 언급한 두 가지 해석은 최근 일본의 다른 기업지배구조corporate governance와 고용 방식의 차이에 대한 관계 분석으로 이어진다. 예를 들면, 가와구치(川口, 2008)는 회사 주권(혹은 이해관계자 주권)형의 기업에 비해 주주 주권형 기업에서 여성의 인재 활용이 보다 진행되고 있음을 나타냈다. 또 오다키·고다마(Odaki and Kodama, 2010)는 회사 주권형 기업은 주주 주권형 기업에 비해 노동자의 기업 특수적 인적자본에 대한 투자가 많고, 그 점에서 내부노동시장의 중시가 보다 현저한 것을 제시한 것이다.

네 번째의 관련 문제이지만 무라카미·사토·구몬이 존속과 번영을 병립시키고 번영과 확대를 동일시했으나, 존속·번영 목적이라는 것은 진화적 게임이론으로 말하는 합리성과 이어진다. 하지만 그 수단으로서 시장에서의 점유율 확대 및 상품 시장의 내부화를 도모하는 것이 합리적인지는 별도로 재검토할 여지가 있다. 이 점에 대해서는 이번 장 1.2.5절에서 논의하기로 하고, 아래에서는 우선 일본적 고용 관행의 발전의 전략적 합리성과 그 한계에 대해서 고찰한다.

1.2.2 일본적 고용 제도 · 관행의 전략적 합리성과 그 한계에 대해서

일본의 경제활동에서 여성의 활약이 진행되지 않은 주된 이유는 일본적 고용 제도·관행에 있다. 일본적 고용 제도·관행이 고도 성장기에는 합리적인 제도였지만 현재에는 그렇지 않다(예를 들면 야시로(八代, 1997))고 주장되는 경우가 많지만, 필자는 고도 성장기에도 일반적인 합리성을 가지고 있었던 것인지에 대해서는 1.2.3 및 1.2.4에서 논의하도록 하겠다. 그러나 게임이론으로 말하는 **전략적 합리성**을 지니고 있었다(川口, 2008)는 논점에는 완전히 동의한다. 전략적 합리성strategic rationality이라는 것은 일단 하나의 제도를 가지면 다른 제도의 합리적 선택에 영향을 미치는 것을 말하고, 전통이 서로 다른 나라가 합리적 제도를 가지는 근대가 되어도 서로 다른 제도를 가지는 것을 설명할 때 사용되는 경우가 많다. 이 일반적인 개념의 유용성에 대해서는 예를 들면 아오키·오쿠노(Aoki and Okuno, 1995)의 저작이

기본 문헌이 된다.

단순한 예로 설명하면, 어떤 나라에서 처음에 토대가 되는 A1과 A2라는 제도 가운데 A1이라는 제도를 가졌다고 하자. 이 최초의 제도에 대해서는 A1이 그 나라의 문화적 전통이나 선택한 상황에서 보다 바람직하다고 생각되었기 때문이라고 가정한다. 문화적 전통이 왜 영향을 줄 것인가라고 하면, 제도는 그것을 승인하는 사람들의 선호^{가치관}와 독립적이지 않고, 선호는 문화에 의존하기 때문이다.

전략적 합리성이라는 것은, 다음으로 B1과 B2라는 별도의 다른 제도의 선택을 할 경우의 선택 이유에 관한 것이다. 여기서 조합으로서는 합리성이 높은 순서대로 (A2, B2) 〉 (A1, B1) 〉 {(A1, B2), (A2, B1)}로 가정한다. 즉 조합으로 말하면, B1은 A1과 보완적이고, B2는 A2와 보완적인 제도이다. 여기서 이미 A1을 선택하고 있는 기업은 B1을 선택할 가능성이 높아진다. 그것은 만약 (A2, B2)의 조합의 합리성이 (A1, B1)의 조합의 합리성을 상회해도, (A2, B2)의 선택을 위해서는 기존의 A1이라는 제도를 A2로 바꾸지 않으면 안 되고, 그 변환의 비용이 통상 크므로 A1에 맞춰서 B1을 선택하기 때문이다. 이러한 B1의 선택을 전략적 합리성을 가진다고 한다. 그러나 무^無의 상태로 선택하는 것이라면 (A2, B2)의 선택이 합리적이기 때문에 전략적 합리성의 원리로 구축된 일련의 제도가 최종적으로 가장 합리적이라고 말할 수 없다.

이와 같이 전략적 합리성을 가지는 일련의 선택의 결과는 최초의 선택에 의존하고, 이를 제도의 경로 의존이라고 부른다. 또 이렇게 선택되어서 완성된 제도는 상호보완적이며, 부분적 변환이 대단히 어렵고, 제도의 종합 세트로서는 다른 뛰어난 제도가 있어도 변환할 수 없다는 제도적 타성^{institutional inertia}을 야기한다. 즉 열등 균형이어도 고도의 안정성을 갖게 되어, 외적 조건의 변화에 대한 적응력을 잃어버리는 것이다. 이 제도적 타성을 타파하는 유효한 수단은 세트로서 보다 합리적인 조합의 제도 요소 가운데 기존의 세트와 가장 근본적으로 양립하기 어려운 요소를 외부에서 강제하는 것이다.

왜 이러한 일련의 개념을 소개했는가 하면, 일본적 고용 관행·제도는 전략적으로 합리적인 일련의 제도 선택에 의해 완성되었지만, 외적 조건의 변화 속에서 그 균형의 열등성이 두드러져도 보다 합리적인 제도로 변환 할 수 없게 되어 있고, 그것이 일본 기업의 인재 활용을 일반적으로 비합리적인 것으로 만든 결과, 여성의 인재 활용의 진전도 강고하게 막고 있다고 생각하기 때문이다.

그렇다면 구체적으로 일본 기업의 A1의 선택에 해당되는 것은 무엇일까. 그것은 노동자에 대한 강한 고용보장제도(종신고용제도)와 연공임금제도 및 퇴직금 제도를 핵심으로 하는 임금 제도의 두 가지라고 필자는 생각한다. 그것이 무라카미·사토·구몬이 말하는 에도 시대의 이에 제도를 모방한 것이었다고 해도 그 제도가 메이지·다이쇼·쇼와 초기가 아니고, 전후의 경제 성장과 함께 보급된 것은 그 시기가 되어서 새로운 경제 기능을 가졌기 때문이라고 생각한다.

고도 성장기에 일본 기업은 장래의 사업 확대를 예상하여 장기적으로 노동 수요가 공급을 상회할 것을 예측하고, 노동자 특히 기업 내 인재 투자를 한 노동자의 유출을 낮게 억제하는 것이 이익이므로 강한 고용 보장을 제공하여 정착성을 늘리려고 한 것이다. 노동 수요가 장기적으로 증가한다고 하는 전망 아래에서는 사람 수를 줄이는 필요성이 적고, 강한 고용 보장에 의한 고용 조정의 경직성 비용이 낮다고 예상했기 때문이다. 또 연공서열 임금제도와 퇴직금 제도는 라지어Lazear, 1979; 1995의 이론으로 소개한 바와 같이 노동자에게 장기취업의 인센티브를 주는 임금 후불 제도라고 생각된다. 또 이 제도에서는 노동자가 고령이 되면 기업의 임금 부담이 늘기 때문에 통상 55세 등의 조기 퇴직 제도를 수반하지만, 아직 초고령화 사회가 되지 않고 있었던 고도 성장기의 일본에서는 그러한 제도에 대한 저항도 적었던 것이다.

이러한 이유로 고도 성장기에는 일본 종신고용제도는 합리성을 가지고 있었다고 여겨진다. 하지만 이 A1에 해당되는 선택 자체가 일본의 문화적 토양 속의 한정적 합리성이었다. 그러나 이 점을 지적한 연구가 없으므로 여기서 논의해두고 싶다.

첫째로, 노동 수요가 공급을 상회하는 가운데 노동자의 정착성을 확보하는 방법으로서 연공서열 임금제도의 채용은 일본의 문화적 전통과 떼어놓을 수 없는 점이다. 즉 성과급이 이미 보급되고, 많은 노동자가 자신의 성과·행정에 응하여 임금이 지불되는 것이 정당하다고 믿는 사회에서는 연공서열임금은 규범적으로 받아들여지지 않는다. 반대로 연공서열적 질서에 비교적 위화감을 가지지 않는 일본이어서 가능한 제도였던 것이다. 둘째로, 노동자의 정착성을 확보한다는 목적이라면 구미의 '가족 친화적인'family friendly 기업, 즉 일과 삶의 균형이 달성되기 쉬운 기업으로 바꾸는 것도 우수한 여성 노동자가 육아기에 이직하는 것을 막는 의미로 유효한 수단이었을 것이다. 그러나 연공서열 임금제도는 남성보다 장기 고용이 어려운 여성의 지속적인 취업 의욕을 오히려 꺾게 된다. 여기에도 무라카미·사토·구몬이 지적한 바와 같이 무가 사회의 이에* 제도를 모델로 한 결과, 전통적 성별 역할 분업을 암묵적인 전제로 남성 중심인 직장을 염두에 두었기 때문에 여성 노동자의 정착성은 중시하지 않았다고 생각된다.

중요한 것은 일본적 고용 제도·관행의 특징은 강한 고용 보장과 연공임금제도를 중심으로 한 것으로 몇 가지 상호보완적 제도를 가지게 된 것이다. 이것이 일본적 고용 제도가 일반적인 합리성이 아니라 전략적 합리성을 지니고 있었다고 하는 주장의 근거이다. 우선 연공임금제도만으로는 업무의 질 향상에 대한 인센티브를 만들어 낼 수 없지만, 구미형의 임금이 직종에 의해 결정되는 직무급이나 개인의 실적을 바로 임금에 반영시키는 성과급은 연공임금제도와 양립하지 않기 때문에 연공과 실적을 합친 독자적인 '직능급'職能給 제도를 구축하였다.

또 관련되는 인센티브 제도로서 일본형 보너스 제도를 구축하였다. 구미형 보너스 제도는 기업 실적에 특별한 공헌을 한 개개인에게 주는 특별 포상이다. 전원이 받을 수 있는 것이 아니고, 기본급과 비교한 비율도 개인마다 다르다. 이에 대해 일본형 보너스 제도는 기업 실적에 따라 정사원 전원에게 거의(기본급과의 대비로) 일률적으로 주어진다. 종신고용제가 장기적으로 정사원 개인의 이익과 회사의 이익으로 연동하는 구조인 것에 반해 보너스 제도는 단기적으로 노동자의 이익과 회사의 이익을 연동시키는 구조이다. 그러나 일본형의 특성은 기업 내에서의 일률적인 보수이기 때문에 개인의 행동에 외부성(영어로 externality, 개인의 행동이 의도하지 않고 남의 이해에 영향을 주는 성질을 말한다)을 야기하는 점이다. 즉 기업의 실적에 대한 공헌이 평균 이상인 노동자는 기업뿐만 아니라 동료에게도 이익을 주고, 반대로 평균 이하인 노동자는 기업뿐만 아니라 동료에게도 손실을 주게 된다. 그러므로 일본형 보너스 제도는 구미형과 다르고, 단지 기업과 노동자 간뿐만 아니라 노동자 간에도 이해 연동을 초래하는 것이다.

이것은 노동자 간 결속과 협력으로 인센티브를 끌어냄과 동시에 오쿠노(Okuno, 1984)가 지적한 바와 같이 동료에 의한 '무임승차'에 대한 강한 단속의 필요성을 낳는다. 이 결속과 규범적 구속을 동시에 만들어 내는 일본형 보너스 제도는 불확실성이 적은 상황에서 집중력이 중요할 때에는 기능을 다하지만, 불확실성이 늘어나서 다양하고 자유로운 개인의 공헌에 의한 환경 적응력이 중요한 시기에는 개인이 위험을 취하는 행동을 억제하므로 오히려 역기능이 된다.

게다가 이 제도는 일본의 문화적 초기 조건과 종신고용 아래에서 가능한 제도이기도 했다. 여기서 말하는 '문화적 초기 조건'이란 임금은 각 개인의 실적에 대한 보수여야 한다는 구미의 규범이 일본에는 존재하지 않는 상황을 뜻한다. 그러한 규범이 이미 존재하는 구미에서는 실적의 향상에 뒷받침되지 않는 연공임금이 받아들여지지 않는 것과 마찬가지로 개인 실적에 관계없이 일률적인 보너스를 지급하는 제도 등 수용하기 어렵지만, 일본에서는 그러한 규범이 존재하지 않았기 때문에 저항이 없었다. 또 이 제도는 종신고용제도의 보급 없이는 기능할 수 없었다. 역선택의 문제(Akerlof, 1970; Schwab, 1986)가 있기 때문이다.

역선택$^{adverse\ selection}$이란 이질적인 것을 동질로 다루면 질이 좋은 것이 퇴출되고 질이 나쁜 것이 남는 현상을 말한다. 즉 노동 유동성이 높고 전직 비용이 낮으면 생산성이 높은 노동자는 개인별 보너스가 아니라 사원에게 일률적인 보너스가 지불되어 손해를 보기 때문에 개인별 보너스를 지급하는 기업에 전출하는 경향이 생긴다. 그러나 종신고용제도의 발달로 경력직 채용시장이 발달하지 않은 일본에서는 전직 비용이 크므로 역선택은 일어나지 않는 것이다. 이러한 의미로 일본형 보너스 제도는 상기의 문화적 초기 조건과 종신고용제도를 전제로 결속력이 기능적인 요건인 경제 조건에서 전략적 합리성을 가지고 있었다고 생각된다.

다른 중요한 보완적 제도는 노동 시간에 의한 고용조정제도이다. 정규 노동자에 대한 강한 고용 보장은 구미와 같이 고용 조정을 노동자 수로 조정하는(노동 수요가 감소하면 해고·일시 해고하고, 증가하면 노동자를 늘리는) 것을 어렵게 했다. 따라서 정규 고용의 고용 조정은 주로 노동 시간으로 조정할 필요가 있고, 이 때문에 시간 조정을 위한 완충 장치로서 일상적인 일정한 잔업과 그 결과로서 장시간 노동이 정착한 것이다. 원래 이러한 일상적인 장시간 노동의 관행은 노동자와의 합의를 얻기 어려울 것이다. 그러나 많은 대기업·중기업이 종신고용제도를 발달시키고 경력직 채용시장에 정규 고용이 열리지 않고 있는 상황에서 노동자는 이른바 퇴출 옵션을 유효한 협상 수단으로서 가지지 않기 위해서 협상력이 약하고, 본의가 아니더라도 기업의 일상적 잔업의 관행을 받아들이지 않을 수 없었다고 생각된다. 또 종신고용제도, 연공임금제도, 일본형 보너스 제도 아래에서 회사의 성장과 개인의 소득 성장이 일치하기 쉬운 '운명공동체'적 상황이 고도성장기에 생긴 것도 '보장과 구속의 교환'을 노동자가 받아들이는 밑바탕을 만든 것이라고 할 수 있다.

그러나 야마기시(山岸, 1998; 2002)가 심리 실험을 통해서 거듭 실증한 바와 같이 이러한 제도는 일본 노동자에게 무가 사회와 같은 조직에 대한 강한 충성심이라는 집단의 이익을 개인의 이익보다 우선시하는 집단주의적 가치관을 구축하는 것이 전혀 아니었다. 야마기시의 연구에 의하면 일본인은 오히려 미국인 이상으로 개인주의적·이기적이면서 행동상에서는 집단·조직에 동조하는 것이 이익이라고 인식하고, 결과적으로 집단주의로 보이는 행동을 취한다고 생각된다. 그렇기 때문에 조직에 의한 규범적 억압이 강하고 노동자 개인에게 시간 관리를 맡기지 않고 회사가 노동자의 시간적 자유를 강하게 구속하고, 그 구속에 대한 동조를 정사원의 조건으로 하는 제도가 구축되어 왔을 것이다. 다만, 필자는 야마기시의 결론에 일부 동의하지 않는 부분이 있다. 그것은 연공임금이나 일본형 보너스 제도와 같은 개인의 실적을 무시하는 제도의 발달은 이 제도들에 대하여 강하게 저항하는 개인주의적 문화라는 초기 조건이 일본에는 존재하지 않았기 때문에 성립될 수 있었다는 사실이다.

한편, 오쿠노가 지적한 바와 같이 각각의 노동자가 취한 행동의 결과가 다른 노동자들의 손익에 영향을 준다는 의미에서 외부성을 지닌 일본형 고용 제도 아래에서 노동자 간 이해의 연동은 기업뿐만 아니라 노동자 자체가 동료의 일하는 방식에 규범적 구속을 하는 인센티브를 만들어 냈다. 그러나 장시간 노동이나 강한 규범적 구속의 관행은 전통적 가정 내 분업이 강하게 존재하는 일본에서 여성의 지속적인 취업을 상당히 곤란하게 만들고, 높은 결혼·육아 이직률을 초래했다. 이 결과 기업은 후술하는 통계적 차별을 합리적이라고 보고, 대다수의 여성에게는 장시간 노동이나 강한 구속을 면제하는 대신에 인재 투자와 활용의 대상에서 제외하고, 학력에 관계없이 보조적 직무에 종사시켜 연공임금 상승률이 종합직자보다 낮게 설정되는 일반직자로서 다루는 제도를 만들어 온 것이다.

이러한 상호보완적인 제도의 확립은 기존 제도를 전제로 쌓아 올릴 때의 전략적 합리성을 지니고 있었다고 생각한다. 그러나 문제는 상호보완적으로 완성된 제도의 유효성은 가장 기초적인 제도인 강한 고용 보장과 연공임금제도와 더불어 노동자의 유지를 핵심으로 하는 종신고용제도에 큰 장점이 있다는 조건이나, 불확실성이 적고 기업이 진행해야 할 방향성이 보이므로 결속력을 강화하는 것이 유효한 조건이 성립될 때만 가능한 이야기로, 외적 조건의 변화 아래에서 그 전 제가 무너졌을 때는 제도 변환의 부분적 수정이 어려운 만큼, 열등 균형이면서도 거기서 헤어나지 못한 큰 걸림돌이 되기도 한다. 예를 들면, 시간적 구속성이 강하고 장기간 기업에 관여할 수 있는 인재만을 우대하는 제도는 분명히 구속이 기능하는 시기에는 유효하다. 그러나 현재와 같은 불확실성이 강한 상황 아래에서는 기업의 환경 적응력을 높이기 위해 유효하고 다양한 외부 정보를 풍부하게 가진 인재의 활약이 불가피한 상황인데도, 오히려 그러한 인재를 활용할 수 없는 역기능을 야기하고 큰 기회비용을 산출하고 있다.

그 뿐이 아니다. 일본적 고용 관행의 지속은 새로운 외부불경제를 만들어 내고 있다. 1990년대부터 시작되는 일본 불황에 의해 기업의 노동 수요는 크게 감소했으나 정규 노동자의 고용 보장에 따른 고용 조절이 어려워지고 결과적으로 노동 분배율이 높아져 과잉 고용이 되었다(八代, 2009). 이 상황에 대해 많은 일본 기업들이 취한 전략은 퇴직과 '정리 해고'를 통한 정규 고용을 비정규 고용으로 전환하는 것이었다. 그리고 비정규 노동자를 '열등 상품'으로 다룸으로써 생산성보다 임금을 낮게 억제함으로 인해 렌트 수익[2]을 얻으려고 해왔다고 생각된다. 그 결과 2000년대에 일본 기업의 영업 이익이 일시적으로 증

---

2 일반적으로 '렌트'란 제도적 제약을 시장에 만들어 내는 것으로 얻을 수 있는 '초과 이윤'을 의미한다. 독점 가격에 의한 이윤은 렌트의 한 예이다. 노동시장에서는 일정한 직역에 참여하는 장벽을 마련해서 희소가치를 늘리고 임금을 높이면 렌트를 얻을 수 있다. 여기서의 예는, 만약 기업이 비정규 노동자는 정규 노동자로 대체 가능하지만, 정규 노동자는 비정규 노동자로 대체할 수 없다는 의미로 '열등 상품'으로 취급 가능하다면, 비정규 노동자의 상대 임금을 정규 노동자보다 낮게 설정할 수 있으므로 초과 이윤을 얻을 수 있다고 하는 의미다. 다만 각주 3의 사실도 있어 기업이 실제로 초과 이윤을 얻고 있는지는 불분명하다.

대한 시기에 노동 분배율은 계속해서 떨어지게 되었다.[3] 이는 기업의 종신고용에 의한 인건비 부담을 절감하는 것만을 목적으로 한 이른바 수비 전략이었기 때문에 그것 자체로 생산성을 올리지 못하고, 아래에서 설명하는 외부불경제를 초래하였다. 또 정규 고용에 관한 종래의 관행에는 손을 대지 않았기 때문에 갓 졸업한 사람은 중간 규모 이상의 기업에서는 성별에 관계없이 정규 고용으로 취직이 되었던 것이 고도 성장기와 달리 남성 우선이라는 새로운 여성 차별도 만들어 왔던 것이다.

여기서 필자가 '새로운 외부불경제'라고 한 것은 "합성의 오류-기업의 이윤 극대화와 사회의 부가가치 극대화는 크게 다르다"라고 하는 겐조 요시카즈權丈善一 씨의 2011년 10월 25일 『생산성신문』 칼럼 논고의 취지를 의미한다. 기업이 비용 삭감을 통한 이윤 증가를 위해 주로 비정규 고용의 증가를 통해서 인건비 삭감을 하는 것은 국민 소득을 저하시킴으로써 국내 수요를 절감한다는 외부불경제를 초래한다. 이 점은 상기의 겐조의 논고에 근거한 것이라고 생각되지만, 2012년의 노동 백서에도 '합성의 오류에서 벗어나는 것이 과제'라고

---

3 비정규 노동자의 임금이 실제로 생산성보다 낮은 것인지 아닌지는 한층 더 깊은 실증 연구를 요한다. 그러나 같은 직무로 동등한 달성도를 이룬 노동자, 즉 노동 생산성이 동등하다고 간주되는 노동자가 정규 고용인지 비정규 고용인지에 의해 크게 임금이 다른 것은 노동자의 비정규화가 기업에 정규 고용을 비정규 고용으로 대체하면 렌트 수익을 얻을 수 있다고 생각한 후의 선택으로 생각된다. 한편, 후카오(深尾, 2010)의 연구는 비정규 노동자의 상대 생산성이 실제로는 상대 임금을 오히려 밑돈다고 보고하고 있다. 이는 노동 조정의 유연성을 얻기 위해서 기업이 프리미엄을 지불하고 있다는 해석이지만, 만약 그렇다면 필자에게 그것은 기업의 의도하지 않는 결과의 실례로 생각된다. 어쨌든 비정규 고용에서는 인재 육성을 못하고 기업의 인재 활용에도 결부되지 않고 있다는 것이 일본 비정규 고용 문제의 근간에 있다.

거론되어 있다. 합성의 오류⁴란 죄수의 딜레마처럼 개인에게 각각 합리적인 선택을 하는 것이 사회적으로는 최적인 선택이 안 되는 상황 등을 의미한다. 그러나 기업의 인건비 삭감 전략의 경우, 외부불경제를 만들어 내는 것이 원인이라는 점에서 전형적 죄수의 딜레마 상황과는 다른 사례가 되고 있다. 일본의 현상을 다케노부(竹信, 2009)가 『고용 열화 불황』이라고 명명한 것도 유사한 취지이다. 한편, 국민이 부가가치를 창출하는 것으로 국민의 노동 생산성을 올리는 것은 국민 소득을 증가시키고 국내 수요도 증가시킨다. 서론에서 언급한 '성별 및 기타 속성에 관계없이 누구나 가지고 있는 잠재 능력을 충분히 발휘할 수 있는 사회'의 실현이 젠조가 말하는 '사회의 부가가치 극대화'와 정합성이 높고, '기업의 이윤 최대화'와는 정합성이 낮은 것은 자명하다. 필자는 현재의 '고용 환경의 악화'는 기업에 의한 일본적 고용 관행이 열등 균형으로서 유지되는 상황에서 불황과 맞물려서 가속화되었다고 본다.

그런데 여기서 '새로운' 외부불경제라고 말한 이유는 경제 성장기에서도 장기 고용과 장시간 노동에 더해서 '구속과 보장'이라는 제도를 구축한 것은 여성을 비롯한 다양한 인재에게 충분한 사회적 기회를 창출하지 않는다는 외부불경제가 존재했기 때문이다. 아무리 뛰어

---

4 합성의 오류(fallacy of composition)란 보다 일반적으로는 각 부분으로 성립되므로 전체에서도 성립된다고 유추하는 것에서 오는 논리의 잘못을 말한다. 각 행위자에는 합리적일지라도 집단 혹은 사회에서는 합리적이지 않은 **사회적 딜레마**는 그 대표적 예이다. 합성의 오류와는 반대인 의미의 생태적 오류(ecological fallacy)도 있다. 이것은 일반적으로는 집단(지역, 회사 등)을 단위로 본 경우에 성립되는 것으로부터 개인에게도 성립될 것이라고 유추하는 오류를 말하며, 특히 집단을 단위로서 관찰되는 개인 속성의 평균값 간의 상관이 개인을 단위로서 본 경우의 상관과는 통상 크게 다름을 의미한다.

나고 잠재적 생산성이 높은 여성이라도 일단 결혼·육아 이직을 하면 재취직에는 '파트타임 아르바이트'와 같은 일밖에 없었던 것은 고도 성장기에서 더욱 현저했다. 특정한 속성을 가진 사람의 재능밖에 직업 경력에 활용되지 않는 사회를 구축하는 것은 기업이 전략적 합리성을 가진다 해도 사회에서는 큰 비용일 것이다.

1.2.3 부부의 전통적 분업이 강하게 존속하는 제도적 원인에 대해서

고용에서 남녀의 기회 평등이 진전되지 않는 또 다른 주요한 이유는 "남편은 가게에, 아내는 가사·육아에 주된 책임이 있다"는 전통적 분업이 강하게 존속되었다는 점이다. 만약 이 분업이 부부의 자유의사로 선택된 개인의 가치관의 결과라면 문제는 없다. 그러나 실제로 일본에서는 법, 규범 및 경제적 제도에 의해 그 생산성이 강요되고 있다고 생각된다. 아래에서 그것에 대해서 논의하고자 한다.

우선 경제적 제도의 측면에 대해서 이해하기 위해서는 합리성의 판단에 관한 보편적 전제와 특수적 전제의 구별이 중요하다. 여성의 활약에 대한 보편적 전제란 기존의 제도에 의한 결과를 전제로 그 문맥(콘텍스트)에서의 합리성을 논하는 것이 아니라 제도적 제약을 두지 않고, 성별에 따르지 않고, 사회적 기회의 평등이 실현되는 사회에서의 가상 상황을 전제로 한 합리성의 기준이다. 한편, 특수적 전제란 기존의 제도와 그 결과를 전제로 한 합리성의 논의이다. 앞서 언급한 게임이론으로 말하는 전략적 합리성도 특수적 전제에서의 합리성이다.

가족경제학의 창시자인 베커(Becker, 1991)에 따르면, 부부의 가정 내 분업은 가사·육아의 기회비용(가사·육아를 하는 것으로 소득이 줄어드는 것에 의한 비용)이 적은 사람이 담당하는 쪽이 합리적이라는 것이 된다. 남녀의 큰 임금 격차를 고려하면(즉 특수적 전제 아래에서는) 전통적 분업이 합리적으로 보인다. 이 책의 제3장, 제4장, 제7장에서 살펴보는 바와 같이 일본에서는 여성의 임금이 남성을 밑도는 결과를 초래하는 여러 사회적 메커니즘이 있고, 그 결과, 가사·육아의 기회비용은 여성이 남성을 크게 밑돌고 여성이 주로 가사·육아를 맡는 편이 경제적으로 합리적이 된다는 결과를 초래하고 있기 때문이다.

이것은 소득 보조의 보충이 100%가 아닌 제도 아래에서의 육아 휴직 취득율은 남녀 차이에도 영향을 미친다. 문제는 일본에서는 보편적 전제 아래에서 합리적이기 때문에 남녀의 전통적 분업이 생기는 것이 아니라 전통적 분업이 그 상황에서는 합리적인 것이 되는 큰 남녀 임금 격차가 있고, 또 그렇기 때문에 전통적 분업이 합리적으로 선택되는 상황을 재생산하는 악순환을 야기하고 있다는 것이다. 그리고 전통적 분업이 재생산되면, 기혼 여성은 업무 수행에 핸디캡을 받게 되기 때문에 나중에 논의하는 통계적 차별의 대상이 된다. 이에 따라 남녀의 임금 격차가 감소하지 않고 결과적으로 전통적 분업이 합리적인 것이 된다.

하지만 이것은 특수적 전제에서의 열등 균형이며, 보편적 전제에서의 진정한 합리성은 가지지 않는다. 인구의 반을 차지하는 여성의 인재 활용을 할 수 없는 사회가 일정 조건(같은 노동 시간이나 인적자본 투여) 아래에서 노동 생산성을 최대화하는 것은 불가능하기 때문이다. 보편적 전제로는 전통적 분업의 합리성은 전혀 성립되지 않는다. 남녀의 잠재적 소득 획득 능력은 진정한 기회의 평등 아래에서는 동등하며, 그 경제 원리만으로 생각하면 보편적 전제 아래에서는 남편이 주로 가사·육아를 담당하는 것이 합리적인 가정이, 여성이 주로 가사·육아를 담당하는 합리적인 가정과 거의 같은 비율로 존재할 것이다. 그러므로 남성이 일, 여성은 가사·육아라는 성별로 고정된 분업이 합리적이라고는 생각되지 않는다.

또 다른 하나의 경제적 제도에 의한 전통적 분업의 강요에는 앞서 리뷰한 일본적 고용 관행의 특질이 배경에 있다. 즉 고용이 강력하게 지켜지고 있는 정규 고용에는 노동자 수의 조정으로 노동의 수요와 공급 변화에 대한 고용 조정이 어렵기 때문에 노동 시간으로 고용 조정을 하는 제도·관행을 만들고, 그 완충 장치로 장시간 노동을 정규 노동자의 정상적인 상태로 하는 제도·관행을 만들어 왔다. 그러나 장시간 노동을 모든 정규 노동자에게 기대할 수는 없다. 왜냐하면 가정 생활이 성립하지 않기 때문이다. 그래서 부부의 전통적 분업을 전제로 개인이 아닌 가족을 단위로 일과 가정이 공동 성립하는 구조를 기업이 지원하는 제도를 만들어 낸 것이다. 여성은 가정에서의 역할을 우선으로 해야 한다는 생각으로 일반직과 비정규 노동자로서 장시간 근무를 면제하고, 남성 정규 노동자에게는 직업에 종사하는 역할을 우선시하여 상시 잔업해야 한다는 관행을 만들어 왔다는 것이다. 즉 남성 정규 노동자의 장시간 노동을 보완하는 것으로서 부부의 전통적 분업이 기업에 의해 도움받고 보호되어 왔다.

한편, 그러한 장시간 노동의 수용에 대한 보수로서 일종의 '시간적 구속과 연공임금 프리미엄'의 교환 제도도 만들어 왔다. 즉 시간적 구속이 많은 종합직인 정규 노동자에게는 높은 연공임금의 상승률을 적용시키는 제도이다. 이것은 시간적 구속 수용에 대한 인센티브 제도라고 말할 수 있다. 그러나 종합직인 정규 노동자에게 일률적으로 장시간 노동을 부과함과 동시에 부부의 전통적 분업을 강요하면, 가정의 역할과 양립이 어려운 여성의 대부분이 비정규 고용이나 일반직을 선택하지 않을 수 없게 된다. 그러나 이러한 선택에 의해 기업의 장시간 취업의 구속에서 벗어난 형태의 여성의 비정규 노동자나 일 반직에게는 연공임금 프리미엄이 없거나 낮게 설정된다. 즉 일본 기 업의 남성 정규 노동자의 장시간 노동과 그 보완적 제도로서의 부부 의 전통적 분업의 도움과 보호는 남녀 임금 격차를 초래하는 주된 원 인이었던 것이다.

부부의 전통적 분업을 지탱하는 것은 경제적 제도만이 아니라 법이 나 규범도 그 역할을 다하고 있다. 법에 대해서는 먼저 부양공제제도 에 의한 이른바 '103만 엔의 벽'의 문제가 있다. 실제로는 103만 엔 이상이라도 배우자 특별 공제의 제도로 단계적으로 공제 액수가 결정 되고, 103만 엔을 넘으면 반드시 손해를 보는 것도 아니지만, 민간 기 업이 103만 엔의 한도액에 맞게 보완적 제도를 만들어 내고 있으므 로, 실질적으로 유배우자(배우자가 있는 사람)가 한도액 이상의 소득 을 얻는 것에 대한 디스인센티브를 주고 있다. 또 현재 정부는 부양 공 제 폐지의 안을 버리고 103만 엔의 한도액을 150만 엔으로 변경하려 고 하고 있지만, 그것만으로는 본질적으로 아무 것도 변하지 않는다. 또 하나의 법적 제도는 이른바 '130만 엔의 벽'이라고 불리는 배우자 의 사회보험에 대한 자기 부담 면제에 관한 한도액이다. 이 제도는 나 라가 법적 제도를 통해서 배우자가 있는 여성이 전업주부나 가계 보 조적인 근로 방식을 선택하는 유인을 만들어 내고 있다고 할 수 있다.

일반적으로 부부의 전통적 분업을 지탱하는 규범은 일본에서만 보 이는 문제가 아니다. 현재 여성 활약이 진행된 구미에서도 남녀 임금 격차와 그 결과 초래된 가사·육아의 기회비용의 남녀 차이라는 경제 원리만으로 가정 내 분업이 정해져 있는 것은 아니다. 혹실드와 무창 (Hochschild and Muchang, 1989)에 의한 연구나 미국에서 그 후 진 행된 관련 연구 결과에 대한 비앙키(Bianchi, 2009)의 보고에 따르면 부부의 소득 평등화는 주부의 가사 시간 평등화를 촉진시켰으나, 그것은 주로 아내의 가사 시간 삭감에 의한 것이고 남편의 가사 시간 증가에 따른 공헌은 비교적 적었다. 그 주된 이유는 부부의 전통적 분업 규범 아래에서 많은 남성이 가사 시간을 늘리는 것을 바라지 않는 점이었다. 즉 남녀 불평등한 가사 분업의 원인에는 남녀 임금 격차라고 하는 특수 조건 아래에서의 합리적 판단에 더해 남녀의 전통적 분업을 유지하는 사회 규범이 존재한다.

그러나 일본 맞벌이 부부의 남편이 부담하는 가사분담 비율은 약 5%에 불과하고, 한편 미국 맞벌이 부부의 남편 가사분담 비율은 35% 전후이다(山口, 2009. 제2장). 이 차이가 의미하는 것은 일미 모두 남녀의 가정 내 분업에 따른 불평등의 원인이 남녀 임금 격차로부터 오는 경제 원리와 부부의 전통적 역할 규범의 존속에 있다는 것이지만, 불평등 정도에는 양국에 큰 차이가 있고, 그 차이의 원인이 문제라는 것이다.

물론 양국의 남녀 임금 격차의 정도 차이가 그 하나의 이유이지만, 다른 중요한 원인은 일본의 다양한 사회 제도에 의한 부부의 전통적 분업의 강요에 있다. 앞서 논의했듯이 일본 부부의 가사·육아 시간의 큰 불평등을 초래하는 주된 원인에 남성의 장시간 노동 문제가 있다. 많은 선행연구(예를 들면 Nishioka, 1998; 永井, 2001; 松田, 2002)에서, 남편의 노동 시간의 길이가 가사·육아 참여율을 낮추며 부부의 전통적 분업을 재생산시키고 있음이 실증되고 있다. 또 나가이(永井, 2006)는 가계경제연구소의 국제비교조사 결과를 통해서 아내가 35~44세인 핵가족인 경우, 남편이 7시까지 귀가하는 비율이 스톡홀름에서 80%, 함부르크에서 60%, 파리에서 50%에 비하여, 도쿄東京는 20%에 불과하다고 보고하고 있다. 귀가시간이 늦으면 당연히 평일에 남편이 가사·육아에 참여하는 시간이 줄어든다.

더욱 심각한 문제는 부부의 노동 시간 차이로 인한 전통적 분업의 재생산에 기업 규범에 의한 강요가 얽혀있다는 점이다. 야마구치(2009. 제6장; 2010)는 실제 노동 시간만이 아니라 실제 노동 시간이 희망 노동 시간을 상회하는 정도를 나타내는 과잉 취업을 분석하였다. 그 결과 밝혀진 사실은 상근 노동자 가운데 야근제로를 실천할 수 있는 가능성은 여성에게만 있었다. 여성 노동자의 다수인 일반직 여성에는 희망 노동 시간이 이루어지기 쉽지만, 남성 노동자의 대다수와 종합직인 여성 노동자에게는 희망 노동 시간을 이루기 어려운 고용 관행이 존재한다.

육아기의 남녀를 향한 기업 대응도 크게 다르다. 여성의 경우 막내 아이의 나이가 15세 미만인 경우는 희망 노동 시간이 감소하고, 이에 따라 실제 노동 시간도 줄어들기 때문에 과잉취업도는 늘지 않는다(다만, 희망이 이루어지지 않은 여성이 이직한 가능성도 있다). 이에 비해 막내 아이의 나이가 15세 미만인 남성의 경우 희망 노동 시간은 같지만, 실제 노동 시간은 많아지고 과잉취업도는 늘어나는 것이다. 이 사실은 기업이 육아에 대한 전통적 분업을 전제로 육아기 남성에게는 보다 많은 취업 노동을, 육아기 여성에게는 보다 적은 취업 노동을 야기하는 상황을 만들고 있음을 보여준다. 부부의 가정 내 분업이 그들의 자유로운 선택의 문제 등이 아니라 일본 고용 관행이 제도적으로 만들어 내고 있는 측면이 상당히 있다.

이러한 일본적 고용 제도, 법, 규범에 의해 일본에서 부부의 전통적 분업이 구미보다 강하게 재생산되고 있다. 이 책 제3장에서 직업에 따라 성별에 따른 스테레오타입화가 진전되어 남녀 직업 분리에 특이한 형질을 주고 있음을 밝힌다.

1.2.4 여성에 대한 통계적 차별과 그 불합리성

또 한 가지 중요한 문제로 기업에 의한 통계적 차별의 문제가 있다. 야마구치(2008)의 연구를 리뷰하지만, 고용의 남녀 불평등을 생각할 때는 사전에 염두에 두어야 하는 문제의 하나로서 재론해두고 싶다.

여성이나 흑인 등 일정한 속성을 가진 집단에 대해서 어떠한 기준으로 그 평균적 자질이 보통 남성, 비흑인과 비교해서 뒤떨어진다고 기업이 판단했다고 한다. 그 때 개인의 자질에 대한 판단에는 비용이 들므로 집단의 평균적 자질을 개개인에게도 적용시켜 판단하는 것이 합리적이라는 것을 수리적으로 나타낸 펠프스(Phelps, 1972)의 이론으로 시작되는 것이 바로 통계적 차별의 이론이다. 이 이론은 일본 여성은 이직률이 높고, 그 이직 비용을 미리 공제하여 여성의 임금을 남성의 임금보다 낮게 설정하는 것이 합리적이라는 이론으로 사용되어 왔다.

필자는 높은 이직률을 이유로 차별하는 것은 논리적 문제가 있는 (본인이 아직 이직을 하지 않은 상태에서 다른 여성이 취한 행위를 이유로 차별되는 것은 행위의 개인 책임의 법적 원칙에 어긋난다) 것에 더해 경제적 합리성이 없다는 의논을 일본 노동연구 잡지(山口, 2008)에서 발표하고 있으나, 아래에서는 그 요지만을 전한다. 높은 이직률을 이유로 여성을 차별하는 것이 합리적이란 주장은 아래의 몇 가지 점에서 지극히 의심스럽다.

① '이직 비용이 높다'라는 의논에는 의문점이 있다. 임금 후불 제도인 연공제도 아래에서는 노동자는 취업 조기에는 생산성보다 낮은 임금을 얻으므로 조기 이직은 임금 후불 분을 절약할 수 있어 기업에는 오히려 이득이다. 다만, 기업 특수 인적자본의 투자가 회수되기 전에 이직되면 기업에는 손해라는 측면에는 타당성이 있다. 하지만 임

금 후불 분의 절약과 함께 생각하면 평균적인 육아이직의 연령에서의 여성의 이직은 손익이 거의 유사하다고 생각된다(보다 자세한 논의는 야마구치(山口, 2008)를 참조).

② 이직 비용은 이직률과 이직했을 경우의 비용을 곱한 기대 비용이다. 기대 비용을 낮추는 방법으로는 이직이 일어났을 경우의 비용을 낮추는 것 이외에 일어나는 확률을 낮추는 전략이 있다. 워크 라이프 밸런스 시책은 당초 우수한 여성의 이직률을 낮추기 위해서 구미의 많은 기업에서 강구되었다. 한편, 여성을 향한 통계적 차별은 이직했을 경우의 비용을 낮춰도 이직률을 올리는 경향이 있다. 실제로 미국의 워크 라이프 정책 연구에 의한 일미 여성 이직자의 이직 이유(여러 항목 선택 가능)의 비교에서는 '일에 대한 불만'(일본 63%, 미국 25%)과 '경력의 한계에 대한 좌절감'(일본 49%, 미국 16%)을 이직 이유로 응답한 일본 여성들의 비율이 미국 여성들의 비율을 크게 상회했다. 한편, '육아'(일본 32%, 미국 74%)라는 이직의 이유는 미국 여성이 오히려 일본 여성을 크게 상회하는 것으로 나타났다. 또 오사와(大澤, 2015)도 여성의 이직 이유가 '결혼에 의한 이유'에서 '직업에 의한 이유'로 전후 변화된 것을 실증하고 있다.

일본 여성의 높은 육아 이직률은 육아가 이직의 계기가 되는 것을 나타내는 것에 지나지 않고, 차별되는 결과로서 일에 대한 불만감이나 좌절감이 이직의 배경에 있다. 따라서 통계적 차별은 일종의 **자기 충족적 예언**(그만둔다고 생각해서 기업이 차별하기 때문에 실제로 그만두게 된다)의 측면이 크다. 벌어질 경우의 비용만을 생각하고, 이직률을 낮추는 것을 생각하지 않을 뿐만 아니라 이직률을 높이는 결과가 되고 있다. 따라서 이직 비용을 이유로 하는 통계적 차별의 합리성은 지극히 의심스럽다.

③ 유능한 여성을 활용하지 않고 상대적으로 생산성이 낮은 남성을 활용하는 것은 기회비용을 무시하고 있다. 여성 활용과 기업 생산성의 관계에 대해서는 이 책의 제6장에서 다룬다.

④ 경제학자의 코트와 라우리(Coate and Loury, 1993)가 발전시킨 이론에서는 여성의 평균적 생산성이 낮다고 하는 가정 아래 기업이 여성에게 통계적 차별을 하고, 차별을 당하는 여성이 그것을 인식하고 있으면 여성의 합리적 선택의 결과, 생산성 향상에 대한 자기 투자율이 낮아져, 결국 생산성이 낮아지는 결과를 초래하는 것을 나타냈다. 이것도 자기충족적 예언의 일종이다. 일본 기업은 여성의 일에 대한 의욕이 남성에 비해 뒤떨어지는 것을 기대하고, 또 그것을 이유로 남성과 동등한 기회를 제공하지 않는 경향이 있다. 하지만 실제로 여성의 의욕이 평균적으로 낮다고 해도 그것은 그 때까지의 그 기업 혹은 일본 사회가 그러한 평균적 상황을 만들어 낸 것이고, 그 결과를 이유로 여성을 차별하는 것은 지극히 불합리하다. 이 이론은 중요하므로 이 책의 제7장에서 다시 거론하고, 거기서는 일본의 여성 차별의 상황에 대한 해석에 추가적인 통찰을 첨가하고 있다.

⑤ 펠프스는 인식하지 않았으나, 통계적 차별은 역선택이라는 경제적 불합리를 초래한다는 것이 알려져 있다(Schwab, 1986). 즉 통계적 차별의 배경에는 개인의 자질에 대한 정보의 비대칭성(기업은 개개인의 자질을 모르나 노동자 개인은 알고 있다)이 있다. 그 결과 기업이 여성을 일률적으로 차별하면, 자신의 생산성이 임금보다 높다고 생각하는 여성은 이직·전직하지만, 자신의 생산성이 임금보다 낮다고 생각하는 여성은 이직·전직하지 않고 남게 된다. 이것은 기업에 분명히 손해이다. 이것은 여성의 노동력 참가에 대해서도 마찬가지다.

⑥ 일본 기업의 인사 결정은 감점주의적 평가로 이루어진다. 이러한 방식의 평가는 기업의 비용·이익의 판단이 아니고, 인사담당자의 비용·이익의 판단으로 행하여지는 경우가 많다. 이것은 기업의 합리성을 제한하고, 여성의 등용을 막고 있다. '감점주의'라는 것은 부작위(의도적으로 행동을 하지 않는 것을 의미하는데, 예를 들어 관습을 답습하는 것이 있음)의 실패는 처벌받지 않지만, 작위(의도적 행동을 하는 것을 의미하는데, 예를 들어 관습을 깨는 것이 있음)의 실패는 크게 감점되고, 또 부작위의 성공이든 작위의 성공이든 성공은 동등하게 평가되는 제도이다. 한편, 득점주의라고 하는 것은 부작위의 실패이든 작위의 실패이든 실패는 동등하게 마이너스 평가되지만, 성공의 경우는 부작위의 경우는 평가되지 않고 작위의 경우는 높게 평가되는 제도를 말한다. 대범하게 말하면 미국은 득점주의적, 일본은 감점주의적이다. 감점주의적 평가 아래에서는 인사담당자가 관습을 지켜서 남성 우선의 인사를 하는 것이 관습을 깨고 여성 등용을 위한 길을 여는 것보다 이득이 되는 것은 자명할 것이다. 그러나 이것은 인사담당자에게는 합리적이어도 기업에는 합리적이지 못한다. 이 감점주의는 인재 활용의 위험 회피성과 관계되므로 이 책의 제7장에서 그 문제를 다시 다룬다.

1.2.5 일본적 고용 관행의 '기능 부전'

일본은 고도 성장기를 통해서 경제발전하고 국민도 풍부해졌다. 그것을 지탱한 요인의 하나가 일본적 고용 관행에 있다. 그러므로 일본적 고용 관행은 합리적이라고 생각하기 쉽다. 또한 상황이 변하고 일본적 고용 관행은 더 이상 기능하지 않지만 고도 성장기에는 합리적이었다고 생각하는 사람들도 많다. 그러나 앞에서 논의한 바와 같이 사실 일본적 고용 관행은 일본의 문화적 토양이라는 초기 조건과 고도 성장기의 경제 조건인 전략적 합리성의 판단이라는 두 요소가 복잡하게 얽히고, 종신고용제와 연공임금을 당초의 핵심으로 점차 보완적 제도를 받아들이면서 완성되어 왔다고 생각된다.

그러면 무라카미·사토·구몬이 '계보성'이나 '자립성'이라고 부른 기능이 일본 조직에서 우선시된 것, 즉 ① 상품시장에서의 점유율 확대에 의해 기업 번영을 달성하려는 전략 및 ② 노동 시장을 종신고용제도와 내부화시켜 상품시장을 계열 내 거래나 주식 보유로 지탱하는 것으로 기업의 안정적 유지를 달성하려는 전략이 실제로 기업의 존속과 번영으로 이어진다면 진화 게임론적으로는 합리적이라고 하지만 정말로 그런 것인가? 아래에서 그것을 논의하고자 한다.

먼저 구체적인 예를 들어보자. 1990년 이후 효율성을 생각하지 않고 호황 시에 시장 확대를 한 많은 기업이 불황 시에는 도산·축소를 하고, 또 타업종화하면서 생산성이 낮은 부문을 떠안게 된 바람에 적자를 냈다. 하지만 케이즈전기(현 케이즈홀딩스)에서는 오히려 반대의 전략을 취했다고 한다. 즉 호황 시에는 점포수 증가 등 사업 확대를 하지 않고 점포별 판매를 늘리고, 불황 시에는 한 점포별 상품 수요가 줄어들기 때문에 반대로 점포수를 늘려 점포당 노동자를 줄여 판매를 분산화한 것이다. 또 호황 시에 다른 업종에 진출하지 않고, 전자제품에 특화하여 서비스의 질적 향상과 영업 규모의 축소화에 노력한 것이 불황 시에도 안정적 성장을 유지하는 것에 이어졌다고 한다(케이즈전기 사장, 가토 슈이치加藤修一 씨의 인터뷰에서).

케이즈전기의 '수요가 많을 때에는 특정한 장소(가장 잘 이익을 본다고 생각되는 곳)에 집중하여 판매하고, 수요가 적을 때는 지역에 분산시켜 판매한다'는 생각은 불확실성의 크기에 따라 합리적 전략이 다르다. 즉 불확실성이 작을 때는 가장 이익률이 높은 부문에 집중시키고, 불확실성이 클 때는 위험을 분산시켜 상황(환경)에 맞춰서 균형을 잡는 것이 합리적이라는 생각이다. 후자에서 특히 중요한 것은 단지 분산을 도모할 뿐만 아니라 상황(환경)의 변화를 정확히 파악하고 그것에 따라 분산 방식을 최적화하는 것이다. 이것은 존속 목적에는 유효하고 그 의미로 케이즈전기와 유사적 전략은 합리성을 가진다고 생각된다.

한편, 다른 많은 일본 기업에서 보이는 '점유율 확대'라는 전략은 기업의 존속이라는 목적에 항상 유효한 전략은 아니다. 케이즈전기의 전략에 나타나는 외적 상황의 불확실성으로의 적응에 관한 합리적 지침이 갖추어지지 않고 있기 때문이다. 사견이지만, 봉건 시대의 이에[※]가 확대를 목적으로 하는 것은 무가 사회에서 그 지위와 힘이 미곡의 수확량(녹봉)으로 상징된 것이 역사적 원인으로 되어 있으며, 무라카미·사토·구몬이 무가의 이에[※] 제도를 모방했다는 일본 기업이 그 지위와 힘의 상징으로서 시장 점유율의 확대를 목적으로 한 것이 아닐까 생각된다. 그 외에도 인구조사를 전전 '국세國勢 조사'라고 명명하거나, 현재에서도 관료 조직의 힘이 획득하는 예산의 크기로 판단하는 것처럼 조직을 '인간'과 같이 지위와 권력을 가지는 존재로 여기는 가치관이 일본에서 존속하고 있는 것은 이에 제도와 크게 관련되어 보인다. 하지만 이러한 확대 지향은 경제 합리성과는 모순되는 것도 많다.

중요한 것은 일본의 고도 성장기는 제조업 기술 등에서, 구미 모델로 말하는 '이미 성공한 모델'로 기술적으로 따라잡으면 당시는 상대적으로 저렴했던 일본 노동자의 인건비가 경쟁 우위를 초래하므로 불확실성이 적은 시기였던 점이다. 그러므로 이른바 '집중'이 존속에서 유효한 시기였다. 강한 내부의 결속과 협력의 힘을 당시는 보이고 있었던 적절한 방향에 집중적으로 쏟으면 그것으로 성공한 것이다. 또 그 결속을 위해서는 전술한 '보장과 구속'의 교환이나 보수의 연대성이라는 것도 기능적이었다고 말할 수 있다.

한편 현대는 어떠한가. 기술에서 첨단을 따라잡은 일본 기업에는 향후 '시장에서 성공하는 기술 혁신'이 어떠한 것인지 보이지 않는 상태에 있다. 또 인건비도 엔고와 맞물려 오히려 경쟁의 열세를 초래하고 있다. 즉 현재는 고도 성장기와는 반대로 불확실성이 큰 시기이다. 거기서는 집중이 아니고, 리스크를 분산시키고 외적 환경 적응 능력을 높이는 것이 존속을 위해 유리하다.

미국의 경영학자인 코터와 헤스켓(Kotter and Heskett, 1992)이나 고든과 디토마소(Gordon and DiTomaso, 1992)는 일관된 제도나 경영 관행으로 특징지어지는 '강한 기업 문화'를 가진 기업의 퍼포먼스는 평균적으로는 높다고 주장했다. 그러나 쇠렌센(Sørensen, 2002)은 그 가설이 일반적으로는 성립하지 않는 것을 실증하였다. 쇠렌센에 의하면 외적 조건이 안정적으로 변화지 않을 때는 '강한 기업 문화'를 가진 기업에서 높은 퍼포먼스가 지속되지만, 외적 조건에 가변성volatility이 높을 때는 그러한 효과는 소멸해버리는 것을 실증한 것이다. 또 상기의 코터와 헤스켓도 '궁극적인 강한 기업 문화'는 노동자, 투자자, 소비자 등의 상황이나 관심의 변화와 같은 환경 변화에 대한 저항력의 높이라는 문화적 특질인 '적응 문화'adaptive culture를 가진다고 결론을 짓고 있다. 여기서 '강한 기업 문화'를 '성공 모델의 불확실성이 낮을 때의 집중도를 높일 수 있는 기업 문화'라고 이해하면 상기의 논의와 정합한다.

일본의 종신고용제도를 핵심으로 하는 일종의 내부노동시장의 발달은, 한편으로 훈령·교육 비용의 낭비 및 노동 유출을 막는 기능이 있고, 장시간 노동 및 강한 구속을 통해서 높은 집중도를 발휘한다는 기능도 지니고 있었다. 하지만 다른 한편으로는 불확실성 아래에서의 환경 적응력을 낮게 하는 역기능도 있었다고 생각한다. 내부노동시장에서 육성된 노동자는 정보가 동질적이어서 변화하는 외부 환경에 대한 적응력이 결여되고, 기업 내 교육·훈련도 과거에는 성공했지만 새로운 상황에 적응하지 못하는 모델을 재생산하는 경향이 있기 때문이다.

환경 적응의 한 원천은 인재의 다양성이라고 할 수 있다. 성별, 민족, 단기고용·장기고용 등에 관계없이 유용한 정보·지식·기술을 외부에서 가져오고 기존 모델의 환경 적응력을 높이는 것에 공헌할 수 있는 인재를 중용하는 것. 그것은 '본토박이'의 동질적인 내부의 인간을 중용하는 전형적 일본 기업의 특질과 거의 정반대인 것이지만, 사실은 일본 기업이 목적으로 하는 기업의 존속에는 상술한 현재의 불확실성 아래에서 환경 적응력을 기르는 것이 우선적인 과제라고 생각한다. 그 시금석이라고도 말해야 할 것이 여성의 활약 추진이다. 글로벌 경제라고 불리는 시대에 일본 기업도 시대의 요청의 변화를 인식하고 시대에 맞는 개혁의 필요성을 인식하고 있는 것이지만, 왜 일본적 고용 관행·제도가 완강하게 근본적인 개혁을 막는 것인가. 그것은 이 책에서 논의한 열등 균형 문제와 관련되어 있다고 생각한다.

일본적 고용 제도가 기능하지 않게 된 또 하나의 원인은 경제 조건의 변화이다. 즉 노동 수요의 증가를 전망할 수 없는 상황에서, 고용 조정에 있어서 경직된 제도를 적용하여 인건비 부담이 증대했다. 또 성장 발전에 있어서 방향성의 불확실성이 커지고 기업의 환경 적응력의 중요성이 커졌는데도, 동질적인 장기 노동자가 중심이 되어 더 이상 실효성이 없는 과거의 성공 모델을 기반으로 한 기업 내 교육·훈련을 통해 인재를 키우는 시스템을 가지고 있기 때문에 환경 적응력이 떨어지는 것이다. 게다가 인건비 부담의 경감을 고용의 비정규화로 대처하려고 한 것이 외부불경제를 증가시켰다고 생각한다. 〈표 1.2〉는 이것을 요약한 것인데, 통상 일체의 것으로 인식되기 쉬운 '종신고용(정규 노동자의 강한 고용보장)'과 '내부노동시장(인재 등용에 대한 기업 내부자 우위)'을 구별하고, 한편은 노동 수요의 안정적 성장의 조건이 없어지는 것, 다른 한편은 성공 모델의 불확실성 증대에 따른 기업의 환경 적응도의 중요성 증가에 대해 각각 역기능이 된다는 것을 나타낸 것이다.

〈표 1.2〉 외적 상황의 변화에 따른 일본적 고용 관행의 기능과 역기능

	시장에서 평가되는 기술 혁신 등으로 성공 모델의 불확실성은 작음: 집중력이 중요	시장에서 평가되는 기술 혁신 등으로 성공 모델의 불확실성은 큼: 환경 적응력이 중요
노동 수요의 안정적 증가를 기대할 수 있음. 고용 조정의 유연성 필요 없음	종신고용, 내부노동시장은 기능	내부노동시장은 역기능, 인재 다양성이 기능
노동 수요는 불확실함, 고용 조정의 유연성이 필요	종신고용은 역기능	종신고용, 내부노동시장 역기능* 인재의 다양성이 기능

* 종신고용이 고용 조정에서 경직적이 됨. 내부노동시장은 동질적인 정보를 가지는 집단이 결정권을 가지므로 환경 적응력이 작고, 또 채용·훈련 비용을 낮춰도 과거에는 성공했지만 이제 성공하지 않는 기업의 특수한 기술·지식을 재생산하기 쉽다.

그러나 여성의 인재 활용에 대한 장애라는 점에서 생각한다면, 문제는 사실 경제적인 조건의 변화에 상관없이 처음부터 존재하고 있었다고 말할 수 있다. 일본적 고용 제도는 그 성립으로부터 여성의 인재 활용을 경시한 결과 생겨난 제도라고 생각되기 때문이다. 그것이

상호보완적인 제도의 확립으로 더욱 뒤엉킨 것은 앞의 절에서 설명한 대로이다.

한편, 이 책의 제5장과 제6장에서 밝히지만, 많지는 않으나 여성의 인재 활용의 추진을 통해서 생산성을 높이고 있는 기업도 존재한다. 덧붙이자면, 여성 활용의 중요 지표인 관리직의 여성 비율과 기업의 설립 연도 간에는 상관 관계가 전혀 없고, 오래된 기업이 제도를 바꾸기 어렵기 때문에 여성의 인재 활용이 진행하지 않는다는 가설은 성립하지 않는다. 물론 앞절까지의 논의에서 명확해진 것같이, 여성 인재활용의 추진은 그것을 어렵게 하고 있는 제도의 변환 없이는 불가능하며, 제도 변환에는 나름대로의 일시적인 비용이 드는 것도 사실이다.

가장 큰 문제는 본 장에서 지금까지 논의한 바와 같이, 기업이 지금까지 여성 활용을 어렵게 해 온 제도 속에서 생겨난 결과나 이들 제도의 존속을 전제로 여성의 인재 활용이 어렵다고 생각하고 있는 것이다. 이것은 앞서 언급한 특수적 전제를 둔 후의 여성 활용이 어렵다는 판단이며, 전제 자체가 여성 활용을 어렵게 하고 있는 제도와 그 결과이므로 일종의 순환 논법이 되고 있는 것이다. 기본자세로서 특수적 전제가 아니고, 보편적 전제 아래 성별에 관계없이 인재를 살리는 제도를 만들기 위해서는 어떻게 하면 좋은지를 먼저 생각해야 한다. 그러기 위해서는 우선 현상에 관한 실증적 분석을 토대로 실상을 보다 정확히 파악하는 것이 무엇보다도 중요하다. 아래의 제2장부터 제6장까지는 실증적 분석에 관한 장이지만, 그 분석 전략과 함께 이 책의 구성에 대해서 언급하고자 한다.

1.3 이 책의 분석 전략과 구성

이 책은 제2장부터 제6장이 실증 분석에 할당하고 있지만 제2장부터 제4장까지는 남녀 불평등의 요인 분석을 실시하고, 제5장과 제6장에서는 다이버시티 경영이 남녀 임금 격차나 기업의 노동생산성·경쟁력에 미치는 영향에 대해서 분석하고 있다. 제2장부터 제4장에서는 성별의 영향을 중요하게 다루는 반면, 제5장과 제6장은 기업 시책의 영향을 중요하게 다루기 때문에 두 파트에서는 분석상 전략도 다르다.

남녀 불평등에 관한 제2장으로부터 제4장은 모두 루빈의 인과추론 모델(Rosenbaum and Rubin, 1983; 1984; Rubin, 1985)의 발상에 의거한 요소분해를 사용하고 있다.[5] 요소분해 분석Decomposition Analysis이라는 것은 예를 들면, 남녀 임금 격차에 대해서 인적자본에 관한 변수 등 임금에 영향을 미치는 변수의 남녀 차이로 '설명할 수 있는 격차'와 '설명할 수 없는 격차'로 분해하는 분석이다.

주제는 각 장마다 다르다. 제2장은 관리직 비율의 남녀 격차, 제3장은 남녀의 전문직 분리에 초점을 맞춘 남녀의 직업 분리, 제4장은 남녀의 소득 격차에 대해서 분석하고 있다. 앞서 '인과추론'이라는 말을 사용했지만, 성별의 영향에 대해서는 예를 들면 기업 시책의 영향을 측정할 경우와 동일하게 인과를 문제로 삼을 수는 없다. '조작할 수 없는 변수에 인과 없음'이라는 표현이 인과분석에서는 사용할 수 있지만, 성별은 성 전환 등의 예외적 경우를 제외하고 조작할 수 있는 (인위적으로 변경할 수 있는) 변수가 아니다.[6] 단지 예를 들면 성별, 학

---

[5] '루빈의 인과추론 분석 모델'에 대해서는 본 장의 부록 해설을 참조.

력 및 근속 연수 등 인적자본 변수가 이 책에서는 '반⁂사실적(카운터 팩추얼)'7이라고 부르는 가상 상황에서 통계적으로 독립이 되는 상태를 데이터 상에서 실현하는 것으로 '설명되는 격차'와 '설명되지 않는 격차'로 분해하는 것이지만 그 방식이 루빈의 인과추론 모델에서 개발된 방법과 같은 것이다. 인적자본과 성별이 독립적이 되어도 남는 격차가 '설명되지 않는 격차'이다.

이 '반사실적 상태'를 고찰하는 것은 이 책의 분석 요점이 되지만, 거기에는 이유가 있다. 1970년대 프랑스의 사회학이론가이자 계량

---

6 전혀 조작 불가능한 것도 아니다. Experimental audit method라고 부르는 조사 방법이 있다. 이것은 기업에 의한 고용 채용 시의 인종 차별이나 성 차별을 측정하기 위해서 만들어진 방법으로, 조사자가 미리 인종이나 성별 이외의 속성에 대해서는 완전히 동등하다고 간주되는 페어의 직업 응모자의 이력서를 몇 쌍이나 작성하고 공모에 응하고, 그중 면접에 호출되는 응모자의 비율이 성별이나 인종별로 유의미하게 다른 것인지의 여부를 보는 것이다. 그러나 경험이 가공인 것이므로 논리 문제가 얽히는 것이 아닐까라고 생각하는 사람이 있을지도 모르지만, 가공 데이터는 서류 전형에서만 사용되고 실제 노동자와 결부되거나, 면접에 가서 거짓 정보를 주거나 하는 것이 아니어서 채용자의 비용은 서류 전형의 수고 비용만이다. 한편, 성차별이나 인종 차별의 유무의 지식을 얻는 사회적 이익은 그것을 크게 상회한다고 판단되기 때문에 가공 경력서를 이용하는 것은 허용되고 있다. 이러한 방법을 사용한 결과 코렐 등(Correll et al., 2007)은 면접으로 호출되는 확률이 여성의 경우 자녀가 있으면 낮아지고, 반대로 남성은 높아지는 것으로 노동시장에서는 '모친'이 차별되고 있는 것을 실증했다.

7 '반사실적(카운터팩추얼) 상황'이라는 것은 통계적 인과분석 용어로, 실제로는 일어나지 않는 특정한 상황을 말한다. 예를 들면, 남녀의 소득 격차가 학력이나 근속 연수의 차이에 의해 어느 정도 설명할 수 있고, 어느 정도 설명할 수 없는지를 알고 싶을 때, 만약 '여성의 학력과 근속 연수가 남성과 같았다'면 남녀의 소득 격차는 어느 정도였던 것인지를 생각한다. 이 '여성의 학력과 근속 연수가 남성과 같았다'라는 것이 실제로는 실현되지 않은 상황이라는 의미로 '반사실적' 상황이라고 불린다. 이 책에서는 이러한 반사실적 상황을 통계 표본상에서 만들어 내는 작업을 통해서 어떤 사전의 남녀 차이가 결과인 남녀 격차를 어느 정도 설명하는 것인지에 대한 분석을 많이 시도하고 있다. 통계적 인과분석의 개념에 대해서는 본 장의 부록을 참조할 것.

적 분석도 하는 레이몽 부동과 당시 미국 사회학의 위스콘신 학파를 인솔하는 계량사회학자인 로버트 하우저 사이에서 부동(Boudon, 1974)의 저작『교육, 기회, 그리고 사회적 불평등*Educaion, Opportunity, and Social Inequality*』의 내용에 관한 하우저의 지극히 부정적인 서평에 관련해서 두 학자 간에 논쟁이 벌어졌다(Boudon, 1976; Hauser, 1976).

부동의 분석은 반사실적 상황을 모델화하는 표준적인 통계적 기법이 개발되기 이전에 가상 상황에 대한 계량적 시뮬레이션을 구사하고 사회 이동이나 사회적 불평등에 관한 한 종류의 패러독스에 대한 설명을 시도하는 내용이었다. 그러나 자신도 사회 이동이나 불평등 연구를 하는 하우저는 현실에 적합하지 않는 시뮬레이션 데이터에 근거한 수치 분석 등에는 의미가 없다고 부동을 격렬하게 비판했다. 이에 대해서 부동의 반론은 현실의 데이터에 적합한 통계 모델은 현상의 기술 목적으로는 도움이 되지만, 배후에 있는 사회적 메커니즘을 설명하는 것이 아니고, 사회적 메커니즘의 설명에는 전혀 다른 계량적 방법이 필요하다는 것이었다. 그것은 다음 이유에 따른다.

일반적으로 하우저가 인솔하고 있었던 위스콘신 학파의 지위 달성 모델 등의 통계적 다변량 회귀분석 등에 근거하는 분석 결과는 사회의 상태는 변화지 않고, 예를 들면 어떤 한 개인이 고졸이 아닌 대졸이었다면 그 개인의 사회경제적 지위는 어느 정도 오른 것인가라는 미시적인 변화의 결과를 예측할 수 있다. 그러나 대졸자 비율이 25%에서 50%로 늘어난다면 사회경제적 지위와 학력의 관계는 어떻게 다를 것인가라는 거시적인 결과는 전혀 예측할 수 없다. 부동의 주장은 후자와 같은 거시적인 사회 변화의 영향에 대한 이해야말로 사회의 메커니즘의 규명을 가능하게 하고, 이에 대해서 하우저식 통계 분석은 대답을 줄 수 없다는 것이었다.

이 논쟁에 대해서 필자는 현재 다른 의미로 하우저의 비판에는 빗나간 면이 있었다고 생각한다. 통계적 시뮬레이션이라고 해도 사실은 두 가지 다른 것이 있다. 하나는 관찰되지 않고 있는 변수에 대해서 분포나 그 변수와 관찰되는 변수와의 특정한 관계를 가정하고 결과가 어떻게 되는지를 보는 것이다. 관찰되지 않는 교란요인(외관상의 관계를 만들어 내는 변수)에 관한 민감도분석sensitivity analysis 등이 전형적인 예이다.[8] 또 하나는 관찰되는 특정한 변수의 분포나 변수 간 관계에 대해서 사실과 다른 가정을 했을 때 결과가 어떻게 변하는지를 보는 것이다. 전자가 협의한 통계적 시뮬레이션이며, 후자를 이 책에서는 거시적인 반사실적 분석(macro counter-factual analysis, Yamaguchi, 2011)이라고 부르기로 한다. 사실 부동이 실시한 '시뮬레이션'은 후자이다. 즉 반사실적인 것이다. 따라서 부동의 모델은 사실과 부적합한 모델이라서 의미가 없다는 하우저의 비판은 적절하지 못한 것이다. 문제는 아래 절에서 설명하는 바와 같이 반사실적인 부분의 가정을 명확화하고 다른 부분이 사실에 의거한다는 것이다. 그러한 상황을 생각하므로 현실에서 일어난 결과의 일부는 설명할 수 있다. 그것이 어느 정도 설명할 수 있는지를 같이 분석할 수 있으면 반사실적 상황의 통계적 시뮬레이션에는 충분히 의미가 있다.

서론이 다소 길어졌지만, 이 책의 제2장부터 제4장에서 요소분해 분석을 사용하고 있다. 이 방법이 부동의 관심사였던 가상의 거시적인 사회 변화의 결과 예측을 가능하게 하는 분석 방법이기 때문이다.

---

[8] 민감도분석이란 통계 분석 모델에서 특정한 가정에 대해서 얻을 수 있는 결과가 그 과정에 어느 정도 의존하지 않고 성립하는지에 관한 분석이다. 통계 분석 모델에서 실시되는 가정의 타당성을 직접 검증할 수 없을 때 시뮬레이션을 통해서 결과의 강건성(robustness)을 확인하는 방법이다.

또 그 다음으로 언급하는 의미로 사실과 적합한 모델이며, 하우저의 비판도 해당되지 않는다. 즉 이 장에서는 관리직 비율 및 소득 격차에 대해서 예를 들면, '남녀 인적자본(연령, 학력, 근속 연수)의 분포가 같다'면 격차가 어느 정도 감소할 것인가라는 반사실적 상황을 생각해서 분석을 한다. 이것은 거시적인 사회 변화이다. 한편, 제2장의 부록에서 해설하는 요소분해 분석인 DFL 모델과 매칭 모델의 어느 모델도 관찰된 데이터에 대한 모델 예측은 사실과 완전히 일치한다고 가정하고 있다. 통상의 회귀 모델 등과 다른 것은 원인(학력이나 근속 연수 등)과 결과(임금 등) 간 관계에 대해서는 특정한 수식을 가정하지 않는 반모수적$^{semi-parametric}$인 모델이라는 점이다. 즉 아무것도 제한을 두지 않는 이른바 '있는 그대로'를 가정하는 모델이다.[9]

한편, DFL 모델과 매칭 모델은 각각 반사실적 상황에서는 어떠한 결과가 생기는지에 대해서 서로 다른 가정을 두고 있다. 여기서 반사실적 상황이란 예를 들면, 성별, 학력, 근속 연수 등의 인적자본 변수가 통계적으로 독립이 되는 상황(즉 여성이 남성과 같은 학력이나 근속 연수의 분포를 가지는 상황)이다. 루빈의 인과추론법을 그대로 이용한 DFL(DiNardo, Fortin and Lemieux, 1996)에서는 반사실적 상황에서는 원인을 대표하는 독립변수(학력, 근속 연수)의 결과(임금)에 대한 영향을 나타내는 잠재적 매개변수는 반사실적 상황에서도 바뀌지 않는다고 가정한다. 예를 들면, 다른 조건이 같다면, 남녀별로 고졸이 아닌 대졸인 것이 관리직 승진 비율에 미치는 영향은 각각 일정하다는 가정이다. 이 결과 다른 조건이 같고 여성의 대졸 비율이 남성과 같게

---

9 이 점에 대해서도 이 책의 부록으로 루빈의 인과추론 분석 모델의 특징으로서 훨씬 자세하게 해설하고 있다.

된다는 반사실적 상황에서는 남성의 관리직 비율은 변한지 않지만, 여성의 관리직 비율은 늘어나고, 남녀를 합친 관리직의 비율도 늘어나게 된다.

사실 이 가정은 통계적 인과분석으로 말하는 'SUTVA'의 가정(星野, 2009)과 밀접한 관계가 있지만, 통계 기술의 전문적인 문제이므로 설명은 생략한다. 이 가정은 일견 문제가 없는 것 같지만, 만약 원인이 노동시장의 공급 측의 변수만인 경우, 임금은 노동 공급에 의해 결정된다는 강한 가정이 된다.

이 가정은 특히 결과가 임금이나 소득이 아닌 특정한 직업을 얻는 것인지 아닌지와 같이 확률일 경우는 지극히 의심스럽다. 시장에서 몇 %의 사람이 특정한 직업에 종사하는지 그 직업에 대한 노동의 수요 측의 요인에 의해서도 정해진다고 생각되기 때문이다. 거기서 남녀의 직업 분리를 요인 분해하는 제3장에서는 필자가 개발한(Yamaguchi, 2017) 매칭 모델을 DFL 모델과 병용해서 분석하고 있다. 매칭 모델은 DFL 모델과는 정반대로, 직업 분포는 반사실적 상황에서 노동 공급의 특성이 변화해도 불변이라고 가정하는 모델이다. 즉 이 모델에서는 여성의 대졸 비율이 남성과 같아진다는 반사실적 상황에서 평균 대졸 비율이 늘어도, 남녀를 합친 관리직의 비율은 변하지 않는다. 그러나 여성의 대졸 비율이 증가한 결과 여성의 관리직 비율을 증가시키려고 하지만, 그것은 남성 관리직 비율을 감소시킬 수 있는 정도에도 영향을 받게 된다. 이 경우 대졸자가 관리직이 될 수 있는 남녀의 상대적 정도는 현상과 변하지 않는다는 가정을 두고 있다.

이것은 DFL 모델의 결과를 초기값으로 했을 때 결과의 분포만은 관찰된 분포와 같아진다는 가정을 추가했을 때의 통계적 최우 추정으로 예측하는 모델과 결부된다. 또 실제로 직업 분포는 노동의 수요와 공급의 쌍방에 의존하는 것이기 때문에 필자는 예측되는 결과는 두 모델의 결과 사이에 있다는 가정으로 분석을 하고 있다.

이와 같이 이 책으로 실시하는 거시적인 반사실적 분석은 관찰한 데이터에는 특정한 모델을 억지로 적용시키지 않고, 반사실적 상황만을 일정한 가정 아래 실현하는 모델로, 또 그 가정의 성질도 암묵적이지 않고 명시적으로 실시하도록 유념하고 있다. 가상의 거시적인 사회 변화 아래에서 일어나는 결과에 대해서 무엇이 타당하는지 우리는 정확하게는 알 수 없지만, 모델의 가정을 훨씬 명확하게 함으로써 성립하는 조건이 명확한 결론을 얻을 수 있는 것이다. 한편, 이 책의 제3장에서는 부동이 분석한 바와 다르지만, 남녀의 학력 동등화가 오히려 남녀의 직업 분리를 촉진한다는 패러독스를 제시함과 동시에 그 이유를 밝히고 있다.

또 이 책이 실시하는 반사실적 분석은 부동Boudon의 분석과 다르고, 일정한 메커니즘으로 설명되는 남녀 격차는 몇 %이며, 설명되지 않는 격차는 몇 %인지를 밝히는 것으로 그 메커니즘이 어느 정도 설명에 유효한지 지침을 줄 수 있다. 실제로 제4장에서는 연령, 학력, 근속 연수, 직급, 직업, 노동 시간의 여섯 변수의 남녀 차이가 소득 격차의 약 80%를 설명하는 것을 나타낸다. 또 다변량 회귀분석에서는 '설명할 수 없는' 부분은 무작위로, 그것이야말로 설명할 수 없는 것이지만, 요인 분해 분석에서는 '설명할 수 없는 부분'에 대한 이질성을 분석하는 것이 가능하다. 예를 들면, 남녀 인적자본의 차이로 인해 설명되지 않는 남녀 소득 격차가 직업별로 어떻게 다를지 등을 함께 분석하고 있다. 그러나 앞서 언급했듯이 요인 분해 분석은 기법적으로는 루빈의 인과추론 방법을 응용한 것이지만 인과분석이 아니다. '조작할 수 없는 변수'인 성별은 통계적 인과분석상 남녀 격차의 원인이 아닐 뿐만 아니라 실제 사회에서 남녀 격차의 원인은 성별에 의해 취급이 달라지는 사회에 있다. 그러므로 이 책은 남녀가 어떠한 취급의 경로를 거치고 결과에 차이가 생기고 있는지를 문제로 삼는다.

한편, 제5장과 제6장에서는 기업 시책의 영향에 초점을 맞추고 있으므로 이것은 인과분석의 문제가 된다. 이번 분석은 패널조사가 아닌 횡단적 조사 데이터의 분석이므로 소위 관찰되지 않는 교락요인(기업 시책과 결과의 쌍방에 영향을 미치므로 외관상 관련을 야기하는 관찰되지 않는 변수)을 통제할 수 없는 한계를 가지지만, 그 한계를 고려해서 여성이 일하기 쉬운 직장 환경과 관련되는 기업 시책이 남녀 임금 격차와 기업의 노동 생산성·경쟁력에 미치는 인과적 영향을 추정하려고 시도하고 있다. 이 책의 제2장부터의 구체적 구성과 표제는 아래와 같다.

제2장: 화이트칼라 정사원과 관리직 비율에서의 남녀 격차의 결정 요인

제3장: 남녀의 직업 분리의 요인과 결과-간과되어 온 남녀 평등의 장애

제4장: 화이트칼라 정사원의 남녀 소득 격차-격차를 초래하는 약 80% 요인과 메커니즘의 해명

제5장: 기업의 워크 라이프 밸런스 추진과 한정정사원제도가 남녀 임금 격차에 미치는 영향

제6장: 여성의 활약 추진과 노동 생산성-어떤 기업 시책이 왜 효과를 낳는 것인가

제7장: 통계적 차별과 간접차별-인센티브 문제의 재검토

제8장: 남녀 불평등과 그 불합리성-분석 결과가 의미하는 것

| 인용 문헌 |

岩井克人. 2005. 『会社はだれのものか』, 平凡社.

大沢真知子. 2015. 『女性はなぜ活躍できないのか』, 東洋経済新報社.

川口章. 2008. 『ジェンダー経済格差』, 勁草書房.

小池和男. 1991. 『仕事の経済学』, 東洋経済新報社.

隅谷三喜男. 1974a. '日本的労使関係論の再検討 – 年功制の論理をめぐって (上)', 『日本労働協会雑誌』185号.

隅谷三喜男. 1974b. '日本的労使関係論の再検討 – 年功制の論理をめぐって(下)', 『日本労働協会雑誌』187号.

竹信三恵子. 2009. 『ルポ 雇用劣化不況』, 岩波新書.

中根千枝. 1967. 『タテ社会の人間関係』, 講談社現代新書.

永井暁子. 2001. '夫の育児遂行の要因', 岩井紀子編『現代日本の夫婦関係』12章. 日本家族社 会学会全国家族調査(NFR)研究会.

永井暁子. 2006. '家族政策と家族生活の日欧比較', 家計経済研究所 第36回 公開講演会『仕事と家庭の両立をめざして』報告.

野村正實. 2003. 『日本の労働研究』, ミネルヴァ書房.

濱口桂一郎. 2011. 『日本の雇用と労働法』, 日経文庫.

星野崇宏. 2009. 『調査観察データの統計科学』, 岩波書店.

深尾京司. 2010. 'RIETI 政策シンポジウム – 雇用・労働システムの再構築', RIETI HIGHLIGHT 30.

舟橋尚道. 1975. '内部労働市場と年功制論: 隅谷三喜男教授の見解をめぐって', 『日本労働協会雑誌』192号.

松田茂樹. 2002. '父親の育児参加促進策の方向性', 国立社会保障・人口問題研究所編『少子社 会の子育て支援』第14章. 東京大学出版会.

村上泰亮・公文俊平・佐藤誠三郎. 1979. 『文明としてのイエ社会』, 中央公論社.

八代尚宏. 1997. 『日本的雇用慣行の経済学』, 日本経済新聞社.

八代尚宏. 2009. 『労働市場改革の経済学』, 東洋経済新報社.

山岸俊男. 1998. 『信頼の構造』, 東京大学出版会.

山岸俊男. 2002. 『心でっかちな日本人』, 日本経済新聞社.

山口一男. 2008. '男女の賃金格差解消への道筋 - 統計的差別の経済的不合理の理論的・実証的根拠', 『日本労働研究雑誌』50: 40-68.

山口一男. 2009. 『ワークライフバランス - 実証と政策提言』, 日本経済新聞出版者.

山口一男. 2010. '常勤者の過剰就業とワーク・ファミリー・コンフリクト'. 鶴・樋口・水町(編), 『労働時間改革』日本評論社: 53-79.

Abegglen, James. 1958. The Japanese Factory. Glencoe, ILL: The Free Press. Akerlof, George. 1970. "The Market for Lemons: Quality, Uncertainty, and the Market Mechanism." *Quarterly Journal of Economics.* 84: 488-500.

Aoki, Masahiko and Masahiro Okuno. 1995. *Comparative Institutional Analysis of the Economic Systems*, Tokyo: The University of Tokyo Press.

Becker, Gary S. 1991. *Treatise on the Family, enlarged edition.* Cambridge: Harvard University Press.

Bianchi, Suzanne M. 2009. "What Gives When Mothers Are Employed? Parental Time Allocation in Dual-Earner and Single-Earner Two-Parent Families." D. R. Crane and E. J. Hill(eds.). *Handbook of Families and Work.* University Press of America .

Boudon, R. 1974. *Education, Opportunity, and Social Inequality: Changing Prospects in Western Society.* New York: Wiley.

Boudon, R. 1976. "Comment on Hauser's Review of Education, Opportunity, and Social Inezuality." *American Journal of Sociology*

81: 1175-87.

Coate, Stephen and Glenn Loury 1993. "Will Affirmative-Action Policies Eliminate Negative Stereotypes?" *The American Economic Review* 83: 1220-40.

Cole, Robert E. 1973. "Functional Alternatives and Economic Development: An Empirical Example of Permanent Employment in Japan." *American Sociological Review* 38: 424-38.

Correll, Shelley J, Stephen Benard, and In Paik Source. 2007. "Getting a Job: Is There a Motherhood Penalty?" *American Journal of Sociology* 112: 1297-339.

DiNardo, J., N. Fortin, and T. Lemieux. 1996. "Labor Market Institution and the of Distribution Wages." *Econometrica* 64: 1001-44.

Doeringer, Peter B. and Michael J. Piore. 1971. *Internal Labor Markets and Manpower Analysis.* Lexington: London.

Gordon, G. G., and N. DiTomaso. 1992. "Predicting Corporate Per-formance from Organizational Culture." *Journal of Management Studies,* 29: 783-98.

Hauser, R.M. 1976. "On Boudon's Model of Social Mobility." *American Journal of Sociology* 81: 911-28.

Hewlett, S.A., L. Sherbin, C. Fredman. C. Ho, and K. Sumberg. 2011. *Off-Ramps and On-Ramps Japan - Keeping the Talented Women on the Road to Success.* Center for Work-Life Policy: New York.

Hochschild, Arlie R. and Anne Machung. 1989. *The second Shift: Working Parents and the Revolution at Home.* New York: Penguin.

Kotter, John P. and James L. Heskett. 1992. *Corporate Culture and Performance.* New York: Free Press.

Lazear, Edward P. 1979. "Why is there mandatory retirement?"

Journal of Political Economy 87: 1261-84.

Lazear, Edward P. 1995. *Personnel Economics*. Cambridge, MS: MIT Press.

Murakami, Yasusuke. 1984. " 'Ie' Society as a Pattern of Civilization." *The Journal of Japanese Studies* 10: 279-363.

Nishioka, Hachiro.1998. "Men's Domestic Role and the Gender System: Determinants of Husband's Household Labor in Japan." 『人口問題研究』54. No. 3. pp. 56-71.

Odaki, Kazuhiko and Naomi Kodama. 2010. "Stakeholder-Oriented Corporate Governance and Firm-Specific Human Capital: Wage analysis of employer-employee matched data." RIETI Discussion Paper Series 10-E-014.

Okuno, Masahiro. 1984. "Corporate Loyality and Bonus Payment: An Analysis of Work Incentives in Japan." in M. Aoki(ed), *The Economic Analysis of the Japanese Firm*. North-Holland: Elsevier.

Phelps, Edmund S. 1972. "The Statistical Theory of Racism and Sexism." *The American Economic Review* 62: 659-661.

Rosenbaum, P. R. and D. B. Rubin. 1983. "The Central Role of the Propensity Score in Observational Studies for Causal Effects." *Biometrika* 70: 41-55.

Rosenbaum, P. R. and D. B. Rubin. 1984. "Reducing Bias in Observational Studies Using Subclassification on the Propensity Score." *Journal of the American Statistical Association* 79: 516-24.

Rubin, D.B. 1985. "The Use of Propensity Scores in Applied Bayesian Inference." 463-72 in J. M. Bernardo, M. H. De Groot, D. V. Lindley and A. F. M. Smith (eds.), *Bayesian Statistics*, vol. 2. North-Holland: Elsevier.

Schwab, Stewart. 1986. "Is Statistical Discrimination Efficient?" *The American Economic Review*: 228-234.

Sørensen, Jesper B. 2002. "The Strength of Corporate Culture and the Reliability of Corporate Performance." *Administrative Science Quarterly* 47(1): 70-91.

Taira, Koji. 1962. "Characteristics of Japanese Labor Markets." *Economic Development and Cultural Change* 10: 150-68.

Yamaguchi, Kazuo. 2011. " Decomposition of Inequality among Groups by Counterfactual Modeling: An Analysis of the Gender Wage Gap in Japan." *Sociological Methodology* 41: 223-55.

Yamaguchi, Kazuo. 2017. "Decomposition Analysis of Segregation." *Sociological Methodology* 47: 246-73.

부록: 루빈의 인과추론 모델—비기술적인 해설

제2장, 제3장, 제4장, 제5장에서 실시하는 분석은 모두 루빈의 인과 분석 모델에 유래한 통계방법을 사용하고 있다. 그러므로 그 특질에 대해서 비기술적인 해설을 해 두고 싶다.

변수처리와 결과

'루빈의 인과추론 모델'이란 하버드대학교 통계학 교수인 도널드 루빈과 그의 공동 연구자들이 발달시킨 통계적 인과추정의 방법을 말한다. 여기서 1과 0의 두 값을 취하는 '처리변수' X가 결과 Y에 차이를 초래하는 것인지 아닌지, 그 의미로 인과적 영향이 있는지 없는지를 문제로 삼는다고 하자. 다만, 영향은 항상 일어난다는 보장이 없고, 평균적으로 봤을 때 $X=1$의 경우가 $X=0$인 경우에 비해 Y값이 우연하지 않게 커지는(혹은 작아지는) 경향이 있는지 어떤지에 따라 판단하기로 한다. 예를 들면, ① 새로운 영어교육 커리큘럼을 도입하는 것($X=1$)이 도입하지 않은 경우($X=0$)에 비해 학생의 영어 학력(Y)을 높이는 것인지 ② 이혼을 경험하는 것($X=1$)이 하지 않은 경우($X=0$)에 비해 수명(Y)을 내리는 것인지 ③ 자치단체가 여성활약추진법에 따른 기업의 수치 목표 달성에 관하여 기업 행정 지도^{guidance}를 진행하는 경우($X=1$), 하지 않은 경우($X=0$)에 비해 여성의 관리직 비율(Y)을 보다 크게 증가시키는 것인지 ④ 어떤 특정한 고등학교에 진학하는 것($X=1$)이 다른 고등학교에 진학하는 경우($X=0$)에 비해 도쿄대학교 진학률(Y)을 높이는 것인지 등 다양한 예를 생각할 수 있다.

반사실적인 인과의 정의

루빈의 인과추론 모델에는 두 가지 큰 특징이 있다. 하나는 인과적 영향의 유무에 관한 '반^反사실(카운터팩추얼)적' 정의이다. 상기의 가설 ①-④에 대해서 '과거형'으로 표현하면 이해하기 쉽다. 예를 들면, ① '새로운 영어교육 커리큘럼을 도입한 것($X=1$)으로 도입하지 않았을 경우($X=0$)에 비해 학생의 영어 학력(Y)은 오른 것인가, 오르지 않은 것인가'가 된다. 인과추정이라는 것은 이러한 질문에 대한 대답이라고 루빈의 인과 모델은 생각한다. 즉 "동일한 사람들이 다른 조건이 모두 같고, X의 값이 실제로 일어난 $X=1$의 상태가 아니고, 실제로는 일어나지 않은 $X=0$의 상태였다면, 결과는 달랐던 것일까?"라는 질문에 대한 대답이 'Yes'라면 X의 인과적 영향이 있고, 'No'라면 인과관계가 없는 것으로 정의된다.[10] 하지만 이 결과의 차이는 직접적으로는 계측할 수 없다. 왜냐하면 실제로 관찰한 $X=1$의 상태로는 결과는 존재하지만, 관찰하지 않은 $X=0$의 상태의 결과—이것을 반사실적 결과라고 한다—는 존재하지 않기 때문이다.

그러나 이 반사실적 정의에 의한 인과효과는 대상자를 $X=1$과 $X=0$의 상태에 무작위로 할당할 수 있으면 평균적 인과효과를 추정할 수 있다. 평균적이라는 의미는, 인과효과가 개개인마다 다를지도 모르지만 그 평균치라는 의미이다. 왜냐하면 무작위인 할당 아래에서는 $X=1$의 상태에 할당된 사람의 Y의 평균 추정값은 모든 사람이 $X=1$의 상태에 두어진 가상 상태에서의 Y의 평균 추정값이 되고, 동일하게 $X=0$의 상태에 할당된 사람의 Y의 평균 추정값이 모든 사람이 $X=0$의 상태에 두어진 가상 상태에서의 Y의 평균 추정값이 되기 때문이다. 이 결과 $X=1$에 할당된 사람의 Y의 평균치와 $X=0$에 할당된 사람의 Y의 평균치의 차이가 X가 Y에 미치는 인과적 영향의 추정값이 된다.

이러한 무작위 할당은 앞서 살핀 ①과 ③의 가설을 검증하는 데는 가능하다. 무작위로 선택한 학급만 새로운 영어교육 커리큘럼으로 가르치거나, 무작위로 선택한 기업에게만 행정 지도를 행하거나 하는

---

10 정확히 말하면, 여기에서의 예는 '처리집단의 처리 효과'의 인과 추정을 의미한다. 보다 일반적으로는 반사실적 상황(실제로는 일어나지 않았을 경우)이 $X=0$인 경우가 아니고, $X=1$인 경우의 인과 추정도 생각할 수 있다. 예를 들어 "새로운 영어교육 커리큘럼을 실제로는 도입하지 않았던 ($X=0$)가, 만약 도입하고 있었더라면 ($X=1$), 학생의 영어 학력(Y)은 올랐던 것인가, 오르지 않았던 것인가"라는 질문에 대한 대답을 주는 것이다. 이것을 "통제집단의 처리 효과"라고 말한다. 후자의 처리 효과(인과적 영향)의 평균치의 추정에는 "인과 효과는 일정하지 않고 다양하지만 관찰되고 통제되는 교락요인에만 의존한다"라는 추가의 가정이 필요하다(이유의 설명은 기술적이므로 생략한다). 한편, 전자의 '처리집단의 처리 효과'의 평균치의 추정에는 이 추가의 과정을 필요로 하지 않는 장점이 있다.

것은 가능하기 때문이다. 하지만 ②나 ④의 예에서는 사람들을 무작위로 이혼시키거나 특정한 고등학교에 입학시킬 수는 없기 때문이다. 또 ①과 ③의 경우라도 조사 실행상 완전히 무작위화하는 것은 어렵다. 처리집단 ($X=1$)과 통제집단($X=0$)에 대한 무작위한 할당을 불공평하게 느끼는 비협력적인 조사 대상자도 생길 수 있기 때문이다. 따라서 할당이 무작위가 아닌 경우의 인과 추정이 중요해진다.

무작위가 아닌 할당과 선택 편향

루빈의 인과추론은 처리변수 X의 할당이 무작위가 아닌 경우의 통계적 인과 분석 방법이다. 일반적으로 처리집단 $X=1$의 해당이 무작위가 아닌 경우 $X=1$의 상태로 선택 편향selection bias이 존재한다. 선택 편향에는 두 종류가 있는데 교락요인에 의한 것과 역인과관계에 의한 것이다. 각각에 대해서 앞서 본 예로 설명하자.

교락요인에 의한 선택 편향이란 처리변수 X와 결과 Y의 모두에 영향을 미치는 변수(이것을 교락요인이라고 부른다)가 있는 경우에 그 요인의 영향을 제외하지 않으면 관찰되는 X와 Y의 관계에 치우침이 생기는 것을 말한다. 예를 들어, 상기 ④의 구체적인 예로 1967년 도쿄도東京都가 도입한 도립都立 고등학교의 학군제도에 대한 영향으로, 제도 도입 이전에는 100명 이상의 도쿄대학교 입학자를 내고 있었던 히비야日比谷 고등학교를 비롯하여 유명 도립 고등학교의 도쿄대 진학자 수가, 학교군제도 도입 후의 같은 연령에서는 일제히 한 자릿수로 추락했다. 이 사실은, 일류 고등학교에 입학하는 것이 도쿄대학 진학자 수의 많음의 주된 요인이 아니고, 그들의 고등학교에 입학한 학생의 학력 높이가 주원인이었다는 것을 나타낸다. 다른 고등학교와 비교해서 히비야 고등학교 자체의 교육 영향이 있는지 여부를 조사하기 위해서는 교락요인인 입학 이전인 학생의 학력 차이를 통제할 필요가 있다.

②의 이혼의 영향에 대해서는 측정 방법에 따라 교락요인에 의한 선택 편향의 영향(예를 들면 건강도가 이혼율 및 수명에 영향을 미침) 이외에 다른 선택 편향이 존재할 수 있다. 그것은 만약 이혼의 유무를 죽을 때까지의 이혼 경험 유무로 측정한다면, 일찍 죽은 사람은 그것이 원인으로 이혼을 안 했을지도 모른다(좀 더 오래 살았으면 이혼을 했을지도 모른다)는 역인과관계가 존재하기 때문이다. 따라서 ②의 문제는 보통 역인과관계의 영향을 받지 않은 척도(각 연령까지의 이혼 경험 유무가 그 후의 사망률에 영향을 미치는지 여부)로 계측하고 나서 교락요인을 제거하려는 것이다.

루빈의 인과추론의 가정

루빈의 인과추론 모델은 관찰되는 교락요인의 변수군 V의 존재에 의해 생기는 선택 편향을 제거하는 한 방법이다. 루빈의 방법이 발달하기 이전에는 그리고 현재에도 많은 분석들이 같은 경우에는 다변량 회귀분석 등을 사용한다. 그러나 회귀분석에서는 결과 Y가 처리변수 X나 교락변수 V에 어떤 식으로 의존하는지를 회귀식으로 지정하지 않으면 안 되고, 변수의 영향이 가법적이라든지, 오차가 정규분포를 따른다든지 다양한 가정을 둔다. 필자의 경험으로는 이러한 가정을 완전히 만족시키는 경우는 드물고 많든 적든 간에 편향을 초래한다. 한편 루빈의 인과추론 모델은 결과 Y에 대해서 X나 V가 어떻게 영향을 미치는지에 대한 가정은 일절 하지 않는 '세미 패러메트릭 semi-parametric'한 통계 방법이다. 단, 〈그림 A1.1〉과 같이 인과적 순서는 가정한다.

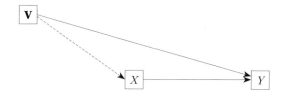

〈그림 A1.1〉은 교락변수 집단 V가 처리변수 X와 결과 Y에 영향을 미치고 X가 Y에 영향을 미친다는 모델의 가정을 나타낸다. 루빈의 인과모델은 이 중 점선에서 설명되고 있는 교락요인 집단 V의 X에 대한 영향을 제거한 상황을 데이터 상에서 실현하는 방법이다. 만약 V가 교락요인의 모든 것이라면, 그 가상 상태에서는 V가 X에 영향을 미치지 않으므로 마치 X＝1에 대한 할당이 무작위인 것 같은 상태를 만들어 낸다. 이것은 직접적으로 실현하는 것은 어렵다. 교락요인이 많을 때 V 값의 조합 수가 기하급수적으로 늘어나고, 각각의 V 값에 대해서 X＝1의 처리집단과 X＝0의 통제집단에 대응하는 표본을 찾는 것은 대부분 불가능하기 때문이다. 그러나 다음과 같이 하면 주어진 표본 중에서 X와 V의 통계적 독립의 실현이 가능하다.

　여기서 V에 의한 X＝1인 확률의 치우침이 없는 추정값을 $P(X＝1 \mid V)$로 나타낸다고 하자. 이것은 X＝1의 조건부 확률이지만 이 수량을 루빈의 인과 모델에서는 성향점수라고 부른다. 표본에서는 V는 X에 영향을 주므로 성향점수는 V에 의해 변화된다. 그러나 만약 표본 데이터 상에서 $P(X＝1 \mid V)$ 값이 상수가 되고, V에 의존하지 않는 상태를 만들어 낼 수 있다면, 그 표본 데이터로는 V는 X에 영향을 미치지 않고, X의 Y에 대한 영향에 선택 편향을 초래하지 않게 된다. 루빈의 인과추론 모델에서는 이것을 실현하기 위해서 성향점수에 근거하는 ① 매칭법과 ② 성향점수의 처리 역확률 가중치법(IPT^Inverse Probability of Treatment 가중치법)이라고 하는 두 가지 방법이 고안되었다. 매칭법이란 처리집단 $(X=1)$과 통제집단 $(X=0)$으로부터 성향점수의 값과 같은(혹은 지극히 가까운) 표본을 공정하게 추출하고, 그러한 공정한 데이터를 분석하는 것이다. 방법 ②는 처리집단 표본에는 그 표본 처리집단에 뽑히는 확률의 역수 $1/P$을 표본 가중치로서 두고, 통제집단에는 그 표본이 통제집단에 뽑히는 확률의 역수 $1/(1-P)$를 표본 가중치로서 두면, 가중치를 둔 표본 데이터에서는 $P(X=1 \mid \mathbf{V})$가 상수가 된다는 성질을 이용한 것이다. IPT 가중치법에서는 통상보다 많은 표본을 다룰 수 있기 때문에 이 책의 분석에서는 모두 IPT 가중치법을 사용하고 있다.

루빈의 인과추론 모델의 한계

루빈의 인과추론 모델에는 한 가지 큰 한계가 있다. 그것은 보통 관찰되지 않는 교락요인이 없다고 가정하고 있는 것이다. 이 가정은 강하기 때문에 예를 들면 루빈의 인과모델을 사용하는 제5장의 분석에서는 관찰되지 않는 교락요인의 영향에 대해서 일정한 추가 가정을 두고, 그것이 존재해도 결과가 성립하는 것인지를 고찰하고 있다.

관찰되지 않는 교락요인이 존재할 때 계량경제학에서 주로 사용되는 방법으로 DID^difference-in-differences법 등의 패널 데이터 분석법이나 조작 변수법이라고 불리는 특수한 가정을 만족시키는 변수를 사용하는 방법이 있다. 여기서 전자에 대해서만 예를 제시하면, 상기 ①의 한 예로 학생의 영어실력(Y)에 대해서 두 시점으로 조사하고, 첫 시점은 처리집단도 통제집단도 새로운 커리큘럼의 도입 전, 두 번째 시점은 처리집단만 새로운 커리큘럼을 도입한 후, 통제집단은 종래의 커리큘럼 지속 후가 되는 형식으로 학력 계측을 하고 학력의 성장률 차이가 두 집단 간에서 다른지 어떤지를 보는 방법이다. 가정으로서 처음에 두 집단에서 학력 차이가 있어도 성장률은 종래 커리큘럼이 지속되는 상황에서는 일정하다는 가정이 존재한다.

이러한 분석에서는 만약 관찰되지 않는 교락요인이 존재해도 그 요인의 Y에 대한 영향이 시간적으로 변화하지 않는다면, 그 영향은 제거할 수 있는 이점이 있다. 같은 분석을 ③기업의 여성 관리직 비율의 성장률 분석에도 결과의 관찰을 두 시점에서 실시하는 것으로 응용할 수 있다.

그러나 DID법은 ②와 ④에는 응용할 수 없다. DID법은 우선 Y 값의 두 시점의 차이를 추출하고, 그 차이가 처리집단과 통제집단에서 다른지를 보는 '차이의 차이'에 대한 검정이지만, ②의 경우 사망이라는 것은 한 번밖에 일어나지 않는 결과이기 때문에 같은 사람(들)에 대해서 이혼 전과 후의 사망률을 측정할 수 없으므로 '차이의 차이' 값을 검정할 수 없다. 동일하게 ④에 대해서도 도쿄대학교 진학률은 고등학교 입학 전에는 측정할 수 없으므로 입학 전과 후라는 두 시점으로 결과를 계측하는 것은 불가능하다.

루빈의 인과추론 모델은, 패널조사$^{panel investigation}$ 데이터에 기초를 두는 인과분석보다는 강한 가정을 두지만, 조사 데이터가 횡단적 조사라고 불리는 한 번의 조사에 근거할 경우의 인과분석이나, 상기의 예와 같이 결과의 성질상 두 시점으로 계측할 수 없는 결과에 대한 인과분석에는 지극히 유효하다.

루빈의 인과추론 수법을 응용한 요소분해 분석

이 책의 제2장, 제3장, 제4장에서는 루빈의 통계 수법을 인과분석이 아닌 성별에 따른 관리직 비율의 남녀 간 격차나, 임금의 남녀 간 격차에 대해서 '설명할 수 있는 격차'와 '설명할 수 없는 격차'의 요소분해에 적용하고 있다. DFL법이라고 불리는 방법(제2장 부록으로 해설)과 필자가 개발한 매칭법(제3장의 부록으로 해설, 루빈의 인과추론 모델의 매칭법과는 무관)은 인과분석과는 다르게 다음 인과 순서의 가정을 둔다.

〈그림 A1.2〉 DFL법의 인과관계의 그림

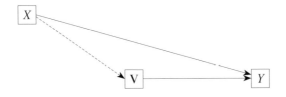

〈그림 A1.2〉에서 표시된 X가 성별, V는 인적자본 변수 등 관찰할 수 있는 매개변수, Y는 임금 등 결과의 변수이다. 〈그림 A1.2〉는 〈그림 A1.1〉과 비교해서 X와 V의 인과관계의 순서가 반대로 되어 있다.

요소분해 분석은 성별 X의 결과 Y에 미치는 영향에 대해서 매개요인 V를 통한 간접적 영향(설명할 수 있는 격차)을 통하지 않는 직접적 영향(설명할 수 없는 격차)으로 분해하는 것을 의도한다. 이것은 양쪽을 합친 격차는 관찰할 수 있으므로 매개요인을 통하지 않는 '설명할 수 없는 격차'를 추정할 수 있으면 분해가 가능해진다. 그러기 위해서는 X가 V에 영향을 주지 않는 반사실적인 상황, 즉 X와 V가 통계적으로 독립이 되는 상황을 표본 데이터상에서 만들어 내면 된다. 루빈의 인과추론으로 사용하는 IPT 가중치법으로 이것이 실현할 수 있으므로 인과분석이 아닌 요소분해 분석에도 같은 통계 방법이 회귀분석 등의 강한 가정을 두지 않고 사용할 수 있는 것이다.

화이트칼라 정사원의 관리직 비율에서
남녀 격차의 결정 요인

이 장에서는 경제 산업연구소가 실시한 워크 라이프 밸런스^{work-life} balance(일과 삶의 균형) 관련 국제비교 조사 가운데, 일본 기업 조사와 그 종업원 조사를 연결한 데이터를 사용하였다. 이를 통해, 화이트칼라 정사원의 관리직 비율에 나타난 남녀 격차를 결정한 요인을 분석하고 있다. 후생노동성^{厚生勞動省}이 실시한 기업 설문조사에는 '여성 관리직이 없거나 적은 주된 이유'로 여성의 이직률 등이 등장한다. 하지만 이는 원인의 하나일지도 몰라도 근본적인 원인은 아니다. 진정한 문제는 일본의 전근대적 인재 등용 관행인 것으로 나타났다. 즉, 직장의 근속 연수가 동일한 고졸 남성에 비해 대졸 여성의 관리직 비율이 훨씬 낮다는 사실은, 성별이라는 출생 속성이 교육 달성도보다 중요하게 여겨지는 관행이 문제이다.

그 외에도 일본의 '전근대적' 인재 등용 관행을 반영하는 특징으로는 남녀 인적자본의 차이로 설명할 수 있는 과장 이상 비율의 남녀 격차가 약 20%인 것, 관리직 남성보다 관리직 여성이 더 장시간 노동을 요구받는 것, 연령이 같아도 배우자가 있는 남성은 막내아이의 나이에 따라 관리직 비율이 증가하고 여성은 반대로 감소하는 경향이 있다는 것 기업에 의한 부부의 전통적 역할 분업의 강요가 관리직 비율에 반영되어 있는 것, 워크 라이프 밸런스 달성을 위한 조직적 대처가 있는 기업은 남녀 격차가 적은 것 등이 있다.

2.1 서론—일본 실정에 대한 기본적인 인식

이번 장의 목적은 일본에서 여성의 관리직이 왜 적은 것인가라는 물음에 대한 답을 실증적 데이터 분석을 근거로 제시하는 것이다. 일본 기업에서 보이는 관리직의 여성 비율은 구미 선진국과 비교하여 현저하게 낮고, 그 개선 정도도 지극히 낮은 것은 잘 알려져 있다. 후생노동성의『고용기회 균등관계 자료』2012년 개정판에 의하면 관리직의 여성 비율이 40%를 넘는 미국을 비롯한 유럽 국가들은 30% 전후 혹은 그 이상인 것에 반해, 일본과 한국은 10% 전후로 지극히 낮은 것으로 나타났다. 또 2011년의 후생노동성의 조사에 따르면 종업원 수가 500~999명인 기업에서 과장 이상의 여성 비율이 7.4%, 1,000명 이상의 기업에서 5.8%인 것으로 지극히 낮다. 공무원의 관리직 여성 비율 역시 구미에서는 높았던 반면, 일본에서는 3%(2013년)에 머물렀다. 상용 노동자 수 30명을 넘는 일본 기업에서 과장 이상의 지위를 차지하는 여성의 수가 제로인 기업은 2011년에 45%나 되어 구미를 기준으로 보았을 때 색다른 상태라고 말할 수 있다.

이 '원인'으로 여겨지는 것에 필자의 분석을 대조하면 현상의 이해에 치우침을 초래한다고 생각되는 것이 있으므로 먼저 그것에 대해서 논의하고 싶다. 그것이 〈그림 2.1〉(상술한 후생노동성 자료 '승진'의 장의 그림 중 삼대 이유의 그래프만을 발췌)이다. 이것은 관리직의 여

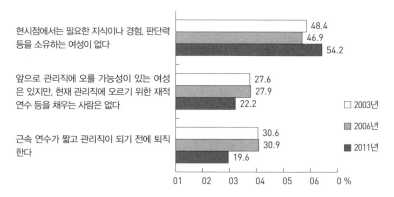

〈그림 2.1〉 여성 관리직이 적은 혹은 전혀 없는 3대 이유별 기업 비율

현시점에서는 필요한 지식이나 경험, 판단력 등을 소유하는 여성이 없다
48.4
46.9
54.2

앞으로 관리직에 오를 가능성이 있는 여성은 있지만, 현재 관리직에 오르기 위한 재적 연수 등을 채우는 사람은 없다
27.6
27.9
22.2

근속 연수가 짧고 관리직이 되기 전에 퇴직한다
30.6
30.9
19.6

□ 2003년
■ 2006년
■ 2011년

01 02 03 04 05 06 0 %

성 비율이 10% 미만 혹은 여성이 전혀 없는 임원직이 있는 기업의 인사담당자에게 '여성의 관리직이 적거나 혹은 전혀 없는 이유'에 대해서 묻는 설문조사의 결과로 복수 응답이 가능한 것이다. 결과를 보면, 첫 번째 이유는 '현시점에서 필요한 지식이나 경험, 판단력 등을 소유하는 여성이 없다'는 응답으로 2011년 54%의 기업이 해당 이유를 들었다. 두 번째와 세 번째 이유는 '앞으로 관리직에 오를 가능성이 있는 여성은 있지만, 현재 관리직에 오르기 위한 재적 연수 등 조건을 채우는 사람은 없다' 및 '근속 연수가 짧고 관리직이 되기 전에 퇴직한다'는 대답을 20~30%의 기업이 이유로 들고 있다. 이들은 모두 남성과 비교하여 여성이 관리직이 되기 위한 근속 연수가 부족하다는 이유이다.

이상의 모든 삼대 이유가 기업이 여성의 관리직이 적은 혹은 전혀 없는 주된 이유를 여성의 문제로 보고 있음을 나타낸다. 한편, 간접차별을 포함하는 여성에 대한 기업의 차별적 제도를 원인으로 지적하는 기업은 전혀 없다. 특히 '현시점에서는 필요한 지식이나 경험, 판단력 등을 소유한 여성이 없다'는 첫 번째 이유는 원래 남녀에게 평균

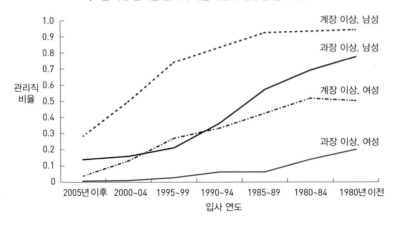

〈그림 2.2〉 남녀별 관리직 비율의 근속 연수별 남녀 격차

적 능력 차이 등이 없는 것을 고려했을 때, 남녀 학력 차이의 영향 외에 원인으로 꼽을 수 있는 것은 기업이 여성 노동자를 인재로서 육성해 오지 않은 점이라고 생각한다. 덧붙이자면, 이번 장에서는 남녀의 학력 차이가 어느 정도 남녀의 관리직 비율의 차이를 설명하는지도 함께 분석하지만, 학력 차이로 설명할 수 있는 남녀 격차는 남녀의 연령 차이·근속 연수 차이로 설명할 수 있는 부분보다 더 적다.

또 두 번째와 세 번째 이유인 남성과 비교해 여성이 관리직이 되기 위한 근속 연수가 부족하다는 이유는 사실과 모순된다. 이것을 단적으로 뒷받침하는 그림이 있다. 〈그림 2.2〉는 이번 장이 분석하는 2009년에 경제산업연구소가 실시한 『워크 라이프 밸런스에 관한 국제비교 조사』 가운데 일본 기업 조사와 그 종업원 조사를 기초로 작성되어 있으며, 종업원 조사는 화이트칼라직 정사원에 대해서 조사하고 있다. 〈그림 2.2〉는 이 조사 데이터를 사용하여 1,677개 기업에 종사하는 23~59세 남성 6,480명, 여성 3,023명의 표본 결과에 대해서 현재 다니는 직장에 입사한 연도로 분류한 근속 연수를 5년 구분별로 과장 이상의 관리직 비율과 계장 이상의 관리직 비율(분모는 남녀별 정사원 수)을 남녀별로 나타낸 것이다.

〈그림 2.2〉의 결과는 여성 정사원의 경우, 첫 25년간은 과장 이상 비율이 10% 이하이며, 입사 후 26~30년째에 상당하는 1980~84년 입사자는 겨우 14%에 달하는 것을 나타내고 있다. 한편, 남성 정사원의 경우는 5년째 미만인 2005년 이후에 입사한 동기에서 과장 이상의 비율이 이미 14%에 달하고, 11~15년째에 해당되는 1995~99년 입사한 동기에서는 20%을 넘는다. 즉 여성 정사원이 26~30년에 걸쳐서야 달성하는 과장 이상의 비율을 남성 정사원은 5년 이내에 달성하고, 여성 정사원이 평생 그 기업에 근무하고 겨우 달성할 수 있는 비율을 남성 정사원은 11~15년 만에 달성하는 것이다. 남성의 경우, 그 후에도 과장 이상 비율이 16~20년째에서는 36%, 21~25년째에서는 57%로 계속해서 늘어나는 것이다. 계장 이상의 경우도 거의 동일한데, 여성이 이른바 평생 그 기업에 근무하고 달성할 수 있는 관리직 비율의 수준(약 50%)은 남성 정사원의 경우 6~10년째인 2000~04년 입사 동기에서 달성해버린다.

〈그림 2.2〉는 〈그림 2.1〉에 나타난 일본 인사담당자의 두 번째와 세 번째 이유가 지극히 일면적이라는 사실을 보여준다. 여성 정사원이 남성 정사원에 비해 근속 연수가 짧기 때문에 관리직에 오르지 못한다는 말은, 근속 연수가 같더라도 남녀의 관리직 승진 기회가 현저하게 다르다는 사실을 무시하고 있기 때문이다. 단 〈그림 2.2〉는 남녀의 학력 차이를 통제하지 않고 있다. 따라서 남녀의 학력 차이의 영향에 대한 판단은 내릴 수 없지만, 〈그림 2.1〉의 두 번째와 세 번째 이유는 사실과 모순되고, 인사담당자가 여성에게 관리직을 승진시키지 않은 것에 대한 이른바 '변명'이라고 생각된다. 사실은 관리직 승진 후보에서 처음부터 제외되어 있는 대다수의 일반직 여성은 근속 연수가 몇 년이든 간에 과장

이상의 관리직 승진이 지극히 적은 것이 근본 원인으로 생각된다. 이번 장에서는 보다 엄밀하게 학력, 연령 및 근속 연수 등 남녀 차이가 관리직 비율의 남녀 격차에 어느 정도 영향을 미치는지를 수량적으로 밝힌다.

그러나 기업은 모두 동일하지 않으므로 남녀 격차에 대한 기업 간 차이를 보는 것이 이번 장의 또 하나의 목적이다. 즉 어떤 기업의 속성이 학력·연령·근속 연수가 같은 정사원에 대해 남녀로 크게 다른 혹은 작은 관리직 비율을 만들어 내고 있는지에 관한 분석이다. 이번 장은 이상의 기본 인식을 근거로 관리직 비율의 남녀 격차를 초래하는 요인에 대해서 그 요인을 분명히 함과 더불어 어떤 요인이 어느 정도의 영향을 미치고 있는지를 밝히는 것을 목적으로 한다.

2.2 분석 전략과 주된 검증 가설

이번 장은 남녀별로 본 정사원 관리직 비율의 남녀 격차의 결정 요인을 분석한다. 정사원에 대해서 관리직이라면 1, 그렇지 않으면 0를 취하는 더미변수를 Y, X를 성별의 더미변수로 하면,

$$\bar{Y}_{x=1} - \bar{Y}_{x=0} = \frac{\text{여성관리직 수}}{\text{여성정사원 수}} - \frac{\text{남성관리직 수}}{\text{남성정사원 수}} \quad \cdots\cdots \langle \text{식 2.1} \rangle$$

의 결정 요인이 된다. 관리직 중 여성이 차지하는 비율을 분석하는 방법과 달리, 〈식 2.1〉의 수량 분석에는 제약이 있다. 여성 관리직이 적은 것은 원래 여성 정사원 비율이 남성보다 적기 때문이라는 원인을 반영하지 않고 있기 때문이다. 한편, 관리직 비율의 남녀 격차를 나타

내는 〈식 2.1〉은, 예를 들어 정사원 남녀의 학력이나 근무 연수의 차이와 같은 개인 속성의 차이에 의해 설명할 수 있는 부분과 개인 속성의 차이로는 설명하지 못하는 부분으로 분해할 수 있다는 장점을 가진다. 또 필자는 남녀 임금 격차의 요인으로서 남성에 비해 여성에게 비정규 고용이 많은 것 이상으로 정사원 내 남녀 임금 격차가 큰 것이 원인이라고 결론을 내리고 있다(山口, 2008). 일반적으로 관리직 승진율은 개인에 부대되는 특성(개인의 승진 위험률hazard rate)이며, 그것을 정확하게 해명하기 위해서는 정사원이 된 시점부터 관리직 승진이 발생하는 취직 후 몇 년에 걸쳐 추적 조사가 필요하다. 또 남녀 승진율의 차이에는 기업 속성도 영향을 미치므로 그 추적 조사는 개인 속성뿐만 아니라 직장인 기업 특성도 함께 얻을 필요가 있다. 그러나 그러한 장기로 멀티 수준인 계측을 수반하는 패널조사는 일본에는 아직 존재하지 않는다. 따라서 이번 분석은 각 개인의 관리직 승진 위험률과 그 남녀 차이 대신 〈식 2.1〉로 나타내는 정사원의 관리직 비율의 남녀 격차를 분석하기로 했다.

하지만 〈식 2.1〉의 관리직 비율의 남녀 격차 분석은 두 가지 한계를 가지고 있다. 하나는 패널조사panel investigation에 근거하는 관리직 승진 위험률의 분석인 경우에는 독립변수와 결과에 대해서 시간차를 마련함으로써 역인과관계(결과가 독립변수의 값에 영향을 미치는 것)를 배제할 수 있지만, 횡단적 조사 데이터를 사용한 〈식 2.1〉의 수량 분석인 경우, 독립변수의 사용에는 동일하게 역인과관계를 배제할 수 없다는 것이다. 역인과관계의 문제란 관리직이 됨(되지 않음)에 따라 영향을 받은 가능성이 있는 변수를 설명에 사용하는 것에 의한 편향이다. 예를 들면, 노동자에 의한 상사, 직장, 기업 시책의 특징화는 본인이 관리직이 되는 것 혹은 되지 않은 것에 의해 영향을 받을 가능성이 크고, 역인과관계가 혼재한다고 생각되기 때문이다. 그러나 이번 분석에서 사용하는 기업 조사는 기업의 인사담당자가 응답자로서 독립적으로 실시하고 있다. 노동자 자신의 응답과 달리 기업의 인사담당자에 의한 직장, 기업의 인사관리 방침, 워크 라이프 밸런스 시책의 특징화는 종업원 조사 대상의 정사원이 관리직인지 아닌지에는 전혀 영향을 받지 않다고 가정해도 된다. 따라서 직장 환경이나 기업 환경의 특징화에는 종업원 조사 데이터와 기업 조사표 데이터를 링크하고 기업 조사표의 응답을 사용하기로 했다. 한편, 노동자 대상의 조사에서는 역인과성이 거의 없다고 생각되는 학력, 연령, 입사 연도를 독립변수로 사용하고 있다. 또 예외로서 역인과관계가 없다고 하기는 어렵지만 이론적 중요성으로 객관적이라고 생각되는 두 가지 특성에 대해서도 노동자 조사 데이터를 사용하고 있다. 그 두 변수를 사용한 이유와 그 영향에 관한 해석상 주의해야 할 점은 후술한다.

두 번째 한계는, 이것은 패널조사에 근거하는 위험률 모델을 사용해도 생기는 문제이지만, '관찰되지 않는 이질성'에 의한 표본 선택 편향이 혼재할 가능성이 있는 점이다. 이번 장의 분석 결과의 해석에는 이러한 표본 선택 편향의 가능성이 높다고 생각되는 것에 대해서 해석상의 주의를 특히 환기하기로 한다.

아래의 두 가설은 자명할 것이다.

가설 1: 남녀의 학력 차이가 관리직 비율의 남녀 격차의 한 요인이다.
가설 2: 정사원의 연령이나 현재 직장인 기업의 근속 연수의 남녀 차이가 관리직 비율의 남녀 격차의 한 요인이다.

이번 장에서는 가설 1과 2가 성립되는 것 자체는 자명하므로 그 영향이 어느 정도인지에 관한 계량화를 주된 목적으로 한다. 한편, 현재 근무하고 있는 기업 이외에서 취업한 경험에 대해서도 '현재 업무와 같은 업무'에 관한 타사에서의 취업 경험과 연수에 대한 데이터를 얻을 수 있으므로 그 영향의 유무를 예비 분석으로 조사하였으나 유의미한 영향은 없었다.

한편 개인 조사표 데이터로 역인과관계의 가능성이 없다고는 말할 수 없지만, 이론상 중요하므로 분석에 사용하기로 한 변수는 본인의 '주당 노동 시간'이다. '노동 시간'에 대해서는 관리직이 된 결과 노동 시간이 바뀐다는 역인과관계의 가능성은 부정할 수 없다. 그러나 이 변수에 관한 남녀 차이의 영향을 분석에 포함시키는 것에는 이론적 이유가 있다. 가토·가와구치·오완(Kato, Kawaguchi, Owan, 2013)은 어떤 한 대기업 내 노동자 경력에 대한 조사 데이터를 가지고 계량 분석을 실시한 결과, 노동 시간이 관리직 승진에 미치는 영향에는 남녀 차이가 있고 장시간 노동은 남성의 승진율에는 영향을 미치지 않지만, 여성의 승진율을 높이는 것으로 나타났다. 이 사실은 회사에 대한 이른바 충성심의 시그널로서 일본 기업이 남성보다 오히려 여성에게 장시간 노동을 하는 것인지의 여부를 적용하고 있는 것을 시사한다. 이번 장에서는 아래의 두 가지 가설을 검증한다.

가설 3: 정규 노동자의 관리직 비율의 남녀 격차의 한 요인은 노동 시간의 차이가 관리직 비율에 영향을 미치고, 노동 시간이 남녀로 다른 것에서 온다.

가설 4: 관리직 비율과 장시간 노동과의 관계는 남성보다도 여성이 더 강하다.

가설 4는 장시간 노동의 유무와 성별 간에 관리직 비율에 대한 상호작용 효과가 있는 것을 의미하지만, 인과관계인지 아니면 역인과관계인지에 따라 두 가지 해석이 가능하다. 노동 시간이 관리직 승진에 영향을 미치는 인과관계가 있다면, 가토·가와구치·오완의 연구 결과와 같이 남성보다는 여성의 장시간 노동이 관리직 승진의 요건이 되어 있다는 점을 나타내는 것이다. 반면 관리직 승진이 노동 시간에 영향을 미치는 역인과관계가 있다면, 남성보다는 여성이 관리직에 승진하면 장시간 노동을 해야하는 경향이 강하다는 의미이다. '장시간 노동을 해야 한다'고 표현한 것은 필자의 연구(山口, 2009; 2010)에 의해 밝힌 바와 같이 일본 관리직은 직종 가운데 가장 비자발적인 잔업을 하는 경향이 크기 때문이다.

　두 번째 변수는 배우자의 유무, 자녀의 유무 및 막내아이의 연령이다. 이 역시 역인과관계가 존재할 수 있지만, 본고에서 중요하게 다루고 있는 변수이다. 이 때의 역인과관계는 관리직이 됨으로써 장래성이 커지고 결혼의 가능성이 특히 남성에게는 높아지는 것으로 생각된다. 따라서 같은 연령이라도 기혼자의 남성이 미혼자의 남성보다 관리직 비율이 높은 것은 남성이 결혼하면 관리직으로 승진하기 쉽기 때문이 아니라 관리직이 되면 결혼율이 올라간다는 메커니즘이 혼재하는 것으로 생각되기 때문이다.

　하지만 유배우자(배우자가 있는 사람) 간 차이에 대해서는 자녀의 유무나 하물며 막내아이의 연령과 관리직인지 아닌지의 관계에 역인과관계(예를 들면, 관리직이 되었으므로 자녀를 낳는다든가, 막내아이로 하는 것 등)는 생각하기 어렵다. 한편, 일본적 고용 관행에서는 정사원 남성에게 '가족 임금(수당)'을 지불할 뿐만 아니라 가족 상황에 따라 남편은 가계에, 아내는 가사 육아에 주된 책임이 있다는 전통적 역할 분업을 가정한다. 남성에게는 일에 따른 책임감을 갖게 하는 결과 관리직 승진율이 오르고, 여성에게는 반대로 가정을 우선시 하고 승진의 가능성이 높은 책임이 있는 일에서 오히려 제외하는 경향이 있기 때문에 관리직 승진율이 감소되는 것으로 생각된다. 따라서 아래의 가설을 검토한다.

> 가설 5: 연령이나 다른 개인 속성을 일정하다고 하면, 아이가 있는 남성 유배우자는 아이가 없는 남성 유배우자에 비해 관리직 비율이 높다.
> 가설 6: 연령이나 다른 개인 속성을 일정하다고 하면, 아이가 있는 여성 유배우자는 아이가 없는 여성 유배우자에 비해 관리직 비율이 낮다.

가설 6에서는 기업이 아니라 여성 노동자 본인이 부부의 전통적 역할 분업을 선호하고, 그 결과 아이가 태어나면 관리직 승진을 바라지 않게 됨으로써 관리직 승진율이 감소되는 것으로도 생각된다. 그러나 가설 5에 대해서는 남성 노동자 본인이 아이가 태어났으므로 승진을 더 희망해도 기업이 전통적 역할 분업을 지지하지 않으면 승진할 수 있는 여지는 없다고 생각된다.

또한 기업의 특성에 의해 남녀 격차의 정도 차이가 만들어지고 있는 것에 관한 가설에는 몇 가지가 생각되지만, 필자는 자신의 선행 연구(山口, 2012)로 여성의 활약 추진을 기업의 생산성 향상에 유의미하게 결부시키고 있는 기업의 특성으로서 ① 기업이 성별과 상관없이 사원의 능력 발휘에 노력하고 있는지 여부와 ② 기업이 워크 라이프 밸런스 추진 본부·추진 센터 등의 설치에 의해 적극적으로 사원의 일과 생활의 조화를 달성하기 위해 노력하고 있는지 여부가 중요함을 제시하였다. 이 특성들은 모두 여성의 관리직 승진율을 높이고 관리직 여성 비율의 남녀 격차를 작게 한다고 생각되므로 아래의 가설을 검증한다.

가설 7: 개인 속성의 영향을 통제하고, 기업이 성별에 따르지 않고 사원의 능력 발휘에 노력하고 있는지의 여부가 관리직 비율의 남녀 격차에 영향을 미치고, 그러한 노력을 하고 있는 기업에서는 노력하지 않고 있는 기업에 비해 격차가 유의미하게 작다.

가설 8: 개인 속성의 영향을 통제하고, 기업이 워크 라이프 밸런스 추진 본부·센터 등을 소유하고 있는지의 여부가 관리직 비율의 남녀 격차에 영향을 미치고, 소유하고 있는 기업에서는 소유하지 않고 있는 기업에 비해 격차가 유의미하게 작다.

이번에 분석하는 조사는 기업 조사로 기업이 워크 라이프 밸런스 달성이나 기업의 인사관리에 관한 방침에 대해서 다항목에 걸쳐 조사하고 있다. 따라서 가설 7과 가설 8의 검증에 그치지 않고 보다 포괄적으로 관리직 비율의 남녀 격차에 각 항목의 영향이 있는지를 조사했다. 또 관리직 비율의 남녀 격차는 남성이 여성에 비해 관리직 비율이 높은 기업에 취업한다는 메커니즘이 생기는 것도 생각되었지만, 예비 분석의 결과에는 그러한 영향은 보이지 않았다.

2.3 통계적 분석 방법

2.3.1 관리직 비율의 남녀 격차의 요소분해에 대해서

분석을 위해 먼저 관리직 비율의 남녀 격차를 '설명할 수 있는 부분'과 '설명할 수 없는 부분'으로 분해하였다. 계량적 경제 분석으로 잘 사용되는 블린더·오하카(Blinder, 1973; Oaxaca 1973)의 방법(이하 BO법이라고 부른다)이 아닌, 회귀식을 가정하지 않고 성향점수를 가지는 DFL법(DiNardo, Fortin, and Lemieux, 1996)과 관련되는 표준화법을 사용했다. 회귀분석을 사용하는 BO법과 달리, 비율의 요소분해에 사용할 수 있는 점이 이 방법의 장점이다.

DFL법은 종속변수 Y의 남녀 평균 차이를 독립변수 Z 분포의 남녀 차이로 '설명할 수 있는 부분'과 '설명할 수 없는 부분'에 분해하기 위해서 표본상 Z 분포가 남녀로 '무작위로 발생하는 오차'를 제외하고 같아지는 상태를 만들어 내지만, 이번 장에서는 '만약 여성이 남성과 같은 Z 분포를 가지고 있으면'이라는 가상 상태를 만들어 내는 아래의 성향점수의 가중치를 사용하였다.

$$\omega(z) \equiv \frac{f(z|x=0)}{f(z|x=1)} = \frac{p(x=0|z)f(z)/p(x=0)}{p(x=1|z)f(z)/p(x=1)} = \frac{p(x=1)p(x=0|z)}{p(x=0)p(x=1|z)}$$

$$\cdots \langle 식\ 2.2 \rangle$$

〈식 2.2〉로 x는 남성 $(x=0)$ 여성 $(x=1)$의 구별, $f(z\,|\,x)$는 Z의 조건부 확률을 나타내고, 가중치 $\omega(z)$는 여성의 Z의 분포를 남성의 분포에 맞추는 조정을 의미하지만, 〈식 2.2〉의 이 가중치는 성별 비율을 Z로 추정하는 $p(x\,|\,z)$의 값을 정확하게 추정할 수 있을 때 계산할 수 있다. 이번 장에서는 $p(x\,|\,z)$의 추정으로 로지스틱 회귀식을 사용하고,

또 추정된 $p(x|z)$에 대해서 가중치를 여성 표본에 적용한 후에 X와 Z의 독립이 성립할 것인지를 진단하였다.

2.3.2 남녀 독립변수의 차이에 의한 '설명할 수 없는 부분'의 분석에 대해서

상기의 방법으로 '설명할 수 없는 부분'에 대해서는 독립변수가 결과인 관리직 비율에 미치는 영향이 남녀로 다른 것, 즉 성별 X와 독립변수와의 상호작용 효과가 있으므로 생긴다고 생각한다. 이 '설명되지 않는 부분'의 새로운 해명을 위해서는 회귀분석 모델이 필요하므로 아래의 로지스틱 회귀 모델을 사용했다. 단 DFL법에서의 확률 차이에 대한 영향과 회귀분석의 확률 로짓에 대한 영향은 수량적으로는 비교할 수 없는 것이므로 어디까지나 다른 변수를 통제하더라도 성별과의 상호작용 효과가 유의미함에 의해 남녀 격차에 영향을 미치는지의 여부를 보는 데만 사용하였다.

$$\log(P/(1-P)) = a_0 + \beta_0 X + \beta'_1 Z + \beta'_2 ZX + \beta'_3 V + \beta'_4 VX$$

$$\cdots \langle \text{식 } 2.3 \rangle$$

여기서 P는 관리직 확률, X는 성별의 더미변수, Z는 DFL법으로 사용한 매개변수, V는 기타의 변수로, 우리들의 주된 관심은 변수 Z 혹은 V가 X와 상호작용 효과(계수 β'_2와 β'_4)를 가지는 것으로 남녀로 다른 관리직 비율을 만들어 내는 정도이다.

2.4 분석 결과

2.4.1 분석에 사용한 데이터

분석에 사용한 데이터는 2.1절 〈그림 2.2〉의 기초로 된 데이터와 동일하게 2009년 경제산업연구소가 진행한 '워크 라이프 밸런스에 관한 국제비교 조사' 가운데 일본 기업과 그 종업원 조사 그리고 기업 조사의 링크 데이터이다. 종업원 조사는 화이트칼라직의 정사원에 대해서 조사하고 있다.

아래에서 이 조사 데이터를 사용해 1,677개 기업에 종업하는 23~59세의 남성 6,480명, 여성 3,023명의 표본을 가지고 분석한다. 연령을 23~59세로 한정한 것은 대학 재학자나 정년퇴임자의 비율이 높기 때문에 연령 효과에 표본 선택 편향이 크게 혼입하는 연령층을 제외하기 위해서이다.

2.4.2 학력, 연령, 근속 연수의 남녀 차이가 관리직 비율의 남녀 격차에 미치는 영향

먼저 학력과 연령 분포의 남녀 차이가 관리직 비율의 남녀 격차에 미치는 영향을 분석하였다. 연령과 학력 분포는 분석을 노동자로 한정하고 있으므로 인과적으로는 어느 쪽이 먼저라고 결정할 수 없다. 학력이 이직·전직률에 영향을 미치고, 그것이 노동자의 연령 분포에 영향을 미치므로 남녀별 정사원 학력과 연령의 결합 분포는 모두 결정되기 때문이다.

일반적으로 남녀 정사원 학력과 연령의 결합 분포의 차이는 다음 세 가지 메커니즘에 의해 생긴다고 생각된다.

① 남성 정사원에 비해 여성 정사원은 이직률이 높고, 정규 재고용률은 남녀 모두 낮기 때문에 평균 연령이 젊어진다.

② 평균적으로 여성은 남성에 비해 학력 수준이 낮다.

③ 주로 고연령 코호트일수록 취업 전의 남녀 간 학력 차이가 크므로 정사원의 남녀 학력 격차는 고연령일수록 크다.

③에서 '주로'라고 한 이유는 과거 여성이 고학력일수록 이직률이 높고 재취직률이 낮았던 것도 정사원의 학력 차이가 고연령일수록 커지는 것에 관계되어 있기 때문이다.

〈그림 2.3〉은 상기 ③의 관련 그림으로 성별, 연령 구분별 대졸·대학원졸(이하 '대졸'이라고 부름. 단기대학·고등전문학교는 포함하지 않는다)의 비율을 나타내지만, 여성의 대졸 비율이 각 연령 구분으로 남성보다 낮을 뿐만 아니라 고연령일수록 대졸 비율의 감소 경향이 현저한 것을 나타내고 있다.

메커니즘 ①과 ②는 모두 관리직 비율의 남녀 격차를 만들어 내는 요인이지만, 둘 다 ③의 요소와 독립적으로 효과를 측정할 수 없다. ②와 ③의 효과를 분리할 수 없는 것은 ②는 연령별의 격차③의 평균이 되기 때문이다. 따라서 이번 장에서는 ②와 ③은 그 효과와 함께 생각한다. ②와 ③에 대해서 여성이 남성과 같아진다는 반사실적인 가설은 연령별의 조건부 학력 비율 P(학력 | 연령 구분)에 대해서 여성 정사원이 남성과 같은 비율의 분포를 가진다는 반사실적 상황을 의미한다. 또 메커니즘 ③의 존재는 ①의 연령 분포에 대한 남녀 차이의 영향을 생각하는 데 학력이 독립적이지 않은 것을 의미한다.

지금 만약 첫 직장의 정사원 취업률의 남녀비가 일정하고, 그 후 여성의 이직률·재취직율이 남성과 같고, 그 결과 정사원의 연령 분포

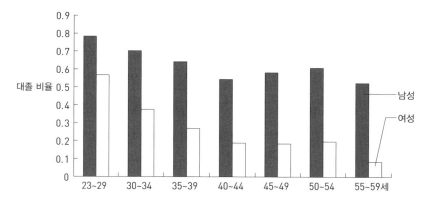

〈그림 2.3〉 대졸 비율의 연령별 남녀 격차

가 남녀로 같게 된 상황을 생각하자. 그러면 남성 정사원은 여성 정사원보다 실제로는 평균 연령이 높고, 또 연령이 높을수록 관리직 비율도 높으므로, 가상의 상황에서는 여성의 평균 연령이 높아지는 만큼 여성의 관리직 비율이 늘어난다. 반면, 연령이 높아질수록 ③의 사실에 의해 여성 정사원의 평균 학력 수준이 떨어지고, 학력 수준이 낮아질수록 관리직 비율이 낮아지므로, 그만큼 연령 증가에 의한 관리직 비율에 대한 정正의 효과가 학력 수준 감소에 의한 부負의 효과에 의해 일부 상쇄되어버린다.

한편, 먼저 ②과 ③의 메커니즘에 대해서 여성과 남성의 연령 구분별 학력 할당 P(학력 | 연령 구분)를 동등하게 한 후에 연령 분포 P(연령 구분)도 여성이 남성과 동등해진다는 반사실적인 상황 아래에서는 이 상쇄효과가 생기지 않는다. 따라서 아래에서는 학력의 변화에 의한 상쇄효과를 포함하는 연령 효과와 학력이 변화되지 않고 상쇄효과를 포함하지 않는 연령 효과를 함께 추정하기로 한다.

〈표 2.1〉 표준화와 DFL법에 의한 관리직 비율의 남녀 격차의 요소분해-1

| | 관리직 비율의 남녀 격차 ('여성 비율'-'남성 비율') | | | | | | | |
| | 과장 이상 $P_W=0.0377$, $P_M=0.3568$ | | | | 계장 이상 $P_W=0.2153$, $P_M=0.6850$ | | | |
	비율 차이	비설명도 누적(%)	설명도 누적(%)	설명도 추가(%)	비율 차이	비설명도 누적(%)	설명도 누적(%)	설명도 추가(%)
표본 평균	-0.3191***	100.0	0.0	-	-0.4697***	100.0	0.0	-
표준화 1	-0.2928***	91.8	8.2	8.2	-0.3884***	82.7	17.3	17.3
표준화 2	-0.2974***	93.2	6.8	6.8	-0.4345***	92.5	7.5	7.5
표준화 3	-0.2571***	80.6	19.4	12.6	-0.3354***	71.4	28.6	21.1
표준화 4	-0.2522***	79.0	21.0	1.6	-0.3272***	69.7	30.3	1.7
표준화 5	-0.1946***	61.0	39.0	18.0	-0.2643***	56.3	43.7	13.4

***p〈.001; **p〈0.01, *p〈0.05.
주 : 표준화 1: 연령 구분 : P(연령 구분)
　　표준화 2: 연령 구분별 학력:P(학력|연령 구분)
　　표준화 3: 연령 구분과 학력의 조합 : P(학력×연령 구분)
　　표준화 4: 표준화 3+입사 연도 구분
　　표준화 5: 표준화 4+노동 시간 구분
　　표준화 1과 2의 설명도 추가 비율은 모두 '표본 평균'과의 비교, 표준화 3, 4, 5의 추가 비율은 각
　　각 표준화 2, 3, 4와 비교한 결과이다.

〈표 2.1〉의 '표준화 1'과 '표준화 2'의 결과는 '과장 이상'과 '계장 이상'의 각각에 대해서 '학력 수준 감소에 의한 상쇄효과를 포함하는 연령 분포의 남녀 격차 시정䩄正(표준화 1)'과 '연령 구분별 학력의 남녀 격차 시정(표준화 2)'이 각각 관리직 비율의 남녀 격차를 몇 % 설명하는 것인지를 나타내고 있다. 학력에 대해서는 '대졸·대학원졸' '단기 대학·고등전문학교졸', '직업전문학교졸', '고졸 이하'의 4구분, 연령 구분에 대해서는 〈그림 2.3〉에서 사용한 7구분이다. 한편, 〈표 2.1〉의 '표준화 3'의 모델은 연령과 학력의 결합 분포에 대해서 여성이 남성과 같게 된 경우의 결과이며, 이 모델의 '표준화 2'의 모델과 비교

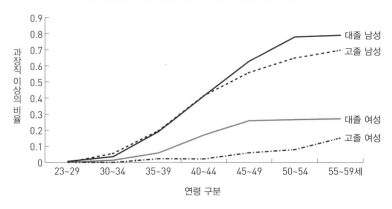

〈그림 2.4〉 과장 이상 비율의 대졸·고졸별 남녀 격차

과장직 이상의 비율

대졸 남성
고졸 남성
대졸 여성
고졸 여성

연령 구분

23~29 30~34 35~39 40~44 45~49 50~54 55~59세

했을 경우의 추가 설명도는 학력 수준의 감소에 의한 상쇄효과를 포함하지 않는 연령 분포의 남녀 격차 시정'의 효과를 나타낸다. 결과는 학력에 대한 남녀 차이의 설명도가 과장 이상으로 6.8%, 계장 이상으로 7.5%로 둘 다 7% 전후인 것에 반해 연령 차이의 설명도는 과장 이상인지 계장 이상인지에 따라 크게 다르다. 과장 이상의 경우는 학력 수준 감소의 상쇄효과를 포함하면 8.2%, 상쇄효과를 제외하면 12.6%가 되어 학력 효과보다 크지만 큰 격차는 없는 것에 반해 계장 이상의 경우는 상쇄효과를 포함해도 17.3%, 상쇄효과를 포함하지 않은 경우는 21.1%로 설명도가 상당히 높은 것을 알 수 있다.

학력의 남녀 차이 제거의 효과는 왜 비교적 작은 것일까? 이것은 직관적으로는 잘 납득이 되지 않는다. 왜냐하면 〈그림 2.3〉이 나타내듯이 대졸 비율에는 상당히 큰 남녀 차이가 있어, 당연히 연령별로 여성이 남성과 같은 학력 분포를 가지면 관리직 비율의 남녀 격차의 큰 감소가 있어야 한다고 생각하기 때문이다. 〈그림 2.4〉는 왜 학력의 남녀 차이 제거의 효과가 적은 것인지에 관한 아주 중요한 사실을 나타내고 있다. 〈그림 2.4〉는 과장 이상의 비율에 대해서 성별, 대졸·고졸별,

연령별로 나타낸 것이다. 여기서는 '단기대학·고등전문학교'와 '직업
전문학교'의 표본은 제외하고 있다.

〈그림 2.4〉는 세 가지 중요한 사실을 나타내고 있다. 첫 번째로, 과
장 이상 비율이 늘어나기 시작하는 35~39세 이후 일관되게 여성 대졸자의
과장 이상 비율이 남성 고졸자의 과장 이상 비율의 반에도 미치지 못하다는
사실이다. 사회학에서는 업적^{achievement}과 '출생에 의해 결정되는 속
성'^{ascription} 가운데 업적이 사회적 기회나 보수를 주로 결정짓는 것이
근대 사회, 출생에 의한 속성에 따라 사회적 기회나 보수가 주로 정해
지는 사회를 전근대사회의 특징으로 한다. 그러나 1980년대에 포스트
모더니즘이 논의되고 있었던 일본 사회의 특성의 일부는 사실 현대도 아직 근
대 사회라고 부를 수 없는 특성을 가지고 있다고 할 수 있다. 중요한 업적인 대
졸인지의 여부보다 출생이 남성인지 여성인지가 과장 이상의 관리직이 될 가
능성의 큰 결정 요인인 것이다.

이것이 대졸 여성이어도 대부분이 관리직 후보로부터 제외되고 종
합직·일반직 구별 등의 코스제를 통한 기업의 여성 간접차별의 결과
라고 생각된다. 물론 연령이 같아도 근속 연수가 남녀로 다른 것이 이
유로 생각되지만, 연령별이 아니라 입사 연도별, 대졸·고졸별 차이를
〈그림 2.2〉의 결과에서도 남녀 차이는 뚜렷하고, 또 후술하는 연령 분
포의 남녀 차이를 고려해도 남녀 근속 연수의 차이를 설명할 수 있는
남녀 격차는 지극히 작다.

두 번째 특성은 화이트칼라의 남성 정사원이라면 대졸·고졸 차이
가 과장 이상의 관리직 승진에 영향을 미치는 것은 40대 후반 이후라
는 점이다. 덧붙이면 종업원 수 100명 이상의 기업에서도 대졸자는
고졸자보다 큰 기업에 근무하는 경향이 있어(대졸 남성 정사원의 직장
평균 정사원 수는 617명, 고졸 남성 정사원의 경우는 265명), 과장 이상

이라고 해도 대기업이 더 임금이나 안정성의 점에서 뛰어나므로 그 점에서 대졸·고졸의 차이는 남아 있다. 또 고졸은 대졸보다 평균적으로 4년 이상 일찍 노동 시장에 참여하므로 연령이 같다면 평균 취업 연수는 그 만큼 길다. 그러나 대졸·고졸의 구별은 물론, MBA 취득이 관리직이 될 가능성을 크게 높이는 구미에 비해 일본의 중간 관리직인 과장 임용에 대해서 남성 간에는 학력이 차지하는 자리가 지극히 작은 것이 특필된다. 일본에서 자주 '학력 사회'라는 말이 사용되지만, 일단 화이트칼라의 정규 노동자가 되면 구미에 비해 일본에서 대졸과 고졸에 따른 영향은 남성 간에는 지극히 작다. 이 점에서는 학력 사회라고는 말할 수 없는 것이다.

세 번째 특성은 남성과 비교하여 여성 간에는 대졸과 고졸의 관리직 비율의 차이는 훨씬 현저하다는 사실이다. 이 사실은 앞으로 대졸 여성의 취업률이 지속적으로 높아진다면 남녀 격차가 다소 개선을 기대할 수 있는 것을 의미하지만, 〈그림 2.4〉가 여실히 나타내는 바와 같이 대졸 여성의 관리직 승진 기회가 고졸 남성보다 훨씬 뒤떨어지는 현상이 계속된다면, 그 효과는 크다고는 말할 수 없다.

그것을 나타낸 것이 〈표 2.1〉의 '표준화 4'의 결과이다. 표준화 4는 연령과 학력에 더해 현재 다니는 직장에서의 근속 연수 분포에 대해서도 여성이 남성과 같은 정도가 되면 관리직 비율의 남녀 격차가 어느 정도 작아지는지를 나타낸 것이다. 성향점수의 추정에는 표준화 3으로 사용한 학력, 연령, 학력과 연령의 상호작용 효과에 입사 연도의 효과를 더하고 있다.

여전히 종신고용의 관행이 비교적 널리 퍼져 있는 일본에서는 연령과 입사 연도의 상관이 -0.731로 대단히 높다. 이 결과, 이미 여성의 연령 분포가 남성의 분포에 맞추어진 후에는 근속 연수의 남녀 차이의 설명력은 크지 않지만, 과장 이상 그리고 계장 이상의 비율의 남녀 격차에 각각 1.6%와 1.7%의 증가를 초래한다. 이것들은 유의미한 증가이다.

이 결과, 앞서 2.1절에서 소개한 기업의 인사담당자가 생각하는 여성 관리직이 적은 이유가 남녀의 학력, 연령, 현재 직장의 근속 연수의 차이에 의한 인적자본도의 차이로 한다면, 〈표 2.1〉의 표준화 4의 결과는 인적자본의 차이에 의해 설명할 수 있는 남녀 격차는 과장 이상 비율에서 21%, 계장 이상 비율에서 30%인 것을 나타낸다. 과장 이상 비율의 경우는 물론, 이직하지 않으면 개선이 예상되는 계장 이상 비율의 경우에도 남녀 간 인적자본의 차이로서 설명할 수 있는 격차의 비율이 높지 않다. 이것을 단적으로 나타내는 것이 다음 〈그림 2.5〉이다.

〈그림 2.5〉는 남녀별, 연령별의 관리직 비율을 나타낸 것이다. 관리직 비율의 단순한 추정값(사실)에 더해서 여성에 대하여 표준화 4의 '만약 학력, 연령, 입사 연도의 분포가 남성과 같으면'과 같은 반사실적 상황 아래에서의 여성 관리직 비율의 추정값을 동시에 제시하고 있다. 〈그림 2.5〉는 연령별로 보고 있으므로 반사실적 상황에서의 연령별 추정값은 여성이 남성과 같은 학력과 근속 연수를 가지고 있었을 경우에 실현되었을 값이다.

먼저 '사실' 부분에 대해서 살펴보자. 〈표 2.1〉의 결과로 관리직 비율의 남녀 격차에 대한 남녀 연령 분포의 차이 효과는 과장 이상 비율의 차이인지 계장 이상 비율의 차이인지에 따라 크게 다른 것을 보이고 있고, 그 이유는 〈그림 2.5〉가 나타내고 있다. 여성의 과장 이상의 비율(■ 표시의 그래프)은 연령이 높은 55~59세라도 20% 미만으로 그다지 커지지 않는 것에 반해 계장 이상의 경우(+ 표시의 그래프)는 45~49세에 40%을 넘는다. 따라서 여성이 이직하지 않고 정사원

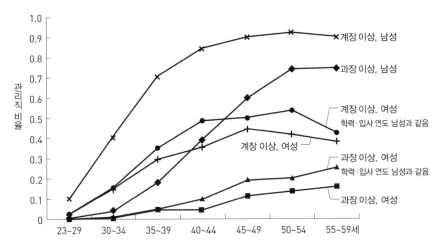

〈그림 2.5〉 관리직 비율의 연령별 남녀 격차 사실과 반사실적 추정값

으로 지속적으로 취업한 경우, 계장이 되는 기회는 상당히 커지지만 과장의 경우는 그렇지 않다. 그 차이가 여성의 연령 분포가 '남성과 같아지면'이라는 반사실적 상황이 계장 이상 비율의 남녀 격차의 감소에 대해서 과장 이상 비율의 남녀 격차 감소에 비해 보다 큰 영향을 야기하는 것이다.

다음으로 반사실적 가정 아래에서의 추정값(과장 이상에 대해서는 ▲표시의 그래프, 계장 이상은 ●표시의 그래프)을 살펴보자. 과장 이상 비율의 경우도 계장 이상 비율의 경우도 35세 이상의 연령에 대해서 현상(각각 ■표시와 +표시의 그래프)에 비해 비율이 일정 정도 증가하고, 과장 이상 비율의 경우 최대 55~59세 구분이 16.0%에서 25.4%로 9.4% 상승하고, 평균 3.6%에서(연령 분포도 남성과 같은 정도가 된다고 가정해서) 10.5%로 약 7% 증가한다. 계장 이상 비율의 경우는 최대 50-54세 구분으로 41.8%에서 53.8%로 12% 상승하고, 평균 21.5%에서 35.8%로 14.3% 증가한다.

이는 상당한 증대이며, 여성의 관리직 비율이 남성보다 낮은 이유의 일부는 여성이 남성과 비교해서 대졸자가 적다는 점이나, 이직률이 높은 것에 의해 근속 연수의 분포가 작은 값에 치우치는 점이 원인인 것은 명확하다. 그 격차의 개선 정도는 〈표 2.1〉로 본 바와 같이 과장 이상의 비율로 21%, 계장 이상 비율로 30%이다. 〈그림 2.5〉의 결과는 이러한 결과와 함께 만약 여성이 학력이나 근속 연수가 남성과 같아도 연령과 함께 남녀 격차는 점점 커지고, 그 격차는 여성의 학력이나 근속 연수의 개선으로 감소할 수 있는 정도보다도 훨씬 크다는 사실을 동시에 나타내고 있다. 이것은 많은 일본 기업이 종합직과 일반직의 구별을 하는 것처럼 기업 내 트래킹 제도를 마련해서 여성의 관리직 승진율을 현저하게 낮추고 있는 것의 결과임에 틀림이 없다.

〈표 2.1〉의 '표준화 5'의 결과는 상기 표준화 4의 학력·연령·취업 연수에 더해 여성의 노동 시간도 남성과 동등해졌을 경우의 결과를 나타내고 있다. 전술한 바와 같이 노동 시간이 관리직이 되므로 증대한 가능성도 부정할 수 없다. 그러므로 이 가설에서의 분석에 의한 설명도의 증가는 잠정적이다. '표준화 5'는 '만약 여성의 노동 시간 구분의 구성비가 남성과 같으면'이라고 하는 반사실적 상황 아래에서의 관리직 비율의 남녀 격차에 대한(앞 절의 표준화 4와 비교했다) 추가의 설명도는 과장 이상 비율의 경우 18%, 계장 이상 비율의 경우 13%로 비교적 큰 것을 나타낸다. 이 설명도는 음미된 변수 가운데 과장 이상 비율에 대해서는 최대, 계장 이상 비율에 대해서는 남녀의 연령 차이의 설명도 다음으로 두 번째로 크다. 또 역인과관계의 가능성은 남지만 이 사실은 가설 3과 정합적이다. 또 〈그림 2.6〉은 노동 시간 구분의 구성비를 남녀별로 나타낸 것이다.

이상의 결과는 만약 노동 시간과 관리직 비율의 관련이 가토·가

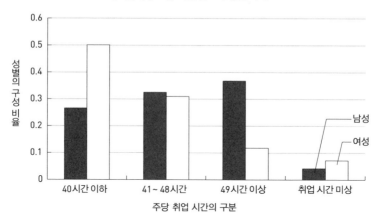

〈그림 2.6〉 노동 시간 분포의 성별 차이

남성
여성

성별의 구성 비율

40시간 이하　41 ~ 48시간　49시간 이상　취업 시간 미상

주당 취업 시간의 구분

와구치·오완(Kato, Kawaguchi, and Owan, 2013)의 분석 결과와 같이 여성의 경우 남성 이상으로 장시간 취업이 관리직 승진에 영향을 미치는 것을 의미한다면, 노동 시간의 남녀 차이가 과장 이상 비율의 남녀 격차가 삭감하는 부분(과장 이상 비율로 18%, 계장 이상 비율로 13%)은 여성에게는 적용하기 어렵다고 생각된다. 왜냐하면 일본에서는 가정에서의 부부의 전통적 역할 분업이 여전히 강하게 남아 있기 때문이다. 또 남녀 임금 격차가 남성의 가사·육아의 기회비용을 여성의 가사·육아의 기회비용보다 훨씬 크게 만들고 있는 상황에서는 여성이 주로 가사·육아를 하는 관행이 존속하는 결과, 여성에게 일과 가사·육아와의 양립이 남성보다 앞으로도 쉽지 않을 것이다. 노동 시간을 남성과 같은 정도로 하여 남녀 평등을 실현하는 선택은 많은 여성에게는 대단히 어렵다고 생각되기 때문이다.

　그러나 〈표 2.1〉의 '표준화 5'의 결과는, 만약 노동 시간이 관리직 비율에 영향을 미친다고 하고, 그 남녀 격차를 고려해도 학력, 연령, 근속 연수, 노동 시간의 남녀 차이로 설명할 수 있는 격차는 과장 이상 비율로 39%, 계장 이상 비율로 44%이며, 반 이상의 격차는 학력·연령·근속 연수·노동 시간의 남녀 차이로 설명할 수 없는 남녀 격차인 것을 나타낸다. 직장의 차이나 타사에서의 같은 직종의 경험, 직장인 기업의 관리직 비율의 남녀 차이 등도 고려했지만 이들의 영향은 거의 없다. 즉 남은 격차는 개인 속성이나 직장의 기업 속성이 같아도 남성인지 여성인지에 따라 관리직 비율이 달라지는 것으로 나타난다. 다음 절에서는 이 남녀의 변수 분포 차이에서는 설명할 수 없는 남녀 격차의 특징을 밝힌다.

2.4.3 관리직 비율에 대한 성별과 개인 속성 및 기업 속성과의 상호작용 효과 분석

이번 절에서는 개인 속성이나 기업의 특성과 성별과의 상호작용 효과에 의해 남녀 관리직 비율에 격차가 생기는 메커니즘을 과장 이상과 계장 이상의 각각 관리직 확률 P에 대한 로지스틱 회귀분석을 사용한 분석 결과(〈표 2.2〉)를 제시한다.

먼저 모델 1로서 내생성의 문제가 없거나 지극히 적다고 생각되는 ①학력, ②연령, ③입사 연도, ④직장 종류(〈표 2.2〉의 7구분 및 '미상'), ⑤기업 종업원 수의 구분(〈표 2.2〉의 4구분 및 '미상'), ⑥기업 업종(〈표 2.2〉의 6구분)의 6변수를 독립변수로 사용했다. 이어서 이 6변수에 대해서 성별과의 상호작용 효과를 조사하고 유의미한 상호작용 효과의 영향을 포함하는 모델을 모델 2로 했다. 모델 3과 4에는 내생성의 문제가 있지만 이론적으로 중요한 변수인 ⑦노동 시간과 ⑧배우자·아이의 유무와 막내아이 연령(〈표 2.3〉의 6구분)을 더한 모델을 사용했다. 모델 3은 모델 1과 동일하게 주효과만의 모델, 모델 4는 모델 2와 동일하게 통계적으로 유의미한 성별과의 상호작용 효과를 포

〈표 2.2〉 관리직 확률의 로짓 모델: 개인 속성과 기업의 정사원 규모

독립변수	과장 이상 대 이하			계장 이상 대 이하		
	모델 1	모델 2		모델 1	모델 2	
	주 효과	주 효과	성별과의 상호작용	주 효과	주 효과	성별과의 상호작용
Ⅰ. 개인 속성						
1. 성별(대 남성)						
여성	-2.345***	-3.349***		-2.049***	-2.021***	
2.학력(대 고졸 이하)						
대학·대학원졸	0.501***	0.392***	1.119***	0.547***	0.402***	0.471**
단대·고전	0.039	0.031	0.268	0.188	0.209	-0.051
직업전문학교	0.012	-0.088	0.818	0.094	0.102	-0.172
3. 연령(대 23～29)						
30～34	2.132***	2.157***	-	1.287***	1.236***	0.073
35～39	3.701***	3.730***	-	2.233***	2.206***	-0.085
40～44	4.616***	4.637***	-	2.873***	3.021***	-0.653*
45～49	5.344***	5.362***	-	3.247***	3.423***	-0.720*
50～54	5.896***	5.928***	-	3.288***	3.634***	-1.213***
55～59	5.972***	6.017***	-	3.142***	3.470***	-1.143***
4. 입사 연도(2005년 이후)						
2000～2004	0.258	0.259	-	1.071***	1.111***	-
1995～1999	0.343*	0.362**	-	1.685***	1.716***	-
1990～1994	0.578***	0.583***	-	1.679***	1.705***	-
1085～1989	0.827***	0.830***	-	1.965***	2.030***	-
1980～1984	0.894***	0.897***	-	1.947***	2.036***	-
1779년 이전	0.996***	1.014***	-	2.060***	2.185***	-
5. 직업(대 인사 총무 회계)						
기획·조사	0.316*	0.297*	-	0.259	0.221	-
연구·개발	0.041	0.008	-	0.069	0.031	-

정보 처리	-0.285	-0.305*	-	-0.378**	-0.397**	-
영업	0.050	0.042	-	-0.030	-0.005	-
판매·세일즈	0.185	0.166	-	0.067	0.078	-
건설·생산·운수	0.341**	0.306**	-	0.072	0.034	-
II. 기업 속성						
1. 정사원 수(대 300 미만)						
300~499	-0.161	-0.218	0.599	-0.263**	-0.299*	0.048
500~999	-0.140	-0.137	-0.240	-0.308**	-0.277*	-0.211
1,000명 이상	-0.166	-0.348*	1.089**	-0.546***	-0.734***	0.560*
2. 산업(대 제조업)						
건설업	-0.506*	-0.524*	-	-0.544**	-0.560*	-0.046
정보통신·운수·우편	-0.091	-0.079	-	-0.207	-0.646**	1.516***
도매·소매	0.026	0.004	-	0.413***	0.244	0.404*
기타 서비스업	0.234	0.198	-	0.438*	0.272	0.373
기타 산업·미상	-0.291	-0.324	-	-0.126	0.069	-0.497

***$p < .001$; **$p < 0.01$,*$p < 0.05$.
생략한 계수는 모델 1에서는 (1)절편, (2)입사 연도 미상, (3)직장 미상, (4)정사원 수 미상. 모델 2에서는 이것에 더해서 (5)정사원 수 미상과 성별의 상호작용 효과.

함하는 모델이다.

결과 가운데 중요한 것은 성별과의 상호작용 효과이지만, 중요한 주된 효과의 결과는 다음과 같다.

① 성별의 효과는 '대졸·대학원졸 대 고졸'의 효과를 크게 상회하여 과장 이상 비율의 오즈비[1]로 측정하면, 남성은 여성에 비

---

[1] 오즈비는 오즈의 비율이다. 먼저 오즈라고 하는 것은 현상 A에 관하여 'A가 되는 확률'을 'A가 되지 않는 확률'로 나눈 값을 말한다. 전자를 P로 나타내면, P/(1−P)가 오즈이다. 예를 들어 '과장 이상이 되는 확률'을 '과장 이상이 되지 않는 확률'로 나

해 10.43배(=exp(2.354))인 반면 대졸은 고졸에 비해 1.65배
(=exp(0.501))이며, 계장 이상 비율의 오즈비로 측정하면, 남성
은 여성에 비해 7.76배(=exp(2.049))인 반면 대졸은 고졸에 비
해 1.73배(=exp(0.547))가 되고 있다. 〈그림 2.4〉로 본 바와 같
이 성별이라는 출생의 특성의 영향이 학력이라는 달성의 영향을
훨씬 상회하고 있다. 다음으로 모델 2와 4에 의한 성별과의 상호
작용의 결과가 의미하는 것은 아래와 같다.

② 고졸자에 비해 대졸자가 관리직이 될 수 있는 정도는 여성이 더
크다. 그 결과 과장 이상 비율과 계장 이상 비율의 남녀 격차는 고
졸자에 비해 대졸자에서 모두 유의미하게 감소하고, 감소 정도는
과장 이상 비율에서 특히 크다.

③ 정사원 1,000명 이상의 기업에서는 정사원 300명 미만인 기업
에 비해 과장 이상 비율 및 계장 이상 비율의 남녀 격차가 모두
감소하고, 그 감소 정도는 과장 이상 비율이 더 크다. 또 정사원
300~499명의 기업과 500~999명의 기업은 300명 미만인 기업
에 비해 남녀 격차는 변함이 없다.

④ 제조업 기업에 근무하는 정사원에 비해 정보통신·운수·우편업
이나 도매·소매업의 기업에 근무하는 정사원이 계장 이상 비율
의 남녀 격차가 적지만, 다른 업종에서의 남녀 격차는 제조업과

눈 값이 오즈이다. 오즈비라고 하는 것은 이 오즈 값에 관하여 두 그룹 간에서 비교
를 취한 값이다. '오즈비로 측정하면 남성이 여성에 비해 10.43배'라는 의미는 과장
이 되기 쉬운 정도를 상기의 오즈에서 측정하면, 남성의 오즈는 여성 오즈의 10.43
배나 된다는 것을 의미한다. 그럼 왜 이러한 낯선 오즈비로 격차를 도모하는가 하
면, 〈표 2.2〉로 사용되고 있는 로지스틱 회귀라는 분석 수법을 사용하면 다른 변수
를 통제한 후이 성별이나 학력에 미치는 영향은 오즈비로 측정하는 것이 가능하기
때문이다.

〈표 2.3〉 관리직 확률의 로짓 모델: 추가 개인 속성

	과장 이상 대 이하			계장 이상 대 이하		
	모델 3	모델 4		모델 3	모델 5	
	주 효과	주 효과	성별과의 상호작용	주 효과	주 효과	성별과의 상호작용
Ⅰ. 개인 속성						
1. 성별(계수 생략)						
2. 학력(계수 생략)						
3. 연령(대 23~29)						
30~34	1.952***	1.986***		1.216***	1.103***	0.253
35~39	3.418***	3.458***		2.103***	1.984***	0.209
40~44	4.326***	4.356***		2.715***	2.741***	-0.260
45~49	4.997***	5.007***		3.037***	3.062***	-0.312
50~54	5.531***	5.560***		3.069***	3.230***	-0.767*
55~59	5.602***	5.627***		2.924***	3.033***	-0.647
4. 입사 연도(계수 생략)						
5. 직장(계수 생략)						

같다.

⑤주당 49시간 이상의 노동 시간을 가지는 사람은 주당 48시간 이하의 노동 시간을 가지는 사람에 비해 과장 이상 비율 및 계장 이상 비율의 양쪽에서 남녀 격차가 감소한다.

이 ⑤의 결과는 가설 4와 정합적이며, 이것이 인과효과(여성에게 남성 이상으로 49시간 이상의 장시간 노동이 관리직 요건으로 되어 있다)라도 역인과효과(여성이 남성 이상으로 관리직이 되면 49시간 이상의 장시간 노동을 해야 하는 정도가 크다)도 여성에게는 관리직이 되는 것

6. 노동 시간(40시간 이하)						
41~48시간	0.377***	0.389***	-0.146	0.340***	0.350***	-0.031
49시간 이상	0.923***	0.876***	0.569*	0.692***	0.612***	0.388*
7. 배우자·아이 (대 유배우자·아이 없음)						
무배우·아이 없음	-0.565***	-0.543***	-0.327	-0.301***	-0.386***	0.185
무배우·아이 있음	-0.346	-0.152	-1.024*	-0.115	0.055	-0.207
유배우·막내아이 6세 미만	-0.013	0.058	-0.312	-0.048	0.063	-0.282
유배우·막내아이 6~14세	0.136	0.262*	-1.787***	0.178	0.341*	-0.675*
유배우·막내아이 15세 이상	0.222	0.363**	-1.040**	0.114	0.361*	-0.715*
II. 기업 기본 속성						
1. 정사원 수 (계수 생략)						
2. 산업(계수 생략)						

***p〈.001 ; **p〈0.01,*p〈0.05.
계수가 생략된 변수는, 모델 3은 모델 1과 같은 변수, 모델 4는 성별과의 상호작용 효과의 변수를 포함시켜 모델 2와 같은 변수가 사용되어 있다.

이 남성 이상으로 부담이 되는 것을 나타내고 있다.

유배우자·무배우자별은 역인과관계(관리직이 되면 남성의 초혼율·재혼율이 늘어난다)가 혼재하지만, 유배우자 가운데 아이의 유무나 막내아이 연령의 영향에 역인과관계가 없으면 아래의 설이 성립하여 가설 5와 6을 부분적으로 지지한다.

⑥ 유배우자 남성이 막내아이가 6세 이상이 되면 과장 이상 및 계장 이상 비율이 모두 유의미하게 커지는 것에 반해 유배우자 여성에서는 막내아이가 6세 이상이 되면 과장 이상 및 계장 이상 비율

모두 유의미하게 작아진다.

⑦ 연령이나 다른 개인 속성을 통제하고 유배우자 가운데 막내아이가 6세 이상인 경우, 아이가 없는 경우나 막내아이가 6세 미만인 경우에 비해 과장 이상 및 계장 이상 비율의 모두 남녀 격차가 유의미하게 크다. 또 이 격차의 증대는 과장 이상 비율에서 특히 막내아이가 6~14세의 경우에 현저하다.

일반적으로 여성의 약 60%가 출산 후 반년 정도 사이에 이직하므로 잠재적으로 관리직 승진 기회가 낮은 여성이면 '아이가 없는 유배우자'의 여성과 '막내아이가 6세 미만'인 여성의 결과 차이에는, 후자에는 육아 이직자로 그 후 정규 고용으로 재취직하지 않거나 혹은 할 수 없었던 여성이 포함되어 있지 않다는 표본의 선택 편향이 있다. 한편, ⑥과 ⑦의 '막내아이가 6~14세인 여성'과 '막내아이가 6세 미만인 여성'의 비교에는 이러한 표본 선택 편향의 혼재가 거의 없다고 생각되므로 막내아이가 6세 이상이 되면 관리직 비율이 남성에서 증가하는 반면 여성에서는 줄어든다. 그 결과 남녀 격차가 증가한다고 하는 사실은 이 라이프 스테이지에서 여성의 육아와 일의 양립이 보다 어려워짐과 동시에 남녀의 전통적 역할 분업이 보다 강화되는 것을 시사한다.

이번 장에서 분석하는 경제산업연구소의 기업 조사에서는 인사관리에 대해서 8항목, 워크 라이프 밸런스에 대해서는 15항목에 걸쳐 조사하고 있다. 그 항목들과 성별 간에 상호작용 효과가 있는지를 개별로 조사한 결과, 과장 이상 비율에 대해서 단 한 변수만, 계장 이상 비율에 대해서는 세 변수가 모델 4에서 고려한 변수의 효과를 통제하고 유의미한 것이 밝혀졌다.

	과장 이상 대 이하		
	모델 5	모델 6	모델 7
1. 법적 규정을 능가한 육아휴직			
주 효과	0.027		
성별과의 상호작용 효과	0.463		
2. WLB 추진 본부			
주 효과		-0.117**	
성별과의 상호작용 효과		0.637*	
3. 성별에 관계없이 능력 발휘에 노력함			
주 효과			0.034
성별과의 상호작용 효과			0.044

***p ⟨ .001 ; **p ⟨ 0.01, *p ⟨ 0.05.

〈표 2.4〉는 과장 이상 비율에 대한 '워크 라이프 밸런스 추진 본부 등의 적극적인 추진 조직'을 가지는 기업의 경우, 과장 이상 비율의 남녀 격차가 유의미하게 감소하는 것을 나타내고 있다. 이 결과는 과장 이상 비율에 대해서는 워크 라이프 밸런스 추진 조직의 영향에 관한 가설 8은 성립되지만, 성별에 대한 인사관리 방침에 관한 가설 7은 성립하지 않는 것을 의미한다.

한편, 〈표 2.5〉는 계장 이상 비율에 대한 모델 5, 6, 7의 결과는 각각 '법적 규정을 능가한 육아휴직제도가 있는' 기업이 '없는' 기업에 비해, '워크 라이프 밸런스 추진 본부 등의 적극적인 추진 조직을 가지는' 기업이 '가지지 않는' 기업에 비해, 또 '성별에 관계없이 사원의 능력 발휘에 노력하고 있는' 정도가 높은 기업일수록 계장 이상 비율의 남녀 격차가 유의미하게 감소하는 것을 나타내고 있다. 그러나 세

〈표 2.5〉 계장 이상 확률의 로짓 모델: 추가 기업 속성

	과장 이상 대 이하				
	모델 5	모델 6	모델 7	모델 8	모델 9
1. 법적 규정을 능가한 육아휴직					
주 효과	-0.129			-0.091	
성별과의 상호작용 효과	0.370**			0.288	
2. WLB 추진 본부					
주 효과		-0.211**		-0.189*	
성별과의 상호작용 효과		0.396**		0.266	
3. 성별에 관계없이 능력 발휘에 노력함					
주 효과			-0.010	0.009	0.009
성별과의 상호작용 효과			0.190**	0.157*	0.156*
4. 항목 1과 항목 2의 평균					
주 효과					-0.277*
성별과의 상호작용 효과					0.558**

***p 〈 .001 ; **p 〈 0.01, *p 〈 0.05.

변수를 동시에 넣으면 상호작용 효과가 유의미한 것은 '성별에 따르지 않는 능력발휘'의 항목만이 되고(모델 8), 게다가 다른 두 항목에 대해서는 '있다', '어느 한 쪽이 있다', '양쪽 있다'의 세 구분의 영향으로 보았을 경우(모델 9)에는 성별과의 상호작용 효과는 유의미한 것이 되었다. '성별에 관계없이 사원의 능력발휘에 노력하는' 기업과 '법적 규정을 능가한 육아휴직제도'나 '워크 라이프 밸런스 추진 본부'가 있는 기업은 계장 이상 비율의 남녀 격차가 유의미하게 적다고 말할 수 있다.

2.5 결론과 정책 임플리케이션

일본의 관리직 비율이 높은 남녀 격차를 해소하고 성별에 관계없이 남녀가 경제 활동의 의사결정에 평등하게 참가할 수 있는 사회를 구축하기 위해서는 어떻게 하면 좋은 것인가? 이번 분석 결과는 여성이 학력이나 취업 경험 등 인적자본의 특성에서 남성과 동등해져도 과장 이상 관리직의 남녀 격차는 21%, 계장 이상 관리직 격차는 30% 밖에 감소하지 않는 것을 나타냈다.

또 남는 격차 가운데 남녀 차이로 설명할 수 있는 것은 노동 시간의 차이뿐이다. 가정 내 부부의 전통적 분업이 강하게 남아있으며, 그 해소가 단기적으로는 어려운 것을 고려하면 이 남녀 정사원의 노동 시간 격차는 해소하기 어렵다. 또 노동 시간의 남녀 차이와 인적자본의 남녀 차이를 합쳐도 과장 이상 비율 그리고 계장 이상 비율은 모두 40% 전후의 설명력밖에 가지지 못한다.

따라서 반 이상의 적어도 약 60%는 남녀로 학력, 연령, 근속 연수, 노동 시간이 같아도 관리직 비율의 남녀 격차가 있는 것을 의미한다. 연령과 함께 관리직 비율의 남녀 격차가 증대하는 것을 생각하면, 관리직 승진이 한편으로는 남성에 대하여 학력에 의존하지 않고 거의 평등하게 연공 보수적으로 실현되는 일본적 고용 관행과, 또 한편으로는 모든 노동자에게 관리직을 시킬 수 없다는 제약상 여성에게는 거의 일률적으로, 제도적으로는 일반직·종합직의 구별과 같은 코스제를 이용하여 통계적 차별을 하고 관리직 승진 트랙에서 탈락시키는 관행을 많은 일본 기업이 가지는 것이 남녀 격차의 주원인으로 생각된다. 이 사실은 예를 들면 남성의 화이트칼라 정사원이라면 학력에 상관없이 최종적으로(근속 연수가 충분히 길면) 90% 이상이 계장 이상으로, 또 대졸의 80%, 고졸의 70%가 최종적으로 과장 이상의 지위를 얻는 것에 반해 여성의 경우는 근속 연수가 아무리 길어도 과장 이상 비율은 대졸에서 30%에 달하지 않고, 고졸에서는 그 반인 15%에도 못 미치는 것이 여실히 나타나고 있다.

이러한 현상을 타파하기 위해서는 간접차별의 정의에 대해서 일본의 법을 미국 기준과 같이 의도에 따르지 않고 효과에서도 남녀 간 격차를 초래하는 제도를 포함한다고 명확히 하고[2], 종합직과 일반직의 구분 등 남녀로 크게 다른 기업 내 트래킹 제도를 간접차별로서 법적으로 금지하는 것이 불가결하다. 또 남성 이상으로 여성에 대한 장시간 노동이 관리직 요건으로 되어 있는 상황이 분석으로 시사되었다. 여성의 인재 활용에는 노동 시간의 길이가 아닌 시간당 생산성을 척도로 해야 하고, 이 점에 대해서 기업의 제도 개혁이 강하게 요망된다. 또 막내아이가 6~15세인 가정의 정사원 여성의 관리직 비율이 특히 낮으며, 이러한 라이프 스테이지를 지닌 여성은 현재 다양한 지원이 있는 막내아이가 6세 미만인 가정의 여성 이상으로 일과 가정의 양립이 어려운 결과 핸디캡을 지고 있다고 생각된다. 현재 초등학교 1~3학년이 중심인 방과 후 아동 보육(부모가 맞벌이 하는 아동의 경우 방과 후 어머니 대신 돌봐 주는 일)을 4~6학년으로 확충하는 등의 지원에 정부는 적극적으로 대응할 필요가 있을 것이다.

| 인용 문헌 |

星野崇宏. 2009. 『調査観察データの統計科学』 岩波書店.

---

2 이 기준에 대해서는 제8장 8.2절에서 해설하고 있다.

山口一男. 2008. '男女の賃金格差解消への道筋 – 統計的差別の経済的不合理の理論的・実証的根拠'『日本労働研究雑誌』50: 40-68.

山口一男. 2009.『ワークライフバランス – 実証と政策提言』日本経済新聞出版社.

山口一男. 2010. '常勤者の過剰就業とワーク・ファミリー・コンフリクト'鶴・樋口・水町(編)『労働時間改革』日本評論社: 53-79.

山口一男. 2011. '労働生産性と男女共同参画 – なぜ日本企業はダメなのか, 女性人材活用を有効にするために企業は何をすべきか, 国は何をすべきか' RIETI Discussion paper 11-J-069.

Blinder, A. 1973. "Wage Discrimination: Reduced Form and Structural Variables." *Journal of Human Resources* 8: 436-55.

DiNardo, J., N. Fortin, and T. Lemieux. 1996. "Labor Market Institution and the Distribution of Wages." *Econometrica* 64: 1001-44.

Kato, Takao, Daiji Kawaguchi, and Hideo Owan. 2013. "Dynamics of the Gender Gap in the Workplace: An Econometric Case Study of a Large Japanese Firm." RIETI Discussion paper 13-E-038.

Oaxaca, R. 1973. "Male-Female Wage Differentials in Urban Labor Markets." *International Economic Review* 14: 693-709.

부록: BO법과 DFL법에 의한 요소분해

아래에서 '여성이 남성과 같은 통제변수의 분포를 가진다면'이라는 반사실적 상황을 생각하는 경우의 요소분해에 대해서 설명한다.

BO법(Blinder, 1973; Oaxaca, 1973)은 예를 들면 결과 Y에 대한 남녀 격차의 요소분해에 관하여 아래와 같이 남녀별 회귀식을 가정한다.

$$y^M = \boldsymbol{\beta}'^M \mathbf{V}^M + \varepsilon$$
$$y^W = \boldsymbol{\beta}'^W \mathbf{V}^W + \varepsilon$$

이 때 오차항 ε이 통제변수 $\mathbf{V}$와 독립적이라고 가정하면, 결과 Y의 남녀 평균값의 차이에 대하여 아래의 요소분해식을 얻을 수 있다.

$$\bar{y}^W - \bar{y}^M = \left[\boldsymbol{\beta}^{W'}\left(\bar{\mathbf{V}}^W - \bar{\mathbf{V}}^M \right) \right] + \left[\left(\boldsymbol{\beta}^{W'} - \boldsymbol{\beta}^{M'} \right) \bar{\mathbf{V}}^M \right]. \quad \cdots\cdots \langle \text{식 A2.1} \rangle$$

여기서 $\boldsymbol{\beta}^{W'}\bar{\mathbf{V}}^M$ 통제변수 $\mathbf{V}$가 남성 분포와 같고, 그 효과(회귀계수)가 여성과 같다고 하는 반사실적 상황에서의 Y의 평균값이 된다. 따라서 상기 식 제1항의 $\left[\boldsymbol{\beta}^{W'}\left(\bar{\mathbf{V}}^W - \bar{\mathbf{V}}^M \right) \right]$은 '만약 여성이 남성과 같은 통제변수의 분포를 가지고 있다면 제거할 수 있는 남녀 격차'를 의미하고, 이것이 남녀의 통제변수의 분포 차이로 '설명되는 남녀 격차'이다. 한편, 식의 제2항인 $\left[\left(\boldsymbol{\beta}^{W'} - \boldsymbol{\beta}^{M'} \right) \bar{\mathbf{V}}^M \right]$은 남성이 여성과 같은 취급을 받으면(여성과 같은 회귀계수를 가지고 있다면) 제거할 수 있는 남녀 격차이며, 이것이 '설명되지 않는 남녀 격차'이다. 이것은 BO법의 요소분해이다.

한편, DFL법(DiNardo, Fortin, and Lemieux, 1996)은 BO법과 같이 회귀식을 가정하지 않고, 아래와 같은 한 쌍의 '세미 패러메트릭'한 식을 가정한다.

$$y^M = \phi(\mathbf{V}^M, \boldsymbol{\theta}^M) + \varepsilon$$
$$y^W = \phi(\mathbf{V}^W, \boldsymbol{\theta}^W) + \varepsilon$$

여기서 오차항 ε이 통제변수 $\mathbf{V}$와 독립적이라고 가정하면, 아래의 요소분해식을 얻을 수 있다.

$$\bar{y}^W - \bar{y}^M = \left[\bar{\phi}\left(\mathbf{V}^W, \boldsymbol{\theta}^W\right) - \bar{\phi}\left(\mathbf{V}^M, \boldsymbol{\theta}^W\right) \right] + \left[\bar{\phi}\left(\mathbf{V}^M, \boldsymbol{\theta}^W\right) - \bar{\phi}\left(\mathbf{V}^M, \boldsymbol{\theta}^M\right) \right].$$

······〈식 A2.2〉

상기 식 $\boldsymbol{\theta}^M$과 $\boldsymbol{\theta}^W$는 각각 통제변수 $\mathbf{V}^W$와 $\mathbf{V}^M$의 결과 Y에 대한 영향을 나타내는 매개변수^{parameter}이다. 또 여기서 제1항의 $\left[\bar{\phi}\left(\mathbf{V}^W, \boldsymbol{\theta}^W\right)\right.$ $\left.- \bar{\phi}\left(\mathbf{V}^M, \boldsymbol{\theta}^W\right)\right]$는 '만약 여성이 남성과 같은 통제변수의 분포를 가지고 있다면 제거할 수 있는 남녀 격차'를 의미하고, 이것이 남녀의 통제변수의 분포 차이로 '설명되는 남녀 격차'이다. 한편, 식 제2항인 $\left[\bar{\phi}\left(\mathbf{V}^M, \boldsymbol{\theta}^W\right) - \bar{\phi}\left(\mathbf{V}^M, \boldsymbol{\theta}^M\right)\right]$은 남성이 여성과 같은 취급을 받으면 (여성과 같은 매개변수를 가지고 있으면) 제거할 수 있는 남녀 격차이며, 이것이 '설명되지 않는 남녀 격차'이다. 여기까지는 BO법과 유사하지만, BO법과 달리 회귀식을 가정하지 않고 있으므로 매개 변수를 직접 추정하지 않는 점이 크게 다르다.

그러나 $\bar{\phi}\left(\mathbf{V}^M, \boldsymbol{\theta}^M\right)$과 $\bar{\phi}\left(\mathbf{V}^W, \boldsymbol{\theta}^W\right)$의 추정값은 단순히 남녀별의 결과인 표본 평균이므로 여성이 남성의 통제변수의 분포를 가지는 경우의 평균을 의미하는 $\bar{\phi}\left(\mathbf{V}^M, \boldsymbol{\theta}^W\right)$의 추정값을 얻을 수 있으면 상기의 요소분해를 할 수 있다. 이것은 아래의 식을 사용한다.

$$\bar{\phi}\left(\mathbf{V}^M, \boldsymbol{\theta}^W\right) \equiv \int_V \phi\left(\mathbf{v}, \boldsymbol{\theta}^W\right) f\left(\mathbf{v}\,|\,X=0\right) d\mathbf{v} = \int_V E\left(Y^W\,|\,\mathbf{v}\right) f\left(\mathbf{v}\,|\,X=0\right) d\mathbf{v}$$
$$= \int_V \omega\left(\mathbf{v}\right) E\left(Y^W\,|\,\mathbf{v}\right) f\left(\mathbf{v}\,|\,X=1\right) d\mathbf{v} = E_\omega\left(Y^W\right)$$

······〈식 A2.3〉

여기서 $f(\mathbf{v} \mid X)$는 통제변수 $\mathbf{V}$의 조건부 확률분포를 나타내고, E_ω 는 아래의 가중치를 둔 평균을 의미한다. 즉 〈식 A2.3〉의 추정값은 여성의 각 표본 i에 대해서 가중치 $\omega(\mathbf{v}_i)$를 둔 가중평균이 된다.

$$\omega(\mathbf{v}) \equiv \frac{f\left(\mathbf{v} \mid X=0\right)}{f\left(\mathbf{v} \mid X=1\right)} = \frac{p\left(X=0 \mid \mathbf{v}\right)f\left(\mathbf{v}\right)/p\left(X=0\right)}{p\left(X=1 \mid \mathbf{v}\right)f\left(\mathbf{v}\right)/p\left(X=1\right)} = \frac{p\left(X=1\right)p\left(X=0 \mid \mathbf{v}\right)}{p\left(X=0\right)p\left(X=1 \mid \mathbf{v}\right)}$$

$$\cdots\cdots\langle\text{식 A2.4}\rangle$$

또 가중치 $\omega(\mathbf{v}_i)$는 〈식 A2.4〉로부터 명확한 것 같이 $p(x=1 \mid \mathbf{v})$에 대해서 일치성을 가지는 추정값을 로지스틱 회귀 모델이나 프로빗 회귀 모델로 추정해서 산출할 수 있고, 또 그 추정값을 사용하면 〈식 A2.4〉에 의한 가중평균도 일치성을 가지는 것을 증명할 수 있다(星野, 2009).

DFL법은 남녀로 독립변수의 분포를 동일하게 한 경우를 생각하는 이른바 표준화법의 확장이다. 왜냐하면 $f\left(\mathbf{v} \mid x=0\right)\omega(\mathbf{v}) = f\left(\mathbf{v} \mid x=1\right)$ 이 성립이 되므로 여성 표본에 가중치 $\omega(\mathbf{v}_i)$를 두는 것은 여성의 $\mathbf{V}$ 분포를 남성의 $\mathbf{V}$분포로 대체하는 것이 되기 때문이다. 통상의 표준화법과 다른 것은 $p(x=1 \mid \mathbf{v})$에 대해서 논패러메트릭한 추정은 $\mathbf{V}$의 모든 조합의 값에 대하여 $X=1$과 $X=0$의 표본이 없으면 계산할 수 없고, 또 할 수 있어도 추정값은 안정적이지 않으므로 로지스틱회귀 등을 사용한 추정값으로 대용하는 점이다.

성향점수의 추정에 대해서는 가중치를 둔 후 데이터상에서 X와 $\mathbf{V}$의 독립이 실현되는 것이 분석의 요점이다. 그러나 성향점수는 조건부 확률 $p(x \mid \mathbf{v})$가 논패러메트릭한 추정과 일치하는 경우를 제외하고 어디까지나 근사값이며, X와 V와의 통계적 독립은 기계적인 성향 점수의 추정에서는 실현되지 않는 것도 많다. 거기서 아래의 복수 진단을 하고 X와 V의 통계적 독립이 성립하도록 분석에 세심한 주의를 기울이고 있다.

① 〈식 A2.4〉의 가중치의 평균은 이론적으로는 점근적으로 1에 결속한다. 표본의 가중치의 편균이 1에 가까운 것을 확인한다.

② 가중치를 둔 표본에서 각 변수와 성별과의 통계적 독립이 성립 되는 것을 확인한다.

③ 가중치를 둔 후에는 성향점수의 추정식은 아무런 설명력도 없는 것을 확인한다.

또 성향점수 가중치의 평균이 표본 내에서 1이 되는 쪽(이 경우 가중 가중치 평균은 비추정$^{\text{ratio estimate}}$이 된다)이 보다 효율적(표준오차가 작다)인 것으로 알려져 있으므로, 〈식 A2.4〉의 추정값이 아니고, 그것을 다음과 같이 가중치의 표본평균이 1이 되도록 조정한 값을 가중치로서 사용한다.

$$\hat{\omega}_i^* \equiv N_1 \hat{\omega}_i \Big/ \left(\sum\nolimits_{i \mid x_i = 1} \hat{\omega}_i \right) \qquad \cdots\cdots \langle \text{식 A2.5} \rangle$$

여기서 N_1은 여성 표본의 전체 수이다.

남녀 직업 분리의 요인과 결과
—간과되어 온 남녀 평등의 장애

제3장에서는 여성의 전문직에 대한 치우침과 그 문제점을 밝힌다. 전
문직을 휴먼 서비스계 전문직(사회경제적 지위가 높은 의사·치과 의
사, 대학 교수를 제외한다)인 타입 2형과 그 외의 타입 1형으로 나누고
미국과 비교하면, 타입 2형의 전문직이나 사무직 여성이 많은 것이
일본과 미국 모두 공통이지만, 타입 1형 전문직이나 경영·관리직의
여성 비율에서 일본은 미국보다 훨씬 작다. 또 직업별 남녀 임금 격
차에 대해서 살펴보면 타입 1형 전문직이나 경영·관리직 내 남녀 격
차는 비교적 작지만, 타입 2형 전문직이나 사무직 여성의 평균 임금
이 남성은 물론, 블루칼라직 남성의 평균 임금을 크게 밑돈다. 따라서
여성은 임금에서 이중으로 불리한 입장이라고 할 수 있다. 한편, 직업
내 남녀 임금 격차가 적은 직장(타입 1형 전문직과 경영·관리직)에서
는 여성 비율이 지극히 낮은 반면, 여성의 비율이 큰 직장(타입 2형 전
문직과 사무직) 내에서는 남녀 임금 격차가 지극히 크다.

  또 이번 장에서는 남녀 직업 분리가 인적자본의 남녀 차이로 설명
할 수 있는지에 대해서도 분석한다. 결과는 역설적이라고도 할 수 있
지만, 인적자본의 남녀 평등화가 남녀 직업 분리를 증대시키는 것이

밝혀졌다. 인적자본의 증대가 여성에게 많은 타입 2형 전문직을 더욱 증대시키고 여성에게 적은 작업직을 더욱 감소시키는 정도가 여성에게 적은 타입 1형 전문직이나 경영·관리직을 증대시키는 정도를 상회하기 때문이다.

이번 장에서는 남녀 직업 분리에 관한 이론을 리뷰하고 실증 결과와의 정합성을 검토한다.

3.1 서론

제3장은 남녀 직업 분리와 그것이 남녀 임금 격차에 미치는 영향에 대해서 분석한다. 남녀 직업 분리에 관한 연구는 구미에서는 사회적 불평등에 관한 사회학 연구의 중심이 되는 주제의 하나로 많은 연구가 축적되어 있다(Reskin, 1993). 한편, 일본에서는 관련된 연구가 지극히 적다. 구미에서 남녀 직업 분리가 주된 연구 대상인 이유는 그것이 남녀 임금 격차의 주된 요인으로 여겨지고 있기 때문이다. 피터센과 모건(Petersen and Morgan, 1995)에 따르면 주된 인적자본(교육, 경험 연수 등)에 더해 세부적인 직장의 구별을 통제하면 남녀 임금 격차는 사라진다. 그 결과 남녀 임금 격차는 주로 종사하는 직업 차이에 의해 생기는 것이 밝혀졌으며, 여성 비율이 높은 직업의 상대적 저임금의 원인 해명이나 남녀평등 정책으로서의 동일가치노동 동일임금의 제창으로 이어졌다. 일본에서 남녀 직업 분리가 관심을 끌지 못한 주된 이유는, 미국과 달리 일본에서는 동일 직업 내에서도 연공의 차이 혹은 고용 형태의 차이에 의한 남녀 임금 격차가 크기 때문에 직업 분리는 그다지 중요하지 않다고 생각되어 왔기 때문이다. 야시로

의 최근 저서(八代, 2015)에서 일본적 고용 관행의 문제에 관하여 특히 동일노동 동일임금이 실현되지 않고 있는 것은 다양한 인재를 활용할 수 없는 근본 원인의 하나라고 주장하는 것과 유사한 관점이라고 말할 수 있다. 그러나 이번 장에서 밝히겠지만, 사실은 동일 직업 내에서도 남녀의 임금 격차가 큰 직업과 비교적 작은 직업이 있어, 그 사실에 대한 이론적 설명이 필요하다. 또 동일노동 동일임금의 실현은 남녀 직업 분리에 의한 남녀 임금 격차를 해소할 수 없다.

일본에서는 남녀 직업 분리가 아니라, 남성에 비해 여성의 비정규 고용이 현저하게 많은 것이 남녀 임금 격차의 주원인으로 생각되어 왔다. 그러나 이 인식은 일면적이다. 필자(山口, 2008)가 논의한 바와 같이 고용 형태의 차이는 확실히 남녀의 시간당 임금 격차의 3분의 1 정도를 설명하지만 격차의 반 이상의 차이는 풀타임 정규 노동자 내에서의 남녀 임금 격차에서 생기고 있기 때문이다. 또 후자에 대해서는 그 가장 큰 요인은 남녀의 직급 격차이지만, 그 다음으로 중요한 것이 남녀 직업 분리, 특히 여성의 사무직에 대한 집중과 여성의 전문직 타입의 치우침 그리고 저임금에 있다고 필자는 생각하고 있으므로 이 관련 문제를 밝히는 것이 이번 장의 목적이다.

또한 이번 장은 남녀 직업 분리의 원인에 대해서 아래의 관련된 두 가지 점을 밝힌다. 먼저 남녀 직업 분리가 노동의 공급 측의 요인의 하나인 인적자본으로 인한 남녀 차이에 의해 일어나고 있다고는 설명할 수 없다는 점이다. 실제로 통상의 인적자본(연령, 학력, 취업 연수)이 남녀로 동등해지면, 남녀 직업 분리는 오히려 증대하는 것이 이번 장에서 나타난다. 인적자본의 평등화가 직업의 불평등화를 촉진시키는 점으로, 이번 장에서는 이것을 **직업 분리에 관한 패러독스**라고 부른다. 이번 장은 왜 이러한 패러독스가 생기는지 그 메커니즘을 밝힌다.

또 학력에 대해서 교육 연수뿐만 아니라 고등학교의 타입이나 대학의 학부·학과의 남녀 전공 차이의 영향도 함께 분석한다. 학력의 질적인 남녀 차이는 노동 시장에 참여하기 이전에 존재하는 남녀의 직업 선호에 대한 차이를 보는 유효한 척도라고 할 수 있다. 이번 장에서 밝히는 특정한 예외를 제외하고, 남녀의 전공 차이를 고려한 결과로도 남녀의 직업 분리는 감소하지 않았기 때문에 교육의 전문을 통한 남녀의 노동 공급 자질의 분리가 남녀 직업 분리를 일으키는 주 원인이 아닌 것으로 나타났다. 대신에, 후술하는 통계적 차별 이론이나 스테레오타입론 등 노동의 수요 측의 요인설이 분석 결과의 정합성이 높은 것으로 나타났다. 즉 주로 노동시장에서의 남녀의 직업 고용 기회의 차이로 인해 남녀 직업 분리가 일어나는 것으로 나타났다.

3.2 구미의 선행 연구 및 이론과 국제적으로 본 일본의 현상 리뷰

3.2.1 남녀 직업 분리에 관한 선행 연구 · 이론 리뷰

연구와 이론에 대해서는 남녀 직업 분리에 관한 것과 남녀 직업 분리가 남녀 임금 격차에 미치는 영향에 관한 것이 있다.

먼저 남녀 직업 분리의 원인에는 **노동공급측 요인론**이 있다. 이것은 ①대학의 전공과목이나 직업고등학교의 타입에 대한 남녀 차이 등에서 볼 수 있는 것처럼 남녀의 직업 선호가 다르기 때문에 교육에서의 인적자본을 위한 투자 패턴에 남녀 차이가 존재하는 것, 혹은 ②여성이 가정의 역할과 양립하기 쉬운 직장을 선호하기 쉬운 것, 특히 여성은 남성에 비해 비상근 고용(파트타임 고용, 파견 고용, 임시 고용 등)

을 선호하는 경향이 크고, 이러한 고용 형태의 직장과 상근 고용의 직종과의 분포가 다른 것을 원인으로 하는 이론이다(Callaghan and Hartman, 1992).

노동공급측 요인론은 그것만으로는 동일 직업 내 인적자본을 통제했을 때의 남녀 임금 격차가 생기는 메커니즘을 설명할 수 없다. 노동의 수요(고용주) 측에 성별에 대한 선호가 전혀 없으면, 각 직업에 대한 남녀의 공급 비율의 차이는 동일 직업 내의 남녀 임금 격차를 초래하지 않기 때문이다. 이것은 미국의 상황과는 정합적이지만, 인적자본 변수를 통제한 후에도 동일 직업 내에서의 큰 남녀 임금 격차가 존재하는 일본의 현상을 설명하지 않는다.

다음으로 노동수요 측의 요인에 관한 이론이 있다. 먼저 여성에 대한 통계적 차별 이론이 있다. 비엘비와 배런(Bielby and Baron, 1986)은 펠프스 이론(Phelps, 1972)을 응용하고 기업이 여성의 이직률·전직률이 남성보다 평균적으로 높다는 이유로 여성에게는 단기적 취업이라도 기업에 이익이 있는 일이나 돌연 그만둬도 다른 노동자로 대체하기 쉬운 자리에 채용 혹은 배치하는 경향이 있음을 지적하고 있다. 덧붙이자면, 필자는 여성의 높은 육아 이직률을 이유로 한 일본 여성의 통계적 차별에 대해서 경제적으로 불합리하다는 이론을 주장하고 있다(山口, 2008).

노동수요 측 요인론으로서는 성별에 따라 직종 혹은 직무의 적성이 다르면 고용주나 상사가 성별에 의존하는 노동자에 대한 선호를 가지게 되므로 남녀 직업 분리가 일어난다는 스테레오타입론도 있다. 예를 들면, 남성에 비해 여성이 사무, 홍보, 여성 소비자에 대한 마케팅 등에 배치되기 쉬운 경향이나 전문직 가운데 교육, 양육·보육, 간호 등 여성이 고용되기 쉬운 직업이 있는 것이 알려져 있다. 이 이론의 경제학적인 임플리케이션에서 중요한 점은 기업에 의한 스테레오타입이 편견이며, 그 직업에서의 실제 노동 생산성과의 괴리를 야기한다고 가정하면, 고용주에 의해 남성이 선호되는 직장에서는 여성에게 남성보다 높은 채용의 역치閾値가 설정되기 때문에 남성의 인적자본이 여성의 인적자본을 밑도는 결과, 여성의 임금이 상대적으로 남성보다 높아진다. 반대로 여성이 선호되는 직장에서는 남성에게 여성보다 높은 채용의 역치가 설정되기 때문에 남성의 인적자본이 여성의 인적자본을 웃도는 결과, 여성의 임금이 상대적으로 낮아진다는 논리적 귀결을 얻는 것이다. 그러나 실증 결과는 미국의 결과와 이번 장에서 밝히는 일본의 결과도 이 예측과 정합하지 않는다. 따라서 '스테레오타입론'만으로는 남녀 임금 격차의 실상을 설명할 수 없다.

노동의 공급측과 수요측의 요인 이외에 사회구조가 사람과 직업과의 매칭에 영향을 주는 결과 남녀 직업 분리나 임금 격차가 일어난다는 이론이 있다. 그 대표적인 이론이 기업 내외에 경력의 진전성이 있는 '핵심 노동시장'과 진전성이 없는 '말단 노동시장'이 있으며, 여성은 말단 시장의 고용에 치우치기 때문에 그것이 남녀 직업 분리나 여성의 상대적 저임금을 초래하고 있다는 노동시장의 이중구조론이다. 이에 대한 미국의 관련 연구는 많다(예를 들면 Reskin and Roos, 1990). 이 이론은 왜 여성의 고용이 남성에 비해 말단 노동시장에 몰리는가에 관한 설명을 필요로 한다. 일본의 경우, 비정규 고용에 여성이 치우치는 것과 이 이론이 정합하지만, 정규 고용은 갓 졸업한 신입사원을 우선으로 하고 여성의 육아 이직 후의 재고용은 대부분 비정규 고용으로 채용되는 일본의 특수 사정과 관계되는 것이 미국의 경우와 다르다.

사회구조가 사람과 직업의 매칭에 영향을 미치는 것과 관련되는 이론에 직업 선호의 내생성 이론이 있다. 특히 여성은 남성과 비교해 가정과 양립하기 쉬운 직장을 선호하지만, 이 선호의 직업 선택에 대한 영향에는 직장에서 일하는 방식 등, 고용주측의 특성에도 크게 의존하는 점을 강조한다. 이것은 일본에 관해서는 필자가 강조해 온 논점이다. 예를 들면, 야마구치(山口, 2008)는 2006년 시점에서 정규 고용의 파트타임직(35시간 이하의 단시간 근무)은 전체 직업의 1%에도 달하지 않으므로, 가정과의 양립의 필요성에서 정규 고용 여성이 단시간 근무를 선호하면 비정규 고용직으로 전직할 수 밖에 없다는 것을 보여준다.

또 이 책의 제5장에서 필자는 기업에 의한 워크 라이프 밸런스(WLB) 시책 목적에는 차이가 있고, 인재 활용 목적으로 WLB 시책을 실행하는 기업만이 노동자의 남녀 임금 격차가 낮은 것을 나타내고 있다. 또 여성이 관리직 승진을 남성만큼 희망하지 않는 배경에는 일본 관리직의 장시간의 유연성이 없는 일하는 방식을 요구하는 직장 환경이 있다고 생각한다. 관련 분석은 이 책의 제7장에서 제시한다.

이 외에 남녀 직업 분리 자체에 대한 설명 이론을 가지지 않지만, 분리를 전제로 했을 때 왜 남녀 임금 격차가 생기는지에 관한 이론이 있다. 미국에서도 학력이나 경험이 동등해도 여성 비율이 많은 직장의 평균 임금이 상대적으로 낮다(England et al., 1988). 하지만 잉글랜드(England, 1992)는 그 이유로 여성의 직업에 많은 어린이 교육이나 유아 케어, 환자나 노인의 간병, 사회복지사 업무 등 초등 교육이나 양육 그리고 케어에 요구되는 스킬이 시장에서 낮게 평가되어 있다는 이론을 제시하였다. 이것을 잉글랜드의 명명에 따라 여성 노동의 디밸류에이션devaluation론이라고 부른다. 그러나 디밸류에이션론은 다른 직업의 임금 격차를 통한 간접차별론으로 동일 직업 내에서의 남녀 임금 격차는 설명하지 않는다.

이상이 관련 이론의 리뷰이다. 이번 장이 문제로 삼는 것은 일본에 관한 실증 결과가 어느 이론과 어떤 점에서 정합하고, 어떤 점에서 정합하지 않는지를 밝히는 것이다. 일본에서는 남녀 직업 분리에 대한 독자적인 실증 연구는 여전히 적다. 아이바의 박사논문(Aiba, 1997), 히구치의 논문(樋口, 1991), 사카타의 논문(坂田, 2014) 등이 있지만, 내용은 이번 장의 중심 주제와 크게 관계되지 않으므로 리뷰는 생략한다.

3.2.2 국제적으로 본 일본의 현상

이번 장은 남녀 직업 분리뿐만 아니라 전문직의 남녀 분리와 그 결과에 초점을 맞춘다. 일반적으로 '교육·양육', '의료·보건·간호', '사회복지' 분야의 전문직을 '휴먼 서비스계 전문직'이라고 말한다. 그러나 일본에서는 이 휴먼 서비스계 전문직에서도 사회경제적 지위가 높은 직종에는 남성이 압도적으로 많다.

〈그림 3.1〉은 OECD가 2012년에 발표한 통계로 OECD 국가 내 27개국에 대해서 대학 교수의 여성 비율을 나타낸 것이다. 그림에서 알 수 있듯이 일본의 대학 교수의 여성 비율은 지극히 낮다.

다음으로 동일하게 OECD가 2011년에 발표한 의사의 여성 비율에 대해서 〈그림 3.1〉의 27개국과 덴마크의 총 28개국의 값을 나타낸 것이 〈그림 3.2〉이다. 의사의 여성 비율도 일본과 한국이 눈에 띄게 낮다.

또 휴먼 서비스계 이외의 전문직에 대해서는 구미에서도 여성 비율이 낮지만, 일본은 현저하게 낮은 실정이다. 〈그림 3.3〉은 유네스코 자료로부터 데이터를 얻은 19개국과 총무성 통계국 자료(통계 토픽

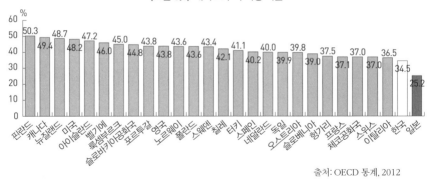

〈그림 3.1〉 대학 교수의 여성 비율

출처: OECD 통계, 2012

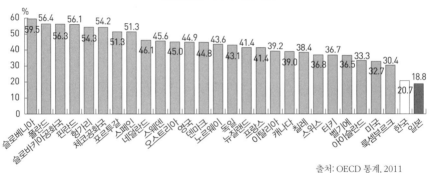

〈그림 3.2〉 의사의 여성 비율

출처: OECD 통계, 2011

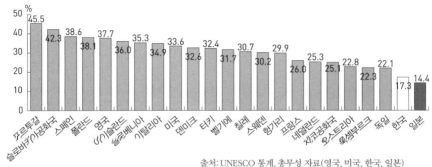

〈그림 3.3〉 연구자의 여성 비율

출처: UNESCO 통계, 총무성 자료(영국, 미국, 한국, 일본)

제3장 남녀 직업 분리의 요인과 결과

No.80의 〈그림 8〉)의 데이터에서 얻은 영국, 미국, 한국, 일본의 4개국을 합친 총 23개국에 대한 연구자의 여성 비율을 제시하고 있다. 이들은 2010~2012년의 수치이다. 〈그림 3.3〉은 전문 분야에서도 일본은 최하위로 14%, 한국은 17%로 두 나라의 비율이 지극히 낮은 것을 나타내고 있다.

〈그림 3.1〉부터 〈그림 3.3〉까지를 비교하면, 여성 비율이 높은 나라는 그림에 따라 다르지만 낮은 나라는 일관되게 일본이 최하위, 한국이 아래에서 두 번째이다. 일본과 한국에는 전문직에 대한 여성 진출을 막는 사회구조적인 요인이 있다고 생각된다. 이번 장에서는 이 전문직 여성의 비율의 낮음에 관련되는 남녀 직업 분리가 학력, 전공, 연령, 근속 연수, 고용 형태 등의 남녀 차이로 설명할 수 있는지에 대해서 분석한다.

3.3 분석 방법과 데이터

3.3.1 분석 방법

남녀의 직업분리도는 아래의 분리지수 segregation index 를 사용해서 측정한다.

$$ID = \frac{1}{2}\sum_j \left| P_j^M - P_j^W \right| \qquad \cdots\cdots \langle \text{식 } 3.1 \rangle$$

〈식 3.1〉P_j^M는 남성 취업자 내에서 직업 j에 종사하는 사람의 비율, P_j^W는 여성 취업자 내에서 직업 j에 종사하는 사람의 비율이다. 분리지수는 여성(남성)의 직업분포를 남성(여성)의 직업분포에 일치시키기 위해서 직업을 바꿔야 하는 최소의 여성(남성) 비율을 의미한다.

이 분리지수로 측정하는 남녀의 직업분리도를 학력·연령·근속 연수 등의 인적자본의 남녀 차이로 '설명되는 분리도'와 '설명되지 않는 분리도'로 분해한다. 이 분해에는 아래의 두 가지 방법을 사용한다. 하나는 DiNardo-Fortin-Lemieux법(DiNardo et al.1996, 이하 DFL법)의 응용이다(Yamaguchi, 2017). 이 방법에서는 성향점수에 따른 '처리의 역확률'^{IPT}로 의한 가중치를 사용하고, 데이터상에서 성별변수 X와 통제변수집단 V의 분포가 통계적으로 독립적이 되는 반사실적 상태를 만들어 낸다. 이 가상 상황에서의 분리도가 '설명되지 않는 분리도'이다. 또 아래의 DFL법의 응용에서는 성별 X의 분포는 불변으로 통제변수집단 V의 분포에 대해서는 '여성의 통제변수집단의 분포가 관찰된 남성의 분포와 같아지면'이라는 반사실적 상황을 생각한다.

DFL법에는 X가 V와 독립이 될 경우에 각 직업을 얻는 확률에 대한 이들 변수의 영향이 불변이라고 하는 특성이 있다. 따라서 X와 V의 분포가 변화됨에 따라 그 결과의 직업분포가 변한다. 예를 들면, 여성의 대졸 비율이 남성과 같은 정도가 되면 대졸자에 많은 전문직 비율이 증가한다. 그러나 이 가정이 성립되지 않는 것이 생각될 수 있다. 예를 들면, 몇 %의 사람이 각각의 직업에 종사하는지는 노동의 공급측의 요인뿐만 아니라 노동의 수요 측의 요인에도 영향을 받게 된다고 생각되기 때문이다.

거기서 필자가 개발한(Yamaguchi, 2017) 매칭법에 의한 분리지수의 요소분해를 병용한다. 이 방법은 DFL법의 기타 가정은 그대로 유지하고, X와 V의 통계적인 독립도 만들어 내지만, 남녀를 합친 직업의 주변분포에 대해서는 DFL법과 달리 노동공급 측의 분포가 변해도 영향을 받지 않고, 직업과 노동자의 매칭만이 변화한다고 가정한다. 이 모델로 예를 들면, 여성의 대졸 비율이 남성과 동등해지고 여성의 전문직이 늘어나면, 그만큼 남성의 전문직이 줄어들게 된다. 매칭법의 수리적인 해설에 대해서는 이번 장의 부록 1에서 자세하게 설명하고 있다.

DFL법과 매칭법은, 한편은 노동의 공급측 요인, 또 다른 한편은 수요측 요인만으로 직업분포가 결정된다고 가정하지만, 실제로는 직업분포는 노동의 공급 및 수요의 양측 요인에 의존한다고 생각되므로 두 가지 방법으로 예측되는 결과의 중간범위에 실제 결과는 생길 것이라고 이번 장의 분석은 가정하고 있다.

3.3.2 데이터 및 변수

이번 장의 분석에는 2005년에 진행된 사회 계층과 사회 이동 조사(SSM2005)를 사용한다. SSM2005는 전국의 20~69세 남녀를 대상으로 하는 무작위 표본추출 조사이다. 이번 장에서는 대학 진학률과 퇴직 연령의 남녀 차이에 의한 선택 편향을 제외하기 위해 23~60세의 2,449명의 노동자 표본에 한정해서 분석한다. 이 조사 데이터를 사용한 이유는 전국 조사일 뿐만 아니라 학력에 대해서 대학의 전공이나 고등학교의 타입 등 남녀로 분리가 큰 교육 내용에 관한 항목을 조사하고 있기 때문이다. 또한 비교를 위해 〈표 3.1〉에서는 1995년의 SSM 조사 및 2010년의 미국 인구조사의 데이터 결과도 함께 제시하고 있다.

남녀 직업 분리에 대해서는 대분류에 더해 특히 전문직에 관하여 '휴먼 서비스계 전문직'이며 사회경제적 지위가 높은 '대학 교수', '의사', '치과 의사'를 제외한 전문직을 '타입 2형 전문직'이라 하고, 그

외의 전문직을 '타입 1형 전문직'으로 하는 구별을 마련했다. '대학 교원', '의사', '치과 의사'는 타입 1형 전문직에 포함된다. 이러한 구분을 한 것은 3.2절에서 본 바와 같이 휴먼 서비스계라도 구미 제국과 달리 일본에서는 대학 교수와 의사·치과 의사라는 사회경제적 지위가 높은 직장에는 남성 비율이 대단히 높고, 이번 장의 분석 목적인 하나는 이 남성 비율이 높은 전문직에서의 여성 활약 지체가 노동의 공급 측 요인인 남녀의 인적자본의 차이에 의해 어느 정도 설명할 수 있는지를 보는 것에 있기 때문이다. 이 결과 〈표 3.1〉에서 제시하는 8종의 직업 구분을 사용했다.

남녀 직업 분리 분석의 통제변수집단 V로서 사용한 것은 '학력', '연령', '취업 연수', '상근·기타'의 4변수이다. 학력에 대해서는 '대졸 이상', '단기대학·고등전문학교', '고졸', '중졸 이하'의 4구분과, 대학의 전공이나 고등학교의 타입 등을 첨가한 구분의 2종류를 사용했다. 일본과 미국의 데이터로 사용한 직업 구분의 8구분과 직업 소분류의 대응에 대해서는 이번 장의 부록 2를 참조했으면 한다.

3.4 분석 결과

3.4.1 남녀 직업분리도의 일본과 미국 비교와 시대 변화

〈표 3.1〉은 일본과 미국에 대해서 직업 구성 비율과 남녀의 직업분리도를 나타내는 분리지수를 제시하고 있다. 일본 데이터의 경우는 표본 가중치를 사용하고 있다.

〈표 3.1〉의 분리지수 값은 일본과 미국 모두 큰 직업분리가 있는 것을 나타낸다. 또한 직업분리도는 직업 구분의 미세함에 의존하므로

〈표 3.1〉 남녀 직업 분리

	일본(2005)		일본(1995)		미국(2005)	
	남성	여성[1]	남성	여성	남성	여성
표본 수	1,262	1,187	1,468	1,084	81,323,085	72,714,395
	구성 비율		구성 비율		구성 비율	
1. 타입 1형 전문직	0.116	0.018*	0.094	0.019*	0.156	0.127
2. 타입 2형 전문직	0.041	0.196*	0.048	0.142*	0.043	0.208
3. 경영·관리직	0.100	0.007*	0.101	0.012*	0.108	0.075
4. 사무직	0.167	0.330*	0.218	0.345*	0.070	0.219
5. 판매직	0.131	0.104*	0.093	0.113	0.106	0.120
6. 작업직[2]	0.305	0.159*	0.294	0.197*	0.255	0.047
7. 서비스 노동직	0.026	0.136*	0.031	0.132*	0.106	0.155
8. 기타[3]	0.114	0.050*	0.121	0.040*	0.156	0.050
분리지수	0.427		0.343		0.376	

주1: 여성 비율의 *표시는 일본 데이터의 남녀 차이가 5%로 유의미한 것을 나타낸다.
주2: 이 카테고리는 공장 노동자, 건설업 노동자, 장인·기능 노동자를 포함한다.
주3: 이 카테고리는 군인(자위대원), 보안·안전 서비스, 농림 어업 및 분류 불능한 직업을 포함한다.

다른 구분을 사용한 값과는 비교할 수 없다. 〈표 3.1〉의 결과에서 남녀 직업 분리의 패턴에는 두 국가 간에 공통점과 차이점이 있는 것을 알 수 있다. 공통점은 여성의 타입 2형 전문직과 사무직의 비율이 남성에 비해 지극히 높은 점이다. 한편, 차이점은 미국 여성에 비해 일본 여성은 타입 1형 전문직과 경영·관리직의 비율이 남성보다 낮은 정도가 훨씬 두드러진 점이다. 또 작업직의 여성 비율은 일본이 미국보다 더 크다. 일본과 미국의 차이점은 모두 남녀 임금 격차가 일본에서 미국보다 크게 되는 움직임에 기여하고 있다. 〈표 3.2〉로 나타나고 있듯이 타입 1형 전문직과 경영·관리직은 직업 구분상 가장 평균 임

〈표 3.2〉 개인 소득에 대한 성별, 직업, 종업상의 지위, 학력의 영향

독립변수	모델 1	모델 2	모델 3	
	주효과	주효과	주효과	상호작용 효과
1. 성별	-	-0.248***	-0.279***	-
2. 직업(대 사무직)				
타입 1형 전문직	0.127***	0.067*	0.019	0.273**
타입 2형 전문직	0.000	0.061**	0.040	0.032
경영·관리직	0.247***	0.168***	0.141***	0.172†
판매직	-0.012	-0.047*	-0.081**	0.060
작업직	-0.014	-0.085***	-0.098***	0.009
서비스 노동직	-0.076**	-0.071**	-0.137**	0.085
기타	0.009	-0.074**	-0.084**	-0.007
2. 종업상의 지위(대 상근)				—
비상근	-0.392***	-0.305***	-0.300***	—
3. 학력(대 고졸)				
중졸 이하	-0.052**	-0.058**	-0.059**	—
단대·고전	-0.002	0.027	0.026	—
대졸 이상	0.104***	0.058***	0.056***	—
4. 연령(계수 생략)				
5. 근속 연수(계수 생략)				
6. 주당 평균 노동 시간 (계수 생략)				
R^2(adjusted R^2)	0.598(0.593)	0.637(0.633)	0.640(0.635)	

***$p < 0.001$; **$p < 0.01$; *$p < 0.05$; †$p < 0.10$

금이 높은 구분이며, 반대로 작업직은 가장 평균 임금이 낮은 직업이기 때문이다. 〈그림 3.4〉는 일본과 미국의 남녀별 타입 1형 전문직과

타입 2형 전문직의 비율을 나타내고 있다. 일본 여성의 타입 1형 전문직 비율이 낮은 것이 현저하다.

일본의 결과에 대해서 2005년을 1995년과 비교하면, 남녀의 직업 분리도는 10년 사이에 증대한 것을 알 수 있다. 2005년에 직업 분리도가 증대한 이유는 ①여성에게 많은 타입 2형 전문직의 여성 비율이 14%에서 20%로 증가한 것(이 사이에 남성은 약 1% 떨어졌다)과, 남성에게 많은 작업직의 여성 비율이 20%에서 16%로 떨어진 것(이 사이에 남성은 약 1% 올랐다)이다. 이 두 가지 경향만으로 1995년부터 2005년 사이의 분리지수의 증가의 약 66%를 설명한다.

위의 시대 변화는 여성의 고학력화가 주로 타입 2형 전문직 여성의 증가를 시사한다. 이것은 여성에게 유리한 결과로 보이지만 현상은 반드시 그렇다고는 말할 수 없다. 아래에서 관련 사실을 제시한다.

3.4.2 성별, 직업, 임금과의 관련 분석

아래에서 2005년 SSM 데이터를 사용하고 성별과 직업 임금과의 관련에 대해서 분석한다. 종속변수는 연간 개인소득으로 실수가 아닌 1~30의 값을 취하는 순서를 매긴 카테고리 변수를 변환한 값이다. 카테고리마다 소득 구간의 중간값을 100만 엔을 1단위로 척도화하였다. 단 30번째의 카테고리는 2050만 엔 이상이 되므로 중간값은 불분명하지만 표본이 하나이므로 편향은 무시할 수 있다고 생각하고 편의적으로 21로 했다. 아울러 소득에 대한 척도의 자연대수치를 종속변수로 했다. 분포가 하향으로 기울어져 있기 때문이다. 또한 〈표 3.2〉의 회귀분석에는 표본 가중치는 사용하지 않고 있다. 통제변수로서 학력, 종업상의 지위, 연령, 근속 연수, 주당 평균 노동 시간을 통제하고 있다. 노동 시간을 통제하므로 임금에 대한 영향을 보게 되므로

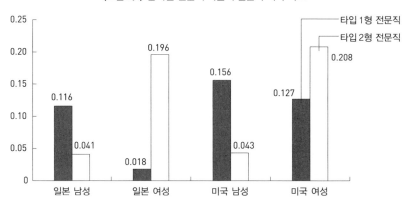

〈그림 3.4〉 남녀별 전문직 비율의 일본과 미국 비교

아래에서 평균 소득이 아니라 평균 임금에 대한 영향이라고 하는 표현을 사용한다.

〈표 3.2〉는 세 가지 회귀 모델의 결과를 나타내고 있다. 모델 1은 통제변수와 직업만을 독립변수로 하는 모델, 모델 2는 모델 1에 성별을 독립변수로서 더한 모델, 모델 3은 모델 2에 성별과 직업의 상호작용 변수를 더한 모델이다.

모델 1의 결과는 일본의 직업과 임금의 관련에 대해서 미국 등 다른 많은 나라에서는 보이지 않는 특이성이 있는 것을 나타내고 있다. 통상 미국에서는 평균 임금이 경영·관리직에서 가장 높고, 타입 1형 전문직, 타입 2형 전문직, 판매직, 사무직에 이어서 가장 낮은 것이 작업직과 서비스 노동직이다. 한편, 일본의 모델 1의 결과를 보면 순위는 경영·관리직, 타입 1형 전문직에 이어서 세 번째로 타입 2형 전문직, 사무직, 판매직, 작업직이 유의차 없이 함께 존재하고, 마지막으로 서비스 노동직이 온다. 이 결과가 특이한 점은 타입 2형 전문직이 판매직이나 사무직과 평균 임금이 다르지 않고, 또 작업직도 동등한 평균 임금이며, 블루칼라 노동직으로 평균 임금이 유의미하게 낮은 것은 서비스 노동직만이 되는 점이다.

이 일본의 특이성은 임금에 대한 성별의 영향이 매우 크기 때문에 여성이 많은 직업의 평균 임금이 낮아지고, 남성이 많은 직업의 평균 임금이 높아지는 결과, 구미에서 보이는 직업과 평균 임금의 관계가 왜곡된 것으로 인해 생긴다. 그것을 나타내는 것이 모델 2이다. 모델 2의 결과는 성별의 영향을 통제했을 때 가장 평균 임금이 높은 것이 경영·관리직이며, 이어서 타입 1형 전문직과 타입 2형 전문직, 사무직, 판매직, 서비스 노동직과 작업직의 순이 되고, 이 순위에는 구미의 패턴과 비교해 특이성이 전혀 없다.

결론으로서 모델 1과 2의 결과를 합치면, 일본의 평균 임금과 직업에 대한 관련성의 특이성은 모두 큰 성별 효과 탓에 여성이 많은 직업(타입 2형 전문직, 사무직, 서비스 노동직)의 평균 임금이 낮아지고, 남성이 많은 직업(경영·관리, 타입 1형 전문직, 작업직)의 평균 임금이 오른다는 메커니즘으로 인해 생기고 있음을 알 수 있다. 남성과 비교해서 여성의 임금이 현저하게 낮은 것이 구미에서는 전형적으로 보이는 직업 간 임금 격차까지 왜곡되게 하고 있는 것이다.

하지만 남녀 임금 격차는 직업별로도 다르다. 그 분석이 〈표 3.2〉의 성별과 직업의 상호작용 변수를 포함하는 모델 3이다. 모델 3의 결과는 타입 1형 전문직이 사무직에 비해 임금 격차가 유의미하게 상당히 작아지는 것을 나타낸다. 또 10% 유의미하지만 경영·관리직의 임금 격차도 사무직보다 작다. 다른 직업에 대해서는 상호작용 효과는 유의미하지 않다(즉 남녀 격차는 사무직과 같은 정도이다).

모델 3의 결과에 대해서 남성 사무직을 0으로 하여 상대임금의 대수를 직업별, 남녀별로 나타낸 것이 〈그림 3.5〉이다. 남녀 격차는 상

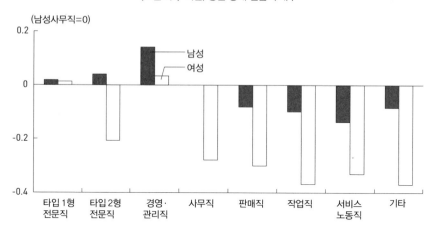

〈그림 3.5〉 직업, 성별 상대 임금의 대수

기한 바와 같이 타입 1형 전문직에서 가장 작고, 이어서 경영·관리직이 작다. 이 두 카테고리에서는 여성의 평균 임금이 유의미하지는 않지만 남성 사무직을 상회하고 있다. 그러나 다른 직업에서는 남녀 격차가 모두 크다. 특히 여성에게 많은 타입 2형 전문직의 여성 평균 임금이 전문직이면서 남성 사무직은 물론, 블루칼라를 포함하는 모든 직업 카테고리의 남성 평균 임금보다도 낮다는 놀라운 사실이 있다. 이것은 인적자본, 노동 시간, 고용 형태를 통제한 값이다. 한편, 동일 직업 내에서의 남녀 임금 격차가 큰 것은 전술한 디밸류에이션 이론이 일본에서는 성립하지 않는 것을 시사한다.[1]

이상의 〈표 3.1〉과 〈표 3.2〉의 분석의 결과, 여성은 직업 분리를 통해서 임금에 대해 이중으로 핸디캡을 갖고 있는 것이 밝혀졌다. 즉 한

---

1 타입 2형 전문직이라고 해도 자세히 보면 남녀의 직장이 다른 것으로 임금 격차가 생기는 것이 생각된다. 타입 2형 전문직 가운데 비교적 표본수가 많은 것이 '간호사·간호사'와 '여성 보육사·남성 보육사'의 두 가지였다. 이 직업의 더미변수를 모델 3에 더한 결과는 모델 3의 결과와 거의 변함이 없었다.

편으로는 직업 내 남녀 임금 격차의 비교적 작은 직장(타입 1형 전문직과 경영·관리직)에서 여성 비율이 지극히 낮고, 다른 한편으로는 여성 비율이 큰 직장(타입 2형 전문직과 사무직) 내에서 남녀 임금 격차가 지극히 크다.

또 1995년부터 2005년에 일어난 여성의 고학력화는 타입 2형 전문직의 여성을 크게 증가시켰으나 이 직종은 전문직이면서도 여성만 저임금이다. 따라서 더욱 진정되는 남녀의 학력 평등화가 남녀의 임금 격차를 좁힐 가능성은 다른 조건이 같으면 지극히 한정될 것으로 예측된다. 다음으로 반사실적 상황을 상정하고 인적자본의 남녀 평등화의 영향을 분석한다.

3.4.3 남녀 직업 분리의 요소분해 분석

〈표 3.3〉은 여성의 속성 분포가 남성의 속성 분포와 같아진다고 하는 반사실적 상황 아래, 남녀의 직업분리도가 어떻게 변화되는지에 관한 주된 결과를 나타내고 있다. 이 결과는 표본 가중치를 둔 빈도에 관한 분석 결과이다.

모델 1은 연령, 학력, 근속 연수의 '인적자본'의 3변수에 대해서 여성의 분포가 남성의 분포와 같아졌을 경우의 결과이다. 성향점수는 연령과 학력의 조합에 의해 유의미하게 변하므로, 3변수의 주효과에 더해 연령과 학력의 상호작용 효과가 성향점수의 추정으로 사용되어 있다.

모델 2는 모델 1에 상근·비상근의 고용 형태의 구별과, 성향점수에 통계적으로 유의미하게 영향을 미치는 고용 형태와 연령의 상호작용 효과를 더해 연령, 학력, 근속 연수, 고용 형태의 4변수의 분포에 대해서 여성이 남성과 같아졌을 경우의 결과를 나타낸다.

<표 3.3> 모델 1과 2의 직업분포 결과

남성 표본 수＝1,262, 여성 표본 수＝1,187

	표본		모델 1			모델 2		
			DFL	매칭		DFL	매칭	
	남성	여성	여성	남성	여성	여성	남성	여성
	구성 비율		구성 비율			구성 비율		
1. 타입 1형 전문직	0.116	0.018	0.038	0.098	0.037	0.038	0.093	0.042
2. 타입 2형 전문직	0.041	0.196	0.271	0.027	0.211	0.334	0.018	0.221
3. 경영·관리직	0.100	0.007	0.006	0.101	0.006	0.015	0.093	0.015
4. 사무직	0.167	0.330	0.309	0.168	0.329	0.299	0.165	0.332
5. 판매직	0.131	0.104	0.078	0.145	0.089	0.084	0.136	0.098
6. 작업직	0.305	0.159	0.139	0.315	0.148	0.105	0.332	0.130
7. 서비스 노동직	0.026	0.136	0.117	0.028	0.133	0.104	0.029	0.132
8. 기타	0.114	0.050	0.043	0.117	0.046	0.022	0.135	0.028
분리지수	0.427		0.464	0.449		0.502	0.473	

<표 3.3>은 모델 1, 2에 대하여 노동 공급의 변화에 의해 직업분포가 변하는 DFL법의 결과와 분포가 변함없는 매칭법의 결과를 나타내고 있다. 또한 IPT 가중치를 둔 후의 각 변수와 성별의 통계적 독립에 대해서도 확인을 했다.

<표 3.3>은 모델 1과 모델 2의 쌍방에 대해서 각각의 반사실적 상황에서 예측되는 남녀별 직업분포와 분리지수를 제시하고 있다. DFL법에 대해서 남성의 직업분포를 제시하지 않고 있는 것은, DFL법에서는 여성이 남성과 같은 속성분포를 가지게 된다고 하는 가정 아래에서는 여성의 직업분포만이 변화하고 남성의 분포는 변화하지 않기 때문이다.

<표 3.3>에서 가장 중요한 결과는 여성의 인적자본 분포가 남성과

같아지고, 남녀의 학력·연령·근속 연수의 평등화가 실현하면 남녀의 직업분리도는 더욱 커지는 것을 시사하는 점이다. 특히 결과의 직업분포가 고정되지 않는 DFL법의 결과로 분리도의 증가가 현저하다. 남녀 인적자본의 평등화가 남녀 직업 분리를 촉진시킨다는 패러독스가 생기는 것이다.

〈표 3.3〉의 모델 1의 결과는 여성의 인적자본이 남성과 같아지는 상황에서 남녀의 직업분리도는 더욱 증대하는 이유가 DFL법의 결과에 관해서는 주로 이미 여성이 많은 타입 2형 전문직 비율이 표본에 19.6%에서 27.1%로 7.5%나 증가하는 것에 따른다. 이 변화만으로 분리지수의 증대를 100% 설명한다. 한편, 매칭법의 결과에서는 각 직업의 남녀를 합친 비율이 고정되어, 타입 2형 전문직의 남성 비율이 원래 낮고, 더욱 작아지는 것에 제한이 있기 때문에 여성의 타입 2형 전문직의 비율 증대가 억제되는 결과, 직업분리도의 증대가 DFL법의 결과보다 적어지고 변화가 보다 분산화한다. 매칭법의 예측으로는 여성의 인적자본이 남성과 같아지는 상황에서 여성의 전문직 1형과 2형이 모두 일정한 정도 증대하고, 직업분리도에는 서로 상쇄하지만, 원래 여성이 보다 적은 판매직이나 작업직에서 여성 비율이 더욱 감소하는 것으로 분리도가 다소 높아지는 것을 나타내고 있다.

모델 2는 인적자본의 변수에 더해 상근자의 여성 비율도 남성과 같아진다는 반사실적 상황의 결과이다. 이 경우 직업별이 아닌 노동 시장 전체에서의 상근의 고용 기회가 남녀로 평등해진다면이라는 가정이므로, 여성의 정규 노동자 비율이 높은 타입 2형 전문직 여성이 더욱 증가하고, 여성의 정규 노동자 비율이 낮은 작업직 여성이 더욱 감소하게 되므로 남녀 직업 분리는 더욱 증대한다.

고학력화나 근속 연수의 남녀 평등화 그리고 고용 형태의 평등화가 그 자체만으로는 바람직한 것임에도 불구하고, 그러한 평등화가 이끄는 것은 여성에게 많은 타입 2형 전문직 비율의 불가피한 증가와 여성에게 적은 작업직의 불가피한 감소로 그 결과 남녀의 직업 분리가 증대한다는 예측이다. 이러한 예측은 1995년에서 2005년에 실제로 일어난 변화와 유사하다. 또 타입 2형 전문직은 〈표 3.2〉나 〈그림 3.4〉에서 알 수 있듯이 직업 내 남녀 임금 격차가 크게 남아 있는 직종이므로, 여성이 증대한다고 해도 남녀 임금 격차의 큰 개선은 기대할 수 없다.

이상과 같이 통제변수인 인적자본 및 고용 형태의 분포의 남녀 평등화는 남녀 직업 분리를 더더욱 크게 만들고, 그 결과 이미 표본에 존재하는 남녀의 직업분포의 차이가 인적자본의 남녀 차이의 결과로서는 전혀 설명되지 않는다.

하지만 지금까지의 분석은 학력에 대해서 '대졸', '단기대학·고등전문학교', '고졸', '중졸 이하'의 4구분의 분포를 보았지만, 다른 주된 남녀의 학력 차이에 대학 전공의 차이 및 고졸자에 관한 일반 고교와 각종 직업 고교의 차이가 존재한다. 거기서 대학 전공을 7개의 카테고리(①교육, ②인문학, ③사회과학, ④이공, ⑤의학·건강, ⑥영양·가정, ⑦기타), 고교의 타입을 6개의 카테고리(①보통고교, ②공업고교, ③상업고교, ④농업고교, ⑤가정·간호고교, ⑥기타), 또 중졸 이하를 1개의 카테고리로 분류한 총 14개 카테고리를 작성하여 분석에 사용하기로 했다. 또한 단기대학·고등전문학교졸은 데이터의 제약에 의해 졸업한 고교의 종류로 분류하고 있다. 이 14개 구분의 남녀 학력·전공 분리지수는 0.501이 되고, 전공을 첨가하면 남녀의 학력에도 큰 분리가 있는 것을 알 수 있다.

이 남녀 전공 분야의 분포 차이에 대해서는 성향점수를 사용해서

'만약 여성의 분포가 남성의 분포와 같으면'이라는 반사실적 상황을 데이터상에서 실현하는 것에는 어려움이 있다. 14개 카테고리 가운데 남녀의 어느 한 방향으로의 치우침이 지나치게 큰 것이 4개 있는 것이 그 이유이다. 그 가운데 2개는 대학의 이공학부와 공업고등학교이다. 이들은 남성에 비해 여성의 표본수가 지극히 적고, 여성의 비율을 남성에 맞추려고 하면 소수의 표본으로 다수의 표본을 대표시키게 되므로 결과가 안정적이지 않게 되고 추정값의 정밀도를 크게 낮춰버린다. 한편, 또 다른 2개의 카테고리는 대학의 가정·영양학부와 고교의 가정·간호고교이다. 이들은 남성 표본이 지극히 적고, 여성의 분포를 남성에게 맞추면 IPT 가중치가 지극히 작은 값이 되어 실질적으로 이들 카테고리의 여성 결과는 무시하게 된다. 따라서 이 4개의 카테고리의 전공 학력자는 성향점수를 사용하여 여성의 분포를 남성에게 맞추는 반사실적 상황의 분석에서 제외하기로 하고, 나머지 표본에 대해서 반사실적 상황의 실현에 의한 분리지수의 요소분해를 시도했다.

〈표 3.4〉가 그 결과이다. 먼저 상기의 4카테고리의 표본을 제외했을 경우의 나머지 표본에 관한 남녀 직업분포의 분리지수는 0.387로, 표 3.1의 전체 표본의 분리지수 0.427보다 약 10% 작아지는 것을 나타낸다. 이 감소의 약 4분의 3은 대학의 이공학부 출신자가 제외되었기 때문에 타입 1형 전문직 비율의 남녀 차이가 작아져서 생기고, 나머지 약 4분의 1은 공업고교 출신이 제외되었기 때문에 작업직 비율의 남녀 차이가 작아져서 생긴 것이다. 이것은 고교·대학에서 이공학계 전공이 남성에게 크게 치우치는 것이 남녀 직업 분리의 한 요인인 것을 뒷받침한다. 한편, 대학의 가정·영양학부와 고교의 가정·간호고교의 제거는 결과에 거의 영향을 미치지 않는다. 또 제외된 4분

〈표 3.4〉 전공을 첨가한 학력변수를 사용한 경우의 분리지수의 요소분해 결과

남성 표본 수=890, 여성 표본 수=1,049

	표본		모델 1R			모델 3		
			DFL	매칭		DFL	매칭	
	남성	여성	여성	남성	여성	여성	남성	여성
	구성 비율		구성 비율			구성 비율		
1. 전문직, 타입 1형	0.066	0.015	0.032	0.049	0.029	0.026	0.056	0.024
2. 전문직, 타입 2형	0.048	0.185	0.270	0.030	0.201	0.221	0.042	0.190
3. 경영·관리직	0.101	0.008	0.008	0.101	0.008	0.005	0.104	0.005
4. 사무직	0.197	0.340	0.323	0.190	0.346	0.365	0.176	0.358
5. 판매직	0.160	0.107	0.076	0.179	0.091	0.080	0.175	0.094
6. 작업직	0.286	0.156	0.129	0.302	0.143	0.136	0.297	0.148
7. 서비스 노동직	0.029	0.136	0.120	0.031	0.135	0.128	0.030	0.136
8. 기타	0.112	0.052	0.042	0.118	0.048	0.039	0.122	0.044
분리지수	0.387		0.438	0.430		0.439	0.437	

야의 표본(12%)에 대해서는 분야별 직업분포가 만약 남녀로 같아진다면 직업분리도는 약 8% 더 감소하므로 총 약 18% 남녀의 직업분리도가 낮아진다. 단 여성이 만약 이공학계를 전공하거나 공업고교를 졸업해도 남녀가 같은 직업분포를 가진다고는 말할 수 없으므로 이것은 어디까지나 분리도의 감소 비율의 최대 추정값이다.

또 〈표 3.4〉의 표본 결과와 표 3.3의 표본 결과를 비교하면, 〈표 3.4〉에서는 타입 1형 전문직의 남성 비율이 〈표 3.3〉에서는 11.6%에서 6.6%로 크게 내려가는 반면, 여성은 1.8%에서 1.5%로 내려간다. 이에 따라 타입 1형 전문직의 남녀 격차는 52%[=(0.066-0.015)/(0.116-0.018)]로 약 절반이 감소한다. 이 결과는 〈표 3.4〉의 표본에서는 대학의 이공학부 출신자를 제외한 결과로 과학·엔지니어계의

전문직이 줄어든 것으로 생긴다. 즉, 이공학계의 여성 비율이 남성과 같아지는 동시에 만약 이공학계 남녀의 직업분포가 동등해진다면, 타입 1형 전문직 비율의 남녀 격차는 최대로 약 절반이 감소되는 것을 기대할 수 있다. 흔히 말하는 '이공계 여자' 추진은 남녀의 직업분리도를 적게 할 뿐만 아니라 남녀의 임금 격차의 정도를 축소시킬 가능성이 높고, 여성의 인재 활용을 넓히는 이른바 '일석이조'의 정책이라고 말할 수 있다.

〈표 3.4〉는 반사실적 상황의 직업분포와 분리지수의 변화를 두 가지 모델로 나타내고 있다. 모델 1R은 〈표 3.3〉의 모델 1과 같이 학력, 연령, 근속 연수의 분포가 남성과 같아졌을 경우이지만, 모델 3과의 비교이므로 학력은 '대졸', '단기대학·고등전문학교졸 및 고졸', '중졸 이하'의 3개로 구별한 카테고리를 적용하고 있다. 모델 3은 학력의 3구분을 앞서 말한 14카테고리 가운데 표본에서 제외된 4카테고리 이외의 10카테고리의 학력·전공 구분으로 대체했을 경우의 결과이다. 모델 1R과 모델 3의 분리지수에 큰 차이는 없고, 이 결과는 대학의 이공학부와 공업고교 이외의 전공 분야에서 남녀가 학력·전공이 동등해져도 남녀 직업 분리는 작아지지 않는 것을 나타낸다. 결론적으로 남녀 직업 분리는 남녀의 교육을 통한 분리에 의해 설명할 수 있는 정도가 작고, 주로 노동수요 측의 요인으로 노동시장의 남녀 직업 기회의 불평등에 의해 일어남을 본 분석 결과는 시사한다.

3.5 결론과 논의

3.5.1 주된 분석 결과

① 남녀 직업 분리는 1995년에서 2005년 사이에 증대했지만, 앞으로도 남녀 인적자본의 평등화나 고용 형태의 평등화가 진행되면 남녀 직업분리도는 더욱 커질 것이 예상된다.

② 이 "남녀 인적자본의 평등화가 보다 큰 남녀 직업 분리를 만들어 낸다"라고 하는 일견 역설적으로도 보이는 변화의 주원인은 고학력화나 고용 형태의 평등화가 여성 비율이 이미 높은 타입 2형 전문직의 여성 비율을 더욱 증대시키는 경향과, 여성 비율이 이미 낮은 작업직의 여성 비율을 더욱 감소시키는 경향이 여성 비율이 낮은 타입 1형 전문직과 경영·관리직을 증대시키는 경향을 크게 웃도는 것이 예측되는 것에서 생긴다.

③ 일본 여성은 이중의 불이익을 받고 있다. 그 하나는 임금이 가장 높은 직종인 경영·관리직과 타입 1형 전문직의 여성 비율이 현저하게 낮은 것, 또 다른 하나는 여성 비율이 많은 타입 2형 전문직과 사무직에서는 인적자본, 노동 시간, 고용 형태의 남녀 차이를 고려해도 직업 내 남녀 임금 격차가 지극히 큰 점이다.

④ 따라서 현재 상태로 여성의 고학력화에 의한 타입 2형 전문직의 비율이 여성 사이에서 늘어도 남녀 임금 격차의 큰 감소로 이어지지 않는다.

⑤ 남녀 대학 선호의 차이의 대부분은 남녀 직업 분리를 설명하지 않는다. 하지만 만약 이공학부 여성의 증대에 따라 여성 비율이 남성과 동등해지고, 직업분포가 남성과 같아진다면, 타입 1형 전문직 비율의 남녀 격차가 크게 감소할 것을 기대할 수 있다.

3.5.2 기존 이론과의 정합성과 정책 임플리케이션

앞서 3.3절에서 논의한 바와 같이 노동공급측의 요인론과 '디밸류에이션론'은 그것만으로는 동일한 직업 내 남녀 임금 격차를 설명하지 못하므로 일본의 남녀 임금 격차를 설명하는 데는 불충분하다. 노동시장의 이중구조론에 대해서는 여성 고용이 비정규 고용에 치우쳐 있고, 이를 통해 남녀 임금 격차를 초래한다는 일본의 사실과 정합하지만, 이번 장의 초점은 고용 형태의 남녀 차이를 넘어서 존재하는 남녀 직업 분리 및 남녀 임금 격차이다.

노동공급측 요인으로 설명할 수 없다면, 노동수요측의 '통계적 차별 이론'과 '스테레오타입 이론' 그리고 실증 결과와의 정합성이 문제가 되지만, 필자는 기업에 의한 여성의 통계적 차별과 스테레오타입에 따른 임용이 모두 존재한다는 가설이 가장 사실과 정합한다고 생각한다.

먼저 타입 1형 전문직이나 경영·관리직에서의 '남성 지배'라고도 해야 할 상황은 이러한 직업에는 남성이 적합하다고 하는 기업의 스테레오타입에 의한 임용 관행을 없애지 않는 한 실현하기 어렵다. 만약 그렇다면 스테레오타입론으로 예측되는 것은 여성이 적은 타입 1형 전문직이나 경영·관리직에 종사하는 여성의 평균 잠재 능력은 남성의 평균 능력을 웃돌고, 반대로 여성이 많은 타입 2형 전문직이나 사무직에 종사하는 여성의 평균 잠재 능력은 남성의 평균 능력을 밑돈다는 것이 된다. 그러나 여기서 여성의 통계적 차별이 가해지면 평균 잠재 능력이 높아도 그것을 남성과 동일한 직업에서 발휘할 수 없는 결과 임금이 낮아진다. 여성이 적은 타입 1형 전문직이나 경영·관리직에서는 여성의 임금이 남성의 임금과 차이가 없어지거나 혹은 약간 밑돌고, 여성이 많은 타입 2형 전문직이나 사무직에서는 남녀의 잠재 능력 차이 이상으로 여성의 임금이 낮게 억제되므로 큰 남녀의 임금 격차를 초래한다고 생각된다. 이 이론적 추측은 분석 결과와 정합한다. 그러나 물론 이것은 사실과 정합성이 있는 해석의 하나에 지나치지 않고, 앞으로 더욱 되는 실증 연구가 필요하다.

정책 임플리케이션으로서는 일본의 여성 활약 추진에는 여성이 일하기 쉬운 직장 환경이나 육아 지원뿐만 아니라 직업에 대해서 여성이 개개인이 아닌 이른바 '여성으로서 한 묶음이 되는 것'에 의해 남성과 동일하게 다양한 잠재 능력을 가지는데도 불구하고 직업분포가 현저하게 치우치는 점, 그리고 여성의 직업에 남성과 동일한 다양성이 없는 점이 큰 문제인 것을 인식하는 것이 매우 중요하다. 기업이 성별에 근거한 스테레오타입적 고용이나 직업의 배치를 하지 않는 것을 정부는 여성활약추진법을 운용하는 데 행정 지도의 관점에 넣는 것이 필요하다. 또 사회에서의 남녀의 교육 평등화가 여성의 전문 직종을 남성과 동일하게 치우침 없이 증대시키는데 결부되는 사회로 되는 것이 여성의 경영 관리직의 증대와 함께 여성 활약의 추진을 위해 매우 중요하다는 것을 이번 장의 결과는 시사한다.

| 인용 문헌 |

坂田桐子. 2014. '選好や行動の男女差はどのように生じるか－性別職域分離を説明する社会心理学の視点'『日本労働研究雑誌』648: 94-104.

樋口美雄. 1991.『日本経済と就業行動』東洋経済新報社.

八代尚宏. 2015.『日本的雇用慣行を打ち破れ－働き方改革の進め方』日本経済新聞出版社.

山口一男. 2008. '男女の賃金格差解消への道筋－統計的差別の経済的不合理の理論的・実証的根拠'『日本労働研究雑誌』574: 40-68.

Aiba, Keiko. 1997. *Unrecognized Inequalities in the Japanese Workplace: Structure of Organizational Sex Segregation*. Ph.D. Dissertation, Washington State University. Bielby, William T. and James N. Baron. 1986. "Men and Women at Work: Sex Segregation and Statistical Discrimination." *American Journal of Sociology* 91: 759-99.

Callaghan, Polly and Heidi Hartman. 1992. *Contingent Work : A Chart Book on Part-time and Temporary Employment*. Washington, DC: Institute for Women's Policy Research.

DiNardo, J., N. Fortin, and T. Lemieux. 1996. "Labor Market Institution and the Distribution of Wages, 1973-1992: A semi parametric Approach." *Econometrica* 64: 1001-44.

England, Paula. 1992. *Comparable Worth: Theories and Evidence*. New York, Aldine.

England, Paula, Gorge Farkas, B. Kilbourne, and T. Dou. 1988. "Explaining ccupational Sex Segregation and Wages: Findings from a Model with Fixed- Effects." *American Sociological Review* 53: 544-58.

Petersen, Trond and Laurie A. Morgan. 1995. "Separate and Unequal: Occupation-Establishment Sex Segregation and the Gender Wage Gap." *American Journal of Sociology* 101: 329-65.

Phelps, Edmund S. 1972. "The Statistical Theory of Racism and Sexism". *The merican Economic Review* 62: 659-61.

Reskin, Barbara. 1993. "Sex Segregation in the Workplace." *Annual Review of Sociology* 19: 241-70.

Reskin, Barbara and Patricia A. Roos. 1990. *Job Queues, Gender Queues: Explaining Women's Inroads into Male Occupations*.

Philadelphia, Temple University Press.

Rubin, D.B. 1985. "The Use of Propensity Scores in Applied Bayesian Inference." 463-72 in J. M. Bernardo, M. H. De Groot, D. V. Lindley and A. F. M. Smith(eds.), *Bayesian Statistics*, vol. 2. North-Holland: Elsevier.

Yamaguchi, Kazuo. 2017. "Decomposition Analysis of Segregation." *Sociological Methodology* 47: 246-73.

부록 1: 매칭 모델

DFL법에 대해서는 제2장의 부록을 참조했으면 한다. 매칭 모델은 야마구치(Yamaguchi, 2017)가 개발한 모델로 DFL법의 기초가 되어 있는 루빈의 성향점수 가중치에 의한 인과 모델(Rubin, 1985)의 가정 가운데 '처리값의 안정에 관한 가정'SUTVA: Stable Unit Treatment Value Assumption만을 제외하고, 그것을 결과의 주변분포의 독립성 가정으로 바꿔 놓은 모델이다. SUTVA는 다른 사람들의 처리집단과 통제집단으로의 배치가 각 개인 i가 처리집단에 배치되었을 때의 결과 Y_{1i}와 통제집단에 배치되었을 때의 결과 Y_{0i}에 영향을 미치지 않는다는 가정이다. 이 경우, 각 개인이 처리집단과 통제집단의 어느 한 쪽에만 속하므로 한 쪽 결과가 관찰되는 결과, 다른 한 쪽은 관찰되지 않는 반사실적 결과가 된다. SUTVA의 가정은 처리변수 X와 결과에 미치는 변수집단 V와의 관계가 변해도 각 개인에 미치는 속성 가운데 Y_{1i}과 Y_{0i}의 값은 변하지 않은 것을 의미한다. DFL법은 이 루빈의 인과 모델에 대해서 X는 성별 등 통상의 처리변수가 아닌 고정적 속성변수이고 변수집단 **V**가 매개변수일 때 속성 카테고리 간에 나타난 결과의 차이를 **V**의 매개에 의해 설명되는 부분과 설명되지 않는 부분으로 요소분해를 한다.

매칭 모델은 DFL법에서 SUTVA의 가정을 제거하고, 그 대신에 각 개인이 결과로서 직업 j를 얻는 확률은 X와 **V**의 관계가 모집단에서 바뀔 때, DFL 모델이 암묵적으로 가정하는 X와 **V**가 결과 Y에 미치는 패러미터(매개변수)를 유지하면서, 이에 더해 직업 j에 대한 수요가 고정적이라는 점에서 결과 Y의 주변분포를 바꾸지 않으려는 사회적 힘이 작용하여 결정된다는 가정으로 바꿔 놓는 모델이다. 지금 관찰되는 결과를 아래의 '포화 모델'^Saturation Model을 가정하여 〈식 A3.1〉로 나타낸다.

$$P_{ij} = \alpha\left(\mathbf{v}_i|\theta_{0j}\right) + \beta\left(\mathbf{v}_i|\theta_{1j}\right)X_i, \, for \, J = 1,..., J-1. \quad \cdots\cdots \text{〈식 A3.1〉}$$

여기서 P_{ij}는 속성 $\mathbf{v}_i$를 가지는 사람 i가 직업 j를 얻는 확률이고 $\alpha(\mathbf{v}_i | \theta_{0j})$는 속성 $\mathbf{v}$의 '주효과'로 ϕ_{0j}는 결과 j에 의존하는 그 패러미터이다. 변수 x_i는 성별의 더미변수로 여성에게는 값 0, 남성에게는 값 1을 취한다. $\beta(\mathbf{v}_i | \theta_{1j})$는 성별의 결과에 대한 효과로 속성 $\mathbf{v}_i$와 성별 x_i와의 상호작용 효과가 가정되기 때문에 β는 $\mathbf{v}_i$에 의존하여 θ_{1j}는 그 패러미터이다. '포화 모델'이라고 하는 의미는, 속성 **V**는 모두 카테고리 변수이고 〈식 A3.1〉은 성별 X와 속성 **V** 혹은 다른 속성 간의 모든 높은 차원인 상호작용 효과를 가정하고, 그 결과 확률 P_{ij}는 성별과 각 속성의 조합의 각각에 대하여 표본 평균 비율과 일치하는 것을 의미한다.

〈식 A3.1〉의 남녀별 평균 차이는

$$\overline{P}_j^M - \overline{P}_j^W = \left\{ E\big(\alpha\,(\mathbf{v}\mid\boldsymbol{\theta}_{0j})\big) - E\big(\alpha\,(\mathbf{v}\mid\boldsymbol{\theta}_{0j})\mid X=0\big) \right\} - E\big(\beta\,(\mathbf{v}\mid\boldsymbol{\theta}_{1j})\mid X=1\big)$$

이 된다. 여기서 성향점수를 사용한 DFL법의 가중치 $\omega_{DFL}(\mathbf{v},x)$를 적용하면 $\mathbf{V}$분포가 X와 독립이 되므로,

$$E_{\omega DFL}\big(P_j^M\big) - E_{\omega DFL}\big(P_j^W\big) = E_{\omega DFL}\big(\beta\,(\mathbf{v}\mid\boldsymbol{\theta}_{1j})\mid X=1\big)$$

이 된다. 여기서 $E_{\omega DFL}$는 가중치 ω_{DFL}를 둔 평균을 의미한다. 이 가중치를 가진 남녀의 직업 j의 비율차가 DFL법으로 '설명되지 않는 차이'의 추정값이다.

한편 매칭 모델은 아래의 〈식 A3.2〉로 나타내진다고 가정한다.

$$P_{ij} = \phi_j(\mathbf{V},x)\{\alpha(\mathbf{v}_i\mid\boldsymbol{\theta}_{0j}) + \beta(\mathbf{v}_i\mid\boldsymbol{\theta}_{1j})\,X_i\},\ \text{for}\ j=1,\ldots,J-1.$$

$$\cdots\cdots \langle\text{식 A3.2}\rangle$$

〈식 A3.2〉에서의 항목 $\alpha(\mathbf{v}_i\mid\boldsymbol{\theta}_{0j})$와 $\beta(\mathbf{v}_i\mid\boldsymbol{\theta}_{1j})$는 〈식 A3.1〉의 값과 같고, 〈식 A3.2〉는 새로이 패러미터 ϕ_j가 가해지고 있다. 이 패러미터는 관찰표본의 거시적인 $(X,\mathbf{V})$의 결합분포에는 값 1을 취하고, 반사실적인 $(X,\mathbf{V})$의 결합분포에는 직업의 주변분포가 관찰값과 같아지게 각 직업 j에 대하여 정해진다고 가정한다.

일반적으로 매칭 모델에 대해서 〈식 A3.2〉는 분석으로 가정하는 각 반사실적 상황은 이하의 다섯 조건을 채울 필요가 있다.

(a) 패러미터 $\alpha(\mathbf{v}_i \mid \mathbf{\theta}_{0j})$와 패러미터 $\beta(\mathbf{v}_i \mid \mathbf{\theta}_{1j})$는 각 $\mathbf{v}_i$의 값에 대해서 〈식 A3.1〉과 같은 값으로 고정된다.

(b) 성별 X의 주변변수는 관찰값과 같다.

(c) 속성 $\mathbf{V}$의 주변결합 분포는 여성의 속성분포가 남성과 같아진다고 하는 반사실적 상황에서는 남성의 분포와 일치한다.

(d) 성별 X와 속성 $\mathbf{V}$는 각 반사실적 상황에서는 통계적으로 독립이 된다.

(e) 직업의 주변분포는 반사실적 상황에서 관찰된 주변분포와 일치하게 패러미터 ϕ_j의 조정에 의해 달성된다.

(d)의 조건을 만족시킬 때 아래에서 설명하는 매칭법의 가중치 $\omega_M(\mathbf{v}, x)$를 적용하면, 설명되지 않는 직업 j의 남녀 격차는

$$E_{\omega_M}\left(P_j^M\right) - E_{\omega_M}\left(P_j^W\right) = \phi_j E_{\omega_M}\left(\beta(\mathbf{v} \mid \mathbf{\theta}_{1j})\right) \qquad \cdots\cdots 〈식 A3.3〉$$

로 주어진다.

여기서 방법론적 문제는 조건 (a)~(e)를 만족시키는 $\{\phi_j\}$의 집합의 추정이다. 지금 $\mathbf{Z}$를 직업구분을 나타내는 카테고리 변수로서 $f(x, \mathbf{z}, \mathbf{v})$를 관찰된 표본의 결합분포를 나타내고, $F_1(x, \mathbf{z}, \mathbf{v})$를 X와 $\mathbf{V}$가 통계적이 되는 반사실적 상황의 결합분포의 DFL법에 의한 추정값으로 한다. 결합분포 $F_1(x, \mathbf{z}, \mathbf{v})$는 성향점수의 추정이 적절하면, 조건(a)~(d)를 만족시키지만 조건 (e)는 만족시키지 않는다. 또 $F_1(x, \mathbf{z}, \mathbf{v})$에서는 $\phi_j = 1$이다. 지금 결합분포 $F(x, \mathbf{z}, \mathbf{v})$가 아래의 두 가지 조건을 만족시키면 조건(b)~(e)은 성립한다. 조건 (A)에 의해 (b)~(d)가 성립되고, 조건 (B)에 의해 (e)가 성립되기 때문이다.

(A) $F(x, +, \mathbf{v}) + F_1(x, +, \mathbf{v})$

(B) $F(+, \mathbf{z}, +) + F_1(+, \mathbf{z}, +)$

남은 조건 (a)에 대해서는 아래의 반복 근사법이 패러미터 $\alpha(\mathbf{v}_i \mid \theta_{0j})$ 와 패러미터 $\beta(\mathbf{v}_i \mid \theta_{1j})$의 값을 바꾸지 않는 것으로 성립한다.

조건 (A)와 (B)는 DFL법의 결합분포의 추정값을 초기값으로서 아래의 데밍·스테판(Deming and Stephan, 1940)의 반복비례조정법 Interative proportional fitting을 적용하고 아래의 식으로 반복 근사하면 그 수렴값 $F^*(x, \mathbf{z}, \mathbf{v})$는 조건 (A)와 (B)를 모두 만족시킨다.

먼저 DFL법에 의한 결합분포의 추정값을 $F_1(x, \mathbf{z}, \mathbf{v})$로 하여 $t=1$로부터 시작해서 수렴할 때까지 t의 값을 늘리면서 이하의 네 스텝을 반복한다.

(S1) $F_{2t-1}(+, \mathbf{z}, +) = \sum_x \sum_v F_{2t-1}(x, \mathbf{z}, \mathbf{v})$를 구한다.

(S2) $F_{2t}(x, \mathbf{z}, \mathbf{v}) = F_{2t-1}(x, \mathbf{z}, \mathbf{v}) \dfrac{f(+, \mathbf{z}, +)}{F_{2t-1}(+, \mathbf{z}, +)}$ 를 구한다.

(S3) $F_{2t}(x, +, \mathbf{v}) = \sum_z F_{2t}(x, \mathbf{z}, \mathbf{v})$를 구한다.

(S4) $F_1(x, \mathbf{z}, \mathbf{v}) > 0$이 성립이 될 경우에만,

$$F_{2t+1}(x, \mathbf{z}, \mathbf{v}) = F_{2t}(x, \mathbf{z}, \mathbf{v}) \dfrac{F_1(x, +, \mathbf{v})}{F_{2t}(x, +, \mathbf{v})} \text{ 를 구한다.}$$

이 수렴값을 $F^*(x, \mathbf{z}, \mathbf{v})$로 한다. 또 스텝 (S2)의 $\mathbf{z}=j$의 반복 조정값의 적이 ϕ_j의 추정값 $\hat{\phi}_j$이다. 또 스텝 (S4)의 반복 조정값의 적을 $\varphi(\mathbf{v}, x)$로 나타내고, DFL법의 가중치와 매칭법의 가중치를 각각 $\omega_{DFL}(\mathbf{v}, x)$와 $\omega_M(\mathbf{v}, x)$로 나타내면 아래의 두 가지 식이 성립된다.

$$\omega_M(\mathbf{v}, x) = \omega_{DFL}(\mathbf{v}, x)\, \varphi(\mathbf{v}, x) \qquad\qquad \cdots\cdots \langle \text{식 A3.4} \rangle$$

$$\phi_j\, \varphi(\mathbf{v}, x) = F^*(x, j, \mathbf{v})/F_1(x, j, \mathbf{v}) \qquad \cdots\cdots \langle \text{식 A3.5} \rangle$$

또한 매칭법의 보다 자세한 해설은 야마구치(2017)를 참조했으면 한다.

부록 2: 표의 직업 8분류와 일본과 미국 데이터의 직업 세부 분류와의 대응

1. 일본의 국세조사 직업 소분류 코드와 8카테고리의 대응

501 ~ 509	타입 1형 전문직	578 ~ 592	서비스 노동직
510 ~ 516	타입 2형 전문직	593 ~ 622	기타
517 ~ 519	타입 1형 전문직	623 ~ 684	작업직
520 ~ 523	타입 2형 전문직	685 ~ 686	기타
524	타입 1형 전문직	687	서비스 노동직
525 ~ 526	타입 2형 전문직	688 ~ 689	기타
527 ~ 536	타입 1형 전문직	701	사무직
537 ~ 539	타입 2형 전문직	702	작업직
540 ~ 544	타입 1형 전문직	703	타입 2형 전문직
545 ~ 553	경영·관리직	704	작업직
554 ~ 565	사무직	706	기타
566 ~ 577	판매직	999	기타

2. 미국의 2010년 센서스 소분류 코드와 8카테고리의 대응

0010 ~ 0430	경영·관리직	3050	타입 2형 전문직
0500 ~ 1965	타입 1형 전문직	3060 ~ 3140	타입 1형 전문직

2000～2025	타입 2형 전문직	3150～3245	타입 2형 전문직
2040～2060	기타 (목사·신부,종교관계 전문)	3250	타입 1형 전문직
		3255～3655	타입 2형 전문직
2100～2200	타입 1형 전문직	3700～3955	기타
2300～2340	타입 2형 전문직	4000～4650	서비스 노동직
2400～2440	타입 1형 전문직	4700～4955	판매직
2540～2550	타입 2형 전문직	5000～5940	사무직
2600～3100	타입 1형 전문직	6005～6130	기타
3030	타입 2형 전문직	6200ㅍ8965	작업직
3040	타입 1형 전문직	9030～9750	기타

화이트칼라 정사원의 남녀 소득 격차
─격차를 초래하는 약 80%의 요인과 메커니즘의 해명

제4장에서는 화이트칼라 정사원의 남녀 소득 격차에 대해서 성향점수에 따른 표준화에 의거한 DFL법을 사용하여 실시한 요소분해 분석의 결과를 나타낸다. 먼저 주된 결과로서 연령, 학력, 근속 연수의 인적자본 세 변수에 따른 남녀 차이로 남녀 소득 격차의 35%를, 직업, 노동 시간, 직급의 세 변수를 합쳐 추가의 43%를, 모든 여섯 변수로 격차의 78%를 설명하는 것을 나타낸다. 단독으로는 직급의 남녀 차이가 가장 큰 설명력을 가진다. 이어서 이 여섯 변수에 따른 남녀 차이로 설명할 수 없는 부분에 관한 격차에 대해서 분석한다. 인적자본에 대해서 여성이 남성과 동등이 되는 경우와 직급도 동등이 되는 경우의 두 가상의 경우에서 소득 격차가 줄어드는 정도가 연령, 학력, 직업, 노동 시간, 직급의 각 카테고리 간 차이를 밝히고 다음과 같은 결론을 얻었다. ①남녀 격차가 연령에 따라 증대하는 경향은 40세대 이후의 연령에 따른 남녀 직급 격차의 증대로 대부분을 설명할 수 있다. ②대졸의 남녀 임금 격차는 근속 연수의 남녀 차이와 직급의 남녀 차이가 모두 사라지면 거의 해소할 수 있다, 또 직업전문학교졸의 남녀 임금 격차는 직급의 격차 해소만으로 대부분을 해소할 수 있다. 그

러나 고졸의 남녀 임금 격차는 근속 연수나 직급이 같아져도 해소되지 않는 부분이 크다. ③전문기술직이나 여성이 다수인 사무직에서는 인적자본과 직급이 남녀로 같아져도 남녀 소득 격차는 크게 남는다. ④소득에 관한 남녀의 기회 균등은 과장 이상의 지급에 종사하는 남녀 간에서는 상당히 실현되고 있다.

4.1. 서론

제4장의 주된 분석 목적은 두 가지이다. 첫째로, 화이트칼라 정규 노동자 내의 남녀 소득 격차에 대해서 남녀의 인적자본(연령, 학력, 근속 연수), 노동 시간, 직업, 직급의 차이로 '설명할 수 있는 부분'과 '설명할 수 없는 부분'에 요소분해 하고, 남녀의 속성 차이로 어느 정도를 설명할 수 있는지를 밝히는 것이다. 이 분석이 기존의 유사한 분석과 다른 점이 세 가지 있다.

첫 번째는 그 설명력('설명할 수 있는 부분'의 비율)이다. 이번 장의 분석에서는 표제가 나타내는 바와 같이 80%의 격차를 설명하는 모델이 도입된다(기존 모델로 그러한 높은 설명력을 가지는 모델은 없었다). 또 이 분석에서는 후술하는 '설명할 수 없는 격차의 이질성'에 대해서도 좀 더 깊은 통찰이 가능해졌다.

두 번째는 남녀 소득 격차에 대해서 평균 소득의 차이에 대한 요소분해를 실시하고 있는 점이다. 계량경제학적으로는 지금까지 격차의 요소분해 분석decomposition analysis은 블린더·오하카법(Blinder, 1973; Oaxaca, 1973. 이하 BO법이라고 부른다)의 응용이 대다수이다. BO법은 회귀분석에 근거한 소득이나 임금의 분석에서는 통상 분포가 하향으로 기울어져 있으므로 대수값을 적용하는 경우가 많다. 일본에서 남녀 소득 격차나 임금 격차에 관한 요소분해 분석을 실시한 야시로(八代, 1980), 히구치(樋口, 1991), 도미타(富田, 1992), 나카타(中田, 1997), 스기하시(杉橋, 2004) 등의 연구는 모두 BO법을 사용하고 있으며, 또 최근의 후생노동성이나 노동정책연구·연수기구의 보고서도 이 방법에 근거하고 있다. 그러나 이 방법을 사용한 임금 격차의 요소분해 분석은 평균 임금의 격차 분석이 아니라 임금의 기하 평균의 대수 차이의 분석이 되어 다소 의미를 이해하는 데 쉽지가 않다. 이번 장에서는 결과에 관한 패러메트릭한 회귀식을 가정하지 않는 DFL법(DiNardo, Fortin and Lemieux, 1996)을 사용한다. 이 방법을 사용할 경우 평균 임금의 차이를 요소분해 할 수 있는 점이 장점이다. 또 최근 BO법은 기반이 되는 다변량 선형회귀 모델의 타당성에 대해서 의문이 생겨(Barsky et al., 2002; Fortin et al., 2011), 이 가정을 두지 않는 DFL법의 사용은 보다 신뢰성을 가질 수 있다는 점도 이번 장이 DFL법을 사용하는 또 하나의 이유이다.

세 번째는 노동자 전체가 아닌 화이트칼라 정사원 간의 남녀 소득 격차를 문제로 삼는 점이다. 필자는 이전 연구(山口, 2008)에서 임금센서스의 데이터를 사용해 남녀의 시간당 임금 격차를 남녀 고용 형태(정규 고용·비정규 고용별과 풀타임 및 단시간 근무별의 조합에 의한 네 구분)가 그 3분의 1강₩을 설명하지만, 보다 큰 원인은 풀타임·정규 노동자 내의 남녀 임금 격차로, 그 격차가 노동자 전체의 남녀 시간당 임금 격차의 반 이상을 설명하는 것을 나타냈다. 남녀의 정규 고용 비율의 격차 원인에 대해서는 일본의 정규 고용이 갓 졸업한 사람 우선의 장기 고용이기 때문에 60% 이상이나 되는 육아 이직률을 가지는 여성의 재고용의 다수가 비정규 고용이 되는 것으로 인해 주로 생기는 등 메커니즘도 상당히 밝혀져 있다. 하지만 정규 노동자 내의 남녀 임금 격차가 생기는 메커니즘에 대해서는 비교적 잘 알려져 있지 않고 있다. 최근의 필자의 연구(山口, 2014. 이번 장 제2장의 단축판)에서는 화이트칼라 정규 노동자 간에서 과장직 비율의 남녀 차이가 지극히 크고, 그 격차 가운데 기업 설문조사에서 인사담당자가 든 이유인 여성의 학력 및 근속 연수의 부족으로 설명할 수 있는 비율은 21%로 지극히 낮음을 제시하였다. 남녀 소득 격차에 대해서도 학력이나 근속 연수 등 남녀 인적자본 차이나 노동 시간 차이로 설명할 수 있는 정도가 어느 정도인지, 또 남녀의 직급과 직업 차이의 영향은 얼마나 되는지를 정규 노동자, 특히 화이트칼라 노동자에 한해서 밝히는 것에 큰 의의가 있다고 생각된다.

이에 관련되지만, 이번 분석은 남녀 소득 격차이며, 시간당 임금 격차가 아니다. 통상 남녀 격차의 분석은 시간당 임금에 대해 행하여지는 경우가 많지만, 다음의 이유로 소득 격차의 분석도 중요하다. 첫째로, 대상은 화이트칼라 정사원이며 상근이 대부분이고 단시간 근무는 지극히 적다. 둘째, 대상 가운데 관리직, 재량 노동자, 연봉제 임금자 등 잔업 임금이 나오지 않는 방식으로 일하는 사람도 많아 시간당 임금으로 보는 의미가 낮다. 셋째, 주당 노동 시간을 독립변수의 하나로 적용하고 그 남녀 차이가 남녀 소득 격차에 미치는 영향을 볼 수 있다.

일본의 남녀 임금 격차에 대해서는 비교적 최근의 것으로는 후생노동성의 2010년 보고서(『남녀 간 임금 격차의 해소를 위한 가이드라인』, 2010년 8월 공표) 안의 '남녀 간 임금 격차가 생기는 원인' 장의 〈표 1〉)에서 아래의 〈표 4.1〉과 같이 보고되어 있다(표의 각주도 원전과 같다). 〈표 4.1〉의 결과는 직급 차이와 근속 연수의 차이가 남녀 임금

〈표 4.1〉 남녀 간 임금 격차의 요인[1]

조정한 사항	남녀 간 격차(원수치)	남녀 간 격차(조정 후)	남녀 간 격차의 축소 정도
근속 연수	69.3	**74.4**	**5.1**
직급	71.3	**80.9**	**9.6**
연령	69.3	70.5	1.2
학력	69.3	70.2	0.9
노동 시간	69.3	70.6	1.3
기업 규모	69.3	70.0	0.9
산업	69.3	66.7	-2.6

자료 출처: 후생노동성 '임금구조 기본통계 조사'의 결과를 사용하여 산출.
※노동 시간에 대해서는 시간당 임금으로 격차를 재계산하였다. 그 외의 각 항목에 대해서는 여성의 노동자 구성이 남성과 같다고 가정해서 산출한 여성의 평균 소정 내 급여액을 사용하여 남성과의 비교를 실시한 경우, 격차가 어느 정도 축소하는지를 본 것임.
주1: 남녀 격차의 해소에 대한 공헌도 직급
 직급: 33%[= (80.9-71.3)/(100-71.3)]
 근속 연수: 17%[= (74.4-69.3)/(100-69.3)]
 연령: 4%[= (70.5=69.3)/(100-69.3)]
 노동 시간: 4%[= (70.6-69.3)/(100-69.3)]
 학력: 3%[= (70.2-69.3)/(100-69.3)]

격차를 가장 잘 설명하는 것을 나타내고 있다. 표에서는 직급이 남녀 임금 격차를 9.6% 감소시킨다고 되어 있지만, 남녀 격차의 해소를 위한 공헌도로 말하면 33.4%[= (80.9-71.3)/(100-71.3)]로 상당히 크다. 동일하게 근속 연수의 공헌도는 약 16.6%[= (74.4-69.3)/(100-69.3)]이다. 한편, 연령의 공헌도는 약 4%[= (70.5-69.3)/(100-69.3)], 학력의 공헌도는 약 3%[= (70.2-69.3)/(100-69.3)], 노동 시간의 공헌도는 약 4%[= (70.6-69.3)/(100-69.3)]로 모두 비교적 낮다.

단, 〈표 4.1〉의 결과는 노동자 전체를 대상으로 한 것이므로 비정규 노동자가 포함되고, 근속 연수와 정규 고용·비정규 고용의 구별이 강하게 상관하므로 근속 연수의 영향에는 고용 형태의 차이에 따른 영향이 포함된다. 동일하게 노동 시간과 정규·비정규별과의 상관도 높고, 노동 시간의 영향에도 고용 형태와의 상관을 통한 영향이 혼재한다. 이 사실에서도 알 수 있듯이 정규 노동자와 비정규 노동자를 모두 포함하는 데이터 분석은 고용 형태를 통제한 후의 차이를 보지 않으면 고용 형태의 교락에 의한 외관상의 설명도가 변수에 의해 강하게 혼재하게 된다.

또 한 변수의 설명에는 4.2절에서 해설하는 연령과 학력의 상쇄효과와 같이 각각의 영향이 과소평가될 경우도 생긴다. 또 〈표 4.1〉과 같은 분석은 독립변수가 전체적인 남녀 격차의 어느 정도를 설명하는지가 명확하지 않다는 결점이 있다. 이번 분석에서는 후술하는 여섯 개의 중요한 독립변수로 전체적인 남녀 소득 격차를 어느 정도 설명할 수 있는 것인지, 또 다른 변수를 통제하면 각 독립변수의 영향이 어떻게 변화되는 것인지를 함께 밝힌다. 남녀 소득 격차를 다양한 독립변수의 조합에 대하여 '설명할 수 있는 부분'과 '설명할 수 없는 부분'으로 요소분해 하는 것이 본 분석의 제1의 주된 목적이다.

이번 장의 분석의 두 번째 주된 목적은 남녀 임금 격차의 요소분해에서 '설명할 수 없는 부분'에 대해서 그 이질성의 특질을 밝히는 것이다. '설명할 수 없는 부분'이라는 것은, 예를 들면 ①남녀의 인적자본 변수의 분포가 동등해진다고 한 반사실적인 가상 상황이나 ②남녀의 인적자본 변수의 분포도, 남녀의 직급 분포도 모두 동등해진다고 하는 가상 상황에서 제거되지 않고 남는 남녀 임금 격차의 비율을 의미한다. 그러나 ①과 ②의 상황에서 '설명되지 않는 남녀 격차의 비율'은 모두 같지 않고, 예를 들면 직업에 의해 다른 것이 생각된다. 그러한 설명되지 않는 정도의 이질성을 밝히므로 어떠한 직업 내 격차가 다른 직업과 비교하여 인적자본이나 직급의 남녀 차이로 설명되기 쉬운 것인지, 혹은 반대로 설명되기 어려운 것인지를 밝힌다. 그 결과의 임플리케이션을 논의하는 것이 두 번째 주목적이다.

4.2 가설

이 분석에서 검증하는 주된 가설은 아래의 여섯 가지이다.

가설 1: 화이트칼라 정규 노동자의 남녀 소득 격차는 남녀의 인적자본(학력, 연령, 근속 연수) 차이로 인해 생기지만, 그것은 설명할 수 있는 부분에 한해서도 최대 요인이 아니다.

가설 2: 화이트칼라 정규 노동자의 남녀 소득 격차를 설명하는 요인 가운데 최대인 것은 남녀의 인적자본 차이로는 설명할 수 없는 남녀 직급 격차의 영향이다.

상기의 노동자 전체의 분석 결과인 〈표 4.1〉에서도 독립변수의 영향을 각각의 단독 영향으로 보았을 경우, 남녀의 직급 격차가 최대인 것을 나타내고 있다. 단, 〈표 4.1〉은 다른 변수, 특히 인적자본의 남녀 격차를 통제하지 않고 있으므로, 이번 장에서는 이에 대해 정교화하고 있다. 제2장의 관리직 비율의 논문과 같이 가설 1이 성립하면 관리직 승진율의 남녀 격차를 통한 간접차별이 화이트칼라 정규 노동자의 남녀 소득 격차의 주원인이라는 해석을 지지하는 결과를 얻을 수 있게 된다.

가설 3: 화이트칼라 정규 노동자의 남녀 소득 격차를 설명하는 요인
에는 남녀의 평균적 노동 시간의 차이가 있지만, 이 남녀 차
이가 남녀 소득 격차에 미치는 영향은 대부분 남녀 직급 격
차에 의해 설명할 수 있다.

일반적으로 노동 시간과 직급은 상관이 있지만(이번 장에서 사용
하는 표본에서는 일반사원이 주당 평균 43.4시간, 계장·주임이 45.5시
간, 과장 이상이 47.1시간), 이것은 직급이 오르면 일하는 시간이 보다
길어지는 경향뿐만 아니라 가토·가와구치·오완(Kato, Kawaguchi,
Owan, 2013)이 나타낸 바와 같이 여성의 경우, 장시간 노동을 하는
사람이 관리직의 승진율이 높아지는 경향도 관찰되고 있다. 인과관계
는 양방향이라고 보는 것이 타당할 것이다. 가설 3은 인과 방향이 어
느 쪽이든 화이트칼라 정규 노동자의 남녀 간 노동 시간 차이에 의한
남녀 소득 격차의 설명이 남녀 직급 차이에 의한 설명과 중복하고 독
자적인 설명도는 낮다는 가설이다.

아래의 가설 4와 5는 모두 일반직과 종합직의 구별과 같은 코스제
가 한편으로는 남녀에게 큰 연공 임금 프리미엄의 차이를, 다른 한편
으로는 남녀의 승진 기회의 차이를 초래하는 것으로 남녀 소득 격차
를 만들어 낸다는 가설과 연관이 있다. 그러나 일반직과 종합직과 같
은 구별은 모든 기업에서 채용되어 있는 것은 아니고, 이번 분석에서
사용하는 조사 데이터에서도 그 구별은 없다. 그러므로 그 대신에 여
성 사무직이 남성 사무직과 비교해 특히 승진 기회가 적고, 그 결과
남녀 소득 격차의 큰 요인이 되어 있는지 여부를 조사하기로 한다. 여

성이며 또 사무직이라는 점이, 아마 그 대부분이 '일반직'이라는 카테고리 때문에, 직급에 관한 승진 기회 및 승급 기회의 낮음에 결부되어 있다고 생각되기 때문이다.

다만, 여기에 한 가지 문제가 있다. 조사 직업 구분에는 관리직이 있고 사무직은 정의상 '비관리직'을 의미하기 때문이다. 그러나 구미에서는 관리직이라는 직무 그 자체가 바로 직급인 것에 반해 일본에서는 직급은 주된 직무인 직업과는 별도로 정의되고 있다. 분석에 사용하는 경제산업연구소의 조사 데이터에서도 관리직 가운데 계장·주임 이상의 비율은 87.5%로 높지만(과장 이상 65.8%), '일반사원'도 12.5%이다. '일반사원 관리직'의 부하는 모두 비정규 노동자인 것일까? 또 관리직 이외의 직업에서 계장 이상 비율은 42.8%(과장 이상 11.3%)로 낮지 않고, 직무상 '관리직이 아닌' 것이 '일반사원'을 의미하는 것은 전혀 아니다.

〈표 4.2〉는 이번 분석에 사용한 표본에 대해서 사무직인지 아닌지의 구별과 '과장 이상'인지 '일반사원'인지('계장·주임'은 제외되어 있다) 그리고 성별(여성 대 남성)의 부[하]의 관련은 '사무직'이 '관리직·사무직 이외의 직장'보다 유의미하게 큰 것을 나타내고 있다.

〈표 4.2〉 과장 이상인 것과 성별과의 관련의 직업 차이

	사무직		관리직·사무직 이외의 직업	
	과장 이상	일반사원	과장 이상	일반사원
여성	28	1,708	20	275
남성	223	774	448	935
오즈비	0.057		0.152	

〈표 4.3〉 직급별, 사무직·기타별 남녀 소득 격차

(단위: 만 엔)

	과장 이상		계장·주임		일반사원	
	사무직	기타	사무직	기타	사무직	기타
남성 평균 소득	592.5	671.2	482.1	509.0	405.3	413.3
여성 평균 소득	486.4	648.1	389.6	439.1	310.5	320.2
남녀 격차	106.1	23.3	92.5	69.9	94.8	93.1

'과장 이상' 대 '일반사원'의 오즈비('과장 비율'/'일반사원 비율'의 비)를 여성 대 남성으로 비교하면(오즈비를 취하면), 〈표 4.2〉는 사무직이 0.057, 관리직·사무직 이외는 0.152가 되는 것을 나타내고 있다. 오즈비로 보아서 여성은 남성에 비해 과장이 될 수 있는 가능성이 각각 남성의 5.7%, 15.2% 밖에 안 된다는 것이다. 문제는 이 오즈비에 내해서 '사무직'과 '관리직·사무직 이외의 직무'의 차이이며, 이것은(오즈비의 대수차 검정으로) 1%로 유의미하다. 이것은 여성이 과장 이상으로 승진할 가능성은 일반직에서 남성보다 훨씬 낮지만, 사무직이 특히 불리해지는 것을 의미한다. 한편, 나중에 보겠지만 화이트칼라 정사원 여성 가운데 이 불리한 사무직에 종사하는 사람이 4분의 3 이상으로 대부분인 것에 반해 남성 사무직은 약 4분의 1이다.

또 만약 여성 사무직이 계장·주임이나 과장의 직급을 얻어도 여성 사무직과 남성 사무직에서는 소득 면에서 동등한 대우를 받지 않고 있는 것을 시사하는 사실이 있다. 〈표 4.3〉은 이번 분석 표본의 기술 통계로 직급별, 사무직·기타별의 평균 소득과 그 남녀 격차를 제시하고 있다. 이를 보면 명확한 바와 같이 사무직 이외의 직업에서는 평균적으로 직급이 높아질수록 남녀 소득 격차는 작아진다. 한편, 사무직에서는 직급에 의한 격차는 별로 변하지 않는다. 이 직급과 사무직·

기타별의 구별이 남녀 소득 격차에 미치는 상호작용 효과는 물론 유의미하다.

〈표 4.2〉와 〈표 4.3〉의 결과는 사무직인 남녀의 인적자본 차이 등을 고려하고 있지 않으므로 분석은 아래에서 정교화하지만 다음과 같은 가설이 성립한다.

> 가설 4: 화이트칼라 정규 노동자의 남녀 소득 격차는 같은 직무의 남성에 비해 과장으로의 승진 기회가 적은 사무직이 많고, 또 그 결과 관리직이 적어지는 것에 의한 남녀의 직업분포의 차이가 한 요인이다.

단, 관리직인지 아닌지와 직급은 강하게 상관하므로 이번 장은 직급을 통제하기 전과 후로 직업분포의 남녀 차이가 남녀 소득 격차에 미치는 영향의 변화를 함께 분석한다.

> 가설 5: 사무직은, 만약 직급이 남성 사무직과 동등해져도 큰 남녀 소득 격차가 남고, 이것은 남녀 직급 차이에서는 '설명할 수 없는 남녀 격차'의 큰 요인의 하나이다.

아울러 설명할 수 없는 격차에 대해서는 제3장의 남녀 직업 분리에 관한 분석으로 밝힌 바와 같이 전문직 내에서 여성은 남녀 임금 격차가 큰 휴먼 서비스계 직업에 현저하게 치우쳐 있는 것도 한 요인이다. 따라서 아래의 가설도 성립한다.

> 가설 6: 전문직 내에는, 만약 인적자본이나 직급이 남성과 동등해져

도 사무직과 같이 큰 남녀 소득 격차가 남고, 이것은 남녀의
인적자본이나 직급의 차이로는 '설명할 수 없는 남녀 격차'
의 큰 요인의 하나이다.

또 이번 장에서 분석하는 경제산업연구소의 조사 데이터에서는 직
업의 소분류 데이터가 없으므로 제3장에서 사용한 전문직에 관한 타
입 1형과 타입 2형의 구별을 사용할 수 없어 이 점에서 가설 6을 더욱
정교하게 하는 것은 아니다.

4.3 분석 방법

4.3.1 남녀 소득 격차의 요소분해에 대해서

〈그림 4.1〉은 가정하는 영향의 인과 도식을 간단히 나타낸 것이다.
X는 성별, Y는 결과인 개인 소득, V는 독립변수이다. 성별 X의 Y에
대한 영향(남녀 소득 격차)에 대해서 성별이 독립변수 V와 관계되고,
독립변수 V가 결과 Y에 영향을 미치는 것으로 생기는 '설명할 수 있
는 격차'와 나머지 '설명할 수 없는 격차'를 분해하기 위해서 이번 장
은 DFL법(DiNardo, Fortin, and Lemieux, 1996)을 사용한다. DFL법
에서는 X가 V와 통계적으로 독립이 되는 반사실적 상태를 '처리의
역확률에 의한 가중치'를 의미하는 IPT^{inverse probability of treatment} 가중
치를 두어서 통계적으로 만들어 내고, 그 상태의 남녀 격차가 '설명할
수 없는 격차'라고 생각한다. 이것은 〈그림 4.1〉에서는 점선 부분의
영향을 제거하는 것을 의미하고, 남는 X의 Y에 대한 직접적인 영향이
'설명할 수 없는 격차'가 된다. X와 V를 독립적으로 만드는 반사실적

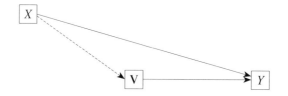

상태에 대해서 이번 장에서는 그 이론적 중요성으로 여성이 남성과 같은 학력, 취업 연수, 직급 등을 가지는 반사실적 상황을 생각한다. 아울러 DFL법에 따르는 성향점수의 추정값이 실제로 데이터상의 X 와 V의 독립을 달성하고 있는 것인지에 대한 진단이 중요하고, 이번 장에서도 관련되는 진단 분석을 실시하고 있다. 또 IPT 가중치를 만드는 방법 등 DFL법에 관한 보다 수리통계적인 설명은 제2장의 부록을 참고했으면 한다.

4.3.2 남녀 독립변수의 차이에 의해 '설명할 수 없는 격차'의 이질성 분석에 대해서

'설명할 수 없는 격차'는 일률적이지 않고, 어떤 특성을 가지는 노동자 간에서는 크고, 다른 특성을 가지는 노동자 간에는 작은 것이 생각될 수 있다. 예를 들면, 관리직 간의 남녀 인적자본(연령, 학력, 근속 연수)의 차이로 설명할 수 없는 남녀 소득 격차는 사무직 간에 남녀 인적자본 차이로 설명할 수 없는 남녀 소득 격차보다 작은 것이 뒤에서 나타날 수 있다. 이것은 인적자본의 남녀 차이를 통제한 후, 직업과 성별 간에 소득에 대한 상호작용 효과가 있는 것을 의미한다. 또 동일하게 성별과 다른 변수와의 상호작용 효과가 인적자본 및 직급을 통제한 후에도 존재한다면 그 특성을 밝히려고 한다.

문제는 다른 특성의 영향 효과를 제외한 후의 각 특성과 성별과의 상호작용 효과가 유의미한지를 검증하고 싶지만, '다른 특성의 효과를 제외하는' 데 있어서 소득에 대해서 변수의 선형 가법성[1]의 가정을 둔 회귀분석을 실시하는 것에는 문제가 있다. 소득에 대한 다변량 선형회귀 모델은 성향점수를 적용한 추정값에 비해 치우침이 있어 신뢰할 수 없기 때문이다(이것은 검증했지만 결과는 할애한다).

이 때문에 성향점수에 의한 IPT 가중치를 둔 데이터에 다시 회귀식을 적용시키는 '이중의 로버스트 추정Doubly Robust Estimator법'(Bang and Robins, 2005; 星野, 2009)으로 성별과 다른 한 변수를 사용한 아래의 포화 모델을 채용하기로 했다. 단, IPT 가중치를 둔 데이터 분석은 성향점수의 추정으로 사용하지 않는 변수의 영향 분석에는 부적절하다. 이것은 IPT 가중치를 두면 독립변수 V와 성별의 독립적인 상태를 통계적으로 만들이 내지만, 변수 Z가 V에 포함되지 않는 경우, 가중치는 Z의 각 값에 대해 V와 X를 독립으로 만드는 것이 아니어서 가중치

---

1 예를 들면, 결과 Y에 대하여 X_1과 X_2이라고 하는 두 독립변수의 함수로서

$$Y=a+b_1X_1+b_2X_2+\varepsilon$$

라고 하는 모델이 성립이 된다고 가정하고 X_1과 X_2의 영향의 계수를 각각 b_1과 b_2로 나타낸다고 하자. 또 ε는 랜덤한 오차를 나타낸다. 여기서 선형성이라는 가정이란, 예를 들면 X_1이 1단위 증가할 때마다 X_1이 일정수 b_1 증가한다고 하는 것처럼 Y와 독립변수와의 관계가 직선으로 근사할 수 있다고 하는 가정이다. 또 가법성이라고 하는 것은 X_1의 영향과 X_2의 영향이 덧셈으로 나타낼 수 있다고 하는 가정이다. 그 가정들을 약화시켜 독립변수의 영향이 직선이 아니거나, 결과 Y는 X_1과 X_2의 조합으로 결정되는 등 약화시킬 수는 있다. 그러나 Y를 몇 가지의 독립변수의 함수로 나타내려면, 독립변수와 그 계수의 곱의 몇 가지 합으로 나타낼 수 있다고 하는 가정이 필요하다. 이것을 선형 가법성의 가정이라고 한다. 통계적 회귀분석은 통상 이러한 가정에 기초를 두지만, 이것을 인과적 관계식으로 보기에는 지나치게 강한 가정이다. 한편, 이번 장에서 사용하는 IPT 가중치를 사용하는 방법은 이러한 결과와 독립변수 간의 관계를 나타내는 특정한 식을 전혀 가정하지 않는다.

를 두는 것으로 데이터에 통제 불가능한 왜곡을 일으키기 때문이다. 따라서 각 카테고리 변수 Z(더미변수의 세트), 성별, 상호작용 효과의 유무 그리고 상호작용 효과가 유의미한지에 대해서 Z가 성향점수의 추정으로 사용한 독립변수 V의 일부 경우에만 아래의 선형 회귀식을 대입한다.

$$Y = \alpha_0 + \beta'_0 Z + \beta_1 X + \beta'_2 ZX + \varepsilon \qquad \cdots\cdots \langle 식\ 4.1 \rangle$$

성별 X와 독립변수 V는 (IPT 가중치를 둔 후) 통계적으로 거의 독립적이며, 독립변수 V를 회귀식에서 통제하지 않아도 성별 효과는 영향을 받지 않으므로 V는 회귀식에 포함시키지 않아도 된다. 이 분석 목적은 설명되지 않는 남녀 격차의 이질성이고 성별과 Z의 상호작용 효과 β_2가 유의미한 결과만을 문제로 삼는다. 〈식 4.1〉은 Z가 카테고리 변수인 경우 논패러메트릭한 평균 차이의 추정과 같아지는 포화 모델이므로 소득 Y에의 영향에 대해서 선형 가법성의 가정이 성립하지 않는 것에 의한 치우침은 생기지 않는다.

또 이번 분석에 포함시키는 변수는 연령, 학력, 근속 연수, 직업, 주당 평균 노동 시간, 직급의 여섯 변수이지만, 각 변수 Z에 대해서 ① 인적자본(연령, 학력, 근속 연수)과 Z가 인적자본의 변수가 아닌 경우는 Z를 성향점수의 추정으로 적용한 경우의 IPT 가중치를 둔 데이터, ②또 직급을 성향점수의 추정에 더한 모델의 IPT 가중치를 둔 데이터 분석에 의해 인적자본의 남녀 차이로 설명할 수 없는 남녀 격차가 변수 Z의 각 카테고리에서 어떻게 다른 것인지, 아울러 인적자본과 직급의 남녀 차이로 설명할 수 없는 남녀 격차가 변수 Z의 각 카테고리에서 어떻게 변화되는 것인지에 대해서 분석한다.

4.4 데이터 및 변수

4.4.1 분석에 사용한 데이터

분석에서 사용한 데이터는 2009년에 경제산업연구소가 실시한 『일과 생활의 조화(워크 라이프 밸런스)에 관한 국제비교 조사』 가운데 일본 기업과 그 종업원 조사의 데이터이다. 종업원 조사는 화이트 칼라직의 정사원에 대해서 조사하고 있다. 아래에서 이 조사 데이터를 사용하여 1,677개 기업에 종업하는 23~59세의 종업원 가운데, 개인 소득이 미상이 아닌 남성 6,145명, 여성 2,666명의 표본을 사용하여 분석한다. 연령을 23세 이상으로 한 것은 대졸 연령 이상으로 설정하므로 연령 효과에 아직 대학생인 사람이 많기 때문에 일어나는 표본 선택 편향이 크게 혼입하는 것을 통제하기 위해서이며, 또 연령을 59세까지로 한 것은 동일하게 60세 이후의 정년 되임에 의한 표본 선택 편향이 연령 효과에 크게 혼입하는 것을 통제하기 위해서이다.

4.4.2 독립변수

소득의 남녀 격차에 영향을 미치는 것은 남녀로 분포가 크게 다르고, 또 소득에 영향을 미치는 변수이다. 예를 들면, 기업 규모는 소득에 영향을 미치지만 남녀로 분포가 크게 다르지 않으므로 설명도는 낮다(다만 '설명할 수 없는' 격차의 다양성의 한 요인이 될 가능성은 있다).

그 결과 성향점수의 추정에 사용한 것은, 후술하는 바와 같이 단계적으로 사용하지만, 아래의 독립변수이다. ①연령(7구분), ②학력(대졸, 단기대학·고등전문학교졸, 직업전문학교졸, 고졸 이하)의 4구분, ③현재 직장의 근속 연수(5년 새김의 7구분 및 미상의 8구분), ④직업(전

문기술, 관리, 사무, 기타의 4구분), ⑤노동 시간(주당 40시간 미만, 40
시간 이상 45시간 미만, 45시간 이상 50시간 미만, 50시간 이상 60시간
미만, 60시간 이상, 미상의 6구분), ⑥직급(일반사원·기타, 과장 보좌·
계장·주임, 과장 이상의 3구분)이다. 아울러 조사 데이터상은 '과장 이
상'을 '과장'과 '부장 이상'으로 구분할 수 있지만, 여성으로 '부장 이
상'은 표본 중 17명에 불과하고, 17표본에서는 부장 이상으로 성향점
수에 거의 대응하는 남녀가 많은 경우 존재하지 않고, 성별과 독립변
수의 통계적 독립을 전혀 달성할 수 없으므로 단념했다.

4.4.3 기술통계 결과

주요한 분석에 앞서 분석에 사용하는 각 독립변수가 남녀로 어떻게
다른지를 그림으로 기술한다.

〈그림 4.2〉는 학력 구성을 남녀별로 나타낸 것이다. 표본은 종업원
100명 이상인 기업의 화이트칼라 정규 노동자에 한정하고 있으므로,
전체로서 이 표본의 학력은 높지만 대졸 비율이 남성이 62.6%, 여성
이 35.5%로 크게 다르고, 그 차이는 당연히 소득의 남녀 격차를 초래
한다고 생각된다.

〈그림 4.3〉은 표본의 연령 구성을 남녀별로 나타낸 것이다. 23~34
세가 남성은 26.6%에 비해 여성은 49.0%로 약 반수이다. 이것은 일
본 여성의 높은 결혼 및 육아 이직률과 정규 고용이 갓 졸업한 사람
우선이기 때문에 여성의 이직 후의 재고용에서는 정규 고용이 거의
증가하지 않는다고 하는 두 가지 이유로 여성의 정규 노동자는 비교적
젊은 연령에 치우치는 결과이다. 남녀 평균 연령의 차이는 〈그림 4.3〉
으로 나타낸 바와 같이 정확히 5세이다.

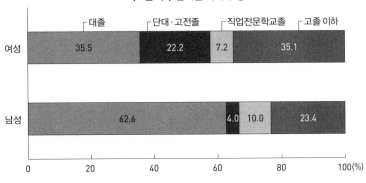

〈그림 4.2〉 남녀별 학력 구성

〈그림 4.3〉 남녀별 연령 구성

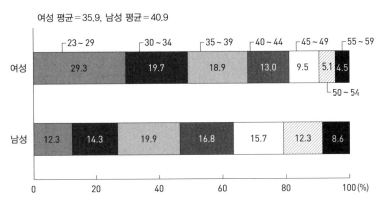

〈그림 4.4〉 남녀별 근속 연수 구성

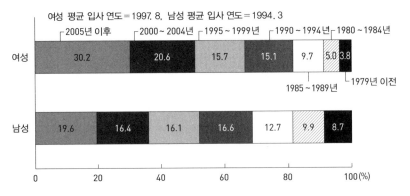

〈그림 4.4〉는 남녀별 근속 연수 구성을 나타내고 있다. 연령과 같이 여성은 근속 연수가 적은 구분에 치우치는 경향이 있어, 입사 후 10년 이내가 50.8%로 반수를 넘는다. 남성의 경우는 10년 이내는 36.0%이다. 특필해야 할 점은 남녀의 평균 근속 연수의 차이가 평균 연령 차이보다 작은 3.5년차가 되는 점이다. 이 결과는 이번 장에서 분석하는 정사원에 한한 데이터의 결과이지만, 비정규 노동자를 포함시킨 데이터에서는 여성의 비정규 고용의 비율이 높고, 그녀들은 연령이 높아도 근속 연수는 적으므로 남녀 노동자의 연령 차이는 작아지고, 반대로 평균 근속 연수 차이는 커진다.

〈그림 4.5〉는 남녀별 직업 구성을 나타낸 것이다. 사무직 비율이 여성 78.3%에 반해 남성 26.6%로 남녀 간에 확연한 차이가 있음을 알 수 있다. 사무직 비율은 제3장에서 나타낸 전체 노동자 중의 비율과 크게 다르지만, 이것은 〈그림 4.5〉의 모집단이 화이트칼라 정규 노동자이고 종업원 100명 이상의 기업에 근무하는 사람에게 한정되어 있기 때문이다. 직업은 성별과 가장 강하게 관련되는 변수의 하나이다.

〈그림 4.6〉은 남녀별 주당 평균 노동 시간의 구성 분포를 나타낸 것

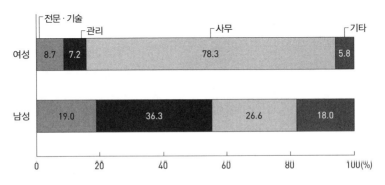

〈그림 4.5〉 남녀별 직업 구성

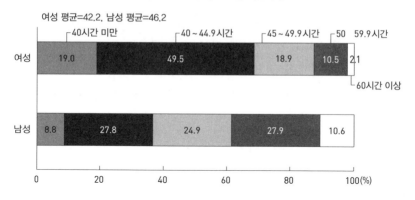

〈그림 4.6〉 남녀별 주당 평균 노동 시간 구성

여성 평균=42.2, 남성 평균=46.2

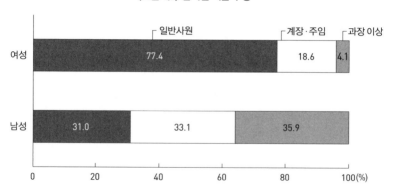

〈그림 4.7〉 남녀별 직급 구성

이다. 평균 노동 시간의 남녀 차이는 정확히 4시간으로 그다지 크지 않지만, 주당 50시간 이상의 경우 남성이 38.5%로 큰 것에 반해 여성은 12.6%로 남성의 3분의 1 이하이다. 특히 장시간 노동과 직급이 관련되므로 간접적으로도 남녀의 소득 차이에 결부되지만 그 사실은 뒤에서 밝힌다.

〈그림 4.7〉은 남녀별 직급 구성을 나타내고 있다. 남녀 직급 격차는 잘 알려져 있지만, 직업 구분과 함께 직급 구분은 성별과 가장 강하게

관련되어 있는 변수이다. 게다가 직급이 소득에 미치는 영향은 직업의 영향보다 훨씬 크므로, 그만큼 후술하는 바와 같이 남녀 소득 격차의 가장 큰 설명요인이 된다.

4.5 분석 1─남녀 소득 격차의 요인분해 분석

4.5.1 DFL법에 의한 설명도의 해석에 대해서

DFL법에 의한 요소분해는 독립변수를 넣는 순서에 따라 각 변수의 설명도가 변화한다. 이것은 독립변수 간, 예를 들면 V_1과 V_2 간에 상관이 있을 때 V_1을 통제한 후의 V_2의 추가 설명도는 V_1을 통제하지 않을 때의 V_2의 설명도와 다르기 때문이다. 일반적으로 그 추가 설명도는 정보의 중복 정도에 의해 다른 변수의 통제 후에 작아지는 경향이 있지만 예외도 있다. 즉, V_1 통제 후에 V_2의 설명도가 늘 경우도 있다. 일반론은 다소 복잡해지므로 아래에서 실제 분석 상에 생기는 예로 설명한다.

예를 들면, 연령과 근속 연수는 정正의 상관을 지니고, 연령의 높이도 근속 연수의 길이도 소득도 증가한다. 또 노동자의 연령 및 근속 연수도 평균은 남성이 여성보다 크다. 따라서 여성이 남성과 같은 연령 분포를 가지는 반사실적 상황을 생각하면, 여성의 근속 연수도 실제 경우보다 평균적으로 길어진다. 즉, 남녀 근속 연수의 차이가 남녀 소득 차이를 설명하는 정도는 남녀의 연령 분포가 같아진 후(연령의 남녀 차이의 영향이 고려된 후)에서는 근속 연수의 남녀 차이가 좁아지므로 작아진다. 이것은 순서를 바꿔 넣어도 같다.

한 쪽을 통제하면 다른 한 쪽의 추가 설명도가 작아지는 관계는 노동 시간과 직급 혹은 직업과 직급 간에서도 보인다. 전자의 경우 노동 시간과 직급의 높이는 정^{正}으로 상관하고 노동 시간의 길이와 직급의 높이는 소득을 늘며, 또 남성이 여성보다 노동 시간의 길이와 직급의 높이도 평균치가 더 크기 때문이다. 후자의 경우는 직급의 높이는 직업 구분이 관리직인지 아닌지에 강하게 상관하는 것에 따른다.

한편, 학력과 노동자 연령 간에는 다른 상황이 있다. 학력의 높이도 노동자 연령도 소득에 정^{正}의 영향을 미치고, 모두 남성이 여성보다 평균치가 크다. 여기까지는 상기의 예와 같다. 그러나 학력 높이와 노동자의 연령은 부^{負}로 상관한다. 즉 연령이 젊은 세대일수록 학력이 높다. 따라서 여성이 남성과 같은 연령 분포를 가지는 반사실적 상황에서는 여성의 평균적 학력 수준은 떨어진다. 그 결과 여성의 연령 분포가 남성과 같아지면 여성의 소득은 평균 연령이 오르는 만큼 늘지만, 연령 상승에 따라 평균 학력 수준이 떨어지는 만큼 소득이 떨어신다는 부분적 상쇄효과를 초래하게 된다.

또 이 결과, 한 쪽을 통제한 후의 다른 추가 설명도는 상쇄한 만큼을 회복하기 때문에 커진다. 이러한 상황에서는 남녀 학력 격차가 남녀 소득 격차에 영향을 미치는 정도는 단지 여성이 남성과 같은 학력 분포를 가지는 상황(이 경우, 학력은 높아지지만 연령이 떨어지므로 그 상쇄효과가 생긴다)보다 여성의 학력이 연령 구분(출생 동일 연령 구분)별로 남성과 같아진다는 반사실적 상황을 생각하는 것이 연령 감소의 상쇄효과를 포함하지 않으므로 더욱 적정하게 학력 효과를 측정할 수 있다. 아래의 분석에서는 이 점을 고려하고 있다.

4.5.2 요인분석 결과

〈표 4.4〉는 DFL법을 사용한 남녀 소득 격차의 분해 결과를 12개의

〈표 4.4〉 남녀 소득 격차의 요소분해

통제변수	남녀 소득 격차 $\bar{Y}_M - \bar{Y}_W = 189.7$ $\bar{Y}_W = 341.1$, $\bar{Y}_M = 530.8$, 격차 지수 $= 0.357$				
	소득 격차	비설명도 누적(%)	설명도 누적(%)	설명도(추가 변수)	추가 (%)
M0 : 없음	189.7	100.0	0.0	—	
M1 : 연령	163.9	86.4	13.6	대 M0	13.6
M2 : 연령별 학력	162.4	85.6	14.4	대 M0	14.4
M3 : 연령, 학력	128.0	68.1	31.9	대 M2 (연령)	17.5
M4 : 근속 연수	171.3	90.4	9.6	대 M0	9.6
M5 : 연령, 학력, 근속 연수	123.5	65.1	34.9	대 M3 (근속 연수)	3.0
M6 : M5+(직업)	85.3	45.0	55.0	대 M5 (직업)	20.1
M7 : M5+(노동 시간)	106.1	55.9	44.1	대 M5 (노동 시간)	9.2
M8 : M5+(직급)	56.0	29.5	70.5	대 M5 (직급)	35.6
M9 : M5+(직업, 노동 시간)	74.2	39.2	60.8	대 M5 (2변수) 대 M6 (노동 시간) 대 M7 (직업)	25.9 8.0 16.7
M10 : M5+(직업, 직급)	45.8	24.1	75.9	대 M5 (2변수) 대 M6 (직급) 대 M8 (직업)	41.0 23.1 5.4
M11 : M5+(노동 시간, 직급)	50.6	26.7	73.3	대 M5 (2변수) 대 M7 (직급) 대 M8 (노동 시간)	38.4 29.2 2.8
M12 : M5+(직업, 노동 시간, 직급)	41.7	22.0	78.0	대 M5 (3변수) 대 M9 (직급) 대 M10 (노동 시간) 대 M11 (직업)	43.1 17.2 2.1 4.7

모델로 나타내고 있다. 〈표 4.4〉의 수치 단위는 1만 엔으로, 표본 평균은 여성 소득이 341.1만 엔, 남성 소득이 530.8만 엔으로 남녀의 차이가 189.7만 엔이다. 또 남녀 평균 소득의 차이를 남성의 평균 소득으로 나누고 퍼센트로 나타낸 남녀 격차 지수는 35.7%이다. 〈표 4.4〉의

분석의 각 모델은 남녀 소득 격차의 189.7만 엔을 사용한 독립변수로 남녀의 분포 차이의 결과로서 '설명할 수 있는 부분'과 '설명할 수 없는 부분'에 분해하고, 각각 189.7만 엔의 몇 프로에 해당하는지를 제시하고 있다. 또 독립변수를 단계적으로 늘리고 있으므로 새롭게 추가된 변수의 추가 설명도를 퍼센트 표시로 나타내고 있다. 각 모델에서는 적절한 성향점수의 추정에 필요한 독립변수 간의 상호작용 효과가 통제되고 있지만, 이들에 관한 상세한 것은 부록으로 기술하고 있다.

모델 M1, M2, M3은 학력과 연령의 남녀 차이가 남녀 소득 격차에 미치는 영향에 대한 분석 결과이다. 남녀 학력 차이는 남녀 소득 격차의 14.4%를 설명한다(모델 M2의 결과). 한편, 남녀 노동자의 연령 차이에 의해 설명할 수 있는 남녀 격차는 학력 수준의 상쇄효과를 포함하면 13.6%(모델 M1의 결과)이지만, 상쇄효과를 포함하지 않으면 17.5%(모델 M3과 모델 M2를 비교한 추가 설명 효과)로 학력 효과보다 커진다. 연령, 학력 모두 남녀 소득 격차를 일정 정도 설명하고, 두 변수를 합쳐 남녀 소득 격차를 설명할 수 있는 비율은 31.9%가 된다. 한편, 후생노동성의 보고 가운데 〈표 4.1〉을 기반으로 필자가 계산한 바와 같이 비정규 노동자를 포함하면 연령 및 학력의 남녀 임금 격차에 대한 공헌도는 각각 약 4%와 약 3%로 지극히 작아진다. 이것은 주로 〈표 4.1〉의 결과가 비정규 노동자를 포함하고 있으므로 남녀 연령 차이가 작아지는 것에 더해 〈표 4.1〉에서는 한 독립변수마다 효과를 보고 있으므로 상술한 연령과 학력 간의 상쇄효과를 고려하지 않고 있는 것이 학력 효과 및 연령 효과의 모두에 과소평가로 이어졌다고 생각된다.

〈표 4.4〉의 모델 M4와 M5는 남녀의 근속 연수 차이의 영향에 관계

되어 있다. 이번 장에서는 남녀의 근속 연수 차이가 3.5년으로 남녀의 연령 차이(5.0년)보다 작다. 이것은 표본을 화이트칼라 정사원에 한정한 결과인 것은 이미 상술했다. 덧붙이자면, 본 표본에서는 연령과 근속 연수는 0.727로 강하게 상관하고 있다. 모델 M4는 남녀의 근속 연수 차이가 단독으로 설명하는 남녀 소득 격차의 설명도(M4)는 9.6%로 M1의 연령 단독 설명도의 13.6% 보다 작다. 이것은 남녀의 근속 연수 차이가 남녀의 연령 차이 보다 작다고 하는 사실과 잘 맞는다. 또 연령과 학력을 통제한 후에는 근속 연수의 남녀 차이에 대한 추가 설명도(모델 M5를 M3과 비교한 결과)는 3.0%로 작아진다. 근속 연수 차이의 영향 가운데 3분의 2 이상은 남녀 연령 차이에 의한 영향으로 설명할 수 있음을 의미한다. M5의 결과는 연령·학력·근속 연수를 합친 설명도가 34.9%로 3분의 1을 넘는 것을 나타내고 있다. 아울러 후생노동성의 보고서의 결과인 〈표 4.1〉에 근거한 필자의 계산에서는 근속 연수의 남녀 차이가 남녀 임금 격차의 17%를 설명하고, 남녀 직급 격차 다음으로 높은 공헌도를 지니고 있다. 이것은 비정규 노동자를 포함하는 분석에서는 근속 연수는 정규·비정규별과 강하게 상관하고, 비정규 고용 비율은 여성이 남성을 크게 웃돌기 때문에 남녀 임금 격차에 대한 고용 형태의 남녀 차이를 통한 외관상의 차이가 근속 연수 차이에 의한 설명에 혼재하여 생겼다고 생각된다.

〈표 4.4〉의 모델 M6부터 모델 M12는 세 개의 추가 독립변수인 직업, 노동 시간, 직급에 대해서 한 변수만 여성 분포가 남성과 같아졌을 경우(모델 M6부터 M8), 두 변수에 대해서 여성 분포가 남성과 같아졌을 경우(모델 M9부터 M11), 세 변수 모두 여성 분포가 남성과 같아졌을 경우(모델 M12)의 결과를 나타내고 있다. 또 〈표 4.4〉의 마지막 열에서 추가된 변수의 추가 설명도에 대해서 제시하고 있다.

〈표 4.4〉의 결과는 인적자본 변수(연령, 학력, 근속 연수)가 고려된 후의 추가 설명도에 대해서 직급의 설명력이 35.6%(M8 대 M5)로 대단히 크고, 직업 설명력도 노동 시간 설명력도 직급을 통제하기 전에는 각각 20.1%(M6 대 M5), 9.2%(M7 대 M5)로 상당히 있다. 하지만 직급을 통제한 후에는 직업의 추가 설명도가 5.4%(M10 대 M8), 노동 시간의 추가 설명도는 2.8%(M11 대 M8)로 모두 3분의 1 이하가 되는 것을 나타내고 있다. 직급과 직업의 공헌도 크기는 가설 2와 가설 4를 각각 지지한다.

직급을 통제한 후의 직업 설명력(5.4%)은 그다지 커 보이지 않지만, 노동 시간의 독자적인 설명도의 약 2배이다. 또 이 결과들은 직업의 남녀 차이의 영향도, 노동 시간의 남녀 차이의 영향도 대부분이 직업이나 노동 시간이 직급과 강하게 관련하고, 직급의 남녀 차이의 영향과 겹치는 부분이 큰 것을 나타낸다. 노동 시간에 관한 이 발견은 가설 3을 지지한다. 또 이 중복은, 직업이나 노동 시간이 직급에 인과적으로 영향을 미치더라도 그 영향의 대부분이 직급의 남녀 차이의 영향을 통한 간접적 영향이라는 것을 의미한다. 직업의 경우, 관리직은 정의상 직급과 어느 쪽이 인과적으로 우선이라고는 말할 수 없지만, 다른 직업 내의 분포 차이는 직업에 의한 승진율 차이의 영향이라고 보아도 좋을 것이다. 또 노동 시간에 대해서 인과관계가 역방향(직급이 노동 시간에 영향을 미친다)이면, 노동 시간과 겹치는 부분의 영향은 노동 시간의 '외관상의 영향'이 된다.

한편, 직급 자체의 영향은 직업이나 노동 시간이 통제되기 전에는 35.6%로 최대이며, 두 변수가 고려된 후에는 17.2%(M12 대 M9)로 반감하지만 독자적인 효과에서는 최대이다. 연령 효과도 17.5%이지만 연령은 직급과 강하게 관련되고 직급을 통제하면 독자적인 효과는 작아진다. 또 직급과 노동 시간 및 직급과 직업을 합친 추가 효과가 인적자본의 효과보다 큰 것은 가설 1을 지지한다. 〈표 4.4〉의 결과는 여섯 변수 전체로 남녀 소득 격차 가운데 78%를 설명하고, 노동 시간을 제외한 다섯 변수로도 76%로 4분의 3 이상의 설명력을 가지는 것을 나타낸다. 이것은 대단히 높은 설명도이지만 성향점수의 추정이 적절하게 실행되어 있음이 전제로 되어 있다. 이에 관련되는 〈표 4.4〉의 결과의 신뢰성에 대해서는 부록으로 해설하고 있다.

4.6 분석 2—설명할 수 없는 격차에 관한 이질성 분석

본 절에서는 4.3.2절에서 해설한 회기식 (4.1)과 성향점수에 의한 다른 독립변수의 통제를 병용하고 '설명할 수 없는 남녀 소득 격차'에 대해서 다섯 변수(연령, 학력, 직업, 노동 시간, 직급)의 각 카테고리가 어떻게 변화되는지를 밝히고, 그 발견의 의미를 논의한다. 또 각 변수마다 인적자본(연령, 학력, 근속 연수)과 그 변수에 대해서 여성의 분포를 남성의 분포에 맞춘 모델 결과와, 아울러 직급도 여성의 분포를 남성의 분포에 맞춘 결과에 대해서 분석한다. 근속 연수에 대해서는 부록으로 제시하는 몇 가지 모델에서 성별과의 독립성에 다소 문제가 있으므로 분석은 삼가기로 한다. 또 카테고리 간 격차의 차이에 대해서는 직급을 포함하는 모델(M8)만을 적용한다.

4.6.1 연령별 남녀 소득 격차

〈그림 4.8〉은 연령별 남녀 소득 격차에 대해서, IPT 가중치를 두기 전의 연령 변화와 인적자본(연령, 학력, 근속 연수)에 대해서 여성

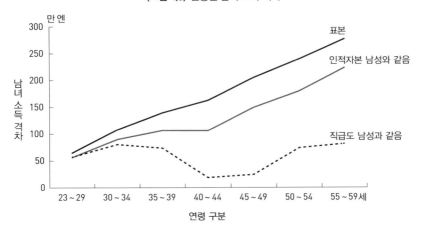

〈그림 4.8〉 연령별 남녀 소득 격차

만 엔

남녀 소득 격차

표본

인적자본 남성와 같음

직급도 남성과 같음

23~29 30~34 35~39 40~44 45~49 50~54 55~59세

연령 구분

이 남성과 같아졌을 경우의 격차의 연령 변화 그리고 직급도 같아졌
을 경우의 격차의 연령 변화를 도시하고 있다. 인적자본이 남녀로 같
다고 해도 그림은 연령별로 살피고 있으며, 또 근속 연수는 연령과 상
관이 대단히 높으므로 '여성의 인적자본이 남성과 같다'는 의미는, 여
성의 연령별 학력이 남성과 같다면이라는 의미와 거의 같다. 성향점
수의 추정에서는 연령과 학력의 상호작용 효과를 투입하여 연령별로
여성의 학력이 남성에게 맞춰져 있어 연령과 직급의 상호작용 효과
도 직급을 독립변수에 포함하는 모델에 투입되어 있다.

〈그림 4.8〉은 먼저 관찰값(표본)에서는 남녀 소득 격차가 거의 연
령에 정비례하는 것처럼 단조롭게 증가하는 것을 나타낸다. 다소 의
외인 것은 남녀 학력 격차는 연령이 높을수록 크므로, 그것이 개선된
다면 소득 격차의 개선도 커지는 것이 기대된다. 그러나 〈그림 4.8〉에
서는 40세대 이후는 연령이 높아져도 격차가 줄어드는 정도가 제자
리여서 커지지 않고, 격차 그 자체는 연령과 함께 늘므로 개선도는 오
히려 낮아진다. 이것은 고연령일수록 남녀로 학력이 같아도 소득의

차이가 보다 커지는 것에 따른다. 그것을 방증하는 것이 직급도 여성이 남성과 같아졌을 경우의 격차 추정값이다. 이 개선도는 연령과 함께 커진다. 즉, 계장이나 과장의 승진 기회의 불평등한 결과로 생기는 남녀 격차가 연령과 함께 남녀 소득 격차가 증가하는 주원인인 것을 나타낸다. 실제로 '직급도 남성과 비슷한 정도'의 상태로는 40세 이상에서 성별과 연령의 상호작용 효과는 유의미하지 않다. 즉, 격차는 남지만 40세 이후는 거의 연령으로 변함없는 상태가 된다. 결론적으로, 40세 미만에서는 남녀 학력 차이가 연령과 함께 남녀 소득 격차를 만드는 한 요인이 되지만, 40세 이후에 연령과 함께 단조롭게 증가하는 남녀 소득 격차의 원인은 남녀 직급 차이가 연령과 함께 증가하는 결과라고 결론지을 수 있다.

4.6.2 학력별 남녀 소득 격차

〈그림 4.9〉는 학력별 남녀 소득 격차에 대해서, IPT 가중치를 두기 전의 격차와 인적자본(연령, 학력, 근속 연수)에 대해서 여성이 남성과 같아졌을 경우의 격차, 그리고 직급도 같아졌을 경우의 격차를 제시하고 있다. '인적자본이 남녀로 같다'고 해도 〈그림 4.9〉는 학력별로 살피고 있으므로, '여성의 인적자본이 남성과 같다'는 것은 여성의 연령이나 근속 연수가 남성과 같다면이라는 것을 의미한다. 성향점수의 추정에서는 학력과 연령의 상호작용 효과나 직급을 포함하는 모델로는 학력과 직급의 상호작용도 포함하고 있으므로 IPT 가중치를 둔 후에는 각 학력 카테고리마다 여성의 연령 및 직급의 분포는 남성과 같아진다.

먼저 IPT 가중치를 두기 전의 표본 결과를 보면, 남녀 격차는 직업전문학교졸이 가장 작고, 그 이외는 고학력일수록 격차가 작아지는

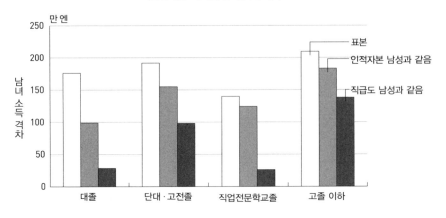

〈그림 4.9〉 학력별 남녀 소득 격차

경향이 그래프로부터 읽어낼 수 있다. 하지만 대졸과 단기대학·고등전문학교졸의 차이, 단기대학·고등전문학교졸과 고졸의 차이는 유의미하시 않나. 그러나 내줄과 고졸의 차이 그리고 내줄과 직업선문학교졸의 차이는 유의미하다. 연령이나 근속 연수가 남성과 같아지면, 남녀 격차는 대졸에서 가장 작아지고 고졸에서 가장 커진다. 격차의 개선도는 대졸이 가장 크고 이어서 단기대학·고등전문학교졸이 된다. 이것은 현재에서는 볼 수 없게 되었지만, 이전에는 고학력 여성일수록 결혼·육아 이직률이 높은 것에 따라 남녀 정규 노동자의 연령차이나 근속 연수 차이가 컸기 때문이다. 연령·근속 연수의 남녀 동등화가 대졸에서 가장 격차를 줄인다고 하는 사실은 이후 여성의 결혼·육아 이직률이 줄어들면 대졸에서 남녀 소득 격차가 가장 개선될 수 있음을 시사한다.

아울러 직급도 남성과 같아지는 상태에서는 대졸과 직업전문학교졸의 남녀 소득 격차는 대폭으로 감소한다. 이것은 이 두 카테고리에서는 계장이나 과장으로의 승진 기회의 평등화가 남녀 소득 격차의

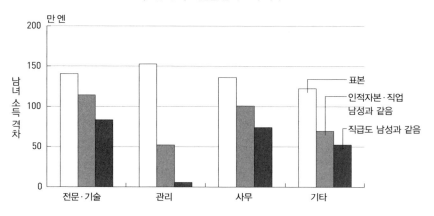

〈그림 4.10〉 직업별 남녀 소득 격차

열쇠인 것을 나타낸다. 한편, 단기대학·고등전문학교졸이나 고졸에
서는 연령과 근속 연수뿐만 아니라 여성의 직급이 남성과 같아져도
비교적 큰 남녀 소득 격차가 남는다. 이 동일 직급 내의 남녀 소득 격
차는 고졸의 경우 특히 크다.

4.6.3 직업별 남녀 소득 격차

〈그림 4.10〉은 직업별 남녀 소득 격차에 대해서, 표본에서의 차이
와 인적자본이 남녀로 같아졌을 경우, 그리고 직급도 같아졌을 경우
의 각 직업 내 격차의 변화에 대해서 분석하고 있다. 그림은 그 두 조
건으로 남녀가 동등해졌을 경우에 남는 격차가 직업에 의해 현저하
게 다른 것을 나타내고 있다. 주된 차이는 '관리직', '전문·기술', '사
무직'과의 차이이다. 관리직에서는 인적자본 및 직급의 동등화가 남
녀 소득 격차를 크게 감소시킴을 기대할 수 있는 것이 나타나고 있다.
관리직이 될지 안 될지에 따른 차이의 영향은 별도로 하고, 일단 관리
직이 되면 인적자본이 비교적 평등하게 남녀 소득에 영향을 미치고,

현재 관리직인 남녀의 소득 격차는 학력, 연령, 근속 연수의 차이에 의한 것을 알 수 있다.

한편, 여성이 대다수인 사무직에 대해서 관리직에 비해 인적자본의 남녀 동등화도 직급의 동등화도 남녀 소득 격차를 그다지 감소시키지 않는다. 인적자본의 남녀 차이의 영향에 대해서는 '기타' 직업보다도 적고, 같은 직장에서 계속 일하는 것이 격차 해소로 이어지는 정도가 적은 것을 시사하고 있다. 이것은 남성 사무직에 비해 여성 사무직에서는 연령이나 근속 연수의 길이에 대한 소득의 대가가 낮은 것을 의미한다. 간접적이지만, 여성 사무직의 대부분은 이른바 '일반직'이며, 그녀들의 연공 임금 프리미엄의 낮음이 주된 원인이라는 해석과 조정적이다. 게다가 사무직은 관리직과 비교해 직급이 남녀로 동등해져도 격차가 별로 줄어들지 않는 것을 나타내고 있다. 이것은 〈표 4.3〉으로 본 결과가 인적자본을 통제해도 성립하는 것을 의미하고 가설 5를 지지한다.

또 전문·기술직에 대해서도 인적자본이나 직급이 같아도 남녀 격차가 감소하는 정도는 사무직과 동일하게 적다. 이것은 제3장에서 분석한 바와 같이 여성의 전문직이 휴먼 서비스계에 치우치고, 또 휴먼 서비스계 전문직 간에는 큰 남녀 임금 격차가 존재하는 것에 따른 것이라고 생각된다. 또 이 결과는 가설 6을 지지한다. 제3장에서도 논의했지만, 이 사실은 앞으로 여성의 새로운 고학력화에 의해 전문직 비율이 늘어나도 남녀 임금 격차의 해소에 별로 공헌하지 않을 것을 시사한다.

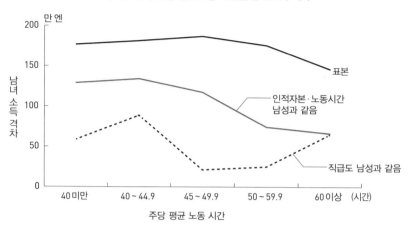

〈그림 4.11〉 주당 평균 노동 시간별 남녀 소득 격차

만 엔

남녀 소득 격차

표본

인적자본·노동시간
남성과 같음

직급도 남성과 같음

40 미만　40 ~ 44.9　45 ~ 49.9　50 ~ 59.9　60 이상　(시간)

주당 평균 노동 시간

4.6.4 주당 평균 노동 시간별 남녀 소득 격차

〈그림 4.11〉은 주당 평균 노동 시간 구분별과 동일한 분석을 실시하고 있다. 먼저 표본에서는, 주당 60시간 이상 일하는 노동자 간에는 다소 격차가 적고, 나머지는 일률적이라는 인상을 주지만 실제는 성별과 노동 시간의 상호작용 효과는 전혀 유의미하지 않다. 남녀 격차는 일률적인 것이다. 그러나 여성의 인적자본이 남성과 동등해지는 상태에서는 노동 시간에 의해 격차의 정도에 유의미한 차이가 생긴다. 노동 시간 50시간 이상의 그룹에서는 남녀 소득 격차가 유의미하게 적어지는 것이다. 또 노동 시간 60시간 이상의 그룹에서는 여성 사무직이 줄어들고 관리직이 많아지는 것에 의해 직급이 더욱 남녀가 동등해져도 격차는 별로 개선되지 않는 것을 나타내고 있다.

4.6.5 직급별 남녀 소득 격차

〈그림 4.12〉는 직급별 남녀 소득 격차에 대해서, 표본의 차이와 여

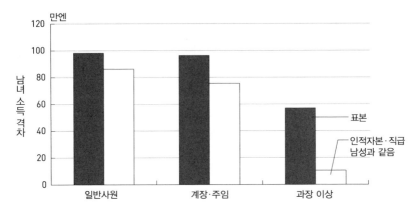

〈그림 4.12〉 직급별 남녀 소득 격차

만엔

남녀 소득 격차

120

100

80

60

40

20

0

일반사원　계장·주임　과장 이상

표본

인적자본·직급
남성과 같음

성의 인적자본 및 직급 모두 남성과 동등해졌을 경우의 격차에 대해서 나타내고 있다. 직급별로 차이를 보고 있으므로 실제는 인적자본에 대해서 여성이 남성과 동등해졌을 경우의 변화이다. 그림을 보아서 명확하듯이 격차는 과장 이상에서 원래 다른 직급보다 작을 뿐만 아니라 인적자본(연령, 학력, 근속 연수)이 남녀로 동등화되면 남녀 소득 격차는 지극히 작아진다. 한편, 일반사원이나 계장·주임에서는 그렇지 않다. 즉, 과장 이상의 경우 인적자본의 남녀 차이가 없어지면 남녀 소득 격차는 작아지는 것을 기대할 수 있지만, 계장·주임 이하의 경우에서는 인적자본이 남녀로 동등해져도 차이는 남는 것을 의미한다.

　일본에서는 관리직이 장시간 노동과 결부되는 관행이 존재하기 때문에 가정과의 역할 양립을 생각하는 여성은 관리직을 피하는 경향도 보인다. 하지만 과장 이상의 관리직이 되면 시간 관리에 자유 재량도가 늘어난다는 장점뿐만 아니라 학력이나 근속 연수가 같다면 남성과 거의 동등하게 취급된다는 장점도 크다. 무엇보다도 과장 이상의 지위를 얻는 여성은 남성보다 훨씬 적으므로 과장 이상인 여성의 능력과 생산성이 남성보다 높고, 그 점에서 인적자본의 차이가 없으면 소득 차이가 없어지는 것일지도 모른다. 그러나 일반사원뿐만 아니라 계장·주임 직급에서도 인적자본의 동등화가 남녀 격차의 큰 감소를 수반하지 않는 것은 역시 직무의 배치나, 거기에 따르는 연공 임금 프리미엄의 차이를 통해서 같은 근속 연수나 직급에서도 소득 격차가 남는 것이 주원인일 것이다.

4.7 결론과 논의

제4장에서 제시한 가설은 모두 분석 결과와 조정하는 것이 밝혀졌지만 이 내용을 여기서 반복하지 않는다. 이번 장의 최대 발견은 화이트칼라 정사원의 남녀 소득 격차는 학력, 연령, 근속 연수의 세 변수, 직급 및 직업의 두 변수를 합친 다섯 변수로 그 4분의 3 이상(〈표 4.4〉의 M10 설명도가 76%)이 설명된다는 사실이다. 뭔가 모르는 요소로 차이가 나고 있는 것이 아니라 명확히 측정할 수 있는 차이로 생기고 있으므로 개선을 위한 지침이 된다. 큰 내역은 인적자본 세 변수로 격차를 35% 설명하고(〈표 4.4〉의 M5 설명도), 인적자본의 설명과 겹치는 부분을 제외해서 직급과 직업으로 독자적으로 추가의 41%를 설명한다.

인적자본에 대해서는 일본에 여전히 남는 남녀의 대졸 학력 차이에 더해 육아 이직률과 육아 이직 후 정규 노동자로의 낮은 재고용률에서 오는 남성 정규 노동자에 비해 적은 여성 정규 고용자의 연령 및 근속 연수의 상대적 적음이 원인이다. 아울러 후자에 대해서는 일본에서 연공 임금이 여전히 강하게 남아 있는 것에도 관계되고, 일본의 고용제도에서 임금제도의 결과이기도 한다.

하지만 이번 장은 화이트칼라 정규 고용의 남녀 소득 격차가 인적 자본 이상으로 직급과 직업의 남녀 차이에 의해 생기는 것을 나타냈다. 특히 직급 격차는 인적자본을 통제한 후의 격차를 36%(〈표 4.4〉의 M8 결과), 직업과 겹치는 부분을 더 통제해도 23%의 격차를 단독으로 설명하고, 남녀 소득 격차의 최대 요인이 되고 있다. 또 특히 40세 이후의 남녀 임금 격차가 연령과 함께 증대하는 경향은 거의 100% 남녀 직급 격차가 연령과 함께 증대함으로 인해 생기는 것을 나타냈다. 따라서 남녀 임금 격차의 최대 문제는 정규 노동자의 남녀 가운데 인적자본이 같아도 존재하는 승진율의 남녀 불평등이다. 이번 장의 제2장에서 과장 이상 비율의 남녀 격차도 남녀 인적자본의 차이로 불과 21% 밖에 설명할 수 없는 것을 나타냈지만, 관리직 남성의 우선적 등용 관행이 일본의 많은 기업에 존재하고, 그것이 여성에 대한 통계적 차별에 의한 것이든, '스테레오타입에 의한 직업으로의 배치'에 의한 간접차별이든, 혹은 일본의 관리직은 장시간 노동을 습관으로 하고 여성에게 부담이 큰 가정의 역할과의 양립이 어렵다는 이유든, 인적자본이 동등한 남녀에게 동등한 승진 기회가 주어지는 사회의 실현 없이는 남녀 임금 격차는 크게 좁아질 일은 없는 것을 나타낸다.

인적자본과 직급의 남녀 차이 이외로는 화이트칼라 정사원 가운데 여성의 대부분이 사무직이라는 점이 남녀 소득 격차를 해소하는 데 큰 장애요소로 작용한다. 이에 대해 다음 세 가지 이유를 제시할 수 있다. 이들은 각각 독립적인 문제가 아니라 서로 얽혀있다.

첫째, 사무직에서는 인적자본의 남녀 차이의 해소가 남녀 소득 해소에 별로 결부되지 않는다. 많은 여성이 일반직으로서 연공 임금 프리미엄이 작은 직무에 배속되는 결과, 근속 연수가 연장되어도 격차가 별로 줄어들지 않는 것이 원인으로 생각된다.

둘째, 사무직은 여성 과장 비율이 관리직 이외의 다른 화이트칼라직과 비교해서 현저하게 낮은 직무라는 점이다. 즉 여성 사무직의 대부분은 관리직 승진으로부터 제외되어 있다. 여성 사무직의 대부분은 커리어 우먼의 마지막 직업(dead end job)이 되고 있다.

셋째, 이것은 전문직에도 공통적인 문제이지만, 관리직이나 '기타' 화이트칼라직에 비해 사무직에서는 남성과 인적자본 및 직급이 같아도 남녀 임금 격차가 감소하는 정도가 적다. 남성 사무직과 달리, 여성 사무직이 정규 노동자 가운데 기업의 인건비 삭감의 수단으로 간접차별이 되어 있는 것을 강하게 시사한다. 또 여성 사무직은 '여성'이라는 이유로 한 묶음이 되어, 잠재적으로 남성과 동일하게 다양한 사무 능력을 가지면서도 직무의 배치를 통해서 비교적 간단하고 책임이 작은 일에 배치되어, 임금도 낮게 억제되는 관행이 일본 기업에 여전히 많이 남아있는 결과로 생각된다.

'설명되지 않는 남녀 격차'에 대해서 이번 장은 학력 간에 큰 차이가 있는 것을 나타냈다. 대졸과 직업전문학교졸에서는 인적자본의 남녀 차이에 더해 직급 차이가 없어지면 남녀 임금 격차의 대부분이 제거되는 것에 반해 단기대학·고등전문학교졸이나 고졸자, 특히 고졸자 간에는 인적자본과 직급이 남성과 같아져도 큰 임금 격차가 남는다. 가장 유래 없는 성차별을 받고 있는 것은 고졸 여성이라고 말할 수 있다.

한편, 과장 이상이 되면 남녀 소득 격차의 차이는 학력, 연령, 근속 연수와 같은 인적자본에 의해 생기게 되는 부분이 대부분인 것도 밝혀졌다. 과장 이상에서는 승급 기회는 인적자본이 같다면 거의 동등이 된다. 여성이 '남성과 대등한 대우'를 희망한다면 관리직이 되는 것을 기피하지 않고 오히려 과장 이상의 관리직을 목표로 하는 것이 하나의 수단일 것이다. 물론 현재 일본의 과장 이상 노동자의 유연성이 없는 장시간 노동 관행이 없어지지 않는 한 '목표로 해라'라고 해도 곤란하다. 그러한 관리직 본연의 모습을 개선하는 것이 먼저 필요하다.

| 인용 문헌 |

杉林やよい. 2004.『就業構造基本調査』からみた年間所得の男女間格差の要因分析 –ブリンダー・ワハカ分解手法の限界に留意しながら–'『女性労働研究』46: 83-95.

冨田安信. 1992. '職種を考慮した男女間賃金格差の分析'『大阪府立大学経済研究』37: 101-114.

中田喜文. 1997. '日本における男女賃金格差の要因分析 –同一職種に就く男女労働者間に賃金格差は存在するのか?'中馬宏之・駿河輝和編著『雇用慣行の変化と女性労働』東京大学出版会. 173-199.

樋口美雄. 1991. '女子の学歴別就業経歴と賃金構造'『日本経済と就業構造』東洋経済新報社. 243-303.

星野崇宏. 2009.『調査観察データの統計科学 –因果推論・選択バイアス・データ融合』岩波書店.

山口一男. 2008. '男女の賃金格差解消への道筋 –統計的差別の経済的不合理の理論的・実証的根拠'『日本労働研究雑誌』574: 40-68.

山口一男. 2014.'ホワイトカラー正社員の管理職割合の男女格差の決定要因'『日本労働研究雑誌』648: 17-32.

八代尚宏.1980.'男女間賃金差別の要因について –その合理的解明と対策'

『日本経済研究』, 17-31.

Bang, H. and Robins, J.M. 2005. "Doubly Robust Estimation in Missing Data and Causal Inference Models." *Biometrics* 61: 962-73.

Blinder, A. 1973. "Wage Discrimination: Reduced Form and Structural Estimates." *The Journal of Human Resources* 8: 436-55.

Barsky, R., J. Bound, K.C. Kerwin, and J. P. Lupton. 2002. "Accounting for the Black-White Wealth Gap: A Nonparametric Approach." *Journal of the American Statistical Association* 97: 663-73.

DiNardo, J., N. Fortin, and T. Lemieux 1996. "Labor Market Institution and the Distribution of Wages, 1973-1992: Semiparametric Approach." *Econometrica* 64: 1001-44.

Fortin, N., T. Lemieux, and S. Firpo. 2011. "Decomposition Methods in Economics." pp.1-102 in *Handbook of Labor Economics*, Volume 4a, edited by O. Ashenfelter and D. Card. New York: Elsevier B.V.

Kato, Takao, Daiji Kawaguchi, and Hideo Owan. 2013. "Dynamics of the Gender Gap in the Workplace: An Econometric Case Study of a Large Japanese Firm." RIETI Discussion paper 13-E-038.

Oaxaca, R. 1973. "Male-Female Wage Differentials in Urban Labor Markets." *International Economic Review* 14: 693-709.

부록: 성향점수의 타당성 진단 분석

〈부표 4.1〉은 모델 M5부터 M12까지의 각 모델에서 성향점수의 추정으로 적용한 변수와 성별의 통계적 독립의 검정 결과를 나타내고 있다. 〈부표 4.1〉은 IPT 가중치를 두기 전의 관련의 강함도 카이제곱 값으로 나타내고 있어, 직업과 직급이 가장 강하게 성별과 관련되고,

이어서 학력과 노동 시간의 성별과의 관련이 강하고, 근속 연수는 가장 관련이 약한 것을 나타내고 있다. 또 〈부표 4.1〉의 결과는 근속 연수를 제외하고 각 모델 모두 성별과 독립변수의 통계적 독립을 달성하고 있는 것을 나타내고 있다. 그러나 근속 연수에 대해서는 모델 M8, M9, M11, M12로 IPT 가중치를 둔 후에도 다소 유의미한 관련을 남기고 있다. 덧붙이자면, 이것은 근속 연수와 다른 변수와의 상호작용 때문이 아니다. 근속 연수와 각 변수와의 상호작용 효과는 유의미하지 않고, 또 그것을 성향점수의 추정에 포함시켜도 결과는 변하지 않는다.

독립성을 달성하지 못하는 이유는 근속 연수와 다른 변수와의 조합으로, 남녀로 성향점수의 대응하지 않는 범위가 특정한 근속 연수 카테고리의 범위로 존재한다는 성향점수의 '공통의 서포트 범위'상의 문제로 생각된다. 그러나 이 일부의 치우침은 근속 연수의 설명도가 약한 것도 있어서 다행히 〈부표 4.1〉의 설명할 수 없는 남녀 소득 격차의 추정값의 치우침에는 결부되지 않고 있다고 생각된다.

각 모델에서의 성향점수의 추정에는 성별과 독립변수의 아래와 같은 많은 유의미한 상호작용 효과를 첨가하고 있다.

① 모델 M5-M12의 모든 모델에는 학력과 연령의 상호작용 효과를 더하고 있다. 연령이 높을 만큼 고학력의 여성 비율이 줄어들기 때문이다.

② 직업을 포함한 모델(M6, M9, M10, M12)에는 직업과 학력의 상호작용 효과를 더하고 있다. 예를 들면, 여성은 남성에 비해 사무직이 되는 경향이 크지만, 이 경향은 대졸자나 직업전문학교졸에 비해 단기대학·고등전문학교졸이나 고졸에서 특히 현저하게 보

〈부표 4.1〉 성향점수 가중치 후의 성별과 각 독립변수의 독립성 진단

	성벽과의 독립성의 카이제곱 검정 결과					
	연령	학력	근속 연수	직업	노동 시간	직급
자유도	6	3	7	3	5	2
모델	카이제곱값(P값)					
표본	545.96 (.000)	956.63 (.000)	247.89 (.000)	2,158.60 (.000)	887.55 (.000)	1,937.78 (.000)
M5 : 연령, 학력, 근속 연수	0.21 (1.000)	0.03 (.999)	2.62 (.918)	—	—	—
M6 : M5+(직업)	3.70 (.717)	0.56 (.905)	4.18 (.759)	2.26 (.520)	—	—
M7 : M5+(노동 시간)	5.10 (.531)	0.01 (1.000)	4.66 (.701)	—	1.18 (.946)	—
M8 : M5+(직급)	2.90 (.821)	0.34 (.962)	14.43 (.044)	—	—	0.13 (.935)
M9 : M5+(직업, 노동 시간)	6.10 (.413)	0.35 (.950)	19.8 (.006)	4.40 (.221)	9.00 (.109)	—
M10 : M5+(직업, 직급)	4.15 (.657)	2.20 (.532)	9.27 (.234)	1.31 (.728)	—	0.22 (.897)
M11 : M5+(노동 시간, 직급)	2.47 (.871)	0.08 (.994)	11.11 (.134)		1.13 (.960)	0.07 (.965)
M12 : M5+(직업, 노동 시간, 직급)	5.88 (.437)	1.74 (.629)	20.8 (.004)	1.93 (.588)	3.27 (.659)	0.54 (.764)

이기 때문이다.

③ 직업과 노동 시간을 포함한 모델(M9, M12)에서는 다른 조합에 유의미하지 않지만, 사무직이 40시간 미만 근무를 하는 경향은 여성에게만 강하게 보이므로 사무직과 40시간 미만 근무의 상호 작용 효과를 더하고 있다.

④ 직업과 직급을 모두 포함한 모델(M10, M12)에서는 직업과 직급의 상호작용 효과를 더하고 있다. 이것은 〈표 4.2〉에서도 본 바와

같이 남성에 비해 여성이 과장 이상이 되는 비율은 사무직으로 특히 낮아지는 등의 경향이 있기 때문이다.

⑤노동 시간을 독립변수에 포함하는 모델(M7, M9, M11, M12)에는 학력과 평균 주당 50시간 이상 노동하고 있는지 여부의 구분의 상호작용 효과를 더하고 있다. 주당 50시간 이상 일하고 있는 사람은 남성과 비교해 여성이 적지만, 단기대학졸업이나 고졸에는 특히 적기 때문이다.

⑥직급을 독립변수에 포함하는 모델(M8, M10, M11, M12)에는 ④에 더해 직급과 학력이나 노동 시간과의 상호작용 효과를 더하고 있다. 전자에 대해서는 여성이 계장이나 과장 이상의 관리직에 오르는 비율은 남성과 비교해 훨씬 낮지만, 그 경향은 대졸보다 대졸 미만의 학력에서 큰 것, 또 후자에 대해서는 40시간 미만 취업의 경향은 여성에게 많지만, 여성 가운데 일반사원에 비해 계장 이상에서는 적은 경향이 있는 것 등에 따른다.

〈부표 4.2〉는 〈표 4.4〉의 모델 가운데 독립변수를 세 개 이상 포함하는 모델 M5부터 M12의 각 모델에 대해서, 열 1로 IPT 가중치를 사용한 '설명할 수 없는' 남녀의 소득 격차를, 열 2로 이중의 로버스트 추정값을 나타내고 있다. 모델 M1부터 M4까지는 성향점수의 추정은 논패러메트릭한 추정이므로 IPT 가중치를 둔 후의 성별과 독립변수의 독립은 완전하므로 두 개의 추정값은 완전히 일치한다. IPT 가중치를 둔 후에 성별의 더미변수만을 독립변수로 하는 회귀 모델의 결과는 열 1의 결과와 완전히 같다. 열 2의 결과는 거기에 성향점수의 추정으로 사용한 독립변수를 회귀식에 더해서 추정한 결과이다. 만약 IPT 가중치가 성별과 독립변수의 통계적 독립을 달성하고 있는 것이

〈**부표 4.2**〉 성향점수의 추정 진단-1 : 이중 로버스트 추정과의 비교

통제변수	'설명할 수 없는 남녀 소득 격차'의 추정값 (표준오차) 표본의 소득 격차=189.7	
	IPT 가중치만에 의한 추정	이중 로버스트 추정 (가중치 + 회귀)
M5 : 연령, 학력, 근속 연수	123.5(4.7)	123.1(4.1)
M6 : M5+(직업)	85.3(5.1)	82.6(4.4)
M7 : M5+(노동 시간)	106.1(4.9)	108.8(4.2)
M8 : M5+(직급)	56.0(5.2)	56.1(4.2)
M9 : M5+(직업, 노동 시간)	74.2(5.2)	75.4(4.4)
M10 : M5+(직업, 직급)	45.8(5.3)	44.9(4.4)
M11 : M5+(노동 시간, 직급)	50.6(5.2)	51.2(4.3)
M12 : M5+(직업, 노동 시간, 직급)	41.7(5.4)	43.6(4.4)

라면, 독립변수를 더해도 결과는 유의미하게 변하지 않을 것이다. 〈부표 4.2〉의 결과는 모든 모델에 대한 두 결과의 높은 일치도를 나타내고 있다.

기업의 워크 라이프 밸런스 추진과
한정정사원제도가 남녀 임금 격차에 미치는 영향

제5장에서는 워크 라이프 밸런스와 유연한 일하는 방식에 관한 특정한 기업 시책이 여성의 임금을 향상시키는 것인지, 그리고 그 결과 남녀 임금 격차를 감소시키는 것인지를 검토한다. 특히 초점을 맞추는 것은 ① 기업이 '성별에 관계없이 사원의 능력 발휘를 추진한다'는 방침(이하 GEO 방침이라고 부른다)을 가지는지에 따른 영향, ② 일과 삶의 균형(WLB)에 대해 기업이 조직적 대처가 있는 것인지, ③ 근무지 한정정사원제도를 가지는 것인지에 대한 영향이다. 분석 데이터는 경제산업연구소에 의한 2009년『일과 삶의 균형(워크 라이프 밸런스)에 관한 국제비교 조사』가운데 일본 기업 조사와 그 기업의 종업원 조사의 링크 데이터이다. 기업 방침이나 시책은 무작위로 할당되는 것이 아니라 선택 편향이 있다. 이번 장에서는 성향점수에 의한 가중치를 사용하고 기업 특성과 종업원 특성에 의한 선택 편향을 통제한다. 또 관찰되지 않는 기업 특성의 영향에 대해서도 고려하여 분석 결과에 대한 인과관계의 해석을 한다. 분석 결과는 아래와 같다.

　① GEO 방침이 있는 경우는 없는 경우에 비해 여성의 임금은 증대

하고 남녀 임금 격차는 감소한다.

②WLB 시책의 유무와 근무지 한정정사원제도의 유무의 영향은 모두 GEO 방침의 유무에 의존한다. 만약 GEO 방침이 있으면 GEO 방침 자체의 영향을 넘어서 여성 임금을 더욱 증대시켜 남녀 임금 격차를 감소시킨다.

③GEO 방침이 없는 경우 근무지 한정정사원제도의 유무는 남녀 임금 격차에 유의미한 영향을 미치지 않으나, WLB 시책만이 있는 경우에는 남녀 임금 격차는 오히려 증대한다.

5.1 서론

제5장에서는 워크 리이프 밸런스(이히 WLB) 추진 및 유연한 일하는 방식에 관한 기업의 특정한 시책이 남녀 임금 격차에 미치는 영향을 분석한다. 야마구치(山口, 2009)는 OECD 국가 가운데 평균적으로 여성의 높은 노동 참가율은 출생률을 내리지만, WLB를 위한 제도의 충실도, 특히 일하는 방식이 유연한 직장의 유무가 여성의 노동 시장 참여율과 상호작용 효과를 가진다는 것을 밝혔다. 추가로, 여성의 노동시장 참여율과 출생률의 부(負)의 관계는 사회의 WLB 달성도가 높으면 사라진다는 것을 밝혔다. 이 분석에서는 각 국간의 출생률 결정에는 관찰되지 않는 고정 효과가 있는 것을 가정하고 인과적 관계를 추정하고 있다. 그러나 일본 WLB에 관한 기업 시책의 결과, 분석에 대해서는 아직 인과적 효과를 추정한 연구는 많지 않다. 예외로 야마모토·마쓰우라(山本·松浦, 2012)는 경제산업성의 기업활동기본조사의 대상 기업에 대한 WLB 시책의 도입과 기업의 생산성 변동의 인과적

관련을 분석했다. 그 결과, 워크 라이프 밸런스 센터의 설치 등의 조직적 WLB 추진이나 플렉스 타임 근무 시책을 도입한 기업이 도입하지 않은 기업에 비해 생산성이 향상된다는 것이 도입 후 몇 년의 시차를 두고 나타났다. 즉, 역인과관계(생산성이 높은 기업이 시책을 도입한다)가 아닌 인과관계(시책 도입이 생산성을 올린다)인 것이 밝혀졌다. 한편, '법적 규정을 능가한 육아휴직제도'는 이미 생산성이 높은 기업이 그 후 도입함으로써 도입 기업과 비도입 기업의 생산성에 차이가 생기고 있으며 역인과관계가 시사되는 결과가 되었다.

한편, 마쓰다(松田, 2016)는 리뷰 논문에서 기업의 WLB 추진이 "기업 실적의 향상이나 동기부여를 올리는 효과는 대부분 확인되지 않고 있다(松田, 2013). WLB 대처는 대부분 경영 체력이 있고 실적이 좋은 기업이 실시하는 경향이 있는 것으로 WLB가 기업 실적을 향상시키는 것이 아니고 실제는 그 반대 관계인 가능성이 높다(268쪽)"고 결론을 내리고 있다. 그러나 마쓰다(松田, 2013)에 의해 언급되어 있는 여러 논문에서는 통계적 인과관계가 분석되어 있지 않고, 대기업 가운데 WLB 시책의 도입이 많은 기업의 실적과 WLB 시책의 유무 간 관계에 선택 편향이 혼재하는 것이 거의 대부분이며, 그것만으로 선택 편향을 제거한 후의 인과효과의 부재를 나타내는 것은 전혀 아니다. 또 상기 야마모토·마쓰우라 논문에 대한 언급도 없다. 이번 장에서도 기업의 종업원 수가 기업의 WLB 시책의 채용율에 영향을 미치는 것을 나타내지만, 문제는 그러한 선택 편향을 제외한 후에 기업의 WLB 추진 시책 등이 기업 및 노동자의 결과에 인과적인 영향을 미치는 것인지에 있다. 가와구치(川口, 2008)는 기업의 WLB 지표가 높을수록 ①근속 연수에 따른 임금 상승율의 남녀 격차가 적은 것과 ②남녀 임금이 모두 높은 것을 나타냈다. ②의 발견은 '경영 체력이 있는 기업'이 WLB 시책을 진척시킨다는 마쓰다松田의 주장과 정합하는 선택 편향이 존재하는 것을 나타내지만, ①의 발견은 그렇지 않다. WLB 시책이, 예를 들면 유능한 여성의 기업 내 경력 향상을 돕는 것이 남녀 임금 상승률의 차이를 좁힐 것인지, 아니면 "여성의 인재 활용을 적극적으로 추진한다"라고 하는 기업의 인사 방침이 한편으로 남녀의 임금 상승률의 차이를 감소시키고, 또 다른 한편으로는 WLB 시책의 추진에 이어지는 외관상의 관련인지는 분명치 않지만, 단순히 '경영 체력이 있는' 기업이 WLB 시책을 추진하므로 생기는 결과가 아니라고 생각된다.

또 현재 미국에서 여성의 활약 추진이 기업 성공에 이어지는지는 분명치 않다. 미국의 경우 일본의 상황과 달리 관리직 여성 비율이 이미 43%이며, 기업 간 여성 관리직 비율의 차이는 주로 여성 활약 추진 시책의 차이가 아니고, 입종 차이 등 다른 이유인 것으로 생각되기 때문에 여성 관리직 비율이 기업 실적과 관계되는 이유는 되지 않는다. 한편, 여성 임원 비율은 대기업에서는 17% 정도로, 흔히 말하는 유리천장 문제가 존재한다. 민간의 맥킨지 보고(McKinsey Reports, 2007; 2008; 2009; 2010; 2012)에서는 기업 임원의 여성 비율과 기업이 실시하는 다양한 퍼포먼스의 척도와의 정正의 상관이 있음을 반복해서 보고하고 있지만, 엄밀한 통계적 인과분석의 결과가 아니다. 한편, WLB 시책이 취업자의 정착율이나 동기부여를 향상시켜 간접적으로 노동생산성을 올린다고 결론한 연구가 몇 가지 있다(예를 들어 Baughman et al., 2003).

다이버시티 경영에 관하여 필자는 야마모토·마쓰우라 연구나 가와구치 연구를 참고로 하여 기업의 조직적인 WLB의 추진이 여성의 임금과 남녀 임금 격차에 미치는 영향을 먼저 분석하기로 했다. 아울러 특히 최근 일본에서 문제가 되고 있는 한정정사원제도의 영향도 분석한다.

한정정사원제도에 대해서 쓰루(鶴, 2014)는 '일하는 방식 개혁'으로 불리는 일본의 고용 제도 개혁의 요점으로 삼고 있다. 이 가운데 특히 직역職域 한정형 정사원은 하마구치(濱口, 2009)가 말하는 종래 일본적 고용 관행의 직무가 명확치 않는 '멤버십형 고용'에 대비하여 직무가 고용 계약으로 명기되는 구미형의 '잡형 고용'과 유사해지고 있다. 쓰루·하마구치의 양자는 모두 한정정사원제도가 여성 활약 추진에 플러스의 영향을 미친다고 생각한다. 한편, 비정규 고용과 종합직에 비해 연공 임금 증대율이 낮은 일반직으로 여성이 치우치는 것과 유사하게 한정 정사원 비율이 남성보다 여성이 상당히 많고, 또 한정 정사원이 되면 임금이 낮아지는 경향을 보이기 때문에 간접적으로 여성 임금을 낮게 고정하는 제도라고 하는 비판도 있다(일본공산당, 2014). 덧붙여, 한정 정사원에게는 정리해고의 가능성이 높아지는 것이 예측된다. 하지만 전술의 쓰루 논문이 논의하는 바와 같이 이것은 어디까지나 한정 정사원이 고정적인 고용 형태가 될 경우이다. 이 점으로 노동자가 한정인지 비한정인지를 선택할 수 있는 제도로 만드는 것이 중요하다. 특히 한정 정사원의 포지션이 없어질 때 이직할지 혹은 한정이 없는 정사원이 될지의 선택 권리가 노동자에게 주어진다면 한정성에 따르는 정리해고의 문제는 사라지게 되고, 단지 노동자에게 일하는 방식의 옵션이 늘어나게 된다.

일반적으로 한정 정사원의 고용 안정은 상기의 선택 제공에 의존하므로 정사원과 동등하지는 않지만 그만큼 구속도 적다. 여성에게는 구속이 적은 일하는 방식을 바라는 사람도 남성보다 많으므로 정리해고 문제는 그것만으로 여성에게 불리한 제도라고 말할 수 없다.

그러나 임금에 대한 영향은 다르다. 이번 장은 그것을 문제로 삼는다. 최근 도다(戶田, 2015)의 연구는 근무지 한정이나 노동 시간 한정 정사원은 한정이 없는 정사원보다 임금이 낮지만 직역 한정은 반드시 그렇지 않다고 보고하고 있다. 쓰루·구메·도다(鶴·久米·戶田, 2016)도 임금은 어느 정도 낮지만, 업무 만족도에 관해서는 별 다름이 없다고 보고하고 있다.

단, 이번 장이 문제로 삼는 것은 한정 정사원이 되면 임금이 내려가게 되는지의 여부가 아니다. 기업에 의한 한정정사원제도의 도입이 여성의 평균 임금의 저하로 이어지는지 혹은 반대로 여성 활약을 펼치면서 여성 평균 임금의 상승에 이어지는지에 있다. 상승 가능성도 있으므로 아래에서 그 이유를 먼저 언급하고 싶다.

후생노동성厚生労働省이 2012년에 공표한 『'다양한 형태에 의한 정사원'에 관한 연구회 보고서』에 의하면 어떤 '다양한 정사원' 제도를 도입하고 있는 기업은 52%이며, 개별 제도에 관해서는 직역 한정 제도가 44%, 근무지 한정 제도가 19%, 노동 시간 한정 제도가 7%이다. 더불어 이 보고에 의하면 '다양한 정사원' 제도를 도입하고 있는 기업의 목적(중복 응답을 인정한 응답) 가운데 비율이 높은 다섯 항목은 다음과 같다. ①'우수한 인재를 확보하기 위해서(43.3%)', ②'종업원의 정착을 도모하기 위해서(38.5%)', ③'워크 라이프 밸런스의 지원을 위해서(23.7%)', ④'임금의 절약을 위해서(18.1%)', ⑤'임금 이외의 노무비용 절약을 위해서(9.4%)'이다.

그 가운데 앞 세 가지 이유는 여성 활약 추진에 적극적인 효과를 미치는 것을 기대할 수 있는 반면, 네 번째와 다섯 번째 이유는 한정 정사원의 임금을 낮춘다. 또 후술하는 바와 같이 정사원 중 여성의 한정 정사원 비율이 남성보다 높은 것을 생각하면, 여성에 대한 간접차별이 될 수도 있음을 나타낸다. 그러나 네 번째와 다섯 번째의 이유를 든 기업은 상대적으로 적다. 야마구치(山口, 2011)는 경제산업연구소의 기업 조사 데이터를 분석하고 WLB 추진을 인재 활용의 수단으로서 실행하고 있는지 혹은 노동자의 복리후생 시책으로서 실행하고 있는지에 따라 생산성 향상의 영향은 달라진다고 결론을 내리고 있다. 그 대폭적인 개정판인 이 책의 제6장의 분석도 같은 결과가 나타나고 있지만, 한정정사원제도도 동일하게 기업이 인재 활용의 수단으로서 채용하고 있는지 혹은 인건비 삭감의 제도로서 채용하고 있는지에 따라 결과는 다를 것이다. 특히 가장 비율이 높은 이유인 '우수한 인재를 확보하는' 것이 한정정사원제도를 도입함으로써 달성되고, 그 확보된 인재의 다수가 여성이면 한정정사원제도의 이용이 여성 이용자의 임금을 어느 정도 낮춰도 기업 전체로서는 보다 우수한 여성 인재를 확보할 수 있기 때문에 여성 임금이 증대하는 것이 충분히 가능하다. 이번 장에서는 이 유무를 검증한다.

상기의 후생노동성 조사는 기업을 대상으로 하는 것이지만, 노동자 측에서 본 한정정사원제도의 특성에 대해서는 도다(戶田, 2015)의 연구가 참고가 된다. 리크루트웍스연구소의 2012년 『워킹 퍼슨 조사』(도쿄東京, 지바千葉, 사이타마埼玉, 가나가와神奈川의 18~59세 취업자 대상)의 데이터에 기초한 도다의 분석 결과에서는 한정 정사원인 노동자 가운데 근무지 한정이 77%로 가장 많고, 이어서 직역 한정이 52%, 시간 한정이 20%로 비교적 적어지고 있다. 합계가 100%로 되지 않은 것은 복수의 카테고리에 해당하는 노동자가 있기 때문이다. 상기 후생노동성의 기업 대상 조사 결과에서 직역 한정 사원 제도를 가지는 기업이 가장 많고 다음으로 근무지 한정 사원 제도가 잇따르는 것에 반해 이 노동자 대상의 리크루트 조사에 의하면 제도의 이용자 수에서 순위가 역전되고, 근무지 한정이 가장 빈도가 높고 직역 한정이 두 번째로 되어 있다. 하지만 후생노동성 조사는 전국 조사이고, 리크루트웍스연구소의 조사는 수도권 조사이므로 모집단의 차이도 영향을 미치는 것에 유의하기 때문에 향후 검증이 필요하다.

도다 논문(戶田, 2015)의 〈표 2〉의 결과를 기반으로 필자가 남녀별 한정 정사원 비율을 계산한 결과 남녀별 전체 노동자 가운데 한정 정사원은 남성이 25.6%, 여성이 22.8%로 오히려 남성이 많고, 또 이 결과는 적어도 수도권에서는 한정정사원제도가 남녀 모두에게 일정 정도 보급되어 있음을 나타낸다. 다음으로 도다戶田 논문의 같은 표에서 남녀별 정규 노동자에 한하여 한정 정사원 비율을 계산한 결과, 남성 29.5%, 여성 48.9%로 여성의 비율이 남성을 크게 상회하였다. 즉 전체 노동자 가운데 한정 정사원 비율에서 여성이 남성보다 적은 것은 정규 노동자 비율 자체가 47%로 남성의 정규 노동자 비율의 87%에 비해 훨씬 작기 때문이고 정사원에 한해서는 한정 정사원 비율이 여성에게 훨씬 많아진다.

이상을 근거로 이번 장에서는 ① 기업이 추진 센터 등의 WLB 추진을 위한 담당부서를 마련해 노동자의 WLB를 적극적으로 추진하고 있는지의 여부와 ② 기업이 근무지 한정정사원제도를 가지고 있는지의 여부에 대해서 여성의 평균 임금과 남녀 임금 격차 간의 인과관계를 문제로 삼는다. 단, 패널조사 분석이 아니기 때문에 '관찰되지 않는 교락요인'에 의한 선택 편향은 배제할 수 없다. 하지만 관찰되는 요인의 통제에는 가장 가정이 약한 세미 패러메트릭한 통계 수법을 사용한다. 또 인과의 해석에 대해서는 뒤에서 설명하겠지만 관찰되지 않는 교락요인에 의한 선택 편향에 관해 후술의 일정한 가정을 두고, 그 경우에도 성립되는 경우에만 인과효과가 있다고 판단하기로 했다.

5.2 가설과 인과추론상의 가정

　이번 장에서는 아래의 가설을 검증한다. 또 이번에 분석하는 경제산업연구소의 2009년 조사 데이터는 기업이 근무지 한정정사원제도를 가지는지의 여부를 묻고 있지만, 직역 한정과 근무 시간 한정에 대해서는 묻지 않고 있다. 따라서 아래의 가설은 근무지 한정정사원제도에 한한 것이다. 직역 한정 정사원이나 시간 한정 정사원에 대해서도 같은 가설이 성립하는 것인지는 향후의 연구 과제이다. 모집단은 종업원 100 이상인 기업의 화이트칼라 정사원이다.

　기업에 의한 조직적인 WLB 추진에 대한 대처와 근무지 한정정사원제도가 여성 활약을 추진함으로서 여성의 임금을 증대시키고, 또 그 결과 남녀 임금 격차를 감소시키기 위해서는 시책이 성별에 따르지 않는 인재 활용에 노력하는 기업 방침으로 채용되었는지 혹은 다른 목적이었는지의 모두에 의존한다고 생각된다. 그러므로 아래의 가설을 검증한다.

　또 기업이 "성별에 관계없이 사원의 능력 발휘를 추진한다"는 인사관리 방침(이하 GEO^{Gender Equality of Opportunity} 방침이라고 부른다)을 가지는지 가지지 않는지는 다음과 같이 정의한다. 기업 조사표의 "귀사의 인사관리 방침에 대해서 여쭤 보겠습니다"라는 항목 가운데 "아래의 항목에 대해서 동업 타사와 비교하여 어느 정도 중시하고 있습니까?"라는 일련의 항목이 있고 그 중에서 "성별에 관계없이 사원의 능력 발휘를 추진하는 것"이라는 질문에 대하여 "중시하고 있다" 혹은 "다소 중시하고 있다"라고 대답한 기업을 GEO 방침을 가지는 기업, "어느 쪽이라고 말할 수 없다", "별로 중시하고 있지 않다" 혹우 "중시하지 않고 있다"라고 대답한 기업을 GEO 방침을 가지지 않는 기업으로 했다.

가설 1: 기업이 GEO 방침을 가지는 것은 Ⓐ여성의 평균 임금을 유의미하게 증대시켜 Ⓑ남녀 임금 격차를 유의미하게 감소시킨다.

가설 2: GEO 방침이 있는 기업에서는, 기업이 워크 라이프 밸런스 추친을 위한 조직적 대처를 가지는 것이 GEO 방침 자체의 영향을 넘어서 Ⓐ여성의 평균 임금을 유의미하게 증대시켜 Ⓑ남녀 임금 격차를 유의미하게 감소시킨다.

가설 3: GEO 방침이 있는 기업에서는, 기업이 근무지 한정정사원 제도를 가지는 것이 GEO 방침 자체의 영향을 넘어서 Ⓐ여성의 평균 임금을 유의미하게 증대시켜 Ⓑ남녀 임금 격차를 유의미하게 감소시킨다.

이 세 가설을 검토하기 위한 분석에는 회귀식을 사용하지 않고 세미 패러메트릭한 인과분석법인 성향점수에 의한 처리의 역확률(IPT: Inverse Probability of Treatment)의 가중치를 사용하고 교락요인을 통제한다. 여기서 교락요인이란 기업 특성 혹은 종업원 특성으로 개인 임금에 영향을 미치고, 기업 방침 및 시책에도 영향을 미치는 변수이다. 그러나 이번 장의 분석은 패널조사 분석이 아니므로 '관찰되지 않는 교락요인'은 배제할 수 없다. 특히 문제가 되는 것은 관찰되지 않는 기업 특성이며, 이것이 한편으로 기업의 인사 방침이나 시책에 영향을 미치고, 또 다른 한편으로 정규 노동자의 평균 임금에 영향을 미치고 있을지도 모른다. 따라서 가설 1, 2, 3의 검정 결과를 인과관계에 결부시키기 위해서 아래의 가정을 둔다.

인과해석상의 가정: 관찰되지 않는 기업 특성은 정규 노동자의 평균 임금에 영향을 미쳐도 남녀 임금 격차에는 영향을 미치지 않는다.

이 가정은 GEO 방침이나 기업 시책에 영향을 미치는 관찰되지 않는 기업 변수 U가 있는 경우, 이 변수 U가 임금에 영향을 미친다고 해도 임금에 대한 노동자 성별과의 상호작용 효과는 없다는 가정이다. 이 가정이 성립하지 않는다면, 그것은 임금에 대한 여성차별적인 관찰되지 않는 기업 특성이 특정한 시책의 유무에도 영향을 미치고 있는 경우이지만, 이번 연구에서는 관찰되는 GEO 방침의 변수가 여성에 대하여 차별적인지를 상당한 정도로 선별하고 있다고 하는 가정을 세웠다. 이 점에 관하여 관찰된 GEO 변수로 충분히 선별할 수 없는 경우, 상기의 관찰되지 않는 기업의 이질성에 관한 가정이 성립하지 않을 가능성이 남는다. 하지만 처음에 소개한 마쓰다松田의 논의와 같이 통상의 역인과가설은 "경영 체력이 있는 기업이 WLB 시책을 도입하고 있다" 등으로 하는 것이므로 '관찰되지 않는 경영 체력'을 U로 한다면, 이 가설은 상기의 '인과해석상의 가정'이 상정하는 것과 모순되지 않는다. 또 후술하는 WLB 시책의 영향은 관찰되지 않는 기업 특성이 여성 차별적인 형질을 갖추고 있다고 하는 대립적 가정과는 분명히 모순된다.

이 '인과해석상의 가정' 아래에서는, 가설 1, 2, 3의 각각에 대해서 ①Ⓐ와 Ⓑ가 같은 정도로 성립되면 Ⓐ도 Ⓑ도 인과적 효과로 보는 해석, ②Ⓐ도 Ⓑ도 유의미하지만 Ⓐ의 효과가 Ⓑ의 효과보다 클 경우는 Ⓑ는 인과효과이지만 Ⓐ의 인과효과로 관찰되지 않는 기업 특성에 의한 선택 편향이 혼재한 것으로 보는 해석, ③Ⓐ만이 성립되어 Ⓑ가 성립되지 않은 경우는 Ⓐ를 관찰되지 않는 기업 특성에 의한 선택 편향으로 보는 해석으로 이어진다.

5.3 데이터 및 변수

분석에는 경제산업연구소의 2009년 『일과 삶의 균형(워크·라이프·밸런스)에 관한 국제비교 조사』 가운데 일본의 기업 조사와 종업원 조사를 링크한 데이터를 사용한다. 분석 모집단은 종업원 100명 이상인 기업에 근무하는 23~59세 화이트칼라 정사원인 남녀이다. 연령을 23~59세에 한정한 것은 학생이나 정년 퇴임자가 제외되는 것에 의한 연령에 따른 노동자의 표본 선택 편향을 적게 하기 위해서이다. 또 상기 모집단에 대응하는 표본 중 개인 소득과 GEO 방침에 대해서 어느 한쪽이 '미상'인 경우를 제외한 1,654개 기업, 7,753명의 종업원 데이터를 사용한다. WLB 추진의 조직적 대처가 있는지 그리고 근무지 한정정사원제도가 있는지에 관한 질문은 모두 기업 조사 항목이지만, 응답이 '미상'인 경우 표본을 제외하지 않고 '없음'으로 통합했다.

이번 장에서 분석하는 것은 남녀 임금 격차에 대한 영향이다. 상기 조사에서는 개인 임금을 직접 조사하지 않고 있지만 취업에 의한 개인 소득이 조사되어 있다. 그러나 노동자의 주당 노동 시간을 함께 조사하고 있으므로 이번 장에서는 노동 시간을 통제한 개인 소득의 대수를 사용하므로 임금에 대한 영향을 보기로 했다. 대수를 적용하는 것은 소득의 회귀분석에서는 통상 사용되지만, 본 분석에서 실시하는 결과의 회귀식을 가정하지 않는 세미 패러메트릭한 추정으로는 본래는 필요 없는 작업이다. 그러나 이번 장에서는 노동 시간을 회귀식으로 통제한 임금에 대한 성별과 시책과의 상호작용 효과를 검증하고 있으며, IPT 가중치를 둔 후의 시책 유무에 의한 차이만을 검증하고 있는 것은 아니다. 그렇기 때문에 종속변수를 일관해서 소득의 대수로 하였다. 대수를 적용하는 것은 IPT 가중치를 둔 후에 회귀식을 적용시키는 이중 로버스트 추정(Bang and Robins, 2005; 星野, 2009)에 의한 성향점수의 진단상에도 편리하다.

〈표 5.1〉 주된 변수의 기술통계(기업 조사 결과: 표본 수 1654)

		비율(%)
GEO 방침 있음		64.9
WLB의 조직적 추진 있음	전체	22.4
	GEO 있음	26.5
	GEO 없음	14.7
근무지 한정정사원제도 있음	전체	11.7
	GEO 있음	12.9
	GEO 없음	9.3

주된 처리변수는 GEO 방침의 유무, WLB의 조직적 대처의 유무, 근무지 한정정사원제도의 유무이다. 〈표 5.1〉은 이 변수들에 관한 기업 조사의 기술통계 결과이다. 실태는 어떻든가에 약 65%의 기업이 성별에 관계없이 사원의 능력 발휘에 노력하고 있다고 생각하는 것을 알 수 있다. 한편, WLB의 조직적 추진이나 근무지 한정정사원제도, 특히 후자는 조사 시점(2009년)에서는 아직 많이 보급되어 있지 않으며, 둘 다 모두 GEO 방침과는 정正으로 상관하지만, GEO 방침이 없는 기업에서도 적잖이 존재하고 있는 것을 나타낸다.

교락요인이 될 가능성이 있는 통제변수는 아래의 9변수를 사용했다. 기업 특성에 대해서는 아래의 3변수이다. ①여성 정사원 수(0~29, 30~49, 50~99, 100~299, 300이상, 미상의 6구분), ②종업원 규모(100~299, 300~499, 500~999, 1000이상의 4구분), ③업종(제조업, 도매·소매업, 기타의 3구분). 또한 종업원 규모에 대해서도 '미상'이 존재하지만, 이 카테고리는 여성 정사원 수의 미상과 완전히 일치하고, 둘 다 독립의 효과를 가지지 않으므로 종업원 규모의 '미상'을 이 변수의 최대 카테고리인 '종업원 100~299명'과 합병했다. 한편, 종업원 규모에 미상 카테고리를 마련하고 여성 정사원 수의 미상을 만약 0~29명의 카테고리와 합병해도 성향점수의 추정값은 완전히 같아진다. 또 기업 특성에 대해서 경제 성장이 멈춘 1990년대 이후에 설립한 기업은 다른 경영 전략을 가지는 것이 생각되지만, 해당하는 기업 표본 수가 많지 않으므로 이 구별을 분석에 포함시키는 것은 단념했다.

종업원의 특성에 대해서는 아래의 6변수이다. ①연령(23~29, 30~34, 35~39, 40~44, 45~49, 50~54, 55~59의 7구분), ②학력(대졸, 단기대학·고등전문학교졸, 직업전문학교졸, 고졸 이하의 4구분), ③현재의 직장 근속 연수(5년 새김으로 7구분 및 '미상'의 8구분), ④주당 노동 시간(40시간 미만, 40시간 이상 45시간 미만, 45시간 이상 50시간 미만, 50시간 이상 60시간 미만, 60시간 이상, 미상의 6구분), ⑤유배우·무배우별 2구분, ⑥성별 2구분이다. 한편, 모든 변수를 카테고리화한 것은 성향점수의 추정에서 간격척도 변수의 선형 효과를 가정하면 성향점수가 정확하게 추정되지 않고, IPT 가중치를 둔 후의 처리 변수와 통제변수의 통계적 독립을 달성하기 어렵기 때문이다.

5.4 분석 방법

이번 장에서는 관찰되지 않는 교락요인이 존재하지 않음을 의미하는 '강하게 무시할 수 있는 비율'(星野, 2009)의 가정 아래, 결과에 대한 예측 방정식을 전혀 가정하지 않는 세미 패러메트릭한 성향점수에 의해 가중시키는 방법으로 관찰되는 교락요인에 따른 선택 편향을 제거한다.

기업의 시책 결과 Y인 개인 소득에 대한 영향은 두 종류의 관찰되는 교락요인에 의한 편향이 존재한다. 하나는 종업원 규모나 종업 등의 기업 특성이다. 종업원 규모나 기업에 따라 기업 시책의 채용 비율이 다른 한편, 평균 임금도 다르다. 대기업일수록 WLB 시책을 도입하고 평균 임금이 높으면 종업원 규모는 교락요인이 된다. 또 하나는 종업원의 개인 속성이다. 만약 학력이 높은 노동자가 많은 기업일수록 WLB 시책을 도입한다면, 학력이 높은 개인은 평균 소득이 높으므로 개인의 학력은 교락요인이 된다. 전 절에서 설명한 바와 같이 이번 장은 3개의 기업 특성과 6개의 종업원 특성을 통제변수 V에 포함한다. 아래의 〈그림 5.1〉은 인과적인 영향 도식이다.

루빈[Rubin(1985), Morgan and Winship(2007), 星野(2009)를 참조]이 나타낸 바와 같이 V_1이나 V_2 분포가 처리변수 Z의 분포와 독립이 가능하다면, 〈그림 5.1〉의 점선 부분의 영향을 제거할 수 있고, 교락요인에 의한 편향을 포함하지 않는 기업 시책의 결과 Y에 대한 영향을 측정할 수 있다. 그 독립은 시책이 있는 기업에서 일하는 노동자 (Z=1)와 없는 기업에서 일하는 노동자 (Z=0)의 V의 조건부 분포에 관하여 각각 아래의 가중치 $\omega_1(\mathbf{v})$와 $\omega_0(\mathbf{v})$를 두면 Z=1의 V 분포 $P(\mathbf{v}|Z=1)$과 Z=0의 V 분포 $P(\mathbf{v}|Z=0)$가 모두 전체 분포 $P(\mathbf{v})$로 변

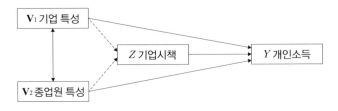

〈그림 5.1〉 인과도식과 교락요인의 제거

환되는 것이 되므로 독립이 달성된다.

$$\omega_1(\mathbf{v}) = \frac{P(\mathbf{v})}{P(\mathbf{v}|Z=1)} = \frac{P(Z=1)}{P(Z=1|\mathbf{v})} \qquad \cdots\cdots \langle 식 5.1 \rangle$$

$$\omega_0(\mathbf{v}) = \frac{P(\mathbf{v})}{P(\mathbf{v}|Z=0)} = \frac{P(Z=0)}{P(Z=0|\mathbf{v})} \qquad \cdots\cdots \langle 식 5.2 \rangle$$

이번에는 가설 1의 섬성에는 처리변수 Z의 GEO 유무의 두 값을 적용하지만, 가설 2과 3의 검정에는 처리변수 Z가 GEO 방침과 각 시책의 조합이 되므로 네 값이 된다. 따라서 그 경우 로지스틱 회귀식이 아닌 다항 로지스틱 회귀식을 사용하고 IPT 가중치도

$$\omega_j(\mathbf{v}) = \frac{P(\mathbf{v})}{P(\mathbf{v}|Z=j)} = \frac{P(Z=j)}{P(Z=j|\mathbf{v})}, j=0,1,2,3 \qquad \cdots\cdots \langle 식 5.3 \rangle$$

의 네 가지가 된다.

단, 이 사실은 어디까지나 이론상인 것으로 실제로는 $P(Z|\mathbf{v})$의 추정에 사용한 로지스틱 회귀나 다항 로지스틱 회귀의 식이 정확하지 않으면 Z와 $\mathbf{V}$의 통계적 독립은 달성할 수 없다. 따라서 성향점수 $(P(Z|\mathbf{v}))$가 정확히 추정되어 있는 것을 간접적으로 확인하기 위해 아래의 두 가지 확인을 진행하였다. ①IPT 가중치를 둔 후의 Z와 각

통제변수와의 통계적 독립성의 확인, ②이중 로버스트 추정값(Bang and Robins, 2005; 星野, 2009)과의 일치의 확인이다. ①의 조건은 몇 가지의 상호작용 효과를 성향점수 추정에 포함시키는 것으로 만족시켰다. 이 결과는 5.5.1절에서 제시한다. 후자에 대해서는 만약 IPT 가중치를 부여한 표본으로 Z와 V가 통계적으로 독립이 된다면, Y의 추정에 Z만을 사용해도 혹은 Z와 V의 양쪽을 사용해도 Z의 Y에 대한 효과는 영향을 받지 않다는 논리에 근거한다. 따라서 가중치를 부여한 데이터의 회귀분석으로 V를 독립변수에 추가한 경우에 Z의 영향이 변한다면, 그것은 Z와 V가 통계적으로 독립이 되지 않고 있음을 나타낸다. 실제로는 통계적 독립은 유의미하지 않은 랜덤한 혼란을 허용하므로 Z의 계수는 완전히 일치하지 않으나 거의 같은 계수를 얻는 것인지를 점검하여 타당성을 확인한다. 이 결과에 대한 자세한 내용은 할애한다.

5.5 분석 결과

5.5.1 IPT 가중 후의 처리변수 및 통제변수의 통계적 독립 검정에 대해서

아래에서 ①GEO 방침 유무의 영향, ②GEO 방침 유무와 WLB에 대한 조직적 추진의 유무에 따른 조합의 영향, 그리고 ③GEO 방침 유무와 근무지 한정정사원제도의 유무의 조합에 따른 영향에 대해서 분석한다. 분석에 앞서 각각의 경우에 두 값 혹은 네 값을 취하는 처리변수와 각 통제변수가 IPT 가중치를 둔 후에 통계적으로 독립이 되어 있는지 확인할 필요가 있다. 〈표 5.2〉는 상기의 ①부터 ③의 각 분석의 IPT 가중 전후에 대한 처리변수와 각 통제변수의 독립성을 검정한 결과이다. 아울러 표 각주에 각각의 경우에 성향점수 추정에 유의미한 영향을 미치므로 성향점수 추정 회귀식에 포함시켜야 하는 통제변수를 기술하고 있다. 또 독립성의 테스트는 9개의 통제변수가 성향점수 추정 모델에 포함되는 것인지의 여부에 관계없이 실시하고 있다.

〈표 5.2〉의 결과는 각 분석에 관하여 IPT 가중치를 두기 전에는 몇 가지의 통제변수는 처리변수와 상당히 강한 관련을 가지고 있지만, IPT 가중치를 둔 후에는 모두 관련이 유의미하지 않게 되어 처리변수와 각 통제변수와의 독립성이 달성된 것을 나타낸다.

〈표 5.2〉 IPT 가중 후의 처리변수와 통제변수의 통계적 독립의 검정

| 통제변수 | 분석 1 : GEM 방침의 유무[1] | | | | | |
| | IPT 가중 전 | | | IPT 가중 후 | | |
	카이제곱 값	자유도	유의두	카이제곱 값	자유도	유의도
종업원 규모	47.56	3	0.000	0.01	3	1.000
여성 정사원 수	129.31	5	0.000	0.14	5	1.000
업종	16.88	2	0.000	0.56	2	0.756
연령	10.92	6	0.091	10.53	6	0.104
학력	8.52	3	0.036	1.66	3	0.643
근속 연수	14.51	7	0.043	11.03	7	0.137
주당 노동 시간	7.96	5	0.161	9.33	5	0.096
유배우·무배우별	0.49	1	0.497	0.78	1	0.377
성별	4.78	1	0.029	1.20	1	0.273

| 통제변수 | 분석 2 : GEO 방침과 WLB 시책의 조합[2] | | | | | |
| | IPT 가중 전 | | | IPT 가중 후 | | |
	카이제곱 값	자유도	유의도	카이제곱 값	자유도	유의도
종업원 규모	464.74	9	0.000	1.82	9	0.994

여성 정사원 수	463.38	15	0.000	4.25	15	0.997
업종	78.53	6	0.000	7.43	6	0.283
연령	37.52	18	0.004	14.57	18	0.691
학력	40.46	9	0.000	13.15	9	0.156
근속 연수	47.14	21	0.001	22.98	21	0.345
주당 노동 시간	20.96	15	0.138	1.08	15	1.000
유배우·무배우별	0.75	3	0.861	1.36	1	0.716
성별	12.01	3	0.007	4.23	3	0.238

	분석 3 : GEO 방침과 한정정사원제도의 조합[3]					
	IPT 가중 전			IPT 가중 후		
통제변수	카이제곱 값	자유도	유의도	카이제곱 값	자유도	유의도
종업원 규모	237.73	9	0.000	4.26	9	0.893
여성 정사원 수	422.50	15	0.000	3.28	15	0.999
업종	88.22	6	0.000	2.65	6	0.852
연령	31.27	18	0.027	23.98	18	0.156
학력	104.97	9	0.000	2.16	9	0.905
근속 연수	34.49	21	0.000	28.55	21	0.125
주당 노동 시간	38.47	15	0.001	7.26	15	0.950
유배우·무배우별	9.69	3	0.021	1.84	3	0.606
성별	8.42	3	0.038	5.68	3	0.128

주1: 분석 1로 성향점수 추정에 포함시킨 것은 (1)종업원 규모, (2)여성 정사원 수, (3)업종의 3변수이다.

주2: 분석 2로 성향점수 추정에 포함시킨 것은 (1)종업원 규모, (2)여성 정사원 수, (3)업종, (4)주당 노동 시간, (5)근속 연수 30년 이상의 5변수이다.

주3: 분석 3으로 성향점수 추정에 포함시킨 것은 (1)종업원 규모, (2)여성 정사원 수, (3)업종, (4)학력, (5)유배우·무배우별, (6)주당 노동 시간, (7)여성 정사원 수와 업종과의 상호작용의 7변수이다.

5.5.2 기업 속성과 개인 속성의 기업 시책에 대한 영향에 대해서

가설 2와 가설 3의 검증을 위한 성향점수 추정에는 다항 로지스틱 모델을 사용하고 있지만 〈표 5.3〉에서는 아래에서 설명하는 특별한 대비를 사용한다. 또 비교를 위해 모델 1 혹은 모델 2의 어느 한 쪽이 유의미한 효과를 가지는 변수를 모두 사용하고, 아울러 간편화를 위해 상호작용 효과는 제외한 결과에 대해서도 제시하고 있다.

특별한 대비란, 지금 GEO 시책의 유무를 Z_1, WLB 추진 부국의 유무 혹은 한정정사원제도의 유무를 Z_2로 하면, 아래의 세 가지 식의 동시 응용 모델 Z_1과 Z_2의 조합 카테고리 간의 대비를 말한다.

$$\mathrm{logit}(P(Z_1=1|z_2)) \equiv \frac{1}{2}\left\{ \log\left(\frac{P_{10}^{z_1 z_2}}{P_{00}^{z_1 z_2}}\right) + \log\left(\frac{P_{11}^{z_1 z_2}}{P_{01}^{z_1 z_2}}\right) \right\} = \alpha_1 + \sum_{j=1}^{K} b_{1j} x_j$$

$$\cdots\cdots\langle\text{식 }5.4\text{A}\rangle$$

$$\mathrm{logit}(P(Z_2=1|z_1)) \equiv \frac{1}{2}\left\{ \log\left(\frac{P_{01}^{z_1 z_2}}{P_{00}^{z_1 z_2}}\right) + \log\left(\frac{P_{11}^{z_1 z_2}}{P_{10}^{z_1 z_2}}\right) \right\} = \alpha_2 + \sum_{j=1}^{K} b_{2j} x_j$$

$$\cdots\cdots\langle\text{식 }5.4\text{B}\rangle$$

$$\log\left(\frac{P_{00}^{z_1 z_2}}{P_{10}^{z_1 z_2}} \frac{P_{11}^{z_1 z_2}}{P_{01}^{z_1 z_2}}\right) = \alpha_3 + \sum_{j=1}^{K} b_{3j} x_j$$

$$\cdots\cdots\langle\text{식 }5.4\text{C}\rangle$$

이 세 가지 식은 다항 로지스틱 모델을 단지 매개변수 변환을 한 것이지만,[1] 기업 특성이나 종업원 특성이 ①Z_2의 시책에 대한 영향과

---

1 통상의 다항 로지스틱 모델을

$$\log\left(\frac{P_{10}^{z_1 z_2}}{P_{00}^{z_1 z_2}}\right) = \alpha_1 + \sum_{j=1}^{K}\beta_{1j} x_j, \log\left(\frac{P_{01}^{z_1 z_2}}{P_{00}^{z_1 z_2}}\right) = \alpha_2 + \sum_{j=1}^{K}\beta_{2j} x_j, \log\left(\frac{P_{11}^{z_1 z_2}}{P_{00}^{z_1 z_2}}\right) = \alpha_3 + \sum_{j=1}^{K}\beta_{3j} x_j$$

로 나타내면, 〈식 5.4〉와는
$$b_{1j} = (\beta_{1j} + \beta_{3j} - \beta_{2j})/2, b_{2j} = (\beta_{2j} + \beta_{3j} - \beta_{1j})/2, b_{3j} = \beta_{3j} + \beta_{1j} - \beta_{2j}$$

는 독립으로 GEO 방침의 유무에 어떠한 영향을 미치는 것인지(식 5.4A), ②GEO 방침에 대한 영향과는 독립으로 Z_2의 시책 유무에 어떠한 영향을 미치는 것인지(식 5.4B), ③GEO 방침의 유무와 Z_2의 시책 유무와의 관련(대수 오즈비)의 크기에 어떠한 영향을 미치는 것인지(식 5.4C)를 동시에 분석하려고 하고 있다. 〈표 5.3〉은 그 결과이다. 한편, 표기상의 간편화를 위해 근무지 한정정사원제도를 〈표 5.3〉과 그 결과의 설명에서 'APE$^{\text{Area-fixed Permanent Employment}}$ 제도'로 명명하여 언급한다.

〈표 5.3〉의 GEO 방침과 WLB 시책의 조합에 관한 모델 1의 결과는 다음과 같다. GEO 방침과 독립으로 기업이 WLB를 조직적으로 추진하는 확률은 기업의 종업원 수가 클수록 증대하고, 또 제조업이나 '기타'의 업종에 비해 도매·소매업에서는 특히 낮다. 한편, WLB 시책과 독립으로 기업이 GEO 방침을 가지는 확률은 기업의 여성 정사원 수가 클수록 증가한다. 업종별로는 제조업이나 도매·소매업에 비해 '기타' 업종에서 증대하고, 종업원 수 500~999명인 기업에서는 오히려 작아진다. 또 GEO 방침과 WLB 시책을 결합시켜서 채용하는 경향은 여성 정사원 수가 100~299명인 기업과 '기타'의 업종에서 특히 높다. 특필해야 할 점은 기업 특성으로 WLB 시책의 채용 비율이 높고, 동시에 그것이 GEO 방침과 결부되는 정도가 높은 것이 전혀 없는 것이다. GEO 방침과 WLB 시책을 연계하여 추진되어 있지 않은 것으로 보인다.

한편, GEO 방침과 APE 제도의 조합에 관한 모델 2의 결과는 GEO 방침과 독립으로 APE 제도를 가지는 확률은 여성 정사원 수에 강하

의 관계가 있다.

〈표 5.3〉특별 대비의 다항 로지스틱 모델의 결과[1]

종속변수	모델 1: GEO 방침과 WLB의 조합			모델 2: GEO 방침과 APE의 조합		
	GEO ∣ WLB	WLB ∣ GEO	GEO×WLB	GEO ∣ APE	APE ∣ GEO	GEO×APE
I. 기업 특성 - 1: 종업원 수(대 100 ∼ 299명)						
300 ∼ 499명	-0.140	0.519***	0.289	0.033	-0.304*	0.497
500 ∼ 999명	-0.500***	0.677***	-0.195	-0.446**	0.352*	-0.101
1,000명 이상	-0.302	1.384***	0.339	-0.050	0.504*	0.173
II. 기업 특성 - 2: 여성 정사원 수(대 0 ∼ 29명)						
30 ∼ 49명	0.306***	0.287***	-0.238	0.460***	0.359**	0.116
50 ∼ 99명	0.370***	0.237*	-0.457*	0.703***	0.939***	0.477*
100 ∼ 299명	0.743***	-0.036	0.730**	1.000***	0.570***	1.089**
300명 이상	1.326***	0.565**	-0.017	1.440***	1.249***	-0.001
III. 기업 특성 - 3: 업종(대 제조업)						
도매 · 소매업	0.040	-0.387***	-0.028	0.284***	0.396***	0.682***
기타	0.682***	-0.194	1.018***	0.507***	0.357*	0.317
IV. 개인 속성 - 1: 학력(대 고졸 이하)						
대졸	-0.031	0.136	-0.226	-0.023	0.682***	-0.168
단대 · 고전	0.034	0.184	0.187	-0.065	0.398*	-0.156
직업전문학교	-0.091	0.028	-0.135	-0.263	0.550**	-0.538
V. 개인 속성 - 2: 근속 연수(대 30년 미만)						
30년 이상	-0.104	-0.355**	0.075	-0.218	-0.123	-0.139
VI.개인 속성 - 3: 유배우 · 무배우의 구별(대 무배우)						
유배우	0.046	0.075	0.010	0.095	-0.188*	0.112
VII. 개인 속성 - 4: 노동 시간(6카테고리): 계수 생략						
VIII. 정수항: 계수 생략						

주1: 각 모델의 1~3열은 각각 〈식 5.4A〉〈식 5.4B〉〈식 5.4C〉에 대응한다.
*p 〈 0.05 ; **p 〈 0.01; ***p 〈 0.001

게 의존하고, 선형은 아니지만 여성 정사원 수가 클수록 증가하는 경향을 보인다. 또 500명 이상 종업원 규모의 기업, 제조업 이외의 기업, 대졸자나 직업전문학교졸의 종업원이 많은 기업 등에서 채용 확률이 상대적으로 높다. APE 제도와 독립으로 GEO 방침을 가지는 기업의 특성은 모델 1의 결과와 거의 같다. 또 GEO과 APE를 결부시켜서 채용하는 경향에 대해서는 여성 정사원 수 100~299명인 기업과 업종별로는 도매·소매업에서 특히 높다. WLB 시책과 달리 APE 제도의 채용 비율이 높고, 또 그것이 GEO 방침과 결부되어 있는 기업이 여성 정사원 수가 50~99명과 100~299명인 기업 및 도매·소매업이다. 한편, 여성 정사원 수 300명 이상의 기업은 GEO 방침 채용률과 함께 APE 제도의 채용률도 높은데도 불구하고 그 두 개가 강하게 결부되어 있지 않다.

5.5.3 GEO 방침 유무의 영향

〈표 5.4〉는 GEO 방침의 유무에 대해서 주당 노동 시간을 통제한 개인 소득의 대수에 미치는 효과를 검증한 결과이다. 인과분석상 중요한 것은 IPT 가중치를 둔 후의 결과이며, 이것은 관찰되는 교락요인에 의한 선택 편향을 제거한 결과이다. 이 효과가 IPT 가중치를 두기 전의 효과와 대차가 없는 것은 여성 정사원 수의 영향과 종업원 수의 영향이 처리변수 및 임금에 미치는 영향과 크게 겹치지 않고(처리변수에는 여성 정사원 수의 영향이 크고, 임금에는 종업원 수의 영향이 크다), 동시에 부분적으로 상쇄하기 때문이다(종업원 100~299명의 기업에 비해 종업원 300~499명의 기업의 처리변수에 대한 효과는 부[負], 임금에 대한 효과는 정[正]이다).

〈표 5.4〉의 결과에 대해서는 성별과의 상호작용 효과를 가정하므

〈표 5.4〉 GEO 방침의 영향(종속변수: 개인 소득의 대수)

	IPT 가중 전	IPT 가중 후
GEO 방침 있음 (대 없음)	0.0971***	0.0844***
GEO 방침 있음 × 성별	-0.0716***	-0.0657***
성별(남성 대 여성)	0.4781***	0.4741***
주당 노동 시간	계수 생략	계수 생략

***p〈0.001

로 GEO 방침의 효과는 성별변수가 0, 즉 여성의 경우가 되고, 이 결과 계수는 'GEO 방침 있음'을 'GEO 방침 없음'과 비교한 상대임금의 대수

$$\log\left(\text{임금}|\text{여성, GEO 방침있음}\right) - \log\left(\text{임금}|\text{여성, GEO 방침없음}\right)$$
$$= \log\left(\frac{\text{임금}|\text{여성, GEO 방침있음}}{\text{임금}|\text{여성, GEO 방침없음}}\right) = 0.0844$$

가 되므로 GEO 방침을 가진 기업은 그렇지 않은 기업에 비해 여성의 임금이 8.8%[EXP(0.0844)=1.088] 증대하는 것을 나타낸다.

또 성별과 상호작용 효과는 상기의 상대임금 대수의 남녀 차이가 되고, 그것은 다음 식에 의해 남성 대 여성의 임금 비율을 'GEO 방침 있음'과 'GEO 방침 없음'으로 비교한 값,

$$\log\left(\frac{\text{임금}|\text{남성, GEO 방침있음}}{\text{임금}|\text{남성, GEO 방침없음}}\right) - \log\left(\frac{\text{임금}|\text{여성, GEO 방침있음}}{\text{임금}|\text{여성, GEO 방침없음}}\right)$$
$$= \log\left\{\left(\frac{\text{임금}|\text{남성, GEO 방침있음}}{\text{임금}|\text{여성, GEO 방침있음}}\right) \middle/ \left(\frac{\text{임금}|\text{남성, GEO 방침없음}}{\text{임금}|\text{여성, GEO 방침없음}}\right)\right\}$$
$$= -0.0657$$

이 된다. 따라서 결과는 GEO 방침이 '있는 경우'는 '없는 경우'에 비해 남녀 임금 격차가 6.4%[EXP(-0.0657)=0.936] 감소하는 것을 나타낸다. 또 여기서 말하는 '남녀 임금 격차'는 평균 임금의 남녀 차이가 아니고 대수를 취하고 있으므로 기하 평균 임금의 남녀 비율이다. 이들은 모두 0.1% 유의미한 강한 효과이며 크기도 그다지 다르지 않다. 따라서 5.2절로 언급한 인과해석상의 가정에 근거하여 기업의 GEO 방침은 여성 임금을 증대시켜 남녀 임금 격차를 감소시킨다고 결론지을 수 있다.

5.5.4 GEO 방침 유무와 WLB 추진 시책 유무의 조합의 영향

〈표 5.5〉는 GEO 방침 유무와 WLB 시책 유무의 조합이 여성 임금 및 남녀 임금 격차에 어떠한 영향을 미치고 있는지에 관한 분석 결과를 제시하고 있다.

〈표 5.5〉의 분석 결과를 정리하면 다음과 같다. ①'GEO 방침 및 WLB 시책 모두 없음'인 기업에 비해 'GEO 시책만 있음'인 기업의 경우, 여성 임금이 5.4%[EXP(0.0526)=1.054] 증대하지만 남녀 임금 격차에는 유의미한 영향을 미치지 않았다. ②'GEO 방침 및 WLB 시책 모두 없음'인 기업에 비해 'WLB 시책만 있음'인 기업의 경우, 여성 임금에 유의미한 영향을 미치지 않고, 남녀 임금 격차는 11.8%[EXP(0.1113)=1.118]나 증대하였다. ③'GEO 방침 및 WLB 시책 모두 없음'인 기업에 비해 'GEO 방침도 WLB 시책도 모두 있음'인 기업의 경우, 여성 임금은 13.5%[EXP(0.1265)=1.135] 증대하고, 남녀 임금 격차가 8.2%[EXP(-0.0856)=0.918] 감소하는 것이 나타났다. ③의 두 결과는 모두 0.1% 유의미한 강한 효과를 보이지만 크기가 다소 다르다. 5.2절에서 이미 언급한 인과해석상의 가정에 근

〈표 5.5〉 GEO 방침과 WLB 시책의 조합의 영향(종속변수: 개인 소득의 대수)

		IPT 가중 전	IPT 가중 후
시책 효과: 대 'WLB 시책 없음, GEO 방침 없음'			
WLB 시책 없음, GEO 방침 있음	주효과	0.0582***	0.0526**
	×성별	-0.0370	-0.0206
WLB 시책 있음, GEO 방침 없음	주효과	-0.0070	-0.0473
	×성별	0.0761	0.1113**
WLB 시책 있음, GEO 방침 있음	주효과	0.1812***	0.1265***
	×성별	-0.1032***	-0.0856***
성별(남성 대 여성)		0.4652***	0.4531***
주당 노동 시간		계수 생략	계수 생략

**p < 0.01; ***p < 0.001

거하여 기업의 GEO 방침이 있는 경우 WLB 시책은 여성 임금을 증대시키고 남녀 임금 격차를 감소시키지만, 전자의 효과의 일부는 관찰되지 않는 기업 특성에 의한 선택 편향의 결과인 가능성을 나타내고 있다.

또 ②와 ③의 결과의 큰 차이는 WLB 시책이 여성 임금을 올리고, 그 결과 남녀 임금 격차를 감소시킬지는 '성별에 관계없이 사원의 능력 발휘에 노력하는' 인사 방침과의 결부 여부에 강하게 의존하고 있다. 결부되어 있으면 여성 활약이 진정되고 남녀 임금 격차를 감소시키지만, 결부되어 있지 않으면 오히려 남녀 임금 격차를 증대시켜버리는 것을 나타낸다.

〈그림 5.2〉는 〈표 5.5〉의 결과에 대해서 GEO 방침과 WLB 추진 시책 유무의 조합에 따라 남녀 임금 격차가 어떻게 변화되는지를 나타낸 것으로 'GEO 방침 및 WLB 추진 시책 모두 없음'인 경우에 비해 'GEO 방침 없음, WLB 시책 있음'인 경우는 남녀 임금 격차가 1.118

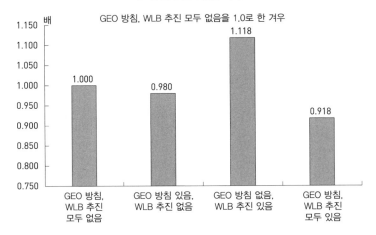

〈그림 5.2〉 남녀 임금 격차

GEO 방침, WLB 추진 모두 없음을 1.0로 한 겨우

- GEO 방침, WLB 추진 모두 없음: 1.000
- GEO 방침 있음, WLB 추진 없음: 0.980
- GEO 방침 없음, WLB 추진 있음: 1.118
- GEO 방침, WLB 추진 모두 있음: 0.918

배 증가하고, 또 'GEO 방침 및 WLB 시책 모두 있음'인 경우는 격차가 0.918배로 감소하는 것을 나타낸다. 이 두 차이는 모두 유의미하다. 한편, 'GEO 방침 있음, WLB 추진 없음'의 값 0.980은 유의미하지 않다.

앞서 관찰되지 않는 교락변수는 임금에 대하여 성별과의 상호작용 효과를 가지지 않는다고 가정했지만, 만약 그러한 상호작용 효과를 가지는 관찰되지 않는 교락변수가 있고 WLB 시책의 유무와 관련되어 있다면, WLB 시책의 효과가 GEO 방침 유무에 의해 역방향이 되는 것을 전혀 설명할 수 없다.

5.5.5 GEO 방침 유무와 근무지 한정정사원제도 유무의 조합의 영향

〈표 5.6〉은 GEO 방침 유무와 근무지 한정정사원제도 유무의 조합이 여성 임금 및 남녀 임금 격차에 어떠한 영향을 미치는지에 관한 분석 결과를 제시하고 있다.

〈표 5.6〉의 결과를 정리하면 다음과 같다. ①'GEO 방침 및 한정정 사원제도 모두 없음'인 기업에 비해 'GEO 방침만 있음'인 기업의 경우는 여성의 임금이 7.2%[EXP(0.0695)=1.072] 증대하고, 남녀 임금 격차는 5.9%[EXP(-0.0608)=0.941] 감소했다. ②'GEO 방침 및 근무지 한정정사원제도 모두 없음'의 기업에 비해 '한정정사원제도 만 있음'인 기업의 경우, 여성 임금에 유의미한 영향을 미치지 않고, 남녀 임금 격차도 유의미하게 변하지 않았다. ③'GEO 방침 및 한정 정사원제도 모두 없음'인 기업에 비해 'GEO 방침 및 한정정사원제도 모두 있음'인 기업에서는 여성 임금이 15.1%[EXP(0.1403)=1.151] 증대하고, 남녀 임금 격차는 14.6%[EXP(-0.1575)=0.854] 감소하였다. ③의 두 결과는 모두 0.1% 유의미한 강한 효과를 보이며, 크기도 대부분 다르지 않다. 따라서 앞서 5.2절에서 언급한 인과해석상의

〈표 5.6〉 GEO 방침과 근무지 한정정사원제도의 조합의 영향

(종속변수: 개인 소득의 대수)

시책 효과: 대 '한정정사원제도 없음, GEO 방침 없음'		IPT 가중 전	IPT 가중 후
한정정사원제도 없음, GEO 방침 있음	주효과	0.0880***	0.0695***
	×성별	-0.0663***	-0.0608**
한정정사원제도 있음, GEO 방침 없음	주효과	0.0298	0.0285
	×성별	-0.0443	-0.0118
한정정사원제도 있음, GEO 방침 있음	주효과	0.1900***	0.1403***
	×성별	-0.1475***	-0.1575***
성별(남성 대 여성)		0.4834***	0.4749***
주당 노동 시간		계수 생략	계수 생략

**p 〈 0.01; ***p 〈 0.001

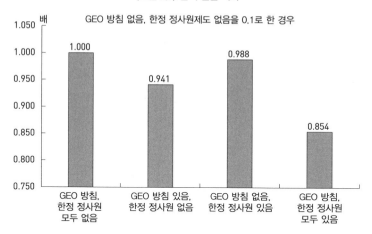

〈그림 5.3〉 남녀 임금 격차

가정에 근거하여 기업의 GEO 방침 아래에서 근무지 한정정사원제도는 여성 임금을 증대시키고 남녀 임금 격차를 감소시킨다고 결론지을 수 있다. 또 ②와 ③의 결과의 차이는 근무지 한정정사원제도의 유효성이 GEO 방침 유무에 의존한다는 것, 그리고 방침이 있는 경우에만 여성의 평균 임금을 증대시키고, 남녀 임금 격차를 감소시키는 것에 유효한 제도인 것을 나타낸다.

〈그림 5.3〉은 〈표 5.6〉의 결과에 대해서 GEO 방침과 근무지 한정정사원제도 유무의 조합에 따라 남녀 임금 격차가 어떻게 변화되는지를 나타낸 것으로 'GEO 방침 및 한정정사원제도 모두 없음'인 경우에 비해 'GEO 방침 있음, 한정정사원제도 없음'인 경우는 남녀 임금 격차가 0.941배로 감소하지만, 'GEO 방침 및 한정정사원제도 모두 있음'인 경우 격차가 0.854배로 더욱 감소하는 것을 나타낸다. 이 두 감소는 모두 유의미하다. 한편, 'GEO 방침 없음, 한정정사원제도 있음'의 값 0.988은 유의미하지 않다.

5.6 결론

이상의 결과, 기업에 의한 WLB 시책의 조직적인 추진 여부와 기업의 근무지 한정정사원제도의 유무가 여성 임금 및 남녀 임금 격차에 영향을 미치는 각각의 패턴에 있어서 공통점과 차이점이 존재하는 것이 밝혀졌다.

먼저 공통점은 GEO 방침이 있다고 전제했을 때, 양쪽 모두 여성 임금을 증대시키고 남녀 임금의 격차를 감소시켰다는 점이다. 다만 GEO 방침이 없는 경우 남녀 격차 감소로 이어지지 않았다. 이 결과 "성별에 관계없이 사원의 능력 발휘에 노력한다"라고 하는 GEO 방침은 '다이버시티 경영'의 기본인 것을 알 수 있다. 구체적인 다이버시티 추진 시책의 유효성은 이 GEO 방침의 존재를 전제로 한다.

차이점은 남녀 임금 격차에 대한 GEO 방침과 경영 시책과의 부의 상호작용 효과(격차를 절감하는 시너지 효과)는 WLB 시책이 근무지 한정정사원제도보다 훨씬 크다. 이 때문에 ①GEO 방침이 없는 경우 근무지 한정정사원제도는 단지 남녀 임금 격차에 영향을 미치지 않은 뿐이지만, WLB 시책은 오히려 남녀 임금 격차를 증대시킨다. 또 ②근무지 한정정사원제도가 없는 경우라도 GEO 방침은 남녀 임금 격차를 감소시키지만 WLB 시책이 없는 경우는 GEO 방침이 있어도 남녀 임금 격차는 감소하지 않는다.

WLB 시책은 '양날의 칼'이다. GEO 방침 아래에서 WLB 시책은 여성 임금을 더욱 증대시켜 남녀 임금 격차를 보다 크게 감소시키지만, GEO 방침이 없으면 WLB 시책은 여성 임금을 증대시키지 않을 뿐만 아니라 남녀 임금 격차를 오히려 증대시켜버린다. 이 요인은 인재 활용을 생각하지 않는 WLB 시책이 임금이 낮은 이른바 '매미 트랙

(mammy track: 커리어 우먼으로서 살아가기보다는 엄마로서 삶을 선택하는 여성의 살아가는 방식)'인 여성 정사원을 다수 배출하는 것에 있다고 본다. 한편, 근무지 한정정사원제도는 '양날의 칼'이 아니라 제도의 유효성은 GEO 방침의 존재에 의존하나 남녀의 임금 격차 해소에 마이너스 영향을 미치지는 않는다. 이 결과, 근무지 한정정사원제도의 도입은 여성 활약 추진에 기여하는 가능성이 높고, 반대로 그것을 방해한다는 실증적 근거는 얻을 수 없다는 결론을 얻었다.

또 WLB 시책은 GEO 방침과 이어지는 경우에만 남녀 임금 격차를 작게 하지만, WLB 시책 채용이 높은 확률과 WLB 시책 및 GEO 방침과의 관계의 강함의 모두에게 영향을 미치는 기업 특성은 없었다. 이것은 많은 기업에서 GEO 방침과 WLB 시책을 의식적으로 관련시키지 않았음을 시사한다. 한편, 근무지 한정정사원제도와 GEO 방침과의 관계는 여성 노동자 수 50~299의 기업 혹은 도매·소매업에서 모두 높은 것이 밝혀졌다.

| 인용 문헌 |

川口章. 2008. 『ジェンダー経済格差』 勁草書房.

鶴光太郎. 2014. '限定正社員から日本人の働き方を変える'. 中央公論: 43-47.

鶴光太郎·久米功一·戸田淳仁. 2016. '多様な正社員の働き方の実態 – RIETI『平成26年度正社員·非正社員の多様な働き方と意識に関するWeb調査』の分析結果より' RIETI Policy Discussion Paper Series 16-P-001.

戸田淳仁. 2015. '限定正社員の実態 – 企業規模別における賃金, 満足度の違い' 『日本労働研究雑誌』 655: 110-18.

濱口桂一郎. 2009. 『新しい労働社会 – 雇用システムの再構築へ』 岩波新書.

星野崇宏. 2009.『調査観察データの統計科学－因果推論・選択バイアス・データ融合』岩波書店.

松田茂樹. 2013.『少子化論－なぜまだ結婚, 出産しやすい国にならないのか』勁草書房.

松田茂樹. 2016.‘少子化対策における家族社会学の貢献と今後の課題’『社会学評論』66(2): 260-77.

日本共産党. 2014.‘女性への差別を解決し, 男女が共に活躍できる社会を’ http://www.jcp.or.jp/web_policy/2014/10/post-599.html.

山口一男. 2009.『ワークライフバランス－実証と政策提言』日本経済新聞出版社.

山口一男. 2011.‘労働生産性と男女共同参画－日本企業はダメなのか, 女性人材活用を有効にするために企業は何をすべきか, 国は何をすべきか’ RIETI-DP: 11-J-069.

山本勲・松浦寿幸. 2012.‘ワーク・ライフ・バランス施策と企業の生産性’武石恵美子編『国際比較の視点から日本のワーク・ライフ・バランスを考える－働き方改革の実現と政策課題』ミネルヴァ書房.

Bang, H. and Robins JM. 2005. "Doubly Robust Estimation in Missing Data and Causal Inference Models." *Biometrics* 61(4): 962-73.

Baughman, Reagan, Daniela DiNardi, and Douglas Holtz-Eakin(2003) "Productivity and wage effects of "family-friendly" fringe benefits." *International Journal of Manpower*, 24: 247-59.

McKinsey Report. 2007. "Women Matter: Gender diversity, a corporate performance driver."

McKinsey Report 2008. "Women Matter 2: Female leadership, a competitive edge for the future."

McKinsey Report 2009. "Women Matter 3: Women leaders, a competitive edge in and after the crisis."

McKinsey Report. 2010. "Women Matter 2010: Women at the top of corporations: Making it happen."

McKinsey Report. 2012. "Women Matter: Making the breakthrough."

Morgan Stephen L., and Christopher Winship. 2007. *Counterfactuals and Causal Inference*. Cambridge: Cambridge University Press.

Rubin, D. B. 1985. "The Use of Propensity Scores in Applied Bayesian Inference." 463-72 in J. M. Bernardo, M. H. De Groot, D. V. Lindley, and A. F. M. Smith (eds.), *Bayesian Statistics*, vol.2. North-Holland: Elsevier.

여성의 활약 추진과 노동생산성
—어떠한 기업 시책이 왜 효과를 낳는 것인가[1]

제6장에서는 먼저 OECD 국가의 국민 노동 시간 1시간당 GDP라는 거시적인 데이터가 여성의 활약 추진과 정^{正}으로 상관하는 것을 검토하고, 그 후 경제산업연구소의 '일과 삶의 균형(워크 라이프 밸런스)에 관한 국제비교 조사' 가운데 일본 기업에 대한 미시적인 데이터를 사용하여 '성별에 관계없이 사원의 능력 발휘를 위해 노력하는' 기업의 인사 방침(이하 GEO 방침)이나 기업의 워크 라이프 밸런스(이하 WLB) 추진에 대한 조직적 대처가 정사원의 주당 노동 시간 1시간당의 매출 총이익으로 보는 생산성이나 경쟁력에 어떠한 영향을 미치는지를 분석한다. 시간당 매출 총이익의 대수를 종속변수로 하는 회귀분석 모델에서는 매출 총이익이 부^{負}의 값을 취하는 경우도 포함하여 취급하기 위해 토빗 회귀 모델을 사용한다. 또한 이번 장의 분석은 횡단적인 조사에 의한 것이지만, 결과의 인과효과에 대한 해석에는

---

1 이번 장은 필자가 2011년에 RIETI의 Discussion Paper로서 발표한 '워크 라이프 밸런스 시책과 기업 생산성'을 그 후 데이터를 재분석해 수정한 것이다. 전 논문에는 없는 ~~메고운 시견 별견이 많이 담겨 있으므로~~ RIETI-DP를 읽어두신 분에게도 이 주제에 대한 필자의 재검토를 읽어주셨으면 한다.

일정한 가정을 두고 그 타당성을 함께 논의한다.

일본 기업에 대한 분석 결과의 주된 지견은 다음과 같다. 남성 정사원의 대졸 비율은 기업의 높은 생산성·경쟁력과 강하게 관계되어 있지만, 여성 정사원의 대졸 비율은 평균적으로 생산성·경쟁력에 영향을 미치지 않는다. 따라서 평균적으로는 일본 기업은 대졸 여성의 인재 활용에 실패하고 있다. 그러나 ①GEO 방침을 가지는 기업, 특히 WLB 추진을 위한 조직적 대처를 갖추는 정사원 300명 이상의 기업 및 ②관리직 여성 비율의 크기로 본 여성 인재활용도가 높은 기업에서는 여성 정사원의 대졸도가 증가하면 기업의 생산성·경쟁력이 향상하고, 그 의미로 대졸 여성의 유효한 인재 활용을 통해서 기업의 생산성·경쟁력을 높이고 있다.

6.1 서론

제6장은 제5장에 이어서 여성의 활약 추진에 관계되는 기업 시책의 결과로서 노동생산성에 미치는 영향을 분석한다. 내각부內閣府가 출판하는 『공동참획共同參画』의 2011년 8월호로 OECD 각료 이사회에서 보고된 '젠더 이니셔티브'에 대해서 보고하고 있다. 거기에는,

"'젠더 이니셔티브'는 남녀공동참획의 진전은 '공정'의 관점뿐만 아니라, '경제적'인 관점에서도 중요한 것이라는 입장에 서고, 여성의 경제 활동의 참획은 생산성을 높이고 세금·사회 보장 제도를 지탱하는 사람을 늘리며, 다양성이 이노베이션을 일으켜 경쟁력을 높인다고 지적하고 있습니다(12쪽)."

라고 기술되어 있다. 바로 그대로지만, 이번 장은 거시적인 OECD 국가의 데이터 분석과 미시적인 일본의 기업 조사 데이터 분석을 통해서 경제적 퍼포먼스와 남녀공동참획의 관계에 대해서 OECD 국가의 평균적 상황과 거기에 훨씬 미치지 못하는 일본 기업의 상황에 대해서 검토한다. 아울러 일본 기업에서 생산성을 향상시키기 위한 남녀공동참획 추진이 안고 있는 장애와 많지는 않으나 성공하고 있는 일본 기업의 특성에 대해서 통계 조사 데이터 분석을 통해서 밝힌다.

한편, 일본이 놓여있는 상황은 구미의 상황과는 현저하게 다르다. 경제 활동에서의 여성의 진출이 이미 현저한 미국에서는 여성의 인재 활용과 생산성의 관계에 대한 분석은 Catalyst(2004)나 McKinsey Reports(2007; 2008)들에 의한 여성 임원의 비율과 기업 퍼포먼스 간의 관계 분석을 제외하고는 찾기 어려웠다. 또 기업의 WLB 추진과 기업 생산성 간 관계에 대해서는 WLB가 취업자의 정착률이나 동기부여 등을 향상시켜 간접적으로 생산성 향상에 공헌한다(e.g. Baughman et al., 2003)고 결론을 내린 분석은 몇 가지 존재하지만, 콘라드와 맨젤(Konrad and Mangel, 2000), 블룸 등(Broom et al. 2009)의 연구를 제외하고는 기업의 생산성과의 관계를 직접 검증한 것은 드물다.

또 일본에서의 연구도 후술하는 아사노·가와구치(Asano and Kawaguchi, 2007), 야마모토·마쓰우라(山本·松浦, 2012)의 연구를 제외하면 기업의 생산성과 WLB 추진이나 여성의 인재 활용에 관련된 선행 연구도 대단히 적다. 따라서 이번 장은 여성의 인재 활용과 경제적 생산성의 관련에 대해서 "유효한 여성 인재의 활용은 높은 생산성·경쟁력을 높인다"라는 일반적 가설 이외의 특정한 가설을 검증하는 연구 전략을 취하지 않고, 실증적 분석을 통해서 '유효한 여성의 인재 활용'의 지표가 되는 기업 특성은 무엇인지에 대한 귀납적 추측을 주된 분석 목적으로 한다.

본 분석의 기술적 한계에 대해서 미리 양해를 구하고 싶다. 이번 장에서는 OECD 국가의 거시적인 데이터 분석과 일본 기업의 미시적인 데이터 분석에서 시계열 데이터나 패널 데이터가 아닌 한 시점에서 조사된 데이터를 바탕으로 분석하고 있다. 따라서 분석을 통해서 관찰되는 변수 간의 관련은 통계적 인과관계의 분석이 아니고, 통상의 다변량 회귀분석에 근거한 관련 유무의 검증에 머문다. 일반적으로 특정한 설명 요인 X와 기업 생산성 간에 다른 영향을 미치는 관찰되는 요인을 통제해서 유의미한 관련이 보일 경우, 인과관계인지(X가 생산성에 영향을 미침), 역인과관계인지(높은 생산성이 X에 영향을 미침), X와 생산성의 관찰되지 않는 교락요인(X와 생산성에 함께 영향을 미치는 것으로 통제하지 않으면 외관상의 관계를 야기하는 요인) 때문에 관계가 있는 것같이 보이는 것인지 식별을 할 수 없다. 그러나 그 식별에 관한 식견 없이는 정책적 임플리케이션은 끌어낼 수 없으므로 이번 장에서는 "성별에 관계없이 대졸자는 고졸자보다 평균적으로 잠재적인 노동생산성이 높다"라고 가정했을 경우에 어떠한 인과적 해석이 일련의 유의미한 발견과 높은 정합성을 보이는 것인지, 또 그 이유에 대한 논의를 함께 하므로 인과적 해석의 애매성을 가능한 한 제외하도록 하였다. 그 논리와 논의에 대해서는 마지막 6.4절에서 자세히 설명한다.

일본 기업에 관한 기존의 실증 연구에 대해서는 아사노·가와구치(Asano and Kawaguchi, 2007)가 생산성이 낮은 기업이 여성을 많이 고용하는 경향이 있음을 지적하고 있다. 또 야마모토·마쓰우라(山本·松浦, 2012)는 이번 장에서 사용하는 경제산업연구소의 조사 데이터를 기업 활동 기본조사의 데이터와 링크시켜, 기업이 각종 WLB 제도나 대처를 시작한 연도를 고려한 패널·데이터 분석의 결과, 일정한 기업에서 WLB의 조직적 추진 혹은 WLB의 영향보다 명료하지 않지만, 플렉스타임 근무제도의 도입에 대해서도 도입 이후에 일정한 시차를 두고 생산성의 증대가 일어나는 것으로 나타났다. 또 반대로 법적 규정을 능가한 육아휴직제도에 대해서는 이미 생산성이 높은 기업이 도입하여 실행되고, 시책의 도입이 생산성을 향상시키는 것이 아니라 역인과관계에 의한 것을 밝혔다.

본 분석에서는 기업의 '성별에 관계없이 사원의 능력 발휘에 노력하고 있는 것인지'의 인사에 관한 GEO[gender equality of opportunity] 방침이나, 관리직 여성 비율 등 기업 시책에 더해 기업 활동 조사에서는 도입 시점이 특별히 지정할 수 없거나 변화를 측정하지 않고 있는 몇 가지 중요한 변수를 독립변수로 설정한다. 이를 위해서 패널 데이터 분석으로 확장할 수 없어 횡단적 조사 분석을 실시하고 있으나, WLB 추진을 위한 조직적 대처의 유무 등 특정한 기업 시책이 생산성에 영향을 미치는지를 검증하는 것으로 야마모토·마쓰우라의 연구와 상호 보완적인 역할이 되는 연구를 의도하고 있다. 기업 시책에 대해서는 야마모토·마쓰우라가 검증한 WLB 추진을 위한 조직적 대처, 플렉스타임 근무제도, 법적 규정을 능가한 육아휴직제도에 더해 제5장에서도 문제로 삼았던 근무지 한정정사원제도의 영향을 검증하였다. 또 일정한 가정 아래에서 일련의 분석 결과와 종합적으로 정합하는 해석에 대한 고찰을 통해서 인과관계의 해석에 대한 더욱 심도 있는 논의를 하고 있다.

6.2 OECD 데이터의 분석

우선 OECD 국가의 거시적인 데이터의 편상관(다른 변수를 통제한 상관) 분석을 실시한다. 이 분석은 단순하지만, 아직 알려져 있지 않은 중요한 사실을 먼저 밝힘으로써 이어서 검증하는 일본 기업의 조사 데이터 분석의 발판으로 하는 것이다.

〈표 6.1〉은 2010년 시점의 국민 연간 1인당과 노동 시간 1시간당 각각에 대해서 구매력 평가PPP: purchasing power parity 조정 후의 시간당 국내총생산(GDP)과 유엔개발계획(UNDP)이 2009년까지 작성·공표하고 있었던 정치 및 경제 분야 가운데 남성과 비교한 여성의 상대적 활약도GEM: gender empowerment measure 2 및 유엔개발계획이 작성·공표하고 있는 인간개발 지수HDI: human development index를 게재하고 있다. 〈표 6.1〉은 GEM 지수를 얻을 수 없는 룩셈부르크를 제외한 OECD 33개 국에 대한 2009년의 GEM 지수와 HDI 지수를 나타낸 것이다. 또 연간 노동 시간의 1시간당 GDP는 국민 1인당 GDP를 국민 1인당 평균 연간 노동 시간으로 나눈 값이다. 일본에서는 여성의 취업률이 비교

---

2 GEM은 국제연합의 국제개발계획(UNDP)이 '인적개발 보고(Human Development Report)'의 일환으로서 1995년부터 2009년까지 발표한 지수로 경제 및 정치에 있어서 의사결정의 참가 정도에 관한 남녀 불평등도를 나타낸다. 경제에 대해서는 남녀 임금 격차의 정도와 관리직과 전문기술직에서의 여성 비율 및 정치에서는 국회 의원의 여성 비율이 지표의 요소가 된다. 한편, GEM은 경제발전국의 남녀 불평등도를 측정하기 위해서는 적절하지만, 개발도상국의 남녀 불평등한 지표로서는 부적절하다는 비판을 받은 것을 통해서 국제연합은 그 지표의 발표를 2010년 이후 중지했다. 필자를 포함하여 그 중지를 유감스럽게 생각하는 연구자도 적지 않았다. 국제연합이 2010년 이후에 발표한 젠더 관련 지수(GDI)는 남녀 불평등도의 지표가 아니다. 그러므로 현재는 스위스의 민간연구소인 세계경제포럼이 발표하는 GGI(젠더 갭 지수)가 정치·경제에서의 남녀 불평등도의 지수로서 국제비교에 사용되고 있다.

적 낮지만, 취업자의 평균 노동 시간이 다른 국가에 비해 상당히 높으므로 국민 1인당 노동 시간이 33개국 중 8위로 비교적 높다(수치는 생략).

〈표 6.1〉 OECD 국가의 지표

	1인당 GDP[1]	시간당 GDP[2]	GEM[3]	HDI[4]
오스트레일리아	39,408	46.90	.870	.970
오스트리아	39,768	49.50	.744	.955
벨기에	37,475	58.80	.874	.953
캐나다	38,891	45.00	.830	.966
칠레	15,061	19.20	.526	.878
체코	25,299	26.90	.664	.903
덴마크	39,545	50.80	.896	.955
에스토니아	20,608	26.30	.665	.883
핀란드	36,664	47.30	.902	.959
프랑스	33,835	54.80	.779	.961
독일	37,567	53.40	.852	.947
그리스	28,189	32.40	.677	.942
헝가리	20,325	25.90	.590	.879
아이슬란드	34,747	39.20	.859	.969
아일랜드	39,778	57.90	.722	.965
이스라엘	29,211	35.40	.705	.935
이탈리아	31,563	43.50	.741	.951
일본	33,737	39.40	.567	.960
한국	29,004	27.10	.554	.937
멕시코	15,204	19.80	.629	.854
네덜란드	42,478	59.60	.882	.964

뉴질랜드	29,803	33.90	.841	.950
노르웨이	56,648	75.40	.906	.971
폴란드	19,747	24.50	.631	.880
포르투갈	25,609	32.20	.753	.909
슬로바키아	23,448	33.80	.663	.880
슬로베니아	27,545	35.70	.641	.929
스페인	32,076	47.40	.835	.955
스웨덴	39,103	49.80	.909	.963
스위스	46,390	48.50	.822	.960
터키	15,522	25.30	.379	.806
영국	35,917	46.70	.790	.947
미국	47,425	59.60	.767	.956

주1: 2010년의 국민 1인당 GDP, PPP 조정치, 달러 환산. 출전: OECD StatExtracts 2011.
주2: 2010년의 노동자의 연간 노동 시간 1시간당 GDP, PPP 조정치, 달러 환산. 출전: OECD StatExtracts 2011.
주3: Gender Empowerment Index 2009: 출전: OECD, HDR-2009-tables-rev.
주4: Human Development Index 2007: 출전: OECD, HDR-2009-tables-rev.

〈그림 6.1〉은 〈표 6.1〉에 근거하여 시간당 GDP와 GEM 지수의 관련에 대해서 나타낸 것이다. 〈그림 6.1〉을 보고 알 수 있듯이 GEM이 높은 나라일수록 시간당 생산성이 높은 강한 정^{正}의 상관(0.742, 0.1% 유의미함)을 나타내고 있지만, 본 6.2절에서 후술하는 주된 교락요인에 의한 외관상의 관계일 가능성이 있다. 그러나 가정과 일의 양립이 보다 어려운 여성 노동자의 주당 노동 시간은 남성 노동자보다 적기 때문에 여성의 인재 활용에는 노동 시간의 영향을 고려한 하루 평균당 생산성이 아니라 1시간당 생산성에 기초를 둔 인재 평가의 필요성이 잘 알려져 있다(八代·樋口, 2008; 山口, 2009). 따라서 GEM이 나타내는 남녀공동참획도와 노동 시간 1시간당 GDP 간에는 인과관계가

〈그림 6.1〉 노동 시간 1시간당 GDP와 GEM의 관계

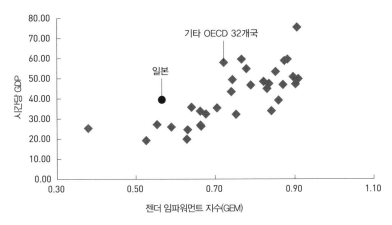

있을 가능성도 높다.

〈그림 6.1〉은 일본의 GEM이 33개국 중 30위이며, 이보다 하위권에는 한국, 칠레, 터키와 같이 시간당 생산성이 상당히 낮은 국가만 있는 것을 보여주고 있다. 또 일본의 시간당 GDP가 33개국 중 18위지만, 일본보다 시간당 GDP가 높은 17개국은 모두 GEM 지수가 일본보다 높다는 사실에 착안해야 한다.

하지만 〈그림 6.1〉은 외관상의 관련일 가능성이 있다. 일반적으로 노동생산성이 높은 나라는 교육 정도나 건강도 등 인간개발도human development가 높은 나라이다. 이는 인간개발도가 높은 나라는 GEM도 높기 때문이다(〈표 6.1〉의 33개국에서 상관은 0.780로 0.1% 유의미함). 아울러 노동 시간 1시간당이 아니라 국민 1인당 GDP의 경우에 GEM과의 상관은 어떤지에 대해서도 관심이 있다. 아래에서 이 점을 분석하여 검토한다. 또 GDP에 이론적으로도 실증적으로도 정正의 관련을 보이는 여성의 노동력 참가율도 예비 분석으로 고려했지만, GEM과 HDI를 통제해도 독자적인 효과는 유의미하지 않았으므로 생

	시간당 GDP	국민 1인당 GDP
모델 1(N=33)		
GEM	0.742***	0.756***
R^2	0.541	0.572
모델 2(N=33)		
GEM	0.378*	0.236
HDI	0.467*	0.667***
R^2	0.636	0.746

***$p < .001$; **$p < .01$; *$p < .05$; #$p < .10$

략하였다.

〈표 6.2〉는 〈표 6.1〉의 데이터를 사용하여 시간당 GDP와 국민 1인당 GDP의 각각에 대해서 두 개의 회귀분석 모델의 표준화된 회귀계수를 제시하고 있다. 모델 1의 결과는 상관계수와 동일한 값이다. 모델 2의 결과는 시간당 GDP에 대해서는 HDI를 통제해도 GEM의 유의미한 영향이 남고, 표준화된 GEM의 회귀계수는 HDI의 회귀계수의 약 80%이며, 시간당 GDP에 남녀공동참획도가 미치는 영향은 인적자본이 미치는 정도의 약 80%가 되는 것을 나타낸다. 한편, 국민 1인당 GDP에 대해서는 HDI의 설명도가 지극히 높고, 그것을 통제하면 GEM의 영향은 유의미하지 않게 된다.

결론적으로 OECD 국가 가운데 남녀공동참획의 추진 정도는 취업자의 연간 노동 시간 1시간당의 국내총생산에 정표으로 관련하고, 그 영향도는 일반적인 인적자본의 영향보다는 다소 적지만, 그 약 80%가 될 가능성이 있음이 나타났다. 한편, 남녀공동참획의 추진 정도는 국민 1일당 국민총생산에는 유의미한 영향을 미치지 않고 있다. 이 결과는 일본 기업이 장시간 노동에 의존하는 1인당 생산성을 노동생산성의 척도로 계속 사용한다면, 남녀공동참획 추진의 GDP에 대한 영향이 적다고 생각된다. 그러나 문제는 현재와 같이 경제가 저성장 혹은 마이너스 성장으로 노동수요도 적어진 시기에 여전히 정사원의 장시간 노동을 기대하고, 많은 여성 인재의 활용을 방해하는 국민 1인당 노동생산성을 척도로 경영 합리성을 구현하는 것은 지극히 의심스러운 점이다. 한편, GEM이 대표하는 여성 인재의 남성과 동등한 활용은 시간당 GDP의 향상과는 깊이 관계되므로 이 생산성의 기준으로는 경제 활동에서의 여성 인재 활용이 지극히 중요한 것이 된다. 이 발견을 고려하여 다음으로 일본 기업의 미시적인 분석을 실시한다.

6.3 일본 기업의 분석

6.3.1 데이터

아래의 분석에서는 경제산업연구소^{RIETI}가 2009년에 실시한 '일과 삶의 균형(워크 라이프 밸런스)에 관한 국제비교 조사'의 데이터 가운데 일본의 기업 조사 데이터를 사용한다. 일본 기업 조사는 경제산업성 기업활동 기본조사経済産業省企業活動基本調查의 대상 기업으로 종업원 100명 이상의 기업에 대해서 인사담당자와 해당 기업의 화이트칼라 정사원을 대상으로 표본 추출을 하여 실시하고 있다. 이번에 분석하는 것은 인사담당자에 대한 '기업 조사표'에 기초를 둔 표본수 1,677개의 기업 조사 데이터의 분석이다.

6.3.2 기업 매출 총이익의 결정요인에 대한 토빗회귀분석

6.3.2.1 기업의 퍼포먼스 이론 모델 및 분석 모델

이번 장은 기업의 퍼포먼스 척도로서 '매출 총이익'을 사용한다. 경제 산업연구소의 기업 조사에서는 매상고를 함께 조사하고 있다. 매상고는 아래에서 기술하는 생산고와 개념적 관련이 강하고, 또 항상 정(^{正})의 값을 취하므로 분석상 편리하다. 하지만 기업 퍼포먼스를 주로 이윤과 임금으로 측정하려고 하면 매상고는 적절한 척도라고 말하기 어렵다. 한편, 매출총이익('조이익'^{粗利}이라고도 불림)은 매상고에서 매출원가를 뺀 값으로 정의된다. 매출원가에는 '노무비'로 분류되는 작업직 등의 인건비는 포함되지만, 관리·사무·판매직이나 전문직 등의 급여는 통상 포함되지 않는다. 따라서 매출 총이익에는 이윤뿐만 아니라 노무비 이외의 인건비와 관리 비용이 포함된다. 그러나 '원가'인 노무비 이외의 인건비는 인적자본의 활용에 의한 부가가치도 포함되므로 이 부가가치를 반영하는 매출 총이익의 성질은 인건비를 제외한 영업이 익에 비해 노동생산성을 문제로 삼는 기업 퍼포먼스의 척도로서 바람직하다. 또 본 분석에서는 여성의 인재 활용이 노동생산성을 높일 것인지가 주된 관심이지만, 만약 임금을 제외한 후의 영업이익으로 측정하면, 여성의 상대 임금을 상대 생산성보다 낮게 억제할 경우, 그 렌트 이익을 포함하게 된다. 그러나 그러한 이익을 포함하는 노동생 산성의 척도를 여성의 인재 활용의 분석에 반영하는 것은 이번 연구 에는 적절하지 않다. 왜냐하면 매출 총이익에 근거하는 후술의 노동 생산성의 척도는 영업 이익에 근거하는 척도보다 바람직하다고 생각 하기 때문이다.

이론 모델로서는 콥 더글라스형(이하 CD형이라고 부른다)의 생산 함수 $PD = A(\mathbf{x})K^{\alpha}L^{\beta}$를 가정한다. 여기서 PD는 생산물의 가치를 포함한 생산고이며, K는 자본 투입량, L은 노동 투입량, $A(\mathbf{x})$는 생산성을 나타내고, $\mathbf{x}$는 그 결정 요인이다. 또 통상 $1>\alpha>0$ 및 $1>\beta>0$가 성립한다. 이 CD형 모델을 가정하면 노동량 1단위당 생산고에 대한 식

$$\log(PD/L) = \log(A(\mathbf{x})) + \alpha\log(K) - (1-\beta)\log(L) \quad \cdots\cdots\langle\text{식 }6.1\rangle$$

를 얻는다. 〈식 6.1〉은 '노동량 1단위당 생산고'의 대수는 자본 투입량의 대수에 정正으로 의존하고 노동 투입량의 대수에 부負로 의존하고, 그 두 변수를 통제하면 생산성의 영향 요인 $\mathbf{x}$의 함수에 선형으로 의존하는 것을 나타내고 있다.

그러나 아래에서 분석하는 것은 생산고가 아닌 매출 총이익이다. 여기서 매출 총이익 PF가 $PF = r(\mathbf{x})PD$를 만족시킨다고 가정한다. PD를 시장에서 거래된 생산고인 매상고와 동일시한다면, 여기에서 $r(\mathbf{x})$는 $1>r(\mathbf{x})>0$를 만족시켜 매출 총이익률을 나타내고, 기업이 제공하는 상품이나 서비스의 시장경쟁력이나 판매력을 나타내지만, 이것도 영향 요인 $\mathbf{x}$에 의존한다고 생각된다. 이때 〈식 6.1〉과 맞추면 아래의 〈식 6.2〉를 얻는다.

$$\log(PF/L) = \log(r(\mathbf{x})A(\mathbf{x})) + \alpha\log(K) - (1-\beta)\log(L)$$
$$\cdots\cdots\langle\text{식 }6.2\rangle$$

〈식 6.2〉에서는 생산성 $A(\mathbf{x})$와 매출 총이익 $r(\mathbf{x})$의 결정 요인을 구별할 수 없지만, 이번 장에서는 생산성과 매출 총이익을 곱한 $A(\mathbf{x})r(\mathbf{x})$가 노동 투입량 1단위당의 매출 총이익에 초래하는 영향을 '생산성·경쟁력'이라 부르고, 기업 퍼포먼스의 이론적 척도로서 그 차이를

초래하는 요인을 회귀분석으로 밝힌다. 아울러 자본 투입량 K의 값은 모르지만 기업의 자본금에 비례한다고 가정한다. 또 〈식 6.2〉는 노동 투입량 L의 1단위로서, 1인당인지 1시간당인지를 구별함에 따라 다른 분석이 되지만, 이번 장이 본론으로 하는 것은 노동 시간 1시간당 생산성이다. 여성의 노동 시간은 남성보다 짧으므로 1인당 생산성으로는 장시간 노동에 의지하는 비효율적인 일하는 방식을 기준으로 할 뿐만 아니라 여성의 등용에 부정적인 평가를 하는 척도가 되고, 전술의 OECD 국가의 분석에서도 알 수 있듯이 여성의 활약과의 연결이 없거나 약하다고 생각된다.

〈식 6.2〉의 응용에는 한 가지 기술적 문제가 있다. 그것은 실제로는 매출 총이익이 부(負)의 기업이 존재하는 것이다. 이 경우 종속변수 $\log(PF/L)$의 값은 얻을 수 없으나 이 사례를 표본으로부터 제거하면 효과 측정에 편향을 초래하므로 아래에서 설명하는 토빗회귀분석을 사용하여 좌측 센서값left censored value으로서 다루었다.

매출 총이익에 대해서 경제산업연구소의 기업 조사는 2007년과 2008년의 값을 조사하고 있지만, 아래의 분석에서 변수 PF를 매출 총이익이 2007년과 2008년의 양쪽을 얻을 수 있는 경우는 그 단순 평균, 한 쪽만을 얻을 수 있는 경우는 그 값으로서 정의했다. 그 결과 1,677표본 중 유효 응답이면서 PF를 정의할 수 있었던 것이 1,193표본, 결측(특정되지 않은)값이 된 것이 484표본이었다. 더불어 총 노동량 L의 산출에 필요한 정사원 수가 결측인 기업이 17표본, 정규 노동자의 평균 노동 시간이 결측인(측정 수치가 없는) 기업이 127표본 있어서 유효한 기업 표본은 1,049표본이 되었다.

또 매출 총이익 및 정규 노동자의 평균 노동 시간의 표본 가운데 결측값이 되는 표본수가 많지만, 이들 표본을 분석으로부터 제외하면 표본 선택 편향이 생길 가능성이 있다. 그러므로 실측값을 얻을 수 있어서 최종적으로 분석 대상이 된 경우를 1, 결측값이 있어서 분석으로부터 제외된 경우를 0으로 하는 프로빗 분석을 예비 분석으로 실시하였다. 그 결과 정사원 수가 크면 결측이 되기 쉬운 경향이 있는데, 그 밖에 기업의 특성으로 이 두 구분에 유의미한 영향을 미치는 변수는 존재하지 않았다. 따라서 아래의 토빗 모델에서는 정사원 수를 통제하므로 표본 선택 편향의 문제는 무시할 수 있다고 결론을 내렸다.[3]

토빗회귀분석은 〈식 6.2〉에 또 정규분포에 따르는 오차가 있다고 가정하고, 종속변수가 특정한 값(통상 0) 이하의 경우, 그 값이 관찰값이 아니라 '그 이하'의 불특정한 값을 의미하는 좌측 센서값으로서 취급한다.[4] 이번 분석에서 16표본이 부(負)의 매출 총이익을 보고하고 있는데, 이들 사례에서는 아래의 토빗회귀 모델의 종속변수는 0으로 좌측 센서된 값으로 다루었다. 한편, 매출 총이익이 부(負)의 값인 경우 좌측 센서값으로서 다룬다는 것은 그들의 기업 퍼포먼스가 실측값을 사용하는 기업보다 나쁘다는 정보만을 가지고 실제 손실이 어느 정도였는지에 대한 정보를 무시하게 된다. 이 정보 손실은 센서값의 비율이 클 경우에는 무시할 수 없지만, 본 표본의 경우 센서값으로 취

---

3 실측값의 유무에만 영향을 미치고 결과 Y에 영향을 미치지 않는 조작 변수가 조사 항목으로는 전혀 눈에 띄지 않으므로 헤크먼법으로 표본 편향을 제거하는 방법은 응용할 수 없다고 판단했다.

4 일반적으로 '센서값'이란 결과 변수 Y에 대해서 정확한 값은 모르지만 어떤 값보다 큰(우측 센서값), 혹은 어떤 값보다 작은(좌측 센서값) 것을 아는 경우를 말한다. 이러한 관찰값이 있어도 Y를 종속변수로 하는 회귀분석을 응용할 수 있으며, 그 대표적인 것이 바로 토빗회귀 모델이다. 또 '우측 센서값'은 Y가 결혼 연수 등 어떠한 상태가 계속식으로 이어지는 시간의 단위인 경우에 전형식으로 나타나며, 관찰 시점으로 '현재도 그 상태가 계속되고 있는 중'인 경우가 그것에 해당한다.

급되는 표본의 비율은 1.5%에 지나지 않고, 정보 손실의 정도는 지극히 작다.

종속변수에 대해서는 노동 투입량 L에 대해서 정사원 주당 노동 시간의 1시간당을 단위로 하는 경우를 분석한다. 정사원의 주당 노동 시간 1시간당의 매출 총이익에 대한 분석의 종속변수는

$$Y \equiv \begin{cases} = \log\left(\dfrac{PF}{\text{정사원 수} \times \text{주당 노동 시간}}\right) & (\ )\text{내} > 0\text{일 때} \\ = 0\,(\text{좌측 센서값}) & (\ )\text{내} \leq 0\text{일 때} \end{cases}$$

로 했다.

또 각 기업에는 비정규 노동자도 존재하고, 그들의 생산은, 노무비로서 매출원가에 포함되는 것은 별도로 하고, 기업의 매출 총이익에 영향을 미친다. 따라서 '정사원의 주당 노동 시간 1시간당'이 아니라 비정규 노동자를 포함시킨 '노동자의 주당 노동 시간 1시간당'의 분석이 더욱 바람직하다. 그러나 조사에서 비정규 노동자는 2008년 12월말 시점의 인원수를 조사하고 있어, 이것이 연평균 주당 비정규 노동자 수와 같은 것인지는 분명하지 않다. 또 정사원의 주당 노동 시간에도 전술한 바와 같이 결측값이 상당히 있지만, 비정규 노동자의 주당 노동 시간에는 보다 많은 결측값이 있기 때문에 노동자의 주당 노동 시간 1시간당 매출 총이익의 추정값에 사용할 수 있는 표본 수가 상당히 감소되어 모집단의 대표성을 얻기가 더욱 어려워진다. 그러므로 본 분석에는 정사원의 데이터만을 사용하기로 했다. 이 경우 정사원 노동 시간 1시간당의 매출 총이익에는 비정규 노동자가 산출하는 이익이 포함되므로 과대평가가 된다. 이를 수정하기 위해 토빗회귀분석에서 '비정규 노동자 비율'을 독립변수에 넣어서 조정하였다. 또 이

변수의 영향에는 그 자체의 영향에 더해 비정규 노동자 비율이 클수록 정사원 1인당의 매출 총이익이 비정규 노동자가 산출한 이익을 반영하는 만큼 과대평가가 되는 경향을 통제하기 위한 효과가 포함되므로 그 회귀계수의 의미는 해석하지 않고 단지 통제변수로서 사용한다.

통제변수로서 ①log(자본금)과 ②log(노동량)(노동량은 정사원 전체의 주당 총 노동 시간)에 더해 ③기업 설립 연도, ④비정규 노동자 비율, ⑤업종(8구분의 산업 구별)을 사용했다. 분석의 초점이 되는 기업의 생산성·경쟁력의 설명요인에는 다음과 같은 변수를 설정하였다. 먼저 여성의 인재 활용의 지표로서 ⑥정사원 여성 비율, ⑦관리직 여성 비율, ⑧여성 정사원의 대졸도(0: 0~20% 미만, 1: 20~40% 미만, 2: 40~60% 미만, 3: 60~80% 미만, 4: 80% 이상의 5구분의 간격 척도), ⑨기업이 "성별에 관계없이 사원의 능력 발휘에 노력하고 있다"라고 하는 GEO 방침 유무의 네 변수를 사용했다. 또 ⑧과 비교하기 위해 ⑩남성 정사원의 대졸도(척도는 ⑧과 같다)를 사용했다.

아울러 기업의 WLB이나 유연하게 일하는 방식을 지표로 하여 야마모토·마쓰우라(山本·松浦, 2012)의 연구와의 비교를 위해 개별로 ⑪WLB 추진 센터 설치 등의 적극적인 WLB에 대한 대처의 유무, ⑫플렉스타임 근무제도의 유무, ⑬법적 규정을 능가한 육아휴직제도에 더해 제5장에서 다룬 ⑭근무지 한정정사원제도의 유무의 영향에 대해서 검증했다. 제5장에서는 남녀 임금 격차의 영향에 대하여 GEO 방침의 유무와 ⑫나 ⑭의 시책 간에 강한 상호작용 효과가 있는 것이 밝혀졌다. 그러므로 기업의 노동생산성에도 상호작용 효과를 보이는 것인지를 함께 검증했다. 또 야마모토·마쓰우라의 연구에 따르면 WLB 추진이 기업 퍼포먼스에 미치는 정^{正}의 영향은 기업이 '종업원 300명 이상'인지의 여부에 의존한다고 보고되어 있다. 이 구분과는 다소 다르지만 '정사원 수 300명 이상'인 기업에 대해서 GEO 방침이나 ⑪~⑭의 각 기업 시책의 유무와의 상호작용 효과에 대해서 검증했다. 그 결과 ⑫의 플렉스타임 근무제도의 유무와 ⑬의 법적 규정을 능가한 육아휴직제도는 상기의 두 상호작용 효과도 포함하여 생산성·경쟁력에 전혀 유의미한 영향을 보이지 않았다. 법적 규정을 능가한 육아휴직제도의 영향에 대해서는 야마모토·마쓰우라와 같은 결론이 되었지만, 플렉스타임 근무제도의 유무의 영향에 대해서는 그들의 연구에서는 WLB 시책의 영향만큼 명확하지 않지만, 제도 도입 후에 생산성이 증대되는 경향을 보이는 것으로 보고하고 있어, 이 점에서는 일치하지 않는 결과가 되었다. ⑪의 조직적 WLB 대처의 영향과 ⑭의 근무지 한정정사원제도의 유무의 영향에 대해서는 후술한다.

또 관리직 여성 비율, 여성 정사원 비율, 남성 정사원 비율에는 미상이 존재하지만 그들은 '미상 더미변수'를 사용하였다.[5] 미상을 포함하는 변수와의 상호작용 효과에 대해서도 그 변수와의 상호작용 효

---

5 지금 독립변수 X에 결측값이 있다고 한다. 또 D_X를 X가 결측값인 경우 1, 실측값인 경우 0로 하는 더미변수(X의 '미상 더미')로 한다. 또 X가 결측값의 경우에 상수 C를 준다고 한다. 그러면 회귀분석에 $b_1X+b_2D_X$를 포함시키면, X의 계수 b_1은 C의 값에 의존하지 않고 추정값으로서 일치성을 가지고, b_2의 계수는 C의 값에 의존하는 것을 나타낼 수 있다. 이 방법은 결측값이 일정적이라는 암묵적인 가정을 하는 것으로 결측값의 대체 방법에 비해 b_1의 표준오차 추정에 편향을 초래할 가능성이 있지만, 다른 가정을 필요로 하지 않는 점에 장점이 있다. 이번 장의 토빗분석에서는 관리직의 여성 비율, 여성 정사원의 대졸도, 남성 정사원의 대졸도의 세 변수에 이 방법을 사용하고, 결측값에 의한 표본의 감소를 최소화하고 있다. 이 결과 토빗회귀분석으로 결측값에 의해 분석에서 제외된 표본은 매출 총이익 혹은 정사원 총 노동 시간이 결측값이 되어 종속변수가 정의되지 않은 경우만 된다.

과와 그 변수의 미상 더미변수와의 상호작용 효과를 모두 모델에 추가하였다.

6.3.2.2 토빗회귀 모델 분석 결과-1: 대졸 여성의 인재 활용 조건

〈표 6.3〉은 정사원 1시간당 매출 총이익의 영향 요인에 대한 토빗회귀 모델의 결과를 나타낸다.

모델 1은 상호작용 효과를 포함하지 않는 모델, 모델 2는 모델 1에 'GEO 방침 있음'과 '여성 정사원의 대졸도'의 상호작용 효과를 더한 모델, 모델 3은 모델 1에 '관리직 여성 비율'과 '여성 정사원의 대졸도'의 상호작용 효과를 더한 모델, 모델 4는 모델 1에 두 개의 상호작용 효과를 모두 더한 모델이다.

모델 1의 결과는 주된 관심 사항에 관한 결과로서 시간당의 기업 생산성·경쟁력은 ①관리직 여성 비율이 증가하면 증대하는 것, ②정사원 여성 비율이 증가하면 감소하는 것, ③남성 정사원의 대졸도가 증가하면 증대하는 데 반해 여성 정사원의 대졸도는 유의미한 영향을 가지지 않는 것, ④GEO 방침을 가지는 기업은 가지지 않는 기업에 비해 생산성·경쟁력이 높은 것을 보여주고 있다. 한편, 자본금의 대수는 정^{正}의 영향을, 정사원 수의 대수는 부^{負}의 영향을 모두 강하게 가지고 있지만, 이들은 〈식 6.2〉의 이론 모델로부터 상정되는 것이다. 또 기업의 설립 연도가 근년일수록 1인당 생산성·경쟁력이 낮아지는 경향도 강하다. 또한 신규 참입 기업일수록 도산 리스크가 높고 평균적으로 퍼포먼스가 뒤떨어지는 것은 미국의 프리맨 등(Freeman, Carroll, and Hannan, 1983)에 따른 기업 조직에 관한 "The liability of newness(새로움의 부채)"의 연구 이후 잘 알려진 사실이다.

발견 ①과 ②는 함께 해석할 필요가 있다. 관리직 여성 비율과 정사

〈표 6.3〉 정사원의 주당 노동 시간 1시간당의 매출 총이익에 대한 토빗분석

: 표본 수 1,049, 좌측 센서 수 16

	모델 1	모델 2	모델 3	모델 4
I. 중심적 독립변수				
① 정사원 여성 비율	-0.734***	-0.725***	-0.760***	-0.753***
② 관리직 여성 비율	1.665**	1.650**	0.802	0.874
③ 여성 정사원 대졸도	0.033	-0.062	0.000	-0.079
④ 남성 정사원 대졸도	0.151***	0.150***	0.145***	0145***
⑤ GEO 방침 있음(대 없음)	0.217**	0.118	0.211**	0.127
상호작용 ②×③	—	—	1.277*	1.140*
상호작용 ③×⑤	—	0.135*	—	0.118*
II. 기타 주된 독립변수				
LOG(자본금)	0.250***	0.245***	0.246***	0.246***
LOG(정사원 수×노동 시간)	-0.330***	-0.330***	-0.329***	-0.330***
설립 연도/10	-0.063***	-0.065***	-0.062***	-0.063***
III. 계수 생략이 된 독립변수				
절편 비정규 노동자 비율 업종 더미(8개) 관리직 여성 비율 미상 더미 여성 정사원 대졸도 미상 더미 남성 정사원 대졸도 미상 더미 미상 더미와의 상호작용 효과				

***p ⟨ .001; **p ⟨ .01; *p ⟨ .05

원 여성 비율 간에는 비교적 큰 상관(0.510, 0.1% 유의미함)을 보이는데, 이는 회귀계수가 연동하기 때문이다. 이 결과는 ①정사원 여성 비율을 일정하게 하면, 관리직 여성 비율이 높은 기업일수록 시간당 생산성·경쟁력이 높아지고, ②관리직 여성 비율을 일정하게 하면, 정사원 여성 비율이 높을수록 시간당 생산성·경쟁력은 낮아지는 것을 나

타내고 있다. 정사원 여성 비율이 일정하고, 관리직 여성 비율이 커지는 것은 여성 정사원에 보다 큰 관리직 승진의 기회가 주어지고 있다는 의미로 ①은 그러한 기업의 생산성·경쟁력이 높은 것을 나타낸다. 한편, 관리직 여성 비율이 일정하며, 정사원 여성 비율이 증가하는 것은 여성 정사원에게 보다 작은 관리직 승진의 기회가 주어지고 있다는 의미로 ②는 그러한 기업의 생산성·경쟁력이 낮은 것을 나타낸다. 즉, 어느 쪽 경향도 여성 정사원에 의해 관리직 승진의 큰 기회를 제공하고 있는 기업일수록 생산성·경쟁력이 높다는 사실이 나타나고 있다.

또 관리직 여성 비율의 정표의 계수(1.665)의 크기가 정사원 여성 비율의 부負의 계수(-0.734)의 절대값으로 약 2.3배라는 사실도 주목할 가치가 있다. 이것은 정사원 여성 비율이 예를 들면, 평균 22%에서 32%로 10% 포인트 증가하는 경우 관리직 여성 비율이 4.3%(10/2.3=4.3) 증가하면 기업 퍼포먼스는 달라지지 않지만, 관리직 여성 비율의 증가가 그 이하라면 기업 퍼포먼스는 떨어지고, 반대로 그 이상의 증가라면 기업 퍼포먼스는 오르는 것을 의미한다.

일본에서는 여성의 약 60~70%가 결혼·육아 이직하고, 그 대부분이 관리직의 승진 기회를 잃는 실정이 있다.[6] 이 상태에서는 만약 결혼·육아 이직하지 않는 여성에게 남성과 동등한 관리직의 승진 기회가 주어져도, 결혼·육아 이직 전인 정사원 여성 비율이 10% 증가해도, 관리직 여성 비율은 3~4%밖에 증가하지 않고 기업 퍼포먼스는 오히려 떨어진다. 더구나 현상과 같이 정사원 여성 비율 22%에 비해

---

[6] 단, 후생노동성의 2016년 제15회 출생동향 기본조사 보고에 의하면, 2010년 이후 여성의 첫아이 출생 전후에 지속적으로 직장을 다니는 취업률이 늘어나고 있다. 이 값은 유동적이어서 과거의 것이 될 가능성이 높다.

관리직 여성 비율이 2.4%로 약 10분의 1이 되는 것이면, 정사원 여성 비율의 10% 증가에 반해 관리직 여성 비율의 4.3% 증가 등은 (현상이 계속되는 한) 전혀 기대할 수 없는 값이다. 제2장의 분석에서도 나타낸 바와 같이 동일한 근속 연수를 가지는 정사원이어도 관리직 승진 비율에는 큰 남녀 격차가 존재한다. 앞으로 여성 정사원 비율이 증대하는 것이 예상되지만, 상기의 결과는 기업이 여성의 인재 활용에 관하여 유능한 여성의 관리직 승진을 대폭적으로 개선하지 않으면, 여성 정사원의 증가가 오히려 생산성·경쟁력을 저하하게 만드는 것을 시사한다. 이것은 일본 기업이 여성의 인재 활용에 성공하지 않고 있음을 방증한다. 단, 이상의 결과는 반사실적인 사회 상황에 관한 추측으로 정사원 여성 비율의 다소의 증가는 모델 1의 회귀계수값을 크게 바꾸지 않는다는 가정에 서 있다.

일반적으로 대학 교육이 인적자본을 기르는 것인지, 대졸이라는 것이 보다 유능한 사람을 진학에 따라 선발하기 위한 시그널에 지나지 않은 것인지는 논의의 여지가 있지만, 평균적으로는 더 높은 교육을 받은 사람의 노동생산성이 높은 것은 이른바 세계의 보편적 사실이다. 그러나 발견 ③은 일본 남성은 그와 같은 결과가 되었으나, 여성에게는 그 보편적인 사실이 존재하지 않는 것을 나타낸다. 이것은 일본 기업이 평균적으로 대졸 여성의 인재 활용에 거의 완전히 실패하고 있는 것을 시사하는 엄중한 사실이다.

최근의 어떤 일본의 서비스업의 대기업에서의 목표 관리 제도의 운용에 관한 통계적 데이터 분석으로, 오완(大灣, 2017)은 대졸 정사원의 목표 난이도 설정에서 난이도가 비교적 높은 업무에 할당되는 확률이 여성이 남성보다 유의미하게 낮을 뿐만 아니라, 남성의 경우 능력이 높은 남성에게는 난이도가 높은 업무가 주어지는 경향이 보이는 것에 반해, 여성의 경우 개인의 능력 차이가 주어지는 업무 난이도에 전혀 영향을 미치지 않고 있다고 보고하고 있다. 일본 기업이 평균적으로는 대졸 여성의 활용에 실패하고 있는 이번 장의 발견의 배후에는, 남성에게는 당연한 것처럼 고려되는 개인 능력의 차이가 여성에게는 왠지 전혀 고려되지 않는다는 것이 일본 기업의 여성 인재 불활용의 근본 문제에 있다고 생각된다. 단, 여성 노동자의 대졸률의 영향에는 후술하는 바와 같이 다른 변수 간에 중요한 상호작용 효과가 있다.

발견 ④는 GEO 방침을 가지는 기업이 가지지 않는 기업에 비해 시간당 생산성·경쟁력이 높고, 그 차이는 약 1.24배[exp(0.217)＝1.24]이다. 이 발견에 대해서는 관찰되지 않는 요인에 의해 생산성·경쟁력이 높은 기업이 성별에 관계없이 사원의 능력 발휘에 노력한다는 역인과관계(GEO 방침이 생산성을 높이는 것이 아니고 생산성의 높이가 GEO 방침의 채용을 가져온다)의 가능성을 지적하는 사람도 있을 것이다. 그러나 이 해석의 타당성에 대해서는 모델 2의 결과가 참고가 된다.

모델 2는 GEO 방침의 유무와 '여성 정사원의 대졸도' 간에 상호작용 효과가 있고, GEO 방침이 없는 기업에서는 여성 정사원의 대졸도는 생산성·경쟁력에 유의미하게 영향을 미치지 않지만, GEO 방침이 있는 기업에서는 여성 정사원의 대졸도가 높으면 기업의 생산성·경쟁력이 증대하고, 그 영향의 정도(0.135)는 남성 대졸도의 영향(0.150)과 비교해서 크게 뒤지지 않음을 보여준다.

또 여성 정사원의 대졸도가 최저 수준(20% 미만)으로 변수 값이 0인 경우는 GEO 방침의 유무 영향(0.120)은 유의미하지 않다. 즉 GEO 방침이 평균적으로 기업 생산성·경쟁력을 높이는 것은 "성별

에 관계없이 사원의 능력 발휘에 노력한다"라고 대답한 기업 간에서
는 여성 정사원의 대졸도의 높이가 보다 높은 생산성·경쟁력과 결부
되어 있는 결과이다. 여성 대졸자가 남성 대졸자와 같이 평균적으로
그 잠재 능력이 높고, 원래 여성 대졸도의 높이는 남성 대졸도의 높이
만큼 기업의 생산성·경쟁력을 향상시켜야 한다고 가정한다면, 이 발
견이 "생산성·경쟁력이 높은 기업일수록 여성 대졸도를 증가시키고,
또 '성별에 관계없이 사원의 능력 발휘에 노력한다'는 방침을 가지기
쉽다"라고 하는 역인과관계의 해석에는 무리가 있는 것으로 생각된
다. 이것은 남성 대졸도의 영향이 인과관계(생산성·경쟁력의 높이가
결과), 여성 대졸도의 높이의 영향은 역인과관계(생산성·경쟁력의 높
이가 원인)라는 일관성이 없는 해석이 되기 때문이다. 따라서 평균적
으로 GEO 방침이 높은 생산성·경쟁력과 결부되어 있다는 것도 인과
관계라고 해석해야 할 것이나.

　또 GEO 방침이 있는 기업에서는 여성의 고학력화가 생산성의 향
상을 가져오는 결과는 정사원　대졸도가 평균적으로는 높은 생산성·
경쟁력과 결부되지 않는다는 모델 1의 결과와 모순되지 않을까 하는
의문에 대해서는 모델 2의 결과에서 볼 수 있듯이, GEO 방침을 가지
지 않는 기업에서는 '정사원 여성의 대졸도'는 유의미하지 않지만, 부
[1]의 계수를 가지고 있는 것과 관계되어 있다. GEO 방침을 가지지 않
으면 대졸 여성이 많은 것이 오히려 마이너스로 작용할 가능성을 시
사한다. 어떤 경우건 간에 이 때문에 '여성 정사원의 대졸도'의 평균
효과는 유의미하지 않는 것이다.

　〈표 6.3〉의 모델 3은 '여성 정사원의 대졸도'와 '관리직 여성 비
율' 간에 보이는 상호작용 효과와 그 결과를 나타내고 있다. 이 플러
스의 상호작용 효과는 여성 정사원의 대졸도가 기업의 시간당 생산

성·경쟁력을 향상시키는 경향이 관리직 여성 비율과 함께 증가하는 것, 또 동시에 관리직 여성 비율의 높이가 기업의 시간당 생산성·경쟁력을 향상시키는 경향이 여성 정사원의 대졸도와 함께 증가하는 것을 나타낸다. 여기서 여성 정사원 대졸도의 효과를 예로 하면, '0.000+1.277×(관리직 여성 비율)'이 되고, 관리직 여성 비율이 표본평균에서는 2.4%이지만, 그것이 만약 8.8%(1.277/0.145=8.8) 정도로 늘어나면, 계수 0.145의 남성 정사원 대졸도의 영향과 거의 동등해진다. 이것은 관리직 여성 비율의 6.4%(단, 배율에서는 3.5배 이상)의 증가이며, 당장의 목표가 될 것이다. 물론 이것은 개인이 아닌 사회변화이므로 그 상황에서 같은 회귀계수가 유지되는 것은 확정적이지 않고 어디까지나 기준이다.

또 관리직 여성 비율이 큰 기업에서 여성 정사원의 대졸도가 생산성의 향상을 가져오는 것과, 비율이 0의 경우라도 대졸도의 주효과가 모델 3으로 0.0와 부(負)의 값이 되지 않고 있는 것으로부터, 여기서도 평균적으로도 정사원 대졸도의 효과가 유의미하지 않는 것에 의문을 가질 지도 모르지만, 이것은 다음의 이유에 따른다. 〈표 6.4〉가 나타

〈표 6.4〉 종업원 100명 이상인 기업의 관리직 여성 비율(평균 2.4%)

과장 이상의 관리직 여성 비율	기업 비율(%)
1% 미만	71.3
1% 이상 5% 미만	14.0
5% 이상 10% 미만	7.7
10% 이상 20% 미만	4.8
20% 이상 50% 미만	1.8
50% 이상	0.4

내는 바와 같이 관리직 여성 비율이 높은 기업은 분석에 포함된 기업 가운데 지극히 적고, 비율이 10% 이상인 기업은 7.0%에 불과하고, 20% 이상인 기업은 오로지 2.2%에 지나지 않는다. 반대로 관리직 여성 비율이 1% 미만인 기업은 실로 70%를 넘는 것에 관계되어 있다. 그러므로 관리직 여성 비율이 비교적 높은 소수의 기업에서 여성 정사원의 대졸도가 생산성의 높이와 결부되어 있는 것과 전체 기업의 평균에서 전혀 유의미한 영향이 보이지 않는 것은 모순되지 않는 것이다. 〈표 6.4〉는 이 분석에 사용한 경제산업연구소 조사의 표본 종업원 100명 이상인 1,677개 기업 가운데 남녀별 과장 이상의 관리직 수가 밝혀진 1,576개 기업에 대한 여성 관리직 비율의 분포의 특징을 나타내고 있다.

이 조사에서 과장 이상의 관리직 여성 비율의 평균이 2.4%인 것에 대해서, 국제비교로 말하는 관리직 여성 비율이 제1장에서 설명한 바와 같이 미국에서 40% 이상, 대다수의 유럽 나라에서 30%대, 그리고 일본이 약 10%라고 하는 숫자와 비교해서 극단적으로 낮은 것이 아닐까하는 의문을 품는 사람도 있을 것이다. 사실 일본의 10%라고 하는 숫자는 기업을 단위로 한 숫자(각 기업의 관리직 여성 비율의 평균)가 아니고, 노동자를 단위로 한 숫자인 데다 일본에 많은 소규모 기업의 관리직도 포함되어 있는 점이 다르다. 덧붙이자면, 2006년의 후생노동성厚生労働省 '여성고용관리 기본조사'의 결과에 의하면 조사 대상이 되는 종업원 30명 이상의 기업 가운데 과장 이상인 직급에 해당되는 여성 비율의 기업 평균이 3.6%였다. 기업 규모가 커지면 과장 이상의 여성 비율이 감소하므로 종업원 100명 이상의 본 표본 기업의 관리직 여성 비율 2.4%에 큰 치우침이 없다고 생각된다.

일본 기업에서는 남성의 경우와 달리 평균적으로 여성 정사원의 대졸도가 시간당 생산성·경쟁력을 향상시키는 경향이 없지만, 관리직 여성 비율이 늘어날수록 여성 정사원의 고학력화가 시간당 생산성·경쟁력의 향상에 이어지는 경향도 보임이 밝혀졌다. 이 사실의 인과적 해석에 대해서는 6.4절에서 논의한다.

모델 4는 모델 2에 포함된 상호작용 효과와 모델 3에 포함되는 상호작용 효과를 모두 포함하는 모델이다. '여성 정사원의 대졸도'와의 상호작용 효과에서 부분적으로 겹치기 때문에 상호작용 효과의 계수가 모두 단독인 경우보다 다소 작아지지만, 'GEO 방침의 유무'×'정사원 여성의 대졸도'와 '여성 관리직 비율'×'여성 정사원 대졸도' 모두 5% 유의미함을 유지하고 있다. 겹치는 부분도 조금 있지만, 한 쪽이 다른 한 쪽으로 설명된다는 것은 전혀 아니고, 이 상호작용 효과는 함께 존재하고 대졸 여성의 인재 활용이 유효가 되는 두 개의 메커니즘을 나타내고 있다고 생각되지만, 이 해석에 대해서는 최종 6.4절에서 논한다.

6.3.2.3 토빗회귀 모델 분석 결과-2: WLB 시책과 근무지 한정정사원제도의 영향

아래의 〈표 6.5〉와 〈표 6.6〉에서 각각 그 효과를 분석하는 WLB 추진의 조직적 대처의 유무와 근무지 한정정사원제도의 유무에 관한 기술 통계 결과는 제5장 〈표 5.1〉에서 보여주었다.

〈표 6.5〉는 WLB에 대한 조직적인 대처 유무에 관한 세 개의 모델의 결과를 나타내고 있다. 한편, 모델 5A는 〈표 6.3〉의 모델 3에 WLB 시책 추진의 조직적 대처의 유무에 관한 더미 변수와 '정사원 300명 이상의 더미'를 더하고 있다. 〈표 6.3〉으로 유의미한 것이 확인된 GEO 방침과 '여성 정사원의 대졸도'의 상호작용 효과가 GEO의 영향이 다

〈표 6.5〉 WLB 시책의 조직적 추진의 영향

	모델 5A	모델 5B	모델 5C
Ⅰ. 주된 변수			
① WLB 시책 있음(대 없음)	-0.033	-0.115	0.163
② GEO 방침 있음(대 없음)	0.218**	0.137	0.186*
③ 정사원 수≧300	0.167	-0.164	-0.004
①×②	—	-0.045	-0.422
①×③	—	0.340*	-0.455
②×③	—	0.406*	0.133
①×②×③	—	—	1.095**
Ⅱ. 기타 변수: 모델 3과 동일 (계수 생략)			

$^{***}p \rangle 0.001$; $^{**}p \rangle 0.01$; $^{*}p \rangle 0.05$

는 변수와의 상호작용 효과의 추가로 어떻게 달라지는지를 보기 위해 〈표 6.5〉의 모델에서는 생략하고 있다. 또 계수가 생략된 다른 변수의 유의미도는 〈표 6.3〉의 모델 3의 결과와 같다.

〈표 6.5〉의 모델 5A의 결과는 평균적으로 WLB를 조직적으로 추진하는 것은 유의미한 효과를 가지지 않지만, 모델 5B의 결과는 정사원 300명 이상의 기업에서는 WLB 추진이 기업의 생산성·경쟁력을 향상시키고, 아울러 모델 5C의 결과는 GEO 방침을 WLB 추진과 겸비하는 정사원 300명 이상의 기업만이 생산성·경쟁력이 높아지는 것을 나타내고 있다. 구체적으로는 정사원 300명 이상의 기업 가운데 GEO 방침을 가지지 않는 기업에서는 WLB 시책을 가지는 것이 기업의 시간당 생산성·경쟁력을 유의미하게 향상시키지 않지만, GEO 방침을 가지는 기업에서는 GEO 방침 자체의 영향을 넘어서 WLB 시책을 가지는 경우, 가지지 않은 경우에 비해 기업의 생산성·경쟁력이 약 2.62배[exp (1.095-0.133)=2.62]가 된

〈표 6.6〉 근무 한정정사원제도의 영향

	모델 6A	모델 6B	모델 6C
I. 주된 변수			
① 한정정사원제도 있음(대 없음)	0.391***	0.364*	0.372***
② GEO 방침 있음(대 없음)	0.204**	0.116	0.118
③ 정사원 수≧300	0.150	-0.092	-0.093
①×②	—	0.015	—
①×③	—	-0.009	—
②×③	—	0.394*	0.395*
II. 기타 변수: 모델 3과 동일 **(계수 생략)**			

***p 〉0.001; **p 〉0.01 ; *; p 〉0.05

다. 또 WLB와 GEO를 겸비하는 기업은 종업원 수 100명 이상의 전체 표본 기업 가운데 17%이지만, 정사원 300명 이상의 기업 안에서는 31%이 되므로 소수가 아니다. 더불어 GEO 방침의 주효과도 5% 유의미하지만 상호작용 효과가 있고, 또 'GEO 방침 유무'와 '정사원 300명 이상'의 상호작용 효과는 유의미하지 않지만, 계수가 정正인 것으로부터 이 효과는 WLB 추진 시책을 가지지 않는 기업의 경우에 GEO 방침이 보다 높은 시간당 생산성·경쟁력과 결부되어 있는 것을 나타내고 있다.

〈표 6.6〉의 결과는, 근무지 한정정사원제도는 WLB 추진과 유사한 상호작용 효과는 유의미하지 않지만(모델 6B의 결과), 주효과는 유의미한 강한 효과로 GEO 방침 유무에 관계없이, 근무지 한정정사원제도를 가지는 기업이 가지지 않는 기업에 비해 평균적으로 보다 높은 생산성·경쟁력을 가지고 있음을 나타내고 있다. 구체적으로는 근무지 한정정사원제도를 가지는 기업의 경쟁력·생산성은 가지지 않는

기업의 약 1.48배[exp(0.391)=1.48]가 되고 있다. 또 모델 6C의 결과는 GEO 방침을 가지는 것이 기업의 생산성·경쟁력을 향상시키는 경향이 정사원 300명 이상의 기업에서만 유의미한 것을 나타내고 있다.

6.4 결론과 인과효과에 관한 논의

이상의 분석 결과를 먼저 요약하면 다음과 같다. OECD 데이터의 분석에 대해서는, 연간 노동 시간 1시간당의 국내총생산과 남녀공동참획의 정도(GEM 지수로 평가) 간에 주된 교락요인인 인간개발도(HDI 지표로 평가)를 통제해도 유의미한 정표의 관련을 보였다. 그 관련의 강함은 시간당 국내총생산과 인간개발도의 관련의 강함의 약 80% 정도에 달하므로 남녀공동참획의 추진과 시간당 노동생산성 간에 강한 관련이 있음을 시사하는 결론을 얻었다.

한편, 경제산업연구소의 조사 데이터를 사용한 종업원 100명 이상인 일본 기업의 분석 결과에 대한 주된 발견을 정리하면 다음과 같다.

① 정규 노동자의 여성 비율이 일정하다고 할 때 과장 이상의 관리직 여성 비율이 증가하면 기업의 생산성·경쟁력이 유의미하게 증대한다.

② 반대로, 과장 이상의 관리직 여성 비율이 일정하다고 할 때 정규 노동자의 여성 비율이 증가하면 기업의 생산성·경쟁력이 유의미하게 감소한다.

③ "성별에 관계없이 사원의 능력 발휘에 노력하고 있다"라는

GEO 방침을 가지는 기업에서는 가지지 않는 기업에 비해 생산성·경쟁력이 유의미하게 크다.

④ '남성 정사원의 대졸도'가 크면 생산성·경쟁력이 강한 유의도 (0.1% 유의미함)에서 증대하는 것에 반해 '여성 정사원의 대졸도'는 평균적으로는 기업의 생산성·경쟁력에 유의미한 영향을 미치지 않고 있다.

⑤ 그러나 GEO 방침을 가지는 기업에 한하면 '여성 정사원의 대졸도'가 증대하면 생산성·경쟁력은 증대한다.

⑥ 또 동일하게 과장 이상의 관리직 여성 비율이 높은 기업에서도 '여성 정사원의 대졸도'는 기업의 높은 생산성·경쟁력과 결부되어 있다.

⑦ 정사원 300명 이상의 기업 가운데 조직적인 WLB 추진의 대처 시책을 가지는 기업은 GEO 방침을 겸비하는 경우에만 그렇지 않은 기업에 비해 약 2.6배 높은 생산성·경쟁력을 가지고 있다.

⑧ 근무지 한정정사원제도를 가지는 기업은 가지지 않는 기업에 비해 약 1.5배 높은 생산성·경쟁력을 가지고 있다.

그런데 ①~⑧의 결과는 형식적으로는 기업 생산성·경쟁력에 대해 영향을 미친다고 생각되는 다른 요인을 콥 더글라스형 생산함수의 가정 아래 회귀분석적으로 통제한 결과이고, 모델이 맞더라도 원칙적으로는 인과 방향성에 대해서 확정할 수 없고, 또 관찰되지 않는 교락요인의 영향을 배제할 수 없다. 그러나 아래에서 논의하는 바와 같이 타당하다고 생각되는 한 가지 가정 아래에서 어느 해석이 발견과 가장 잘 맞는지 판단할 수 있다. 아래에서 그것을 논의한다.

일반적으로 다른 변수를 통제하여 독립변수 X와 기업의 생산성이 유의미한 정^표의 상관을 가지는 경우, 다음 세 가지 대립 가설이 생각된다.

Ⓐ 인과가설: X가 증가하면 기업의 생산성이 증대한다.

Ⓑ 역인과가설: 생산성이 높은 기업이 높은 X 값을 가진다.

Ⓒ 공통원인가설: X와 기업 생산성에는 직접적인 인과관계는 없고, 공통의 원인이 생산성의 증대를 가져옴과 동시에 높은 X 값도 낳는다.

앞서 6.1에서도 언급했듯이 인과 해석에 대하여 이번 장은 아래의 한 가지 가정을 하고 있다.

가정: 대졸 여성은 잠재적으로 대졸 남성과 같이 고졸자보다 높은 노동생산성을 지니고 있으므로 적절한 인재 활용 아래에서는 기업의 대졸 비율이 성별에 관계없이 높은 생산성과 결부된다.

이 가정 아래에서는 ⑤의 '여성 정사원의 대졸도'와 '성별에 관계없이 사원의 능력 발휘에 노력하는' 기업의 GEO 방침 간 상호작용 효과는 적어도 그 일부는 인과효과라고 결론을 내릴 수 있다. 따라서 ③의 결과도 그 평균값이므로 적어도 그 일부는 인과효과가 된다. 즉, 기업의 GEO 방침은 생산성이 높은 기업이 GEO 방침을 가지는 면도 없다고는 말할 수 없지만, 실제로 '성별에 관계없이 사원의 능력 발휘에 노력하는' 것의 지표로서 유효하고, 또 그 결과 그 방침은 특히 대졸 여성의 생산성을 높이는 것으로 실제로 생산성을 향상시키고 있다고 결론지을 수 있다.

더불어 발견 ⑦이 조직적인 WLB 시책의 대처가 GEO 방침을 가지는 기업에서 보이는 특징이므로 적어도 인과효과를 포함한다. 그 결과, GEO 시책이 생산성을 증대시키는 것에 유효한 것은 WLB 추진을 동시에 실시하는 정사원 300명 이상인 기업의 경우만이고, 또 동일하게 WLB 추진이 생산성을 높이는 데도 유효한 것은 GEO 방침을 겸비하는 정사원 300명 이상인 기업의 경우만이라는 결론을 얻는다.

마지막의 WLB 시책에 관한 발견은 종업원 300명 이상의 기업에서는 WLB에 대한 조직적 대처가 기업의 생산성을 증대시킨다고 결론을 내린 야마모토·마쓰우라(山本·松浦, 2012)의 발견에 더하여 GEO 방침도 같이 갖출 필요가 있음을 조건 짓는 결과가 되었다. 한편, 블룸 등(Bloom et al., 2009)이 미국, 영국, 프랑스, 독일의 기업 분석을 통해서 경영 관행management practice과 WLB 관행work-life balance practice이 기업의 생산성 및 시장에서의 경쟁력에 미치는 영향을 분석했지만, WLB 관행의 직접적인 영향은 경영 관행의 영향을 통제하면 유의미하지 않게 되고, WLB에 관한 제도나 그 운용이 기업 생산성이나 경쟁력을 향상시키는 효과는 '좋은 경영 관행'을 통해서 달성된다고 결론을 내리고 있다. 하지만 이번 장의 일본 기업의 분석 결과는 다르다. WLB 추진은 "성별에 관계없이 사원의 능력 발휘에 노력한다"라고 하는 GEO 방침과 결부되었을 경우에만 생산성·경쟁력을 향상시키는 것이 시사되었다. 이것은 블룸들의 발견과 같이 경영 관행(GEO 방침은 그 특성)을 통한 간접효과가 아닌 GEO 방침과의 상호작용 효과이며, 그것이 블룸들의 발견과 다른 점이다.

그런데 발견 ⑥은 관리직 여성 비율도 여성 사원의 대졸도와 정표의 상호작용 효과를 가지고 있는 것을 의미하지만, 이것은 ⑤의 발견과 같이 상호작용 효과 자체는 인과적인 효과를 포함하는 것이 상기의 가정 아래 성립한다. 그럼 '관리직 여성 비율' 자체의 효과인 ①의 효과는 어떠한가? "여성의 관리직이 많아지면 생산성이 높아진다"라고 하는 인과가설은 ①의 발견과는 정합적이어도 ②의 관리직 여성 비율이 일정이고 정사원 여성 비율이 늘어나면 생산성이 감소한다고 하는 발견을 설명하지 않는다. 한편, "생산성이 높은 기업이 관리직 여성 비율을 증가시킨다"라고 하는 역인과가설은 생산성이 높은 기업은 정사원 여성 비율을 절감한다는 일어날 것 같지 않은 현상을 가정하지 않으면 발견 ②와 정합하지 않는다. 더불어 ⑥의 정사원 대졸도와의 상호작용 효과에 대해서 인과효과를 포함한다는 결론과도 모순된다.

본문에서도 논의한 바와 같이 ①과 ②를 합쳐, 정사원 여성의 관리직 승진 기회가 많은 것이 높은 생산성과 결부되어 있다는 사실을 나타내고, 이깃은 GEO 방침 같이 어싱 활약 추진의 지표라고 생각된다. 따라서 공통원인가설인 ①②⑥의 모두와 가장 정합한다. 즉 공통원인인 여성 인재의 유효한 활용이 한편으로는 정사원 여성이 관리직 승진률을 높이고, 또 다른 한편으로는 특히 대졸 여성의 생산성을 높이는 것으로 생산성도 향상시킨다고 해석하는 것이 타당하다고 생각한다. 즉 GEO 방침 유무와 같이 정사원 여성의 관리직 승진율도 유효한 여성의 인사 활용의 지표이며, 그 결과 보다 높은 생산성·경쟁력과 결부되어 있다고 말할 수 있다.

한편, ⑧의 근무지 한정정사원제도의 영향에 대해서는 이번 장의 분석만으로는 인과가설, 역인과가설, 공통원인가설의 어느 것에 특정 지을 수 없으므로 그 확정은 앞으로의 연구 과제이다.

| 인용 문헌 |

大湾秀雄. 2017. '働き方改革と女性活躍支援における課題 – 人事経済学の視点から' RIETI Policy Discussion Paper Series 17-p-006.

川口大司. 2007. '男女間の賃金と生産性格差 – 日本企業のパネルデータを用いた構造分析' RIETI Research Digest 9: 13-16.

山口一男. 2009. 『ワークライフバランス – 実証と政策提言』日本経済新聞出版社.

八代尚宏・樋口美雄. 2008. '雇用と人材活用のありかたとワーク・ライフ・バランス: 米国モデルは有効か' 『論争 日本のワーク・ライフ・バランス』(山口一男・樋口美雄編) 第一章. 日本経済新聞出版社.

山本勲・松浦寿幸. 2012. 'ワーク・ライフ・バランス施策と企業の生産性' 武石恵美子編『国際比較の視点から日本のワーク・ライフ・バランスを考える – 働き方改革の実現と政策課題』ミネルヴァ書房.

Asano, Hiroaki and Daiji Kawaguchi. 2007. "Male-Female Wage and Productivity Differentials: A Structural Approach using Japanese Firm-Level Panel Data." RIETI Discussion Paper.

Baughman, Reagan, Daniela DiNardi, and Douglas Holtz-Eakin. 2003. "Productivity and wage effects of "family-friendly" fringe benefits." *International Journal of Manpower*, 24: 247-59.

Bloom, Nick, Tobias Kretschmer, and John van Reenen. 2009. "Work-Life Balance, Management Practices, and Productivity." 15-54 in R.B. Freeman and K.L. Shaw(eds), *International Differences in the Business Practices and Productivity of Firms*. University of Chicago Press.

Catalyst. 2004. *The Bottom Line: Connecting Corporate Performance and Diversity*. New York: Catalyst.

Freeman, John, Glenn R. Carroll, and Michael T. Hannan. 1983. "The Liability of Newness: Age Dependence in Organizational Death Rates." *American Sociological Review* 48: 692-710.

Konrad, Alison M. and Robert Mangel. 2000. "The Impact of Work-Life Programs on Firm Productivity." *Strategic Management Journal* 21: 1225-37.

McKinsey Report. 2007. "Women Matter: Gender diversity, a corporate performance driver."

McKinsey Report 2008. "Women Matter 2: Female leadership, a competitive edge for the future."

통계적 차별과 간접차별
—인센티브 문제의 재검토[1]

제7장에서는 "여성은 결혼·출산하면 이직하므로 인재 투자는 소용 없다", "여성은 남성에 비해 생산성도 향상심도 낮다"라는 일본 기업 의 많은 관리직이 가지는 여성 노동자에 대한 편견이 실제 여성 노동 자로부터 형성되지 않음을 주장한다. 구체적으로, 이는 여성 노동자 의 문제가 아니고, 자기충족적 예언을 초래하는 선택에 의해 일본 기 업 스스로가 낳고 있다는 이론적 근거를 제시한다. 보다 구체적으로 는 코트와 라우리(CL)의 게임이론적 모델에 의거하면서 CL이론에서 는 고려되지 않은 자기충족적 예언적인 균형을 깨뜨리는 새로운 두 가지 문제 해결법을 제시한다. 또 CL 이론은 인센티브 문제를 내포한 통계적 차별 이론이지만, 그것을 개변해 간접차별의 인센티브 문제를 형식 이론화하고, 관리직과 전문직의 지위 달성의 남녀 격차에 관하

---

1 이번 장의 초고를 고故 아오키 마사히코青木昌彦 씨가 도쿄재단에서 주최하는 가상제 도연구소(VCASI) 세미나에서 발표한 당시 아오키 마사히코 씨와 다키자와 히로카 즈瀧澤弘和 씨로부터 귀한 코멘트를 받았다. 또 RIETI의 DP 검토회에서도 가와구치 다 이지川口大司 씨와 겐조 에이코權丈英子 씨로부터 귀한 코멘트를 받았다. 여기서 감사를 전한다. 물론 본기에 뭔가 잘못이 있으면 책임은 모두 필자에게 있다. 또한 이번 장 을 고 아오키 마사히코 씨에게 바치고 싶다.

여 실증과 정합적인 새로운 이론적 지견을 제시한다. 아울러 이러한 차별의 수리 해석 모델을 통해 경제 활동에서의 남녀공동참획男女共同参画 촉진에 대한 인센티브 문제의 중요성을 밝히려고 한다.

7.1 서론—자기충족적 예언과 통계적 차별

제7장의 목적은 두 가지이다. 첫 번째 목적은 일본의 여성 노동자에 관한 네가티브 스테레오타입이 기업의 자기충족적 예언으로 인해 만들어지고 있다는 주장의 이론적 근거를 제시하고, 그 고찰을 바탕으로 이 악순환을 차단하여 경제 활동에서의 남녀공동참획의 추진에 대한 방책을 모색하는 것을 의도하고 있다. 구체적으로는 코트와 라우리(Coate and Loury, 1933)의 인센티브 문제를 내포한 통계적 차별의 이론을 재검토하고, 그 이론에 관해 일본 여성에 대한 통계적 차별과의 관련을 밝힘과 동시에 문제의 해결 방법에 대해서 새로운 고찰을 보탠다.

두 번째 목적은 여성에 관한 업무 평가 기준을 통한 간접차별에 관하여 자기충족적 예언 문제와 비슷한 인센티브 문제가 존재하며, 간접차별이 인센티브 문제를 통해서 관리직이나 전문직의 지위 달성에 대한 남녀 격차에 다른 영향을 미치는 것을 이론적으로 밝히는 것이다. 이 이론은 코트와 라우리의 이론 모델을 필자가 개변한 모델에 근거하여 수리 이론적으로 첫 번째 목적과 밀접하게 관계되어 있다.

또 본 제7장은 제2장부터 제6장에서 데이터 분석을 통한 고용의 남녀 불평등에 관한 실태를 밝힌 것과 다르게 수리 이론을 사용해서 상기의 문제에 대한 해석을 시도하고 있다. 경제 현상이나 사회 현상의 수리적 해석에 낯선 독자를 위해 7.1절, 7.2.1절, 마지막 7.5절에서는 문제의 배경에 있는 자기충족적 예언과 통계적 차별의 문제(7.1절), 코트와 라우리의 이론의 목적과 결과(7.2.1절), 그리고 이번 장의 해석에서 어떠한 지견을 얻을 수 있었는가(7.5절)에 대해서 각각 비기술적인 해설을 하고 있다.

이번 장에서 리뷰하고, 또 그 개변을 시도하고 있는 코트와 라우리(Coate and Loury, 1993)의 이론은 통계적 차별과 자기충족적 예언을 결부시킨 점에서 유사한 이론과 다른 독자적인 특질을 가진다. 먼저 그 두 개념과 관련 사실에 대해서 해설하고 싶다.

일반적으로 자기충족적 예언이란 "근거가 없는 예언이 그것을 예언하지 않으면 실현되지 않는데 예언됨으로써 실현되어버린다"라고 하는 패러독스를 말한다. 사회학자 머턴(Merton, 1968)은 은행이 도산한다는 근거가 없는 소문을 믿은 사람이 뱅크론을 일으킨 결과 실제로 도산한 실례를 들어 이를 설명했다. 자기충족적 예언에는 몇 가지 타입이 있다. 그 하나는 예언의 실현이 집단행동(많은 사람들이 서로 독립적이지 않은 행동)에 의존하는 경우, 예언이 실현되는 확률이 유동적이며 집단행동의 참가자가 증가하면 증대한다는 특성을 가진다. 머턴의 예가 하나의 예이고, 이 경우 집단행동은 예언자의 은행으로의 뱅크론 행동이다.

이러한 타입의 자기충족적 예언에 대해서 필자(Yamaguchi, 2000)는 이전의 수리 모델을 사용한 해석을 통해서 예언이 자기성취를 하기 위한 세 가지 조건을 제시하고 있다. 제1의 조건은 '예언을 믿지 않았으나 예언이 일어나버리는 경우의 비용'이 '예언을 믿었으나 예언이 일어나지 않은 경우의 비용'을 크게 웃도는 것이다. 머턴의 예로 말하자면, 전자는 예금 상실, 후자는 정기예금 만기 전에 해지함에 따라 발생하는 벌금과 예금 금리의 상실이다. 통상 전자는 후자보다 훨씬 크다. 하지만 합리적인 선택자라면 통상 기대 비용을 비교하므로, 예언이 일어나는 확률이 작으면 이 제1의 조건이 충적되어도 예금을 인출하지 않는다. 즉 예언이 일어나는 확률이 0에 가깝다는 지극히 작은 경우에도 예금을 인출한다는 것은 '발단이 되는' 소수의 사람들의 존재가 필요하다. 따라서 필자는 이를 제2의 조건인 '불확실성 회피가 강한 소수의 사람들의 존재'로 특징지었다. '불확실성 회피'라는 것은 기대효용이론의 범위로 생각하는 '리스크 회피' 성향 이상으로 '바라지 않은 것이 일어나는 확률이 존재하는 것'보다 강한 회피 성향이며, 필자의 설명은 아래의 패러독스[2]마저도 설명할 수 있는 비기대효용이론(기대효용의 조건은 충족시키지 않지만 일정한 심리합리성의 조건을 충족하는 행동 선택의 이론) 모델에 근거하고 있다. 마지막 제3의 조건은 사회학자 그라너베터(Granovetter, 1978)가 처음으로 제시한 집단행동이 연쇄하는 조건으로, 사람들의 행위 선택의 역치閾値의 사회적 연속성의 존재이다. 이 조건이 충족되면 개개인은 개별로 합리적인 선택을 하는 것이지만, 집단행동의 참가자의 증가와 그 결과 예언의 실현 확률이 증가하는 것에 연동하여 마치 사람들의 행위가 상호적으로 영향을 미치고 있는 것 같은 캐스케이드 현상(연쇄 반응적인 행동의 전파)을 일으킬 가능성이 높아진다. 이 세 조건은 집합행동에 기초를 두는 자기충족적 예언이 일어나는 충분조건은 아니지만, 필요조건에 속한다.

자기충족적 예언의 또 다른 중요한 타입은 "어떤 사람들이 다른 사

---

2 프랑스의 경제학자 모리스 알레(Maurice Allais)가 나타낸 패러독스이다. 기대효용 이론에 어긋나는 선택이 반복한 실험으로 제시된 예이다.

람들에 대해 일정한 결과의 예언을 하면, 그것이 타자의 특정한 인센티브를 바꾸는 것에 의해 예언이 실현되는" 타입으로, 이는 집단행동과는 관련이 없으며, 이번 장에서 해석하려는 주제이다. 이론적으로는 예언을 하는 행위자와 예언이 되는 타자와의 선택 간의 게임이론적 균형 문제가 된다. 수리 이론적으로는 양자의 선택으로 일어나는 복수의 안정규형이 있고, 그 하나가 자기충족적 예언이 되는 경우이지만, 그 균형이 사회적으로 바람직하지 않을 때 어떻게 그 균형을 깰 것인가 라는 문제와 균형이 깨졌을 때 출현하는 새로운 균형은 깨지기 전의 균형보다 사회적으로 바람직한 것인가에 대한 판단의 두 가지 문제가 존재한다.

필자는 아래에서 일본의 여성 노동자에 대해 논의하는 예언에 이 이론이 적용된다고 생각한다. 예를 들면, 기업이 여성 노동자에 대해 언젠가 결혼·육아 이직을 할 것이라는 예측을 하고 이직에 따른 비용 삭감을 위해 남성 노동자와 동등한 승진·승급의 기회나 OJT 기회를 제공하지 않으면, 여성 노동자가 그 기업에서 지속적으로 일함에 따라 발생하는 인센티브를 잃고 결혼·육아 이직을 선택한다는 경우이다. 이 논의에 대해서 몇 가지 중요한 관련 분석 결과가 있다. 가와구치(川口, 2008)는 남녀 이직률의 차이가 적은 기업일수록 성별에 관계없이 인재를 육성하고 여성 등용에 적극적임을 보였다. 조작변수를 사용한 분석[3]으로 일관된 결과를 보여주고 있으므로 이것은 인과관계를 가지고 있을 가능성이 높다. 즉 여성에 대한 통계적 차별이 존재하고, 그것이 여성의 높은 이직률과 인과적으로 관계되고 있다는 것

---

[3] 계량경제학에서 독립변수의 결과모의 영향에 대해 관측되지 않는 교란요인에 의한 편향이 존재하는 경우, 그 편향을 제거하기 위한 인과분석 방법의 하나이다.

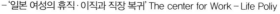

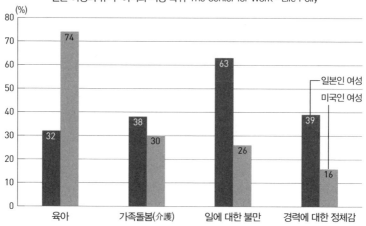

〈그림 7.1〉 일본과 미국 여성의 이직 이유의 차이

－'일본 여성의 휴직·이직과 직장 복귀' The center for Work－Life Poliy

출전: Hewlett et al. (2011)

을 가와구치는 실증한 것이다. 단, 문제는 인과의 방향성이며, 가와구 치의 분석은 2006년의 횡단적 조사이므로 이 분석 결과는 인과관계 가 이직률이 높으므로 여성에 대한 통계적 차별을 하는 것이 아니라, 통계적 차별을 하는 기업에서 여성의 이직률이 높아지는 것과도 모 순되지 않는다. 역인과관계이면 자기충족적 예언의 결과이다.

이 인과관계의 방향에 대해서는 다른 연구 결과가 참고가 된다. 〈그림 7.1〉은 미국의 워크라이프정책연구소(Hewlett et al., 2001)가 2011년에 발표한 일미 여성의 주된 이직 이유의 비교이다. 일본 여성 의 육아 이직률은 높지만, 실제 주된 이유(복수 선택을 허용한다)는 육 아를 이유로 이직한 미국 여성이 74%, 일본 여성이 32%로 일본이 오 히려 낮고, 반대로 '일에 대한 불만감'이나 경력에 대한 '정체감'停滯感 을 주된 이유로 한 이직은 일본 여성이 미국 여성에 비해 훨씬 웃돌고 있다.

이 사실은 육아는 이직하는 계기에 불구하고 많은 여성의 이직은 직장의 문제임을 시사한다. 즉 일본의 많은 기업이 여성은 언젠가 그만둔다고 생각하고 남성 노동자와 동등한 승진·승급의 기회나 훈련 기회를 제공하지 않기 때문에 많은 여성이 직장에서의 활약 가능성이 없는 것으로 단념하고 육아를 계기로 이직을 선택하게 되는 것이다. 또 오사와(大澤, 2015)는 일본 여성의 이직 이유가 역사적으로 '결혼에 의한 이유'에서 '일에 의한 이유'로 변화해 온 것에 대해서 특히 1970년 이후 '일에 의한 이유'의 이직이 '결혼에 의한 이유'의 이직을 상회하는 경향이 점점 증가하고 있음을 제시하였다.

가와구치(2008)의 연구에 대해서 여성에 대한 통계적 차별의 존재를 실증하였다고 언급했으나, 통계적 차별이란 경제학자 펠프스(Phelps, 1972)가 도입한 개념으로 제1장과 제3장에서도 해설하고 있지만, 개개인의 자질에(이직의 가능성이나 잠재적인 생산성과 같이) 불확정 요소가 있는 경우, 집단에 관하여 알려져 있는 평균적인 자질을 개인에 적용시키는 것을 말하고, 펠프스는 개인의 자질을 특정하는 비용이 높은 경우에는 합리적인 선택이 됨을 보여주었다.

제1장에서 논점을 종합하였듯이, 필자 자신(山口, 2008)은 높은 이직률을 이유로 일본 여성에 가해지는 통계적 차별이 경제적으로 불합리하다고 논한다. 그 이유 중 하나로, 높은 이직률이 자기충족적 예언으로 만들어졌다는 점을 지적하고 있다. 통계적 차별이 이직이 일어나는 경우의 비용을 낮춰도 이직이 일어나는 리스크를 높이게 되므로 기대 비용은 오히려 높아지는 경우도 많다는 것이 불합리한 이유이다. 또 다른 이유의 하나는 이번 장의 논의에 관련되지만, 일본 기업의 여성 등용에 관한 리스크 회피의 결과로 생각되는 점이다.

한편, 이번 장이 문제로 삼는 코트와 라우리의 이론은 팰프스 이론이나 그 변형이 대체로 기업은 피차별자에 대하여 편견을 가지지 않지만, 합리적인 선택의 결과 차별이 생긴다는 것을 설명하는 이론인 것과는 달리, 기업이 흑인이나 여성과 같은 비차별자 그룹에 대하여 그 집단이 평균적으로 다른 집단보다 잠재적 생산성이 낮다고 하는 편견을 가지고 있다고 가정하고 있다. 그러기 때문에 차별의 합리성을 논하는 것은 아니다. 코트와 라우리의 이론의 주요성은 그 편견이 자기충족적 예언이 되고, 통계적으로 차별이 된 그룹의 생산성이 실제로 차별되지 않는 그룹보다 낮아지는 상황을 만들어 냄으로써 편견을 뒷받침하는 결과가 되고, 또 그 결과 편견이 개선되지 않고 통계적 차별이 계속된다는 악순환을 야기하는 메커니즘을 설명하는 이론인 것이다. 또 이론적 이해를 열쇠로 비차별자의 자기투자의 인센티브 문제가 중요한 역할을 다 하고 있다.

아사노·가와구치(Asano and Kawaguchi, 2007)는 일본의 동일 기업 내에서 남성과 비교한 여성의 상대 노동생산성이 상대 임금과 동일한 정도로 낮은 사실을 나타냈다. 이 사실은 여성의 잠재적 생산성이 남성과 동등하다고 가정하면, 코트와 라우리의 이론으로는 여성의 생산성이 낮기 때문에 그 임금이 낮아지는 것이 아니라 반대로 여성을 통계적으로 차별하고 임금을 낮게 설정한 결과 생산성이 떨어진다는 메커니즘이 시사된다.

일본에서 코트와 라우리의 이론이 남녀 격차 문제에 해당된다고 생각되는 보다 직접적인 근거로서 이 책의 제5장에서 다음과 같은 사실을 밝혔다. 그것은 '성별에 관계없이 사원의 능력 발휘를 위해 노력하는' 기업에서는 여성 정사원의 대졸률이 남성 정사원의 대졸률과 거의 같은 정도로 기업의 생산성·경쟁력을 높이고 있는 것에 반해 그러한 남녀의 기회 평등의 인사방침(이하 GEO 방침)을 가지지 않는 기업에서는 여성의 대졸률과 생산성·경쟁력 간에 유의미한 관계가 전혀 보이지 않는다는 것이다. 일반적으로 대학에서의 교육 효과에 의한 것이든, 대학 진학에 관한 능력의 선택 편향의 결과든 대졸자의 평균적 생산성이 고졸자의 생산성보다 높은 것은 구미에서 보편적으로 알려진 사실이다. 그렇다면 상기의 발견은 '성별에 관계없이 사원의 능력 발휘에 노력하는' 기업은 여성 대졸자의 높은 생산성을 끌어내고 있지만, GEO 방침을 가지지 않은 기업은 끌어내지 않고 있는 사실을 의미한다. 이것은 코트와 라우리의 이론이 의미하는 여성의 생산성이 낮다고 간주하여 '여성 사원의 능력 발휘에 노력하지 않는다'는 통계적 차별을 하는 기업에서는 여성의 능력이 실제로 발휘되지 않는 결과를 초래한다는 자기충족적 예언이 되고 있는 것을 나타낸다.

또 오가사와라小笠原의 저서 『OL들의 레지스탕스』(OL이란 office lady를 줄인 말로 일반적으로 사무직 여사원을 뜻함)에서는 여성 차별적인 상사에게 직장 여성들이 심술을 부리거나 소문을 퍼뜨린다 등의 비생산적 '레지스탕스'권력 등에 대한 저항운동를 하는 모양을 그리고 있지만, 오가사와라는 훨씬 여성 차별적이지 않은 직장에서는 그러한 레지스탕스가 적은 것도 함께 지적하고 있다. 생산적 행위에 대한 인센티브의 결여는 차별되고 있다는 인식과 무관하지 않다. 일본 기업의 일반직 노동자나 비정규 노동자의 취급에서 가장 큰 문제는 그들의 자기투자에 대한 인센티브를 고려하지 않는 것에 의해 노동생산성을 낮춰버리는 것에 있다고 말할 수 있다. 또 코트와 라우리는 그들의 이론이 보여준 자기충족적 예언의 해결적인 수단으로서 적극적 고용개선조치affirmative action의 가능성을 고찰하였으나 다음 절에서 설명하는 바와 같이 결과는 불충분한 것이었다. 따라서 이 자기충족적 예언의 악순환을 어떻게 차단하는지는 이론적으로 미해결인 문제이다. 이번 장은 이 이론적 미해결 문제에 대하여 새로운 두 가지 해결법을 제시하고 있다. 하나는 일본 기업의 리스크 회피적 인사를 개선하는 것, 또 하나는 개인의 능력 판단의 제도를 높이는 것이다. 그 두 문제가 어떻게 자기충족적 예언과 같은 열등균형을 무너뜨리고 남녀의 능력이 모두 발휘되는 파레토의 효율적인 균형으로 변하는지에 대해서 그 메커니즘을 밝히려고 한다.

아울러 코트와 라우리의 이론 모델을 개변하여 여성의 간접차별이 여성의 자기투자에 대한 인센티브 문제에 어떠한 영향을 미치는지, 그리고 그 결과가 다른 외적인 조건의 차이에 의해 어떠한 차이를 초래하는지를 검토한다. 더불어 그러한 차이가 관리직이나 전문직의 지위 달성의 남녀 격차 문제에 어떠한 이론적 이해를 이끌어 내는지도 함께 논의한다. 아래에서 코트와 라우리의 이론을 먼저 소개한 다음에 자기충족적 예언에 대한 필자의 해결 방법을 논하고, 마지막으로 간접차별 문제에 관한 필자의 이론 모델과 그 결과를 제시한다.

7.2 코트와 라우리 이론의 의미와 과제

7.2.1 이론을 이해하는 데 유의할 것

코트와 라우리의 이론(Coate and Loury, 1993. 이하 CL 이론)은 게임이론적 모델을 사용하여 흑인 등 마이너리티 노동자의 노동생산성이 낮다고 하는 네거티브 스테레오타입이 기업의 편견으로 인해 생기고, 자기충족적 예언이 되는 균형을 초래하는 점을 제시하였다. 그들의 이론은 통계적 차별 이론의 변형의 하나이지만, 전절에서 서술한 바와 같이 다른 통계적 차별의 이론과 달리 마이너리티(CL 이론에서는 흑인)에 대한 기업의 편견의 존재를 가정하고 있다. 코트와 라우리의 관심은 보다 높은 급여를 받는 직업에 대한 자격요건에 대해서 기업이 편견에 의해 흑인이 백인보다 뒤떨어진다고 사전에 생각한 경우, 그 편견에 걸맞은 자격요건 만족도의 인종 간 격차를 초래하는 경우가 많다는 메커니즘을 합리적으로 설명하려고 한 것이다. 편견의 존재와 '합리성'이라는 것은 모순되게 들릴지도 모르지만, 여기에서는 기업의 효용이 편견을 반영한다는 것과, 기업이 그 효용을 최대화하는 선택을 한다는 것은 다른 문제이며, 여기서 '합리적'이라는 것은 후자의 효용 최대화의 의미이다. 그러나 결과는 편견을 예언으로 한다면, 예언이 자기성취를 해버리는 것으로 이 경우 기업은 차별에 의한 인재 활용에 비효율적인 상황을 만들어 내는(게임이론적으로는 열등균형에 빠지는) 불합리를 야기하는데도 불구하고, 그것이 보이지 않고 자신의 편견을 옳다고 인식하는 것에 이르는 부조리한 결과를 초래하게 된다.

이 CL 이론에는 노동자의 자기투자의 인센티브가 관련되어 있다. 일본 기업은 남성에게는 장기 정규 고용을 전제로 하고 있으며, 학업 종료 후의 인재 투자는 기업이 담당한다는 전제가 있었다. 하지만 기업 특수가 아닌 어느 기업이든 도움이 되는 지식·기술을 의미하는 흔히 말하는 일반적 인적자본(Becker, 1975)에 관한 노동자의 자기투자의 인센티브는 노동생산성 향상에 중요한 역할을 한다. CL 이론은 이 인센티브 문제를 이론에 포함하고 있다. 일반적으로 노동자가 자기투자를 할 것인지의 여부는 투자의 결과로서 얻을 수 있는 기대 이익이 투자 비용에 걸맞은 것인지에 따라 결정된다. 기업이 흑인 노동자에게 편견을 가지고, 또 흑인 노동자도 그것을 인식하고 있으면, 자격 소지에 대한 불완전한 정보 아래에서는 흑인은 백인과 같이 자기 투자를 해도 기업에서 자격을 요구하는 일이 주어지는 확률이 백인에 비해 작아지고, 자기투자의 기대 이익 대 비용의 비율이 낮아진다. 이 때문에 흑인은 자기투자 인센티브가 백인보다 낮아지고, 결과적으로 노동생산성이 백인보다 낮아지는 상황이 생기는 것이다. 단 반드시 그렇게 된다는 것은 아니고, 그러한 상황이 생길 가능성이 높은 균형의 하나가 그러한 특성을 가지는 것이다. 보다 공식적인 설명은 다음 절에서 하지만, 이것이 편견이 자기성취하는 메커니즘의 뼈대가 된다.

CL 이론에서는 마이너리티를 더욱 우선적으로 등용하는 적극적 고용개선조치(affirmative action. 포지티브 액션이라고도 말한다. 이하 AA로 기술함)가 이 바람직하지 않은 자기충족적 예언의 문제를 해결하는지를 분석하였다. 그리고 그 대답은 부정적이었다. AA는 기존의 자기충족적 예언의 메커니즘을 무너뜨릴 수 있지만, 공교롭게도 예언을 다른 형태로 낳아버린다. 기업의 편견이 자기성취 해버리는 상황은 CL 이론이 사용한 게임이론 모델에서는 단일인 노동시장에 복수 균형이 존재하고, 백인은 자기투자도가 높은 하나의 균형, 흑인은 자기투자도가 낮은 별도의 균형으로 안정되는 상황을 의미한다. 왜 그러한 균형이 생기는지는 다음 절에서 설명한다. 복수 균형의 문제는 문제를 낳는 균형이 외적인 조건의 변화로 소멸하면 해결된다. 그러나 AA에 의한 해결은 다른 문제를 낳는다. AA 아래에서 AA 적용 전의 열등 균형은 소멸한다. 하지만 AA는 흑인과 백인에 대한 단일 노동시장이 아닌 인종별 노동시장을 조성해버린다. 이것은 기업이 보아도 AA가 백인과 흑인의 노동자의 다른 노동 가격 체계를 낳는 것이 되고, 이 결과 노동자측의 자기투자의 공급곡선은 인종 간에서 같아도 기업측의 유자격자의 수요곡선은 인종별로 달라지므로 여기에서도 역시 백인과 흑인에게 다른 균형을 만들어 내는 것이 되기 때문이다.

문제는 새로운 흑인의 균형이 예전의 흑인의 균형보다 바람직한 것인지 어떤지에 있지만, 흑인에게는 바람직한 것이지만 사회에서는 문제가 남는다. 그것은 예전의 균형이든, 새로운 균형이든 흑인의 자기투자 인센티브는 백인보다 낮고, 그 결과 흑인의 노동생산성은 낮아지기 때문이다. 예전의 균형에서 흑인은 자기투자를 해도 그것에 걸맞은 직장을 얻을 수 있는 확률이 기업의 편견으로 낮기 때문에 자기투자 인센티브가 백인보다 낮아진다. 새로운 균형에서는 AA에 의한 흑인 우대 대책 때문에 흑인은 백인과 같은 정도로 자기투자를 하지 않아도 좋은 일을 얻을 수 있는 확률이 동등해지므로 백인에 비해 자기투자의 인센티브가 낮아진다. 단, 이 두 상황에는 질적 차이가 있고, AA 아래의 균형은 점차 AA를 해소하는 것으로 인재활용상 인종에 공평한 상황을 낳는 것이 가능하다. 이 의미로 AA는 잠정적 수단이며 최종적으로 해소해야 한다. 그러나 기업의 편견에 의해 생기는 바람직하지 않은 균형을 타파하는 데는 유효하다.

코트와 라우리는 흑인을 고용하는 기업에 대한 보조금 정책도 검토하고 있지만 이것 또한 노동 시장의 가격 개입이 되는 점으로는 AA와 비슷하고 인센티브 문제는 해결되지 않는다. 이 결과 CL 이론은 노동 시장의 가격 개입을 하지 않고 단일 노동 시장을 유지한 채 자기충족적 예언을 소멸시키는 방법을 발견하지 못하고 그것은 과제로서 남은 것이다.

7.2.2 CL 이론의 보다 공식적인 리뷰

CL 이론은 필자의 새로운 수리해석 모델의 기반이 되므로 보다 자세하게 소개한다. CL 이론 모델은 노동자의 두 가지 그룹을 가정한다. CL 모델에서는 백인과 흑인이지만 아래에서는 남성과 여성으로 한다. 또 내용적으로는 아래와 같이 가정한다.

가설① 기업은 1과 0로 두 종류의 직무를 노동자에게 마련한다. 직무 0는 아무나 할 수 있는 일이며 노동자의 자기투자를 필요로 하지 않지만 급여는 낮다. 직무 1은 자기투자를 한 노동자에게만 유자격이 되는 일로 급여는 높다.

가설② 자기투자는 이분법으로 유무의 구별로 하고, 자기투자를 하는 노동자가 직무 1의 '유자격자', 하지 않는 노동자가 '무자격자'가 된다.

가설③ 기업은 노동자가 '유자격자'인지 '무자격자'인지는 정확하게 판별하지 못하고, 그 판별은 남녀별 유자격의 사전확률(π_m, π_f)와 남녀에게 분포의 공통된 잡음을 동반한(불확정 요소가 있는) 시그널 θ의 두 종류 정보에서 사후확률을 추정하여 판단한다.

가설④ 기업이 사용하는 남녀별 노동자의 유자격 사전확률은, 여기서 유자격 확률 π는, 사실은 갱신되므로 내생 변수가 되지만, 그 초기값에 대해 $\pi_m > \pi_f$가 성립된다. 즉 기업이 여성에 대해서 처음부터 참견을 가지고 있고, 기업이 보아도 여성이 유자격자인 사전확률 π_f는 남성의 사전확률 π_m보다 작다.

가설⑤ 또 시그널 θ는 기업에 의한 노동자의 업무 능력의 관찰 등으로 결정이 되고 (0,1) 간에 매끄럽게 분포하여 θ의 값이 1에 가까울수록 유자격자인 확률이 높은 것을 의미하고, 아울러 다음 두 가지 조건을 만족시킨다.

가정⑥ 유자격자가 무자격자에 대하여 시그널의 값이 θ를 넘지 않은 확률을 각각 $F_q(\theta)$와 $F_u(\theta)$로 나타낼(정의에 따라 $F(0)=0$, $F(1)=1$로 F는 θ의 매끄러운 단조증가함수이다) 때 $F_q(\theta) \le F_u(\theta)$가 모든 0값에 대해 성립된다.

이 ⑥의 조건은 시그널이 유자격자와 무자격자를 분별하기 위해서는 불완전한 정보로 각 시그널의 기준 θ에 대해 그 기준을 만족시키지 않은 사람(θ 미만의 값인 사람)의 비율은 무자격자가 늘 유자격자보다 많다는 약한 조건만을 만족시키는 것을 의미한다. 또 이 가정 ⑥에 의해 $F_q(\theta)$와 $F_u(\theta)$ 각각의 확률밀도함수를 $f_q(\theta) = F'_q(\theta)$와 $f_u(\theta) = F'_u(\theta)$로 한 경우, 우도비 $\phi(\theta) = f_u(\theta)/f_q(\theta)$는 θ의 단조감소함수가 된다.[4]

가정⑦ 시그널 θ의 분포는, 유자격과 무자격의 구별에 의존하나, 유자격자와 무자격자 각각에 대한 남녀 차이는 없다.

이 ⑦의 조건은 남녀 간에 자기투자 비율의 차이를 통해서만 시그널 분포 차이가 생기고, 남녀의 잠재적 능력에 차이가 없다고 하는 가정을 의미한다.

가정⑧ 기업이 직무 1을 정확하게 '유자격자'에게 제공하면 그 이

---

[4] 마지막 우도비의 단조감소의 가정은 stochastic dominance의 가정으로 $F_q(\theta) \le F_u(\theta)$의 필요충분조건이며, 후술하는 비와 같이 노동자의 자기투자 공급곡선에 단일의 극소극대값을 준다.

익은 x_q가 되고, 잘못하여 무자격자에게 제공하면 그 비용은 $-x_u$로 주어진다.

이 과정들과 그 조건 아래에서 기업이 노동자가 유자격자이기 위한 사후확률에 근거하여 직무 1을 제공하는 기대 이익을 계산하고, 그것이 플러스인 경우 직무 1에 배속한다고 생각된다. 여기서 사후확률은 베이즈의 정리에 의해

$$\zeta(\pi, \theta) = \pi f_q(\theta)/(\pi f_q(\theta) + (1 - \pi)f_u(\theta)) = 1/(1 + \phi(\theta)(1 - \pi)/\pi)$$
$$\cdots\cdots\langle\text{식 7.1}\rangle$$

로 주어지고, 기대 이익은

$$\zeta(\pi, \theta)x_q - (1 - \zeta(\pi, \theta))x_u \qquad \cdots\cdots\langle\text{식 7.2}\rangle$$

가 되므로, 기업은 〈식 7.2〉의 값이 정正인 경우, 즉 이익 대 비용의 비 x_q/x_u가 무자격자 대 유자격자의 확률비(오즈)보다 클 경우, 즉

$$x_q/x_u \geq (1 - \zeta(\pi, \theta))/\zeta(\pi, \theta) = \phi(\theta)(1 - \pi)/\pi \qquad \cdots\cdots\langle\text{식 7.3}\rangle$$

가 성립하는 경우 노동자에게 직무 1을 제공하는 것이 합리적이 된다.

지금 가성⑥으로부터 우노비 $\phi(\theta)$가 θ의 단소감수함수가 되므로 기업은 〈식 7.3〉을 만족시키는 최소의 θ 이상의 시그널을 내는 노동자에 대해서 직무 1을 제공하면 기대 이익을 최대화할 수 있다. 이 최소의 θ를 시그널의 역치라고 불고, π의 함수로서 $S(\pi)$로 나타내면

$$S(\pi) = \min\{\theta \mid x_q / x_u \geq \phi(\theta)(1-\pi)/\pi\} \qquad \cdots\cdots\langle\text{식 } 7.4\rangle$$

로 정의할 수 있다. 즉 유자격자의 사전확률이 π인 경우 시그널이 $S(\pi)$ 이상인 노동자에게 직무 1을 제공하는 것이 기업에서 합리적이 된다. 〈식 7.4〉로 정의된 $S(\pi)$는 π의 단조감소함수이다. 즉 유자격자인 사전확률이 높을수록 기업은 그 노동자에게 보다 낮은 역치로 직무 1을 제공한다. 또 시그널이 $(0,1)$ 간에 매끄럽게 분포한다는 가정 ⑤ 아래에서 $S(1) = 0$과 $S(0) = 1$이 성립된다. 즉 유자격자의 사전확률이 1이면 역치는 0으로 기업은 모든 노동자에게 직무 1을 제공하고, 유자격자의 사전확률이 0이면 역치는 1로 기업은 어떤 노동자에게도 직무 1을 제공하지 않은 것이 합리적인 선택이 된다.

다음으로 CL 이론은 노동자의 선택을 고려한다. 지금 직무 1과 직무 0의 총소득의 차이를 ω, 유자격자가 되기 위한 투자비용을 c, 기업이 사용하는 시그널의 역치를 s로 하면, 유자격자가 역치를 넘는 시그널을 내는 확률은 $1 - F_q(s)$가 되고, 무자격자가 역치를 넘는 시그널을 내는 확률은 $1 - F_u(s)$가 되므로 역치가 s인 경우 노동자가 자기투자하고 유자격자가 되는 것의 기대 이익 $\beta(s)$는

$$\beta(s) \equiv \omega(F_u(s) - F_q(s)) \qquad \cdots\cdots\langle\text{식 } 7.5\rangle$$

가 된다. 따라서 $\beta(s)$가 투자비용 c를 상회한다면 노동자는 자기투자를 하고, 마이너스가 된다면 자기투자를 하지 않는다. 아울러 투자비용 c는 노동자 간에서 다 같지 않고 $G(c)$를 투자비용이 c 이하인 사람의 비율로 하면, $G(c)$는 c의 단조증가함수이고, $G(\beta(s))$는 기업이 취하는 역치가 s인 경우에 자기투자를 선택하는 사람의 비율이 된다.

다음 〈그림 7.2〉로 WW 곡선이라고 되어 있는 것이 그것이다. 또 〈그림 7.2〉에서 $G(\beta(s))$는 $s=0$과 $s=1$로 값이 모두 0으로 되지만, 그것은 역치가 0이면 자기투자를 하지 않아도 어떤 사람이든 직무 1을 얻을 수 있으므로 자기투자의 인센티브가 0이 되고, 역치가 1이면 자기투자를 해도 아무나 직무 1을 얻을 수 없는 상태이므로 자기투자의 인센티브는 역시 0이 되기 때문이다. 또 $G(\beta(s))$는 단일의 극소극대값으로 구간 $(0,1)$ 사이에 가지고, 거기서 기울기가 한 번만 정(正)에서 부(負)로 변한다고 하는 조건을 넣고 그려져 있지만, 그 조건은 함수 G의 기울기가

$$\frac{dG(\beta(s))}{ds} = G'(\beta(s))\,\omega\,(f_u(s)-f_q(s)) = G'(\beta(s))\,\omega f_q(s)(\phi(s)-1)$$

이 되고, $\phi(s)$가 S의 단조감소함수로 $\phi(0)>1$과 $\phi(1)<1$이 성립되므로 s의 함수로서 처음에 정(正)이고 중간에 한 번만 정(正)에서 부(負)로 변하는 것으로부터 이끌어진다.

WW 곡선 $G(\beta(s))$는 기업이 제공하는 각 역치 s의 함수로서 노동자의 자기투자의 공급곡선이다. 한편, 〈그림 7.2〉로 EE 곡선으로 여겨져 있는 것은 기업에서 〈식 7.4〉로 정의된 한계값 $S(\pi)$를 Y축의 π의 함수로서 가로로 그린 것이지만, 세로의 방향에서 보고, 또 상하를 뒤집으면 기업으로부터 본 유자격자의 수요곡선에 맞는다. 왜 상하를 뒤집어 보나면, 시그널의 역치가 높을수록 보다 낮은 사전확률인 사람이 유자격으로 간주될 수 있기 때문이다.

따라서 균형은 기업이 가지는 성별의 유자격자의 사전확률과 동일한 조건 아래에서 노동자가 합리적인 선택의 결과 자기투자해서 유자격자가 되는 비율이 일치할 때(혹은 직무 1의 유자격자에 대해서 기

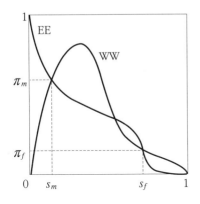

*Coate and Loury(1993)의 Figure 2와 동등한 그림

업의 수요와 노동자의 공급이 일치할 때)가 되고, 그것은 〈그림 7.2〉로 세로 방향인 $G(\beta(s))$과 가로 방향인 $S(\pi)$가 교차하는 점이며, 거기서는

$$G(\beta(s(\pi))) = \pi \qquad\qquad \cdots\cdots\langle식\ 7.6\rangle$$

가 만족시켜지지만, 〈그림 7.2〉가 나타내듯이 두 개의 안정균형을 얻을 수 있는 경우가 있을 수 있다. 이것이 코트와 라우리의 주된 이론의 발견이다.

한편, 안정균형은 〈그림 7.2〉의 EE의 기울기의 절대값이 WW 함수의 기울기의 절대값을 넘을 때 얻을 수 있지만, 각 행위자가 연차근사로 합리적 선택을 매끄러운 변화로 조정하고 통가점의 균형값도 안정된다면, 〈그림 7.2〉로 EE 곡선의 기울기가 부^負, WW 곡선의 기울기가 정^正이라도 안정이 된다. 또 〈그림 7.2〉에서 사전확률 π와 역치 s의 아래첨자 f와 m은 각각 '여성'과 '남성'을 나타낸다. 한편, 〈그림 7.2〉의 두 가지 균형으로는 (S_m, π_m)만이 파레토 효율이다. 균형 (s_f, π_f)에 비해 (s_m, π_m)에서는 노동자에게는 보다 작은 한계값으로 유자격자가 될 수 있으므로 보다 유리하고, 기업에게도 보다 많은 유자격자를 얻을 수 있으므로 좀 더 유리하게 되기 때문이다.

CL 이론의 모델에서는 π는 사전확률임과 동시에 최종적으로는 균형으로 정해지는 내생변수가 된다. 그럼 기업에 의한 편견 $\pi_m - \pi_f$의 초기값의 역할은 무엇일까? 그것은 편견이 클수록 남녀로 다른 균형에 달할 가능성이 높아진다는 점이다. 이 사실을 〈그림 7.2〉와 같이 안정균형이 두 개 그리고 그 사이에 불안정균형이 하나 있을 경우로 예시하자.

지금 세 가지 균형을 $(s_1{}^*, \pi_1{}^*), (s_2{}^*, \pi_2{}^*), (s_3{}^*, \pi_3{}^*), \pi_1{}^* > \pi_2{}^* > \pi_3{}^*$으로 한다. 먼저 남녀별 π의 초기값에 근거하여 기업이 효용최대화하고 남녀별 한계값 s를 정하고, 다음으로 노동자 남녀가 각각에게 주어진 역치 s에 근거하여 효용최대화하고 각각의 자기투자의 비율 π를 정하고, 이어서 개신된 남녀별 π값에 근거하여 기업이 남녀별 역치 s를 정하고, "아울러 노동자 남녀가 각각 개신된 역치 s에 근거하여 자기투자 비율 π를 정한다"라고 하는 것을 반복하여 균형에 달한다고 가정한다. 그 결과 얻을 수 있는 안정균형은 가장 가까이에 있는 불안정균형의 반대 측에 있는 안정균형이라고 하는 원리에 의해 π_m와 π_f를 각각 남성과 여성에 관한 기업의 초기값으로 하면, 아래의 세 가지 사례가 나타난다.

케이스 1. $\pi_m > \pi_f > \pi_2{}^*$일 때. 이 경우 남녀 모두 파레토 효율적인 균형$(s_1{}^*, \pi_1{}^*)$에 도달한다. 이 경우 자기충족적 예언은 일어나지 않는다.

케이스 2. $\pi_m > \pi_2{}^* > \pi_f$일 때. 이 경우 남성의 균형$(s_1{}^*, \pi_1{}^*)$에 여성

균형($s_3{}^*$, $\pi_3{}^*$)에 도달하고 여성의 자기 투자자 비율이 남성의 비율을 크게 밑도는 결과 자기충족적 예언이 일어난다. 〈그림 7.2〉의 균형 라벨은 이 경우이다.

케이스 3. $\pi_2{}^* > \pi_m > \pi_f$일 때. 남녀 모두 파레토 비효율적인 균형($s_3{}^*$, $\pi_3{}^*$)에 도달한다. 이 경우 자기충족적 예언은 일어나지 않는다.

따라서 π의 초기값 여하로 기업의 편견에 관한 자기충족적 예언이 일어나지 않은 경우도 있지만, 첫 편견 차이 ($\pi_m - \pi_f$)가 클수록 케이스 2가 되는 확률이 높아진다. 이 의미로 기업의 여성에 대한 편견은 자기충족적 예언을 가져오게 되는 것이다.

지금 케이스 2의 상황이 현실에 있다고 한다면 어떤 방법으로 파레토 비효율적인 여성의 균형을 무너뜨리느냐가 다음 문제가 된다.

코트와 라우리는 아울러 AA가 이 파레토 비효율적인 균형을 무너뜨리는지 어떤지를 고찰하였다. 기업이 효용 최대화를 하는 경우 인구 비례로 직무 1을 남녀에게 분배하는 제약을 추가한 방법을 적용하였다.[5] 이 제약은 〈그림 7.3〉이 나타내듯이 수요곡선(그림의 EE 곡선)이 남녀로 다른 결과를 초래하게 되므로 $S(\pi)$는 남성이 Y축상에서 위의 방향으로(X축상에서 우측 방향으로)(〈그림 7.3〉의 EE_m), 여성

---

[5] 이것은 기업이 효용을 최대화하는 경우 직무 1을 남녀별로 비례배분한다고 하는 제약을 라그랑지 방법으로 첨가하여 실행하는 것을 의미한다. 상세한 것은 생략하지만 CL 이론은 AA 아래에서의 균형은 기업이 남성의 경우는 제약이 없는 경우의 이익과 비용의 비 x_q/x_u를 $(x_q - \gamma/\lambda)/(x_u + \gamma/\lambda)$로 바꿔놓고, 여성의 경우는 x_q/x_u를 $(x_q + \gamma/(1-\lambda))/(x_u - \gamma/(1-\lambda))$로 바꿔놓았을 경우와 동등해지는 것을 나타냈다. 여기서 λ는 노동자 중의 남성 비율, γ는 AA의 제약 조건에 관한 라그랑지 정수로 정ㅍ의 수이다. 이 결과 남성 한 사람을 직무 1로 충당할 때마다 기업은 세금 γ/λ를 지불하고, 여성 한 사람을 직무 1로 충당할 때마다 $\gamma/(1-\lambda)$이 보조금을 받는 것과 동등해진다.

〈그림 7.3〉 적극적 고용개선조치의 영향*

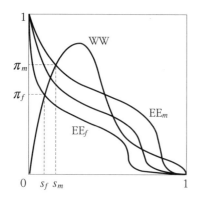

*Coate and Loury(1993)의 Figure 3와 동등한 그림

이 Y축상에서 아래 방향으로(X축상에서 좌측 방향으로)(〈그림 7.3〉의 EE_f) 이동한다. 또 이동 폭은 남성 비율이 높을수록 남성은 작게, 여성은 크게 된다. 〈그림 7.3〉은 이 이동의 패턴과 함께 여성의 역치의 높은 균형이 사라지고 역치의 낮은 균형으로 이동하는 상황을 나타내고 있다. 일반적으로 파레토 비효율적인 여성의 균형은 AA 아래에서는 유지할 수 없다. 그것은 파레토 비효율 균형의 특징인 여성이 남성보다 유자격자 비율이 낮고 또 기업이 여성에 대한 역치로서 남성보다 높은 기준을 부과하는 상태에서는 여성이 남성과 같은 비율로 직무 1을 얻는 것은 불가능하기 때문이다.

새로운 균형점은 〈그림 7.3〉으로 남성이 (s_m, π_m), 여성이 (s_f, π_f)이지만, 문제는 여성의 자기 투자율은 여기에서도 남성보다 낮아지고, 자기충족적 예언이 다른 형태로 실현해버리는 것에 있다. 이것은 AA가 노동시장으로의 가격 가입이 되고, 편견 때문에 여성에 대하여 남성보다 낮은 유자격자 확률을 예측하는 기업이 남녀의 인원수를 맞추려고 하면, 여성을 보다 낮은 역치로 직무 1에 취임시키는 선택을 하게 되고, 이것이 여성의 자기투자 인센티브를 낮추게 되기 때문

304

이다. 따라서 AA는 여성의 생산성 향상에는 완전한 해결을 가져오지 않는다.

단, AA 아래에서는 여성의 균형이 파레토 효율적이고, 또 파레토 비효율적인 〈그림 7.2〉의 균형보다 자기 투자자 비율이 상당히 개선될 가능성이 높다. 또한 〈그림 7.3〉의 균형은 〈그림 7.2〉의 경우와 달리 AA를 차차 약한 것으로 만들어가는 것으로 최종적으로 남녀의 동등한 균형을 얻을 수 있다. 이 점으로 AA는 잠정적 조치로 언젠가는 제거되어야 할 것이지만, 여성에 대한 기업의 편견 때문에 〈그림 7.2〉와 같은 자기충족적 예언의 균형이 존재할 때 그 해소에 유효하다.

이상이 코트와 라우리의 CL 이론에 대한 리뷰이다. 다음은 이 모델에 근거해 코트와 라우리가 고려하지 않았던 점을 보완한다. 정부가 시장 가격에 대한 개입을 하지 않을 경우, 혹은 기업의 인센티브를 바꾸는 정도의 개입만을 할 경우에 대해 자기충족적 예언을 해소할 가능성이 높은 두 가지 방법을 논의한다.

7.3 CL 이론이 고려하지 않았던 대책

〈그림 7.2〉에서 볼 수 있듯이 여성에 대해 파레토 비효율적인 안정 균형이 존재할 경우는 기업의 EE 곡선을 사전확률 π의 함수로서 X축상의 좌측 방향으로 이동시키거나, 노동자의 WW 곡선을 역치 s의 함수로서 Y축상에서 위의 방향으로 이동할 수 있다면, 여성의 파레토 비효율적 균형을 소멸시킬 수 있는 가능성이 높아진다. 아래에서는 그러한 효과를 초래하는 수단을 고찰한다. 하지만 방법에 따라 EE 곡선과 WW 곡선이 연동하므로 주의를 요한다. 또 봉계석 차벌 훈세의

전제로서 기업 비용을 늘리지 않은 방법으로라는 조건이 있다. 따라서 예를 들면, 직종 1의 보수 ω를 늘리는 것은 WW 곡선을 위쪽으로 이동시키지만 기업 비용이 증가함으로 해결책으로는 하지 않는다.

7.3.1 대책 1: 기업 인사의 리스크 회피성 해소

필자는 별고(야마구치 2008; 2009)에서 일본 여성의 통계적 차별에는 인사 담당자나 중간 관리직의 인사에 관한 리스크 회피성이 크게 영향을 미친다고 논하고 있다. 그 이유는 복수이지만, 주된 논점은 리스크 회피나 리스크 선호가 개인의 자질이 아니라 보수 제도의 방식과 관련되어 있다는 점이다. 구체적으로는 인사 결정에 권한을 가지는 인사 담당자나 중간 관리직의 인사에 관한 선택이 감점주의적인 평가의 영향 아래 있는 것이 리스크 회피적 경향을 야기한다고 생각된다.

리스크 회피적 경향에는 감점주의가 크게 관계한다. 감점주의란 다른 사람 이상으로 실적을 올리지 않고 모두와 같이 무난하게 일을 하고 있으면 동등하게 승진·봉급이 되므로 불리하지 않지만, 만약 타자와 다른 일을 해서 실패를 한 경우 감점이 되고 승진·승급이 늦는다는 보수의 원칙을 말한다. 감점주의는 일본에서 여전히 뿌리 깊게 남아있는 연공임금제도나 정사원에 대한 강한 고용보장제도와 연결되어 있다고 본다. 연공임금제도 아래에서는 성과 임금과 반대로 사람들의 경쟁이 억제되고, 다른 사람보다 뛰어나게 우수해도 그것을 급여 상승이나 승진에 바로 환원되지 않는다. 한편, 다른 사람이 하지 않는 일을 해서 조직에 손실을 낸 사람에게는 통상의 승진 코스에서 제외시킨다는 처벌이 주어지기 쉽다. 정사원은 고용이 보장되어 있으므로 큰 실패만 하지 않으면 직장을 잃을 일은 없으므로 현재 직장을 확보하기 위해서 다른 사람보다 뛰어날 필요가 없다.

리스크 회피성이라고 하는 것은 불확실성을 비용으로 보는 경향을 말하지만, 감점주의가 리스크 회피성을 야기하는 것은 감점주의가 작위의 잘못은 처벌하지만 부작위의 잘못에는 무심하기 때문이다. 즉 관습 타파의 리스크는 기대 비용을 산출하고, 관습 답습의 부작위는 안전해서 비용을 산출하지 않기 때문에 리스크 회피성을 초래하는 것이다.

지금 코트와 라우리의 이익과 비용의 비 x_q/x_u를 효용으로 보고, 보다 일반적으로 기업이 유자격자에게 직무 1을 제공하는 이익을 $U(x_q+x_0)-U(x_0)$, 무자격자에게 직무 1을 제공하는 비용을 $-(U(x_0)-U(x_0-x_u))$로 나타내자. 여기서 U는 효용함수로 $U'>0$을 만족시키고, 잘 알려져 있듯이 $U''>0$이라면 리스크 선호, $U''=0$이라면 리스크 중립, $U''<0$이라면 리스크 회피를 나타낸다. x_0는 베이스가 되는 이익의 수준이다. 이 결과 코트와 라우리의 역치의 〈식 7.4〉는

$$S(\pi)=\min\{\theta \mid (U(x_q+x_0)-U(x_0))/(U(x_0)-U(x_0-x_u)) \geq \phi(\theta)$$
$$(1-\pi)/\pi\} \qquad\qquad \cdots\cdots\langle\text{식 7.7}\rangle$$

로 바꿔놓을 수 있다. 지금 리스크 회피형의 효용함수를 U_{RA}, 리스크 중립형의 효용함수를 U_{RN}, 리스크 선호형의 효용함수를 U_{RP}로 나타내면, 일반적으로

$$\frac{U_{RP}(x_q+x_0)-U_{RP}(x_0)}{U_{RP}(x_0)-U_{RP}(x_0+x_u)} > \frac{U_{RN}(x_q+x_0)-U_{RN}(x_0)}{U_{RN}(x_0)-U_{RN}(x_0+x_u)}$$
$$=\frac{x_q}{x_u} > \frac{U_{RA}(x_q+x_0)-U_{RA}(x_0)}{U_{RA}(x_0)-U_{RA}(x_0+x_u)}$$
$$\cdots\cdots\langle\text{식 7.8}\rangle$$

가 성립된다. 〈식 7.7〉과 〈식 7.8〉에서 리스크 중립형에 비해 기업이 리스크 선호형이면 역치 $S(\pi)$는 모두 작아지고, 반대로 기업이 리스크 회피형이면 역치 $S(\pi)$는 모두 커지는 것을 알 수 있다.

이 결과, 앞서 제시한 AA의 경우의 〈그림 7.3〉을 사용해서 나타내면, 중안의 EE 곡선이 리스크 중립형에 대응한다면 EE 곡선이 X축상에서 위쪽으로 이동한 EE_m 곡선은 리스크 회피형으로, X축상에서 아래쪽으로 이동한 EE_f 곡선은 리스크 선호형에 대응한다. 따라서 만약 일본 기업의 인사 결정이 리스크 회피형이라면, 그것을 더 리스크 중립형으로 바꾸면 여성의 파레토 비효율적 균형을 깨뜨릴 가능성이 높다. 또 이것은 기업이 불확실성의 배제에 비용을 들이는 것을 없애는 것이기도 하므로 경제적으로도 더 합리적이다. 그러기에는 먼저 인사 결정의 감점주의적 보수의 모습을 없애는 것이다. 또 정부에 의한 기업의 리스크 회피적 인사를 그만두게 하는 인센티브 제도의 도입도 생각할 수 있다. 그것에 대해서는 7.5절에서 논의한다.

7.3.2 대책 2: 시험고용 기간의 유효 이용

두 번째 방책으로서 비용을 늘리지 않고 시그널의 정교화를 도모하는 것이 생각된다. 통상 경제학 이론에서 시그널링 모델은 시그널을 블랙박스로 다룰 경우가 많다. 이 주된 이유는 학력 등 조작성이 적은 시그널을 가정하고 있기 때문이다. 그러나 이번 장에서 문제로 삼는 시그널은 시험고용 기간에서의 노동자의 업무 달성(태스크 퍼포먼스) 등이고, 후술하는 바와 같이 상당히 조작 가능한 시그널이며 그 유효 이용이 생각된다.

일반적으로 시그널의 역치 s에 달하지 않은 유자격자의 비율은 $F_q(s)$이지만, 이것은 펄스 네거티브false nagative 확률(이하 FN 확률)이다. 즉 '기업이 유자격자를 실수로 무자격자로 간주해버리는 확률'이다. 한편, 이 역치에 도달하는 무자격자의 비율은 $1-F_u(s)$이지만 이것은 펄스 포지티브$^{false\ positive}$ 확률(이하 FP 확률)이다. 즉 '기업이 무자격자를 실수로 유자격자로 간주하는 확률'이다. 이 둘의 확립의 합은 $1-(F_u(s)-F_q(s))$로 노동자의 자기투자 비율의 WW 곡선 $G(\omega(F_u(s)-F_q(s)))$는 이 확률의 합인 단조감소함수가 된다. 따라서 시그널을 정밀화하고 이 둘의 잘못의 확립의 합을 절감하는 방책은 WW 곡선을 Y축상에서 위의 방향으로 이동시키므로 유효하지만, EE 곡선도 이동할 가능성이 있으므로 그것을 함께 고려할 필요가 있다.

아래에서 시그널의 판별도를 비용을 늘리지 않고 높이고, 또 EE 곡선에 상쇄적인 영향을 주지 않는 방법에 대해서 고찰하기 위해 다음과 같은 가정을 한다.

가정 1: '비용을 늘리지 않고'라는 조건으로서 1회의 태스크로 유자격자와 무자격자를 분별할 수 있는 정도가 같으면 비용이 동등하다고 삼는다.

가정 2: 유자격자와 무자격자를 분별할 수 있는 판별도는 유자격자의 시그널 분포 $f_q(\theta)$와 무자격자의 시그널 분포 $f_u(\theta)$의 분리도(분리지수 ID)로 나타낸다고 한다.

이것은 매끄러운 시그널 분포의 가정(코트와 라우리의 이론 모델의 가정 ⑤) 아래에서는 시그널 θ의 유자격자 분포 $f_q(\theta)$와 무자격자의 분포 $f_u(\theta)$가 교차되는 점을 θ^*로 나타내면 분리지수 ID의 값은 $F_u(\theta^*)-F_q(\theta^*)$가 된다. 또 시그널 θ의 분포가 이산적인 경우는 유자격자의 분포와 무자격자의 확립 분포를 각각 $\{P_q(\theta)\}$와 $\{P_u(\theta)\}$로

나타내면 분리지수 ID의 값은 $\Sigma_i |P_q(\theta_i) - P_u(\theta_i)|/2$로 주어진다.

아래에서 먼저 1회의 태스크를 단순히 어렵게 또는 쉽게 하거나 하고서는 여성의 파레토 비효율적 균형이 무너지지 않는 것을 나타내보자.

태스크를 어렵게 하면 역치 s가 내려가기 때문에 EE 곡선이 X축상에서 좌측 방향에 이동하므로 좋을 것 같지만, 동시에 θ의 분포가 모두 아래쪽으로 이동하므로 FN 확률 $F_q(s)$는 늘어나고 FP 확률 $1-F_u(s)$가 감소하는 결과 WW 곡선도 함께 이동한다.

지금 $F_u(\theta, a) = F_u(\theta^a)$와 $F_q(\theta, a) = F_q(\theta^a)$로 $0 < a < 1$이 되는 사례를 생각한다. 이 경우 F가 단조증가함수이며, $F_q(\theta, a) > F_q(\theta)$이므로 FN 확률은 증가하고, $1-F_u(\theta, a) < 1-F_u(\theta)$이므로 FP 확률은 감소하고 태스크를 어렵게라는 조건에 맞는다. 동일하게 $a > 1$의 경우는 태스크는 반대로 쉬워진다. 이와 같이 태스크를 어렵게 또는 쉽게 하는 조건의 형식화가 유효한 점은 아래에서 나타내듯이 태스크의 판별도가 a의 값에 영향을 받지 않으므로 모두 동등한 비용의 태스크로 간주할 수 있다는 것이다.

지금 $a=1$의 경우 판별도는 분포 $F_q(\theta)$와 분포 $F_u(\theta)$가 교차하는 θ의 값($\phi(\theta) = 1$이 되는 θ의 값)을 θ^*로 하면 $F_u(\theta^*) - F_q(\theta^*)$로 주어지지만, $a \neq 1$의 경우는 $f_u(\theta, a) = dF_u(s^a)/ds = \theta^{a-1}f_u(\theta^a)$와 $f_q(\theta, a) = dF_q(s^a)/ds = \theta^{a-1}f_q(\theta^a)$의 교차점이 $(\theta^*)^{1/a}$가 되므로

$$F_u((\theta^*)^{1/a}, a) - F_q((\theta^*)^{1/a}, a) = F_u(((\theta^*)^{1/a})^a) - F_q(((\theta^*)^{1/a})^a)$$
$$= F_u(\theta^*) - F_q(\theta^*)$$

가 되고, $a \neq 1$이라도 판별도 ID는 변하지 않는다.

여기서 우도비에 대해서

$$\phi(\theta, a) = f_u(\theta, a)/f_q(\theta, a) = (a\theta^{a-1}f_u(\theta^a))/(a\theta^{a-1}f_q(\theta^a))$$
$$= f_u(\theta^a)/f_q(\theta^a) = \phi(\theta^a) \qquad \cdots\cdots\langle \text{식 } 7.9\rangle$$

가 성립되므로 기업이 사용하는 새로운 역치는

$$S(\pi, a) = \min\{\theta | x_q/x_u \geq \phi(\theta^a)(1-\pi)/\pi\} = S(\pi)^{1/a}$$
$$\cdots\cdots\langle \text{식 } 7.10\rangle$$

가 되고, $0 < a < 1$이므로 역치는 작아지고, EE 곡선은 확실히 X축상에서 좌측으로 이동한다. 이것은 태스크를 어렵게 하였기 때문에 유자격자로 감주되는 역치는 작아진다는 것을 의미한다. 한편, 새로운 역치의 WW 함수의 값은

$$G(\omega(F_u(S(\pi, a)^a) - F_u(S(\pi, a)^a))) = G(\omega(F_u(S(\pi)) - F_u(S(\pi)))) = \pi$$
$$\cdots\cdots\langle \text{식 } 7.11\rangle$$

가 되고, 예전의 남녀 균형$(S(\pi^*), \pi^*)$이 각각 새로운 균형$(S(\pi^*)^{1/a}, \pi^*)$을 낳고, 그 대응을 하는 새로운 균형으로의 남녀 자기 투자 비율 π의 차이는 변하지 않는다. 따라서 1회의 태스크를 어렵게 하는 것, 혹은 쉽게 하는 것으로 파레토 비효율적인 여성의 균형을 제거할 수 없다.

지금까지 '1회의 태스크'라고 한 것에는 이유가 있다. 태스크가 독립으로 반복되는 경우에는 상황이 다르고, 태스크의 시그널 평균값의 분산이 태스크 난이도 a에 의존하기 때문이다.[6] 일반적으로 난이도가 높거나 혹은 낮은 것이 중간석인 경우보다 병균값의 분산이 작아서

고 판별도는 높아진다. 단, 난이도가 변하면 EE 곡선도 좌우로 움직이기 때문에 EE 곡선을 좌우로 움직이지 않고(단, 기울기는 판별이 높아지면 보다 평탄하게 되지만) WW 곡선을 위의 방향으로 이동시키기 위해서는 어려운 태스크와 쉬운 태스크를 조합시키는 것을 생각할 수 있다. 지금 이항분포의 경우로 예시를 하자.

〈표 7.1〉은 1회의 태스크에서는 판별도(분리지수)가 모두 1/3이고, 따라서 비용도 같지만 난의도가 다른 세 가지의 태스크를 생각한다. 1회의 태스크로는 시그널을 1(만족한 달성)과 0(불만족한 달성)의 두 값을 취한다. P는 시그널의 각 값의 확률이며 태스크 1은 FP 확률도 FN 확률도 1/3의 중간 정도의 난이도인 태스크, 태스크 2는 FP 확률이 2/3이며 FN 확률 0의 비교적 쉬운 태스크, 태스크 3은 반대로 FP 확률이 0이며 FN 확률이 2/3의 비교적 어려운 태스크이다.

〈표 7.1〉은 아울러 난이도가 중간 정도인 태스크 1을 4회 독립으로

---

6 지금 $a=1$인 경우의 시그널 평균과 분산을

$$E(\theta) = \int_0^1 \theta f(\theta)\, d\theta \,\text{와}\, V(\theta) = \int_0^1 \left(\theta - E(\theta)\right)^2 f(\theta)\, d\theta$$

로 각각 나타낸다고 한다. 그러면 $\gamma = \theta^a$로 하고, $a \neq 1$의 경우의 평균값은

$$E(\theta, a) = \int_0^1 \theta\,(a\theta^{a-1} f(\theta^a))\, d\theta = \int_0^1 a\theta^a f(\theta^a)\, d\theta = \int_0^1 a\theta^a f(\theta^a)\left(\frac{d\theta}{d\theta^a}\right) d\theta^a$$

$$= \int_0^1 \theta f(\theta^a)\, d\theta^a = \int_0^1 \gamma^{1/a} f(\gamma)\, d\gamma = E(\theta^{1/a})$$

가 되고, 분산은

$$V(\theta, a) = \int_0^1 (\theta - E(\theta))^2 (a\theta^{a-1} f(\theta^a))\, d\theta$$

$$= \int_0^1 (\theta - E(\theta))^2 (a\theta^{a-1} f(\theta^a))\left(\frac{d\theta}{d\theta^a}\right) d\theta^a$$

$$= \int_0^1 (\theta - E(\theta))^2 f(\theta^a)\, d\theta^a$$

$$= \int_0^1 (\gamma^{1/a} - E(\gamma^{1/a}))^2 f(\gamma)\, d\gamma = E((\theta^{1/a} - E(\theta^{1/a}))^2$$

가 되고 모두 a값에 의존한다.

〈표 7.1〉 난이도가 다른 업무(태스크)의 조합에 따른 시그널 판별도의 정교화

태스크 1(난이도 중)			태스크 1의 독립인 4회 반복한 평균					
θ	1	0	θ	1	0.75	0.5	0.25	0	
p_q	2/3	1/3	p_q	16/81	32/81	24/81	8/81	1/81	
p_u	1/3	2/3	ID-1/3	p_u	1/81	8/81	24/81	32/81	16/81	ID=13/27

태스크 2(난이도 낮음)			태스크 2와 태스크 3의 조합의 독립인 2회 반복한 평균					
θ	1	0	θ	1	0.75	0.5	0.25	0	
p_q	1	0	p_q	1/9	4/9	4/9	0	0	
p_u	2/3	1/3	ID-1/3	p_u	0	0	4/9	4/9	1/9	ID=5/9

태스크 3(난이도 높음)		
θ	1	0
p_q	1/3	2/3
p_u	0	1	ID-1/3

ID는 분리지수로 이산분포의 경우 $\Sigma_i \mid P_{q,i} - P_{u,i} \mid /2$로 주어진다.

반복하여 시그널 θ의 평균값을 취한 경우의 유자격·무자격의 판별도는 13/27이 되고, 태스크 2와 태스크 3을 조합시켜 2회씩 반복한 경우의 시그널 평균값을 취한 경우의 판별도는 5/9로 보다 높아지는 것을 나타낸다. 즉 후자의 경우가 유자격자와 무자격자의 판별도가 높고 WW 곡선을 상승시킨다. 일반적으로 1회의 판별도의 동등한 태스크 가운데 유자격자의 만족한 달성 확률이 1에 가까운 비교적 쉬운 태스크와 무자격자의 만족한 달성 확률이 0에 가까운 비교적 어려운 태스크의 조합을 반복하는 평균 달성도가 시그널의 판별도를 높인다.

또 이 예시로는 이항분포를 가정하고 있지만, 반복되는 성분의 태스크에 대해서 관찰자가 만족한 달성(값 1) 혹은 불만족한 달성(값 0)으로 능급을 매기면, 그 독립으로 반복되는 평균값은 이항분포가 되

므로 태스크 평가의 방식에 따라 이 분포를 디자인할 수 있다.

더불어 시그널의 평균값이 변화지 않고 판별도가 증가하면 EE 곡선은 평균값의 주변에서 π의 함수로서 보다 평탄하게(탄력성을 낮게) 된다. 이것은 시그널의 정밀도가 높아지기 때문에 사전확률 π의 남녀 차이가 역치에게 미치는 영향이 약해지는 것을 의미하고, 이 점으로 여성의 파레토 비효율적 균형이 소멸할 가능성이 높아진다. 결론적으로 본 절에서 설명된 방법과 같은 시그널의 정교화는 여성의 생산성이 낮은 것에 대한 자기충족적 예언의 해소에 유효하다고 생각된다. 이것은 시장으로의 개입을 수반하지 않아도 가능한 대책이다.

7.4 시그널 분포가 여성에게 불리한 경우의 고찰

코트와 라우리의 모델의 가정에는 일본의 상황과 잘 맞지 않는 부분이 있다. 그것은 기업이 여성에 대한 편견을 가지지만 사용하는 시그널 분포는 유자격자·무자격자별로 남녀로 같아진다고 하는 가정이다. 이것은 시그널을 업무 능력에 의존한다고 생각하면 당연한 가정이다.

하지만 일본 기업의 종합직과 일반직 구별은 기업 종래의 남성 정사원의 특징인 장기간 고용·장시간 노동이나 유연성이 없고 구속력이 큰 무한정한 일하는 방식을 노동자가 받아들일 수 있는지에 따라 정해진다. 이러한 기준을 기업이 업무에 대한 평가로 사용한다고 하면, 만약 다른 점에서는 동등한 기회 조건을 남녀 노동자에게 적용했다고 해도, 남성에 비해 일과 가정의 역할 갈등이 큰 여성이 남성과 동등하게 평가되는 것은 어렵다. 따라서 이러한 여성에게 불리한 판단 기준으로의 시그널에 남녀로 같은 분포를 기대할 수는 없다.

아래 7.4.1절에서 ①기업에 여성에 대한 편견이 없고 기업에서 남녀의 유자격자 사전 확률은 동등하지만, 여성에게 불리한 시그널을 사용하는 경우에 결과는 어떻게 되는지, 7.4.2절에서 ②기업이 유자격자에 관해서 성별에 의존하지 않는 수요곡선을 가지고, 여성에게 불리한 시그널만을 기준으로 하여 유자격의 판단을 하면 어떻게 되는지의 두 가지 경우에 대해서 분석·검토한다. 우선 이 두 가지 분석의 이론 모델의 행동 원리의 가정에 대해서 설명한다. ①의 이론 모델도 ②의 이론 모델도 노동자의 행동 원리에 대해서는 CL 이론과 완전히 같은 가정을 한다. 단, 시그널 분포가 남녀로 다르므로 공급함수(WW 곡선)는 남녀별로 된다.

7.4.1절의 이론 모델에서는 외적 조건은 다르지만, 기업의 행동 원리도 CL 이론과 같다고 가정한다. 즉 CL 이론에서는 기업이 기대하는 유자격자 사전확률 π는 남녀로 다르지만, 유자격자·무자격자별 시그널 θ의 분포는 남녀로 동등이라고 가정하는 것에 반해 7.4.1절의 이론 모델에서는 사전확률 π는 남녀로 같지만 유자격자·무자격자별의 시그널 분포는 여성에게 불리하다고 가정한다. 그 어느 쪽 경우도 기업은 사전확률과 시그널로부터 추정되는 유자격자의 사후확률에 근거하여 이익을 최대화하는 역치를 정하지만, 사후확률이 남녀로 다르므로 역치는 남녀별로 정해진다. 이 의사 결정 방식은 CL 이론과 4.7.1절의 행동 모델의 공통한 부분이다. 다른 것은 CL 이론에서 π의 값이 다르므로 남녀로 역치가 다르지만, 수요함수(EE 곡선) $S(\pi)$는 단일로 남녀 공통인 것에 반해 7.4.1절의 이론 모델은 남녀의 시그널 본포가 다르고 수요함수가 남녀별이 되므로 π의 값이 같아도 남녀로 억지가 나르나는 점이다. 따라서 균형값은 남녀별로 각각의 수요함수

가 공급함수로 교차하는 점이 된다.

　7.4.2절의 이론 모델은 기업 행동 원리에 대해서 CL 이론과 전혀 다른 가정을 한다. 이 이론은 수요함수 $S(\pi)$가 성별에 따르지 않고 단일로 외생적으로 주어진다고 가정한다. 이것은 남녀를 합친 평균의 유자격자 기대확률 π에 의해 역치가 성별에 관계없이 단일로 정해진다고 하는 가정이다. 이것은 유자격자의 판단에서 시그널의 해석은 성별에 의존하지 않는 점에서 CL 이론과 같은 편견에 의한 여성 차별은 없지만, 시그널 분포는 여성에게 불리하므로 시그널을 통해서 여성이 간접차별을 받는 상황의 모델이 된다. 한편, 이 이론 모델에서는 같은 역치가 남녀의 유자격자 판단에 공통으로 사용할 수 있으므로 균형점은 수요함수와 남녀를 합친 공급함수가 교차하는 점이 된다.

　한편, 남녀로 시그널 분포가 다르고 여성에 불리한 경우는 CL 이론의 분석과는 다른 문제가 발생한다. CL 이론의 중심 문제는 남녀로 다른 균형이 생기는 것인지 어떤지에 있다. 만약 균형이 같으면 유자격자(자기투자자) 비율이 같고, 또 가정에 의해 유자격자·무자격자별 시그널 분포도 같으면 직무 1을 얻는 사람의 비율도 남녀로 평등해지기 때문이다. 하지만 시그널 분포가 남녀로 다르고 여성에게 불리한 것이면, 만약 남녀로 균형이 같아도 균형의 역치 이상의 값을 취하고, 그 결과 직무 1을 얻을 수 있는 사람의 비율이 여성이 남성보다 낮아짐으로 남녀로 같은 균형을 얻을 것인지 어떤지가 중심 과제가 아니게 된다.

　아래 7.4.1절의 이론 모델에서도 일종의 자기충족적 예언이 일어나고, 기업이 유자격자의 남녀 비율이 동등하다고 믿고 있으면, 시그널 분포가 달라도 남녀 평등한 결과를 얻을 수 있음을 나타낸다. 한편, 7.4.2절의 기업이 유자격자 결정에 여성에게만 불리한 시그널을 적용하는 이론 모델인 경우, 직무 1의 달성 비율에 남녀 격차가 생기는 것은 자명할 것이다. 하지만, 사실 여기서 문제가 되는 것은 자기투자 인센티브의 남녀 간 차이이고, 그것이 어떻게 결과에 영향을 미치는지를 해명하는 것이 중심 과제가 된다. 이들은 여성에 대한 간접차별의 결과에 새로운 식견을 준다.

7.4.1 기업이 유자격자 비율에 대하여 남녀 동등을 믿지만 여성에게 불리한 시그널을 사용하는 경우

이 절에서는 CL 이론의 기본적 틀은 유지한 채 CL 이론의 여성으로의 편견에 관한 가정 ④와 유자격자·무자격자별의 시그널 분포가 성별에 의존하지 않다고 하는 가정 ⑦을 아래와 같이 바꾸고, 나머지 모든 가정을 유지하는 경우를 생각한다.

가정 ④* 기업에 여성에 대한 편견은 없고, 사전확률에 대해 $\pi_f = \pi_m$이 성립된다.

가정 ⑦* 시그널 분포는 유자격자·무자격자별의 각각이고, 여성에게 불리하고 각 θ를 넘지 않은 비율은 유자격자·무자격자별로 항상 여성이 남성보다 커지고 $F_{f,q}(\theta) > F_{m,q}(\theta)$와 $F_{f,u}(\theta) > F_{m,u}(\theta)$가 성립한다. 또 모델을 더 구체화하기 위해 $1 > a > 0$로 하고, $F_{f,q}(\theta) = F_{m,q}(\theta^a)$ 및 $F_{f,u}(\theta) = F_{m,u}(\theta^a)$가 성립한다고 가정한다.

또 시그널이 남녀로 다르면 공급곡선이 남녀로 다르므로 비교를 가능하게 하기 위해 아래의 새로운 가정을 둔다.

가정 ⑨ 자기투자의 투자비용의 분포(함수 G)는 남녀로 다르지 않다. 그렇다면 가정 ⑦*에서 $f_f(\theta) = a\theta^{a-1}f_m(\theta^a)$를 얻으므로 우도비에 대해서

$$\phi_f(\theta) = f_{f,u}(\theta)/f_{f,q}(\theta) = (a\theta^{a-1}f_{m,u}(\theta^a))/(a\theta^{a-1}f_{m,q}(\theta^a))$$
$$= \phi_m(\theta^a) < \phi_m(\theta)$$

가 성립된다. 또 가정 ④*에 따라 기업에 성별에 관한 편견은 없고 π 의 값이 남녀로 같으므로

$$S_f(\pi) = \min\{\theta : x_q/x_u \geq [(1-\pi_f)/\pi_f]\phi_f(\theta)\}$$
$$= \min\{\theta : x_q/x_u \geq [(1-\pi)/\pi]\phi_m(\theta^a)\}$$
$$= (S_m(\pi))^{1/a} < S_m(\pi) \qquad \cdots\cdots \langle식 7.12\rangle$$

가 성립된다. 즉 여성의 역치는 남성보다 낮아진다. 이것은 유자격의 사전확률이 같다(능력이 같음)고 기업이 믿고 시그널의 의미를 판단 하면, 시그널의 여성 평균값이 남성보다 낮은 것은 여성이 수행한 태 스크가 더 어려웠기 때문이라고 해석할 수 있다. 이 〈식 7.12〉의 결과 여성의 EE 곡선은 π의 함수로서 남성의 EE 곡선의 Y축 아래 방향(X 축의 좌측 방향)으로 이동한다.

한편 노동자로부터 보면, 주어진 역치에 대한 자기투자로 유자격자 가 되므로 얻는 기대 이익은 남성이 $\beta_m(s) = \omega(F_{m,u}(s) - F_{m,q}(s))$에 반해 여성이 $\beta_f(s) = \omega(F_{f,u}(s) - F_{f,q}(s)) = \omega(F_{m,u}(s^a) - F_{m,q}(s^a)) = \beta_m(s^a)$이므로 가정 ⑨에 따라

$$G(\beta_f(s)) = G(\beta_m(s^a)) \qquad \cdots\cdots \langle식 7.13\rangle$$

가 성립된다. 이것은 여성의 WW 곡선이 남성에 비해 X축에서 좌측 방향으로 이동하는 것을 나타낸다.

여기서 중요한 점은 균형점으로의 π값이 $\pi = G(\beta(S(\pi)))$를 만족

시키기 위해 자기투자자의 비율을 나타내지만, 이 값은 남녀의 시그
널 분포의 차이에도 불구하고 균형점이 남녀로 일대일로 대응한다는
점에 있다. 즉 남성의 균형이 $G(\beta_m(S_m(\pi_m^*))) = \pi_m$을 만족시킨다면
여성에게는

$$
\begin{aligned}
G(\beta_f(S_f(\pi_m^*))) &= G(\beta_f(S_m(\pi_m^*)^{1/a})) = G(\beta_m((S(\pi_m^*)^{1/a})^a)) \\
&= G(\beta_m(S_m(\pi_m^*))) = \pi_m^* \qquad\qquad \cdots\cdots \langle식 7.14\rangle
\end{aligned}
$$

가 성립된다. 따라서 완전히 같은 값인 π를 균형점으로 가지는 것을
알 수 있다. 즉 남성의 균형이 $(S(\pi^*), \pi^*)$인 경우 $(S(\pi^*)^{1/a}, \pi^*)$는 여
성의 균형점이 된다. 또 만약 복수 균형이 있어도 안정균형도 불안정
균형도 같은 π값의 균형을 남성 균형의 쌍으로, 또 여성 균형의 쌍으
로 공유하고, 또 π의 초기값이 남녀가 같으므로 어느 균형이라도 남
녀가 같은 π값의 균형에 달한다. 여기서 중요한 점은 남성 가운데 직
무 1을 얻는 비율은, 남성의 균형의 역치를 $s^* = S(\pi^*)$로 나타내면, 유
자격자는 $1 - F_{m,q}(s^*)$, 무자격자는 $1 - F_{m,u}(s^*)$이지만, 여성 가운데 직
무 1을 얻는 비율은 유자격자는 $1 - F_{f,q}((s^*)^{1/a}) = 1 - F_{m,q}(((s^*)^{1/a})^a)$
$= 1 - F_{m,q}(s^*)$, 무자격자는 $1 - F_{f,u}((s^*)^{1/a}) = 1 - F_{m,u}(((s^*)^{1/a})^a) = 1 -$
$F_{m,u}(s^*)$가 되고 남성과 완전히 동등해지는 것이다.

　따라서 기업이 남녀의 유자격자 비율의 균등을 믿고 있으면, 시그
널이 남녀로 불공평해도 자기투자 비율도 직무 1을 얻는 비율도 남녀
차이가 없는 평등한 결과를 가져오는 것을 알 수 있다. 이것도 일종의
자기충족적 예언이지만, 이것은 실정과 맞지 않고 현실이 이러한 상
태라고 생각할 수 없다. 이 사실은 기업이 여성에 대한 편견을 가지지
않지만(남녀의 능력 차이가 없나고 믿고 있음), 시산냥이 아닌 장시간

노동에 의존하는 하루당 생산성을 평가 척도로 하는 등, 업무 달성에 사용하는 시그널이 여성에게 불리하기 때문에 남녀 격차가 생긴다는 설에 중대한 의문을 제기한다. 하지만 이것은 기업의 의사 결정에서 사전확률이 맡는 역할이 큰 CL 이론의 가정이 옳은 경우이다.

또 본 절의 모델로 기업에 여성에 대한 편견이 없다고 하는 가정 ④*를 CL 이론과 같은 여성에 대한 편견의 가정 ④($\pi_f < \pi_m$)으로 다시 바꾸고, 또 시그널 분포도 여성에게 불리하다고 가정하는 모델의 고찰에서는 그다지 깊은 지견을 얻을 수 없다. 본 절에서 밝힌 바와 같이 CL 이론의 다른 가정을 유지하고 시그널 분포의 남녀 불평등을 도입하면, 수요함수(EE 곡선)도 공급함수(WW 곡선)도 남녀가 다른 결과가 된다. 이 경우는 사전확률 π의 남녀 차이를 넣으면 편견의 영향과 불공평한 시그널의 영향이 해석적으로 분리하기 어렵고, 시그널의 불평등이 의미하는 남녀 공급함수의 차이에 대한 영향이 보기 어려워지기 때문이다. 그러므로 다음 절에서 당일한 수요함수의 모델을 고찰하기로 한다.

7.4.2 기업이 성별에 의존하지 않는 유자격자의 수요곡선을 가지고, 여성에게 불리한 시그널만을 사용하여 노동자의 유자격성을 판단하는 경우 – 간접차별 모델

코트와 라우리의 이론 모델은 기업이 여성에 대한 일률적인 편견을 가진다는 통계적 차별 모델이었으나, 본 절의 이론 모델은 통계적 차별의 모델이 아닌 남녀로 불공평한 시그널만을 사용하고 직무 1의 유자격성을 판단한다는 간접차별 모델이다. 또 노동자의 선택 원리는 CL 이론이 가정한 모델과 같지만, 기업의 선택 원리는 아래와 같이 바꾸었다.

CL 이론 모델의 가정 ①(두 종류의 직종), 가정 ②(자기투자 유무에 따른 유자격자·무자격자 구별)은 모두 유지한다.

기업 행동에 관한 가정 ③에 대해서 아래와 같이 변경한다.

가정 ③* 추정 유자격자 비율 π와 역치 s와의 관계를 나타내는 기업
의 수요함수 $S(\pi)$는 외생적으로 주어지고, 이 함수는 노
동자의 성별에 의존하지 않는다(따라서 남녀 고용 기회는
균등으로 열려있다). 또 이 함수는 CL 이론과 같이 약한 단
조감소함수 $(S'(\pi) \leq 0)$인 것을 가정한다. 단, $S(1)=0$와
$S(0)=1$은 반드시 만족하지 않는다.

이 가정은 설명을 요할 것이다. CL 이론에서 〈식 7.4〉에 따라 수요
함수 $S(\pi)$가 정해지지만, 이 정의로는 시그널 분포가 남녀로 다를 때
수요함수가 남녀별로 된다. 이것은 앞서 7.4.1의 모델의 가정에서도
그러하다. 하지만 이 절에서는 시그널 분포가 남녀로 다른 것으로 생
기는 남녀 공급함수의 차이에 의해 생기는 남녀 격차만을 분석하고
싶다. 따라서 수요함수는 성별에 의존하지 않은 상황을 생각한다. 그
러므로 CL 이론과 같이 기업이 사후확률을 사용하고 효용최대화한
다는 가정은 하지 않고, $S(\pi)$는 외생적으로 정해져 있다고 가정하였
다.[7] 하지만 기대 유자격자 확률 π는 본 절에서 후술하는 바와 같이

---

7 일부로 기업 행동에 대해서 CL 이론과 유사한 모델을 만든다면, 예를 들면 기업이
우도비 $\phi(\theta)=f_u(\theta)/f_q(\theta)$에 대해서는 남성 비율을 λ로 할 때
$\phi(\theta)=((1-\lambda)f_{f,u}(\theta)+\lambda f_{m,u}(\theta))/((1-\lambda)f_{f,q}(\theta)+\lambda f_{m,q}(\theta))$를 사용하고, 유자
격자 비율에 대해서도 일률의 π값을 가지고 〈식 7.4〉에 적용시키는 경우는 성별에
의존하지 않는 수요곡선이 생긴다. 이 의사결정은 실제로는 유자격자 비율 π에서
남녀 차이가 있다는 사실을 무시한다는 점으로 의사 합리적이지만, 기업이 노동자
의 성별을 무시한다는 가정과는 정합한다. 또 후술하는 미스매치의 상대 비용의 논

CL 이론과 동일하게 내생성에 따라 정해진다.

CL 이론의 사전확률에 관한 가정 ④는 아래의 가정으로 바꿔놓는다.

가정 ④* 유자격자의 사전확률은 남녀에 관계없이 일정하다. 또 노동자의 자기투자 행동의 변화에 대응하고 실행하는 기업에 따른 π값의 개신에도 남녀를 합친 기댓값이 사용되고 성별에 따르지 않고 일률적이다.

이 가정 ④*는 기업이 시그널 분포의 성별에 따른 차이를 통한 간접적인 차별 이외는 기본적으로 '성별은 무시하는(gender-blind적인)' 행동을 취하는 것을 의미한다.

시그널에 과한 CL 이론의 가정 ⑤부터 ⑦에 대해서는 가정 ⑤와 ⑥은 유지하고, 가정 ⑦은 전 절의 여성의 불공평한 시그널의 가정 ⑦*로 변경한다. 또 전 절에서 새로이 추가한 가정 ⑨(함수 G는 남녀 공유)도 유지한다. 아울러 기업의 옳은 선택과 잘못한 선택의 코스트·베네피트에 관한 가정 ⑧은 관계되는 기업 행동을 가정하지 않으므로 본 절의 모델로는 필요로 하지 않는다(단, 각주 7의 모델을 가정하면 필요하다).

이 모델에서는 기업이 불확실한 시그널의 정보만으로 유자격성을 판단한다고 가정하고 있다. 하지만 7.3.2절에서 문제로 삼은 시그널의 판별도가 낮다면, 그것에만 의존하는 기업의 선택은 합리적이라고 할 수 없다. 그러므로 비교적 판별도가 높은 시그널을 사용할 수 있다는 암묵적인 가정을 하고 있다. 예를 들면, 하루당 생산성의 높이를

의에만 이 모델에 따른 해석은 관계하고, 본 절의 다른 결과와는 관계하지 않는다.

유자격 조건으로 하고, 장시간 노동을 할 수 있는 것을 시그널로 사용하면 판별도는 비교적 높아지고 여성에게 불리해지는 것은 분명하다.

또 본 절의 모델도 CL 모델과 같이 게임이론적 모델이다. 먼저 π의 사전확률에 근거하여 기업이 역치를 정하고 노동자가 그것에 따라 자기 투자를 할 것인지 안할 것인지를 정한다. 그러면 유격자의 비율이 달라지므로 기업이 역치를 수정하고, 노동자가 자기 투자에 대해서 재결한다는 것을 반복하여 균형에 달한다고 가정하는 모델이다. 또 시그널이 남녀별로 다르므로 공급함수는 남녀 간 차이가 존재하지만, 수요함수는 가정에 따라 남녀가 같다. 또 두 개의 함수의 형태에 따라 복수의 균형이 생길 가능성이 있지만 본 절의 문제는 열등균형의 해소 문제가 아니므로 그 의논은 제외한다.

본 절의 분석 관심은 시그널을 통한 간접차별이 격차를 초래하는 것(그 자체는 말하자면 자명하다)이 아니라, 이러한 정식화한 여성에 대한 간접차별 아래에서 자기 투자 인센티브의 남녀 간 차이가 다른 조건에 의해 어떻게 변화하고, 어떤 식으로 남녀 격차에 차이를 초래하는 것인지, 또 그 임플리케이션이 무엇인지를 논의하는 것에 있다. 특히 코트와 라우리의 이론과 같이 간접차별이라도 인센티브 문제가 중요한 역할을 담당하는 것을 나타내는 것에 있다.

본 절의 모델의 중심적 가정은 수요곡선 EE가 성별에 의존하지 않고 단일이라는 가정이다. 한편 노동자의 공급함수에 대해서 7.4.1절의 모델과 같이 가정 ⑦*과 ⑨에서 $G(\beta_f(s)) = G(\beta_m(s^a))$를 얻으므로 남녀로 다르고, 또 여성의 WW 곡선이 남성의 WW 곡선을 X축상으로 좌측 방향으로 이동하는 형태가 된다. 단, 7.4.1절의 경우와 달리 본 절의 경우는 기업의 수요곡선이 남녀별로 노동자의 EE 곡선과 균형을 낳는다고 생각하는 것은 타당하지 않다. 7.4.1설의 분석에서는 기업이 유자격자의 사전확률을 전제로 하여 시그널의 의미를 해석한 다는 CL 이론과 같은 가정을 두고 있으며, 그 결과 남녀의 시그널의 차이가 기업에서 남녀로 다른 수요함수(EE 곡선)을 낳고, 각각이 남 녀별 공급곡선과 균형을 만든다는 가정이 타당하였다. 하지만 본 절 의 모델의 가정에서는 기업이 외생적으로 정해진 수요함수와 남녀를 합친 평균의 유자격자의 기대확률 π만을 사용하고 성별에 따르지 않 고 일률적으로 역치를 설정한다고 가정하고 있다. 따라서 기업의 EE 곡선은 남녀 통합의 공급곡선 간에 균형을 낳는 것이 된다. 남녀 통합 의 공급곡선은 WW_f를 여성의 공급곡선 WW_m을 남성의 공급곡선으 로 하면,

$$WW(s) = (1-\lambda)WW_f(s) + \lambda WW_m(s) \qquad \cdots\cdots \langle \text{식 } 7.15 \rangle$$

로 주어진다. 여기서 λ는 노동자 중 남성 비율이다. 이 곡선과 EE 곡 선과의 안정적 균형이 결과를 낳게 된다. 한편,

$$\frac{dG(\beta(s))}{ds} = (1-\lambda)\frac{dG_f(\beta(s))}{ds} + \lambda\frac{dG_m(\beta(s))}{ds}$$

에서 우변의 두 가지 함수가 각각 s의 함수로서 먼저 정正으로 단조감 소하고 중간에 한 번만 정正에서 부負로 변하는 것으로 남녀 통합의 공 급곡선도 남녀별 공급곡선과 같이 단일의 극소 극대값을 구간 (0,1) 사이에 가지고, 거기서 기울기가 한 번만 정正에서 부負로 변한다. 이 성질은 후술의 〈그림 7.4〉와 〈그림 7.5〉에 반영되어 있다.

지금 여기서 여성의 공급곡선 WW_f와 남성의 공급곡선 WW_m의 교 차점의 θ값을 θ^*로 한다. 여성의 공급곡선이 남성보다 X축상에서 좌

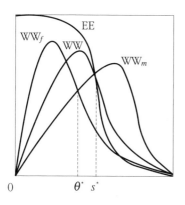

〈그림 7.4〉 케이스 1의 경우의 예

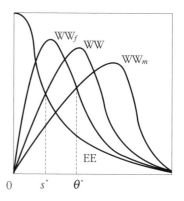

〈그림 7.5〉 케이스 2의 경우

측 방향으로 이동하고 있으므로 θ^*보다 작은 θ에서는 여성의 자기 투자 비율이 남성을 웃돌고 θ^*보다 큰 θ에서는 여성의 자기투자 비율이 남성을 밑돈다. 또 EE 곡선과 남녀 통합의 WW 곡선의 안정적 균형 가운데 실현한 균형의 역치를 s^*로 한다. 그 결과 아래의 두 가지 케이스가 생각된다.

케이스 1. $s^* > \theta^*$의 경우

〈그림 7.4〉는 이 케이스 1의 경우의 여성, 남성, 전체의 세 가지 WW 곡선과 EE 곡선을 예시하고 있다. 이 경우는 역치 s^*에 있어서 여성의 자기투자 비율이 남성의 자기 투자 비율을 밑돌고, 더불어 유자격자(자기투자자)와 무자격자(비투자자)별로 역치 s^*를 넘는 여성의 비율이 남성 비율보다 낮으므로 직무 1을 얻는 여성의 비율은 남성의 비율을 크게 밑돌게 된다. 이 경우 여성의 불리함은 기업이 불공평한 시그널로 판단하는 영향에 더하여 여성의 자기 투자에 대한 인센티브가 남성보다 낮아지는 것으로 증폭된다.

또 이 케이스는 역치 s^*에서

$$F_{f,u}(s^*) - F_{f,q}(s^*) < F_{m,u}(s^*) - F_{m,q}(s^*)$$

즉,

$$F_{f,u}(s^*) - F_{m,u}(s^*) < F_{f,q}(s^*) - F_{m,q}(s^*) \qquad \cdots\cdots\langle식\ 7.16\rangle$$

가 성립되는 경우로 직무 1의 달성 비율의 남녀 격차는 자기 투자를 하는 유자격자 간에서의 남녀 격차가 자기 투자를 하지 않는 무자격자 간에서의 남녀 격차보다 커지는 경우이다. 따라서 여성의 자기투자 인센티브가 남성의 자기투자 인센티브보다 낮아지는 것이다.

케이스 2. $s^* < \theta^*$의 경우

이 경우는 〈그림 7.5〉가 나타내듯이 자기투자 비율에 대해서 여성이 남성을 웃도는 결과가 되는 케이스 1과 반대인 경우이다. 또 이 케이스는 역치 s^*에서

$$F_{f,u}(s^*) - F_{f,q}(s^*) > F_{m,u}(s^*) - F_{m,q}(s^*)$$

즉,

$$F_{f,u}(s^*) - F_{m,u}(s^*) > F_{f,q}(s^*) - F_{m,q}(s^*) \qquad \cdots\cdots\langle식\ 7.17\rangle$$

가 성립되는 경우로 직무 1의 달성 비율의 남녀 격차는 자기 투자를 하는 유자격자 간에 남녀 격차가 자기투자를 하지 않는 무자격자 간에서의 남녀 격차보다 작아지는 경우이다. 따라서 여성의 자기 투자 인센티브가 남성의 자기 투자 인센티브보다 높아지는 것이다. 또 이 경우 유자격자·무자격자별로 직무 1의 달성 비율은 남성이 여성보다

높지만 자기 투자 비율은 여성이 남성보다 높다. 그러므로 유작격자·무자격자를 합친 직무 1의 달성 비율의 남녀 차이는 작아지고, 직무 1을 얻는 여성 비율이 남성 비율을 상회하는 것이 가능하게 된다.

이와 같이 케이스 1에서는 남녀의 불공편한 기준의 시그널을 통한 간접차별이 남녀의 자기 투자 인센티브의 격차를 초래하고, 인센티브가 **간접차별의 증폭 효과**를 낳게 하는 반면, 케이스 2에서는 간접차별이 남녀의 자기 투자 인센티브를 역전시키는 결과 인센티브가 **간접차별의 상쇄 효과**를 낳게 되는 결과가 된다.

케이스 1과 케이스 2의 차이가 무엇에서 생기는가 하면, 수요곡선의 차이에 의한 역치의 차이이다. 〈그림 7.4〉에서 광범위한 유자격자 비율 π의 범위로 수요곡선은 높은 역치를 취한다. 반대로 〈그림 7.5〉에서 광범위한 유자격자 비율 π의 범위로 수요곡선은 낮은 역치를 취한다. 역치의 높이는 직무 1에 요구되는 기술·지식의 높이에 의존한다고 생각된다. 또 수요함수의 결정에 CL 이론과 유사한 각주 7의 모델을 가정한다면, 직무 1의 매치·미스매치의 베네피트 코스트가 역치에 영향을 미치고, x_q/x_u의 값이 작으면, 즉 직무 1의 미스매치의 상대적 코스트가 더 크면 역치가 일률적으로 높아진다. 이 임플리케이션에 대해서는 다음 절에서 논의한다.

또 시그널의 유자격판별도가 높아지면 남녀 모두 자기투자자의 비율이 증가하고 WW곡선이 〈그림 7.4〉와 〈그림 7.5〉 모두 Y축 위 방향으로 바뀌고 역치를 내리는 효과가 있다. 이것은 평균적으로 케이스 1의 상태에서 케이스 2의 상태로 가까워지는 것을 의미한다. 이 사실의 임플리케이션에 대해서도 7.5절에서 논의한다.

7.5 결론과 논의

제7장에서 여성에 대한 차별이 자기 투자 인센티브의 남녀 간 차이를 만들고, 그것이 결과적으로 지위 달성의 남녀 격차를 초래한다는 메커니즘에 대해 수리적 공통 부분이 많으나 질적으로 다른 두 가지 이론적 해석을 하였다.

하나는 코트와 라우리의 통계적 차별이 자기충족적 예언으로 되는 이론이다. 이 이론은 '보다 좋은 포지션'을 위한 채용 판단에 기업이 여성보다 남성이 유자격자 비율이 높다는 편견을 가지고 자격 유무에 불완전한 시그널 정보를 적용하고, 아울러 노동자가 자기 투자를 할지(이 경우 유자격이 되지만 기업은 완전히 알지 못한다), 투자를 안 할지(이 경우 무자격자가 되지만 이것도 기업은 완전히 알지 못한다)의 선택을 한다는 가정 아래, 기업이 여성에게 남성보다 높은 시그널 역치를 부과함에 따라 여성의 자기 투자 인센티브가 낮아지는 결과, 여성의 유자격자 비율이 남성에 비해 낮아진다는 자기충족적 예언을 낳아버리는 것을 설명한다.

이것은 여성의 생산성이 남성보다 낮다는 편견이 실제로 여성의 남성보다 낮은 생산성을 낳는다는 메커니즘이며, 사회적으로 바람직하지 않은(파레토 효율적이지 않은) 열등균형을 낳는다. 이 자기충족적 예언은 이 책 6장의 분석 결과와 정합성도 높다. 또 일반적으로 사회적으로 바람직하지 않은 상태가 균등을 유지하는 상황이 일본의 남녀공동참획이 진정하지 않은 배경에는 널리 존재하고 있다고 생각된다(이 책 제1장 및 가와구치(川口, 2008)).[8]

---

[8] 가와구치(2008)는 일본에서 여성의 경제 활동이 진행되지 않는 상황에 대해서 전통

이번 장은 이 열등균형을 깨기 위한 새로운 두 가지 대책을 제시하였다. 하나는 현상의 일본 기업이 리스크 회피적인 인사 방침을 가지고 있는 경우는 그것을 리스크 중립적으로 하는 것이다. 이 변화는 기업의 수요곡선을 시프트시켜, 여성의 역치를 내리는 효과가 있으므로 충분히 내리면 열등균형이 소멸하고 파레토 효율적인 남녀 평등의 균형으로 옮겨간다. 이에 따르면 일본 기업은 감점주의적인 평가 제도를 고칠 필요가 있지만, 기업 입장에서는 리스크 회피 경향을 스스로 바로잡을 인센티브를 갖지 않을지도 모른다. 이 경우는 2015년에 성립한 여성의 활약 추진법의 운용에서 법의 대상 기업에 관하여 여성의 활약에 관한 기업 정보의 '투명화'나 여성의 활약이 동일 종업 내에서 지체된 기업에 대한 행정 지도나 공공 조달 참여에 관한 평가점을 감점하는 등의 처치를 인센티브로 바꿔가는 것이 중요하다고 생각된다. 아울러 이러한 기업 인센티브의 유도는 어퍼머티브 액션과 같은 시장으로의 가격 개입과 달리, 새로운 균형이 사회 비용을 창출하지 않는다.

또 하나는 시그널의 정교화이다. 비용을 산출하지 않고 정교화하는 구체적인 방법의 예는 본문에서 언급하였으나, 시그널의 정교화는 남녀 모두 자기투자 인센티브를 올리는 결과, 자기 투자를 하는 유자격자의 공급곡선을 위의 방향으로 이동시키지만, 이에 따라 여성의 역치가 내려가고, 충분히 내려가면 이것도 열등균형을 해소시킬 수 있

적 성별 분업을 전제로 한 상호 보완적인 제도가 기업과 가정의 양측에서 완성되고 있어, 그 균형을 무너뜨리는 것이 어려운 것을 게임이론적 분석을 통해서 밝혔다. 이번 장의 한계는 가와구치 다이지 씨가 지적해주셨지만 가족제도까지 깊숙하게 통계적 차별의 문제를 수리 이론적으로 밝히지 못하는 것으로 그것은 추후의 과제이다.

다. 또 이 방책은 정부에 의한 개입을 전혀 필요로 하지 않는다.

이상의 사실은 반대로 생각하면, 여성에 대한 편견이 자기충족적 예언이 되기 쉬운 경향에 대해서 기업의 인사가 리스크 회피적일수록 큰 것을 나타내고, 또 만약 시그널에 따른 자격 판별도에 대해서 전문직이 관리직보다 판별도가 높으면 전문직보다 관리직이 여성에 대한 편견이 자기충족적˚예언으로 되기 쉬운 것을 나타낸다.

이번 장의 또 하나의 수리 해석은 기업이 노동자의 유자격을 판단하는 시그널에 대한 분석이다. 예를 들어, 자격 판단을 시간당 생산성이 아닌 '장시간 노동이 가능한지'를 의미하는 하루당 생산성으로 측정하거나, 가정의 역할과 양립하기 어려운, 유연성 없고 구속도가 높은 일을 할 수 있는지의 여부로 측정하는 방식으로 업무 달성 능력의 시그널을 측정하는 것은 그 자체로 여성에 대한 불공편한 간접차별이라는 것이다. 이것은 코트와 라우리의 이론 모델을 개변한 모델에 근거한 이론화이다. 이 경우도 여성 차별이 남녀 노동자에게 자기투자의 인센티브에 다른 영향을 미치지만, 결과는 남녀의 공통한 역치가 높은 균형이 달성된 경우에는 남녀의 자기 투자 인센티브에 격차를 초래하고, 지위 달성의 남녀 격차에 대해서 간접차별의 영향을 더욱 증폭시키는 결과를 초래한다는 것이다. 그 반대로 역치가 낮은 균형이 달성되는 경우에는 남녀의 자기 투자 인센티브에 역격차를 초래하고, 지위 달성의 남녀 격차에 대한 간접차별의 영향을 완화 혹은 상쇄시키는 것을 제시하였다.

또 일반적으로 역치가 높은 균형을 낳는지, 낮은 균형을 낳는지는 '보다 좋은' 포지션이 자기 투자를 해도 얻기 어려운지(이 경우 역치가 높아진다), 자기 투자를 하면 비교적 얻기 쉬운지(이 경우 역치가 낮아진다)에 주로 의존한다. 그 결과,

① 자기 투자를 해도 얻기 곤란한 일에서는 여성에 대한 간접차별이 자기 투자의 남녀 인센티브의 격차를 초래하고 지위 달성의 남녀 격차가 더 커진다.

② 반대로 자기 투자를 하면 비교적 얻기 쉬운 일에서는 여성에 대한 간접차별이 자기 투자의 남녀 인센티브 역격차를 낳고, 지위 달성의 남녀 격차를 적게 하고, 여성의 지위 달성이 남성보다 높아질 가능이 있다.

라는 함의를 얻을 수 있다. 예를 들어, 부장 이상의 상급 관리직과 계장·주임 직급의 하급 관리직으로는 상급 관리직이 요구되는 지식 기술이나 미스매치의 상태 비용이 더 높아짐으로 역치가 높아지는 것이 생각된다. 동일하게 고도로 발전한 전문성을 요하는 전문직과 전문성이 비교적 낮은 준전문직으로는, 고도로 발전한 전문직이 더 역치가 높아지는 것이 생각된다. 따라서 간접차별이 존재하면 지위 달성의 남녀 격차는 상급 관리직이 하급 관리직보다 커지고, 또 고도로 발전한 전문직에서 준전문직보다 커진다는 결론으로 이끌어진다. 〈그림 7.6〉은 민간 기업에서 직급별 여성 관리직 비율의 추이를 나타낸 것이지만, 지위가 높고 그 인원수가 적은 관리직 직위일수록 여성 비율이 감소하는 결과가 되므로 이 임플리케이션과 일치한다. 또 제3장에서도 특히 사회 경제적 지위가 높은 전문직의 여성 비율이 OECD 국가 가운데 일본과 한국이 특히 낮은 것을 확인하였다.

한 가지 더 중요한 점은 시그널의 판별력의 차이에 대한 영향이다. 시그널의 판별력이 늘면 자기투자 인센티브가 증가하여 남녀 공통의 역치가 내려간다. 그 결과,

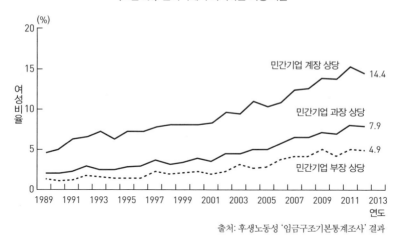

<그림 7.6> 관리직에서 차지하는 여성 비율

(%)

여성비율

민간기업 계장 상당 14.4

민간기업 과장 상당 7.9

4.9

민간기업 부장 상당

1989 1991 1993 1995 1997 1999 2001 2003 2005 2007 2009 2011 2013

연도

출처: 후생노동성 '임금구조기본통계조사' 결과

③ 다른 조건이 같고 시그널의 판별도가 높을수록 평균적으로 남녀의 인센티브 격차가 작아진다. 혹은 이미 여성의 자기 투자 인센티브가 남성보다 높은 상황에서는 인센티브의 역격차가 커진다.

④ 반대로 다른 조건이 같고 시그널의 판별도가 낮을수록 평균적으로는 남녀의 인센티브 격차가 커진다. 혹은 이미 여성의 자기투자 인센티브가 남성보다 높은 상황에서는 인센티브의 역격차가 작아진다.

라는 결과를 얻는다. 이것은 시그널의 판별도가 높을수록 자기 투자를 하고 유자격자가 되는 것이 여성에게 불리한 시그널 분포의 조건을 완화하는 것에서 일어난다. 이 결과, 만약 시그널에 의한 전문직 유자격의 판별도가 관리직 유자격의 판별도보다 높다고 한다면, 간접 차별이 인센티브 격차를 통해서 가장 큰 남녀 격차를 낳는 것은 상급 관리직이고 반대로 간접차별이 인센티브 역격차를 통해서 상쇄된다, 혹은 여성의 보다 높은 달성이라는 역전 현상을 낳는 것은 전문성이 비교적 낮은 준전문직이라는 결론을 얻는다. 이러한 임플리케이션은 이론적으로 이끌어낸 것이지만, 일본의 현상과 정합한다고 생각된다.

한편, CL 이론의 모델과 필자의 간접차별의 모델 가운데 어느 것이 보다 일본의 남녀 불평등을 설명하는지는 판별할 수 없으나, 필자 자신은 그 쌍방의 이론 모델의 결과가 일본의 실정과 정합적이기 때문에 함께 존재하고 있다고 생각한다. 또 이 때문에 일본의 남녀 격차의 존속이 완강하게 계속되고 있는 것이 아닌가 싶다.

| 인용 문헌 |

小笠原裕子. 1998. 『OLパワーゲーム-』中公新書

大沢真知子. 2015. 『女性はなぜ活躍できないのか』東洋経済新報社.

川口章. 2008. 『ジェンダー経済格差』勁草書房.

山口一男. 2008. '男女の賃金格差解消への道筋 – 統計的差別の経済的不合理の理論的・実証的根拠' 『日本労働研究雑誌』50: 40-68.

山口一男. 2009 . 『ワークライフバランス – 実証と政策提言』日本経済新聞出版社.

Asano, Hirokatsu and Daiji Kawaguchi. 2007. "Male-Female Wage and Productivity differentials: A Structural Approach Using Japanese Firm-Level Panel Data." RIETI Discussion Paper.

Becker, Gary S. 1991. *Treatise on the Family*, enlarged edition. Cambridge: Harvard University Press.

Coate, Stephen and Glenn Loury 1993. "Will Affirmative-Action Policies Eliminate Negative Stereotypes?" *The American Economic Review* 83: 1220-40.

Granovetter, Mark. 1978. "Threshold Models of Collective Behavior." *American Journal of Sociology* 83: 1420-43.

Hewlett, S.A., L. Sherbin, C. Fredman. C. Ho, and K. Sumberg. 2011. *Off-Ramps and On-Ramps Japan - Keeping the Talented Women on the Road to Success.* Center for Work-Life Policy: New York.

Phelps, Edmund S. 1972. "The Statistical Theory of Racism and Sexism." *The American Economic Review* 62: 659-661.

Yamaguchi, Kazuo. 2000. "Subjective Rationality of Initiators and Rationality of Threshold-Theoretical Behavior of Followers in Collective Action: Theoretical Insight from Non-Expected Utility Models." *Rationality and Society* 12: 185-225

제8장

남녀 불평등과 그 불합리성
—분석 결과가 의미하는 것

최종 장인 제8장에서는 전 장까지의 분석 결과를 근거로 아래의 8개의 구체적인 문제에 대한 임플리케이션을 논의한다.

①여성의 관리직 비율과 간접차별, ②통계적 차별, 자기충족적 예언과 여성 노동의 비생산성, ③여성의 직업 스테레오타입화, ④장시간 노동과 여성의 기회, ⑤다이버시티Diversity 경영과 여성의 활약 추진, ⑥고용 형태와 임금 격차, ⑦여성활약추진법의 운용, ⑧남녀의 기회 평등을 생각하는 데 유의해야 할 것.

『거울나라의 앨리스』의 대화의 패러디

하트의 퀸　여성 노동자들이 있단다. 그녀들은 이직의 벌을 받고 임금이 삭감되고 있단다. 이직이 어느 정도의 비용을 산출할지는 언제 이직할지에 따르겠지만 머지않아 산정될 것이다. 그리고 물론 이직은 마지막으로 오는 것이다.

앨리스　그래도 만약 그녀들이 이직을 하지 않는다면요?

퀸　그것은 한층 더 좋은 것이다.

앨리스　물론 그것은 한층 더 좋은 것이지요. 그렇지만 그녀들이 치벌받는 것은 한층 더 좋은 것이라고는 말할 수 없어요.

퀸 그대는 어쨌든 잘못됐다. 그대는 벌을 받은 적은 있는가?

앨리스 나쁜 일을 했을 때는요.

퀸 그것 보렴. 벌은 좋은 것이다.

앨리스 그래도 저의 경우는 벌을 받을 만한 일을 먼저 저지른 거예요. 그것이 그녀들과는 달라요.

퀸 하지만 그 벌을 받을 만한 일을 만약 하지 않는다면, 그것은 더더욱 좋은 것이다.

8.1 서론—'기본적인 인식'을 의심해 볼 필요에 대해서

전 장까지의 분석을 마쳐서 먼저 필자가 생각하는 것은, 이전에 출판한 책『워크 라이프 밸런스－실증과 정책 제언』(山口, 2009)을 다 쓴 시점에서 인식했던 이상으로 일본의 여성 활약 지체의 원인에 관한 문제의 뿌리가 대단히 깊다는 것이다. 무엇보다도 당시의 인식이 잘못되었다고는 생각하지 않는다. 필자는 그 가장 큰 원인을 제1장에서 언급한 바와 같이, 고도 성장기에 일본 기업이 역사 문화적 초기 조건과 전략적 합리성의 원리 아래 만들어 낸 일본적 고용 관행에 있다고 생각하고 있다.

특히 노동의 수요가 안정적으로 증가한다고 하는 기대 아래에서 일본 기업은 장기간으로 장시간 노동 고용을 정규 고용의 핵심 요건으로 하는 관습을 만들었다. 그리고 그 요건을 충족시키지 않는다고 생각되는 여성의 고용은 기업 내외의 말단 노동력으로서, 구체적으로는 비정규 고용 또는 정규 고용이지만 핵심에서 제외된 일반직 등으로서 기업이 고용하는 관행을 만든 것이다. 또 1990년 이후 외적인 경제 상황이 변화하고 안정적인 노동 수요의 증가를 바랄 수 없게 된 후에도 여성의 높은 출산·육아 이직률이 계속된 것으로 기업이 여성의 높은 이직률을 이유로 통계적 차별을 하는 악순환으로부터 벗어날 수 없는 상태가 계속되고 있다. 이 책의 분석을 마친 후에도 그 문제의 기본적 인식은 변하지 않고 있다.

다만, 일본 여성의 높은 이직률에 대해서는 장시간 노동의 관행이 존속하기 때문에 배우자가 있는 여성에게는 가정의 역할과의 양립이 어렵다는 측면도 확실히 존재하지만, 그 이상으로 일에 대한 불만이나 정체감이 주된 원인이고, 조사 데이터를 통해서 출산·육아는 한 계기에 지나지 않는다는 것이 시사된 것은 제7장에서 휴렛 등(Hewlett etal., 2011)이나 오사와(大澤, 2015)의 연구에 대해서 언급한 대로이다. 또 2010년 이후 첫아이 출산 전후의 여성의 취업 지속률이 약 40%에서 50% 이상으로 증가하고 있다(국립사회보장国立社会保障인구문제연구소人口問題研究所『제15회 출생 동향 기본조사 결과의 개요』(2016))라고 하는 보고가 있으며, 아울러 육아 이직률이 더욱 줄어들면 기업의 인식이 앞으로 크게 바뀔 가능성도 있다.

그럼 지금 어떠한 이유로 당시의 인식보다 문제의 뿌리가 깊다고 느끼는가 하면, 당초 필자는 많은 경제학자처럼 만약 그것이 보편성을 가지지 않는 특수적 전제의 합리성이어도 일본 기업은 많은 점에서 합리적인 선택을 하고 있다고 생각하였지만, 그 인식이 지극히 의심스러워진 점이다. 여성의 높은 이직률을 이유로 하는 통계적 차별에 관해서는, 그 합리성에 대해서 필자는 종래부터 의의를 제기하고 있었지만(山口, 2008), 분석을 진행시킴에 따라 남녀의 기회 평등이라는 원칙에 근본적으로 모순되는 관행이 일본의 낳은 기업에 팽배

위하게 존재하는 것이 아닐까 하는 생각에 이른 것이다.

또 제1장에서 언급한 특수적 합리성을 가지는 경우에도 그 전제 조건 자체가 옳는 것인지 아닌지를 문제로 삼아야 된다. 그러나 전제가 옳지 않은데 그것이 개선되는 기색이 조금도 보이지 않는다. 이 책 제7장에서 이론적으로 고찰한 것은 편견의 존재를 전제로 하는 코트와 라우리의 통계적 차별의 이론(Coate and Loury, 1993)과 그들의 이론을 개변한 필자의 간접차별 이론이다. 그 두 이론적 결과와 일본 현상과의 정합성은 일본 기업의 선택은 목적을 위한 수단의 선택에 관한 이른바 수단의 합리성$^{Instrumental\ rationality}$은 만족시켜도 진정한 합리성을 가지지 않는 것을 시사한다. 여성의 업무 능력에 대한 편견(코트와 라우리의 이론)이나 장시간 노동을 할 수 있는지의 여부 등 여성에게 불리한 평가 기준을 적용하는 것(필자의 간접차별 이론)은 모두 인재 활용상 합리적이라고는 말할 수 없기 때문이다. 문제는 만약 인사 및 인재 활용에 관해 기업 행동에 합리성 자체가 성립하지 않고 있는 것이라면, 기업 스스로의 노력으로 문제를 해결하는 것이 지극히 어려워진다.

남녀 평등한 사회의 실현에 대해서 무라오(村尾, 2003)는 종래 서로 어울리지 않는 원칙을 제창하는 두 가지 '파'의 대립에 대해서 그 논점을 종합한 바 있다. 그 하나를 '차별의 경제학파' 혹은 '기회의 평등파'라고 부른다. 무라오에 의하면, 그들은 임금 격차가 생산성의 차이에 근거한다면 그것은 차별이 아니므로 문제는 없다는 개념이며, '결과의 평등'이 아니고 '기회의 평등'을 달성하는 것만이 중요하다는 생각을 가진다. 또 남녀 등 그룹 간에 자질의 차이가 있고, 개인의 자질에는 미확정 요소가 있고, 또 그 식별에 비용이 들 때, 그룹에서 처우를 바꾼다는 통계적 차별을 합리적이라고 한 경제학자 펠프스의 이론(Phelps, 1972)을 남녀 간 격차의 설명으로 사용하는 특징을 가진다. 그 견해는 예를 들면 야시로(八代, 1980; Yashiro, 1980) 등으로 대표된다고 한다.

무라오에 의한 또 다른 '파'는 '결과의 평등파'이다. 그들은 부부의 전통적 역할 분업 규범("남편은 가계에, 아내는 가사·육아에 주된 책임이 있다"라고 하는 규범) 등, 사회 시스템 속에 남녀 불평등을 만들어 내는 원인이 있는 경우, 그것을 비경제 요인으로서 배제하는 '차별의 경제학파'의 생각에 반대하고, 어퍼머티브 액션(적극적인 개선 조치) 등의 결과에 개입함으로써 남녀의 결과의 평등을 만들어 내야 한다는 것이라고 한다. 또 남녀 임금 격차의 주원인의 하나는 남성에 비해 여성에게 비정규 노동자가 많은 것이지만, '결과의 평등파'는 정규 고용과 비정규 고용이 불평등의 해소 수단으로서 동일가치노동 동일임금제도[1]를 권장할 경우(예를 들면 모리(森, 2005))가 많다. 페미니스트의 대부분은 이 파에 분류되는 논의를 하고 있다고 한다.

여기서 말하는 '결과의 평등'은 정확하게는 '남녀의 결과의 평등'으로 통상 '결과의 평등'이라고 하는 말이 의미하는 내용과는 다르므로 명확히 해 두고 싶다. 통상 '결과의 평등'은 누구라도 같은 결과를 얻

---

1 페이 이퀴티(pay equity)라고도 한다. '동일노동 동일임금'이 통상 직무가 같으면 동일한 임금을 지불하는 원칙을 의미하는 것에 반해 '동일가치노동 동일임금'은 직무가 달라도 '직무의 가치'가 같으면 동일한 임금을 지불해야 한다는 원칙을 의미한다. 미국에서의 남녀 직업 분리가 주된 임금 격차의 원인인 것에서 생긴 사상이다(제3장의 이론 리뷰를 참조). '동일노동 동일임금'과 같이 '동일가치노동 동일임금'도 직무로 노동의 가치를 평가하기 때문에 같은 직무라도 달성의 질에 노동자의 개인차가 큰 것을 무시하는 점이 문제이며, 더불어 '동일가치노동 동일임금'은 무엇을 가지고 다른 직무의 '가치'와 같다고 할지 그 척도의 애매함도 문제가 된다. '동일노동 동일임금'이 일본의 남녀 임금 격차의 해소에 유효할지의 여부에 대한 필자의 논의는 8.6절을 참조.

는 것을 의미한다. 예를 들면, 소득에 개인차가 없는 상태이다. 한편, '남녀의 결과의 평등'은 그러한 상태를 의미하는 것이 아니고, 예를 들면 그 사회의 여성 비율이 50%라면, 고등 교육을 받는 사람의 여성 비율도, 개인소득의 각 분위별 여성 비율도, 각 직급별 관리직 여성 비율도, 전문직 여성 비율도, 국회의원의 여성 비율도 모두 50%가 되는 것을 의미한다. 즉 남녀의 결과의 평등은 교육, 직업적 지위, 소득의 분포에 관한 남녀의 동등성을 의미하고, 분포 자체에 편차가 없는 결과의 평등을 의미하는 것이 아니다.

무라오에 의한 양 파의 특징화는 물론 이 이분법적 구분에 모든 논자가 동의하지는 않겠지만, 필자의 인상과 대강 일치한다. 성별에 관계없이 누구라도 그 잠재 능력을 발휘할 수 있는 사회가 바람직하다는 점에서는 아마 양 파 모두 공통인데, 차이가 생기는 것은 무라오에 의하면 '결과의 평등'을 중시하는 것인지 아니면 '기회의 평등'을 중시하는 것인지에 있다. 그러나 그렇게 되면 양쪽 그룹의 차이가 사회과학을 넘어선 가치관의 차이로 인해 생기고 있는 것이 문제로 된다.

이 책이 문제로 삼는 것은 어디까지나 기회의 불평등이고, 그 점에서는 필자도 남녀의 '기회의 평등파'에 속하게 되지만, 문제는 자유주의인지 평등주의인지와 같은 가치관뿐만 아니라, 원래 사회과학적인 시점에서는 양자에 공유되어야 하는 사실 인식도 다르지 않을까 생각된다. 처음에 언급한 바와 같이 필자는 인사 혹은 인재 활용에 관한 기업의 합리적인 선택의 가정을 지극히 의심스럽게 생각하고 있다.

하지만 무라오가 말하는 '기회의 평등파'의 대부분은 기업 행동이 합리적이라고 하는 생각을 유지하고 있어 보인다. 그러므로 남녀의 기회 평등은 중요하지만, 기업의 합리적인 선택의 결과라면 어쩔 수 없지만, 실제로는 "기업의 합리적인 선택의 결과라면"이라고 하는 가정 표현이 "기업의 합리적인 선택의 결과이므로"라고 하는 논리로 바꾸어 버려, 합리성 자체를 의심하는 일이 적은 것으로 보인다. 한편, '결과의 평등파'는 남녀 평등이 우선 사항이므로, 기업 행동이 합리적인 것인지 아닌지에 관계없이 차별적 관행을 배제하여 남녀 평등을 실현해야 한다고 생각하고 있으므로, 동일하게 기업 행동은 합리적인 것인지에는 무관심했던 것 같이 생각된다.

따라서 이번 장에서는 아래에서 논의하는 몇 가지 구체적인 문제로 기업 행동의 합리성에 대해서 재고한다. 본 장의 내용은 제2장부터 제7장까지의 분석을 중심으로 한 장과 달리, 필자의 가치관과 독립적으로 논의를 진척시키기는 어려울 것이다. 그것에 대해서 언급하기 전에 먼저 반대로 개인의 가치관으로부터 자유로운 혹은 독립적인 사회과학이란 무엇을 의미하는가에 대해서 언급하자.

이 책 제1장의 이론적 개요에 대해서는 판단하기 어렵지만, 적어도 제2장부터 제7장의 분석 내용은 계량 데이터 분석과 수리 모델 분석에 사용한 방법은 달라도 기본적으로 과학의 틀로부터 벗어나있지 않다. 즉 이 장들의 내용은 필자의 가치관과는 독립으로 분석의 수속과 결과가 사회과학으로서 성립하고 있다고 생각한다. 계량 분석의 장이라면 데이터와 사용하는 분석 방법이 같으면 누가 분석을 해도 결과는 같아질 것이다. 또 이 책으로 사용한 통계적 분석 방법은 회귀 분석 방법을 사용한 제6장을 예외로 하여, 중심이 된 분석은 약한 가정을 하는 세미 패러메트릭한 통계 분석 모델에 기초를 두고 있다. 따라서 사용한 통계 방법의 가정이 현실과 맞지 않기 때문에 생기는 결과의 치우침은 최소한도가 되도록 마음을 쓰고, 어떠한 가정을 하는 분석 방법을 필자가 채용했는지에 결과나 결론이 의존하지 않도록 유념하고 있다. 이것도 과학이 되기 위한 원칙의 하나이다. 또 제7장의 수리 모델에 의한 이론적인 고찰은 모델에 대한 명시적인 가정 아래에서는 누가 분석 했는지와는 상관없이 같은 결과를 연역적으로 얻는다는 성질을 가지는데, 이것도 과학적인 원칙과 정합한다. 방법론적 개인주의[2]인 것은 필자의 이론적인 선호의 반영이지만, 결론을 인도하는 수속 그 자체에 필자의 가치관은 혼재하지 않는다.

그러나 이번 장에서 논의하는 것은 분석 그 자체가 아니고, 분석의 임플리케이션이다. 다양한 분석 결과가 전체로서 무엇을 의미하는 것인가라는 의미에 대한 논의는 완전히 연역적으로 이끌어지는 수리적 논리와 달리, 의미 자체에 따르는 애매함이나 주관성이 내포되므로 개인의 가치관으로부터 독립하기 어렵다. 더구나 임플리케이션을 근거로 한 정책 제언이라면, 어떠한 사회가 바람직하다고 생각하는지에 대한 필자의 가치관을 오히려 명시하는 것이 중요할 것이다.

이번 장의 내용에 관한 필자의 중심적인 가치관은 "성별이나 기타 속성에 관계없이 누구라도 가질 수 있는 잠재 능력을 충분히 발휘할 수 있는 사회의 실현을 우선으로 한다"라는 원칙을 자유주의적인 기회의 평등 중시에 덧붙인 것이다. 형식적인 기회 평등과 다른 것은 부모의 빈곤 등 출생에 의한 어린이의 사회적 핸디캡은 물론, 육아·가족돌봄이나 신체적인 장애 등 개인적인 사정과 종래 생각되기 쉬운 사항에 대해서도, 그것이 사회적인 핸디캡이 되지 않는 사회를 실현하는 것이 바람직하다고 생각하는 점이다.

분석 결과의 임플리케이션 논의에 그러한 가치관에 근거하는 판단이 내포되는 것을 독자에게 먼저 양해를 구한 뒤에 이 책의 분석 결과

---

2 사회 현상을 설명하는 데 개인의 행동이나 선택의 축적에 의해 설명하려는 이론 구축 방법. 미시경제학 이론이 그 전형이지만, 사회학이나 정치학의 '합리적 선택 이론파'나 행동경제학, 사회심리학의 일부 등도 그 방법을 취한다.

가 의미하는 것에 대해서 아래의 8개 문제를 논의하고 싶다.

①여성의 관리직 비율과 간접차별, ②통계적 차별, 자기충족적 예언과 여성 노동의 비생산성, ③여성의 직업 스테레오타입화, ④장시간 노동과 여성의 기회, ⑤다이버시티 경영과 여성의 활약 추진, ⑥고용 형태와 임금 격차, ⑦여성활약추진법의 운용, ⑧남녀의 기회 평등을 생각하는 데 유의해야 할 것.

8.2 여성의 관리직 비율과 간접차별

이 주제에 관련되는 것은 제2장, 제4장, 제6장, 제7장이다. 이하 주된 분석 결과를 종합하면 다음과 같다.

①화이트칼라 정사원의 관리직 비율의 남녀 간 격차에 대해서 남녀의 인적자본(연령, 학력, 근속 연수)의 차이는 과장 이상 비율의 21%, 계장 이상 비율의 30%밖에 설명하지 않는다(제2장).

②관리직 비율에 대한 성별의 영향은 '대졸 대 고졸'의 영향을 훨씬 크게 웃돈다. 예를 들면 과장 이상 비율의 오즈비로 측정하면, 남성은 여성에 비해 10.43배인 것에 반해 대졸은 고졸에 비해 1.65배이다(제2장).

③화이트칼라 정사원의 남녀 소득 격차는 여성에게 사무직이 많고, 또 다른 직무에 비해 사무직은 특히 과장으로의 승진 기회에 남녀 간 격차가 크다. 그 결과, 관리직이 적어지는 것이 하나의 큰 요인이다(제4장).

④화이트칼라 정사원의 40세 이후의 남녀 임금 격차의 확대는 남

녀 직급 격차가 증대하는 것으로 거의 100% 설명된다(제4장).

⑤ 종업원 100명 이상의 기업에서 평균적으로 여성의 대졸도가 생산성·경쟁력을 향상시키지 않고 있다는 일본 특유의 사실이 있지만, 예외적으로 관리직 여성 비율이 높은 기업에서는 여성 정사원의 대졸도가 높은 생산성·경쟁력에 연관이 있다(제6장).

⑥ 여성의 관리직 등용 기회가 큰 기업일수록 생산성·경쟁력이 높다(제6장).

⑦ 여성에게 불리한 업무 달성 평가의 시그널을 통해서 여성에 대한 간접차별을 하는 기업과 노동자의 게임 이론적 의사 결정 모델을 생각하면, 관리직 등용에 관하여 높은 지위의 관리직일수록 여성에 대한 간접차별이 자격 획득을 위한 자기 투자 인센티브의 보다 큰 남녀 간 격차를 초래하므로 지위를 얻는 여성의 비율이 감소한다는 결과를 얻는다(제7장).

이 책이 간접차별에 대해서 직접적인 증거를 얻은 것은 아니지만, 예를 들면 발견의 ①이나 ②는 후생노동성厚生労働省에 의한 기업 의식 조사로 일본의 여성 관리직 비율이 낮은 이유가 남성에 비해 여성의 근속 연수가 부족한 것이 원인이라고 하는 설을 부정한다. 또 여성 사무직이 남성 사무직과 비교하여 각별히 관리직 승진율이 낮다는 ③의 발견은 기업이 '여성 일반 사무직'이라는 기업 내 승진의 경력으로부터 제외된 직무로의 배치를 통한 간접차별이 원인으로 여성의 관리직 등용이 행해지지 않는 것을 시사한다. 그리고 남녀의 각 직급에서 일어나는 관리직을 위한 승진 격차가 연령과 함께 확대하는 남녀 임금 격차의 결정 요인이라는 ④의 발견과, 여성에 대한 간접차별의 존재가 높은 직급일수록 남녀의 인센티브 격차를 초래하고 여성 비율이 감소한다는 이론적 지견 ⑦과는 서로 보완하여 화이트칼라 정사원 내의 남녀 간 격차의 큰 원인이 되고 있다고 생각된다.

여기서 문제는 처음에 환기한 바와 같이 여성의 관리직 등용에 관해 간접차별을 하는 기업 행동에 어떠한 합리성이 있는 것인가 라는 점이다. 기업 생산성·경쟁력에 관한 ⑤의 발견은 간접적이어도 그것을 부정하는 근거를 제공하고 있는 것으로 보인다. 관리직 여성 비율이 낮은 기업에서는 대졸 여성의 생산성을 키우지 않고 있기 때문이다.

또 제6장에서도 논의했지만 발견 ⑥에 대해서는 여성 인재를 잘 활용하는 기업이 여성에게 보다 많은 관리직 등용 기회를 제공한다는 특성을 지님과 동시에 생산성·경쟁력도 높아지는 것을 시사한다. 그렇다면 여성에 대한 간접차별과 그 결과로서 관리직 여성 비율이 낮아지는 것은 기업의 합리적 행동의 결과라고는 하기 어렵다. 그것은 고도 성장기나 그 이전에 일본 사회가 만들어 낸 일 중심 사회에서의 관리직에 대한 남성 우선 사고를 답습하고 있는 것에 지나지 않는다고 생각된다. 그 이유에 대해서는 후술하는 다른 문제와 함께 다시 논의한다.

간접차별에 대해서는 일본의 법에도 문제가 있으므로 그것에 대해서도 덧붙이고 싶다. 또 이것은 필자의 가치관 영역의 문제이지만, 인권에 관한 구체적인 원칙으로서 기회 평등과 간접차별의 제거의 점으로 구체화한 아래의 원칙을 제창하고 싶다.

원칙. 여성 차별의 의사 유무에 관계없이 특정한 제도가 원인으로 남녀 간의 임금이나 승격·승급 기회의 격차를 초래한다면, 그 제도는 여성에 대한 간접차별이며 남녀의 기회 평능을 막는 것으로서 법적으로 금지되어야 한다.

이 원칙은 미국의 1971년 고용기회균등법(EEO법)의 적용에 관한 1971년 "Griggs v. Duke Power Company"의 대법원 판결로 제시된 것이다(Kelly and Dobbin, 1998). 판결에서는 '의도적인 차별'이든지 아닌지에 관계없이 특정한 고용 제도·관행이 그룹 간의 격차를 낳는 영향disparate impact을 초래하는 것을 증명할 수 있다면 차별로 간주하는 것으로 했다. 이것이 이후에 간접차별을 이해하는 데 있어서 미국의 지침이 되어 있다.

한편, 일본은 1985년에 남녀고용기회균등법을 제정하고 2006년의 개정을 통해서 간접차별에 대한 조항이 삽입되었다. 이 법에서 간접차별이란 "성별 이외의 사유를 요건으로, 한 쪽의 성별 구성원에게 다른 한 쪽 성별의 구성원과 비교해서 상당 정도의 불이익을 주는 것을 합리적인 이유 없이 강구하는 것"이라고 하여 개정고용기회균등법 7조에서는 구체적으로 아래의 세 가지 경우를 간접차별로서 금지하고 있다. ①노동자의 모집 또는 채용에서 노동자의 신장, 체중 또는 체력을 요건으로 하는 것. ②코스별 고용 관리의 '종합직' 노동자의 모집 또는 채용에 대해서 이사를 수반하는 전근에 응할 수 있는 것을 요건으로 하는 것. ③노동자의 승진에서 전근 경험이 있는 것을 요건으로 하는 것.

이 개정고용기회균등법의 간접차별의 정의에는 사실 두 가지 큰 문제가 있다. 그 하나는 "합리적 이유 없이"라는 제한을 두는 문장을 삽입하고, 합리적 이유가 있으면 간접차별에 의한 기회 평등의 손상이 허용된다는 것을 시사한 점이다. 이것은 '경제 합리성의 기회 평등에 대한 우위성'을 나타낸 표현이다. 그러나 구미 선진국의 견해로는 기회 평등을 위한 이례적인 제한이다. 왜냐하면 사회적 기회 평등의 보장과 그것을 손상하는 사회적 차별의 금지는 자유주의와 모순되지 않는 기본적인 인권이며, 통상 이러한 제한은 전혀 두지 않기 때문이다.

한 가지 예를 들면, 공립의 의무 교육의 질이 더 높은 수업료가 필요한 사립 교육의 질보다 크게 뒤떨어진다고 하면, 초등·중등 교육의 기회 평등이 크게 손상되어 상대적으로 가난한 가정의 어린이에 대한 간접차별이 된다. 이에 따라 선진국에서는 국가 및 지방자치단체 수준에서 사립에 비해 뒤떨어지지 않는 공립 교육을 확립하기 위해 세금 부담에 의한 거대한 지출을 인정하는 움직임을 보이고 있다. 초등·중등 교육의 기회 균등은 많은 사람들에게 능력 발휘의 가능성을 넓히는 이익이 있지만, 그 이익에 대해 어느 정도의 공공 교육 지출이 경제 합리적인지는 분명치 않다. 그러나 많은 나라에서 가능한 한 초등·중등 교육의 기회 평등화를 추진하고, 부유한 가정의 자녀가 더 좋은 교육 기회를 얻는 것으로 교육 기회에 불평등이 생기는 것을 억제하려고 노력하고 있다. 여기서 만약 단기적으로 본 경제 합리성을 생각한다면, 초등·중등 교육 및 고등 교육이든 교육은 사적 영역인 시장 메커니즘에 완전히 맡기는 것이 좋다고 하는 의견이 가능하지만, 그러한 교육의 기회 평등의 실현을 경제 합리성의 하위에 두고, 공공 교육을 전혀 제공하지 않는 선진국은 존재하지 않는다.

이 점에서 전술한 일본의 "합리적 이유 없이"라는 간접차별에 대한 제한은 국제적으로는 이례적이고, 적어도 상술한 "성별이나 기타 속성에 관계없이 누구라도 가질 수 있는 잠재 능력을 충분히 발휘할 수 있는 사회"로 만드는 원칙과는 분명히 모순된다.

일본의 개정고용기회균등법의 간접차별의 또 다른 문제는 합리성의 제한을 추가함으로써 무엇이 간접차별인지의 그 정의를 애매하게 함과 동시에 구체적으로 이른바 네거티브 리스트 방식으로 예시한 점이다. 이 정의로 리스트된 항목은 간접차별이며 금지되지만, 그 이외는 원칙적으로 허용되는 경향이 있다. 이것은 종래의 많은 일본의 법이 반대인 포지티브 리스트 방식(리스트가 된 항목은 예외적으로 인정을 받지만 나머지는 원칙적으로 금지하는 규제)인 것을 생각하면 지극히 예외적이다. 특히 차별에 관한 법으로서는 피차별자의 보호보다도 기업의 자유 선택에 중점을 두고, 구미의 차별 금지법의 기준으로부터 벗어난 것이다. 반면 미국의 '그룹 간에 격차를 낳는 영향disparate impact을 초래하는 제도·관행'이라고 하는 정의는 간접차별의 범위가 포괄적이고 기업에서는 당연히 부담이 되지만 피차별 그룹의 인권을 보호하고 있다.

좀 더 구체적으로는 일본 기업의 종합직과 일반직의 구별인 코스제나, 유사한 남녀 임금 격차를 낳는 기업 내 트래킹 제도는 모두 간접차별로서 금지되어야 한다고 생각한다. 이러한 간접차별적 제도가 특히 관리직의 여성 비율을 크게 감소시키고, 큰 남녀 임금 격차의 한 요인이기도 하는 것에 대해서는 본 절에서 해설한 대로이다.

8.3 통계적 차별, 자기충족적 예언과 여성 노동의 비생산성

통계적 차별과 여성의 높은 이직률 간에 존재하는 인과의 방향성에 대한 문제는 별도로 하고, 인과관계가 있는 것을 가와구치(川口, 2008)가 밝힌 것에 대해서 제7장에서 언급하고 있다. 하지만 일반적으로 일본의 통계적 차별이 합리적인 것인지, 또 자기충족적 예언이 되고 있는 것인지에 대해서는 직접적으로 검증하기 어렵지만, 이 책에서는 제5장, 제6장 그리고 제7장에서 아래의 관련되는 분석 결과를 제시하였다.

① '성별에 관계없이 사원의 능력 발휘에 노력하는' GEO 방침을 가진 기업에서는 여성 정사원의 대졸도가 남성 정사원의 대졸도와 거의 동일하게 기업의 생산성·경쟁력을 향상시키는 강한 경향을 보이지만, GEO 방침을 가지지 않는 기업에서는 여성 정사원의 대졸도는 기업의 생산성·경쟁력에 유의미한 영향을 전혀 미치지 않고 있다(제6장).

② GEO 방침을 가지는 기업은 가지지 않는 기업보다 여성의 임금이 높고 남녀 임금 격차가 작다(제5장).

③ GEO 방침을 가지는 기업만이 워크 라이프 밸런스 시책 및 근무지 한정정사원제도가 GEO 방침 자체의 영향을 넘어서 여성 임금을 증대시켜, 남녀 임금 격차를 감소시킨다(제5장).

④ 높은 지위의 등용될만한 자격이 있는 여성에 대한 기업의 편견은 남녀의 자기 투자 인센티브 격차를 야기하고 자기충족적 예언이 되기 쉽다(제7장).

⑤ 여성에 대한 편견이 자기충족적 예언이 되기 쉬운 경향은 리스크 회피적인 인사 방침 아래에서 더욱 일어나기 쉽다(제7장).

⑥ 시그널에 의한 직장의 자격 판별도에 대해서 전문직이 관리직보다 높으면 여성에 대한 편견이 자기충족적 예언이 되기 쉬운 경향은 전문직 등용보다 관리직 등용에서 더욱 일어나기 쉽다(제7장).

이상의 발견 가운데 노동생산성에 관한 코드와 리우피의 이론(①,

이하 CL 이론)의 간접적 검증이라고 할 수 있는 것은 발견 ①이다. 제 5장에서의 ②와 ③의 발견은 GEO 방침을 여성의 '고임금을 얻는 활동'에 관한 예언이라고 생각한다면, ②도 자기충족적 예언의 검증이 되고 ③에 대해서는 이 두 개의 경영 시책도 ①이나 ②의 자기충족적 예언에 파생하여 일어나는 현상이라고 볼 수 있다. ⑤와 ⑥은 제7장에서 CL 이론을 재검토하여 필자가 이론적으로 얻은 지견에 기반하지만, 일본의 현상과 정합한다고 생각된다.

CL 이론은 기업의 합리성을 가정한 모델이 아니다. 편견을 전제로 했을 때 기업이 업무를 배분하기 위해서 최적한 의사 결정을 한다는 목적에 대한 수단으로 합리성은 갖지만, 편견의 존재 자체는 결과에서 예언이 자기성취하는 사례가 열등균형이므로 사회적인 합리성을 갖지 않는 결과를 야기하는 것에 관한 이론이다. 이 CL 이론이 일본 여성에 대한 통계적 차별에 해당한다면, 그것이 불합리하고 기업에서도 최적하지 않은 결과를 초래함에도 불구하고, 기업은 자신의 편견의 잘못이 보이지 않을 뿐만 아니라 거기에 걸맞은 사실을 스스로 만들어 버리므로 기업의 자주적 변혁은 바랄 수 없다.

따라서 이러한 상황에 대처하기 위해서는 이번 장 8.8절에 논의하는 바와 같이 2015년에 제정된 여성활약추진법의 운용을 통해서 정부가 여성 활약 추진에 대한 인센티브를 제공함으로써 현상의 열등균형을 깨는 것이 중요하다고 생각된다. 또 ①부터 ③의 발견이 나타나듯이 GEO 방침을 가짐으로써 여성의 활약이 바람직한 결과를 보이는 기업도 존재하므로 그러한 사례에 관한 지식을 보급하는 것도 중요해질 것이다. 또 간접차별에 관한 법 문제에서도 언급하였으나 통계적 차별도 기업 내 제도를 통해서 실행되고 있으므로 남녀 간 격차를 초래하는 제도를 불법으로 하는 법 개정도 필요하다고 생각한다.

8.4 여성의 직업 스테레오타입화

간접차별 및 통계적 차별에 더해 일본의 경제 활동의 남녀 간 격차에는 부부의 전통적인 분업이 강하게 존속하고 그것이 연장된 형태로 남녀의 직업이 분리된 것이 큰 역할을 하고 있다고 생각된다. 이와 관련되는 분석 결과는 제2장, 제3장, 제4장에서 나타냈다. 그 주된 분석 결과를 정리하면 다음과 같다. 사회경제적인 지위가 높은 의사, 치과 의사, 대학 교수 이외의 휴먼 서비스(교육·양육, 의료·보건·간호, 사회복지)계 전문직을 타입 2형으로 하고, 그 이외의 전문직(엔지니어, 변호사, 회계사 등 비휴먼 서비스계에 더해 의사, 치과 의사, 대학 교수를 포함한다)을 타입 1형으로 명명하여 구별하면,

① 미국에 비해 일본 여성의 전문직은 타입 2형에 집중하고, 타입 1형 전문직의 비율은 현저하게 낮다(제3장).

② 직업 내 남녀 임금 격차는 여성 비율이 높은 직업(타입 2형 전문직 및 사무직)에서 가장 크고, 여성 비율이 낮은 직업(타입 1형 전문직 및 관리직)에서는 적다. 이 사실은 여성에 대한 통계적 차별과 스테레오타입에 의한 채용·배치가 모두 존재할 때 일어나기 쉽다(제3장).

③ 남녀의 학력 동등화는 남녀의 직업 분리를 더욱 증대시킨다는 패러독스를 초래한다. 그 주된 이유는 대졸 비율의 남녀 동등화에 따라 이미 여성 비율이 높은 타입 2형의 전문직이 증가하는 정도가 여성 비율이 낮은 타입 1형의 전문직 및 관리직이 증가하는 정도보다 크다고 기대되기 때문이다(제3장).

④ 고등학교의 타입 및 대학 전공에 대한 남녀 사이는 크지만, 그것

은 남녀의 직업 분리를 거의 설명하지 않는다. 따라서 남녀의 직업 분리는 주로 노동 시장에서 일어난다. 예외는 남성에 비해 여성의 이공 학부 졸업 비율이 낮은 것이고, 이 차이는 타입 1형 전문직 비율의 남녀 간 격차를 일정 정도 설명한다(제3장).

⑤유배우자의 화이트칼라 정사원 가운데 막내아이가 6세 이상이 되면, 유배우자 남성의 경우 관리직 비율이 유의미하게 높아지는 것에 반해 유배우자 여성의 경우 반대로 유의미하게 낮아진다(제2장).

③에 대해서는 설명을 보충해 두고 싶다. 통상 남녀의 학력이 동등해지면 직업적 지위 달성이나 임금의 격차가 줄어들 것으로 기대된다. 그러나 일본의 경우 남녀의 학력이 동등해지면 남녀의 직업 분리라는 기대와 반대의 결과가 일어나고, 또 이 남녀 직업분리의 증가는 남녀 임금 격차의 해소를 막게 된다. 많은 구미 선진국에서는 학력은 이미 역전하고 있으며, 여성의 대졸 비율이 남성의 대졸 비율을 상회한다. 그러나 일본에서는 4년제 대졸 비율을 보아도 아직 남성이 여성에 비해 높다. 따라서 여성의 대졸 비율이 남성과 같아지면, 여성의 전문직 비율이나 관리직 비율이 증가되므로 남녀의 직업 분포가 좀 더 유사해질 것이 기대된다. 하지만 제3장에서 살펴본 1995년부터 2005년에 실제로 일어난 변화도, 또 앞으로 학력이 동등해질 것이라는 가정 아래에서의 장래 예측도, 모두 남녀의 직업 분리가 더욱 진행된다는 결과를 얻었다. 이것은 주로 여성의 전문직이 휴먼 서비스계이고 "여성에 적합하다"라고 하는 스테레오타입적으로 생각되는 간호나 다른 의료 지원직 혹은 유치원 교육, 아동 보육 등의 양육 전문직 등에 크게 치우치고 있어서 남녀의 학력 동등화에 따르는 여성의

전문직 증가가 그들을 중심으로 하는 타입 2형 전문직 여성을 크게 증대시키기 때문이다. 또 그러한 직장에서는 여성의 비율이 남성의 비율보다 이미 높으므로, 그 증가에 따라 그만큼 남녀의 직업 분리가 더욱 진행된다. 한편, 남성에 비해 여성에게 적은(예를 들면 엔지니어나, 변호사, 의사 등) 타입 1형 전문직이나 관리직을 남녀의 학력 동등화가 증대시키는 경향은 타입 2형 전문직을 증대시키는 경향보다 훨씬 작다. 따라서 결과적으로 직업의 남녀 분리가 더욱 진행하게 되는 것이다.

이 책에서는 전통적인 분업이 존속하는 원인에 대해서는 직접적으로 분석하지 않고 있지만, 타입 2형 전문직은 간호·보건·간병, 유치원 교육 및 보육 등 가정에서의 전통적인 여성의 역할과 유사한 것이 많고 또 그러한 직업을 가지는 여성 비율이 지극히 높다. 그 뿐만 아니라 전문직 중에서 여성의 평균 임금만이 지극히 낮다. 이 때문에 학력이 동등화 되어도 주로 임금이 낮은 전문직의 여성이 늘어나므로 남녀 임금 격차의 해소에는 별로 공헌하지 않는다.

이 사실은 성별에 따른 직장 적성에 대한 일본 사회의 뿌리 깊은 가치관이 기업의 인사 판단에도 영향을 미치고 있는 것을 시사한다. 휴먼 서비스계 전문직에서도 대학 교수나 의사 등 사회경제적 지위가 높은 직업의 여성 비율은 OECD 국가 중 일본이 현저하게 낮고 최저인 것도 제3장에서 제시하였다.

스테레오타입 이론이라는 것도 코트와 라우리 이론과 같이 기업의 편견을 전제로 하는 이론이다. 코트와 라우리의 이론의 경우, 편견은 '바람직한 지위'로의 유자격성에 관한 것이지만, 스테레오타입론은 '성별에 관련한 직업의 적성'에 관한 것이라는 점에서 정의상 다르다. 그러나 '남성에 적합하다'고 여겨지는 이유로 여성의 날싱 혁지가 '님성보다 높게 설정되고 있다고 생각되는 직업이 임금 및 사회경제적 지위가 상대적으로 높은 관리직과 타입 1형 전문직인 것으로, 코트와 라우리의 이론이 의미하는 것과 스테레오타입 이론이 의미하는 것은 전자가 인센티브 문제를 명시적으로 받아들이고 있는 점 이외에는 그다지 다르지 않다.

그러면 앞서 2절에서 제기한 질문을 반복하지만, 기업이 스테레오 타입에 의해 직원 채용에 성별을 고려한다고 하는 기업 행동은 합리적이라고 말할 수 있는 것인가? 대답은 결단코 아니다. 잠재적으로는 여성의 전문직 능력이 남성과 동일하게 다양한데 여성이 여성으로서 한 묶음이 되고, '남성에 적합한' 직업으로부터 배제된다고는 말할 수 없더라도, 남성보다 높은 역치가 설정되어 획득이 어려운 상태를 만들어 내는 것은 많은 여성이 가지는 잠재적인 다양한 가능성을 살릴 수 없는 결과를 야기하고 기업에게도 사회에게도 합리적이 될 수 없다.

8.5 장시간 노동과 여성의 기회

이 책에서는 워크 라이프 밸런스에 초점을 맞춘 이전에 출판한 책 (山口, 2009)에 비해 노동 시간 등 시간에 관한 분석 내용은 적고, 이 책의 새로운 지견은 제2장, 제4장, 제6장의 다음과 같은 점이다.

① OECD 국가 내에서 여성의 활약도[GEM]는 국민의 인적자본도 (HDI)를 통제하면 국민 1인당 총생산[GDP]에는 영향을 미치지 않고 있지만, 노동 시간 1시간당 총생산에는 유의미하게 영향을 미

치고, 그 효과는 인적자본도의 효과의 80% 정도나 된다. 또 일본보다 시간당 생산성이 높은 OECD 국가는 모두 일본에 비해 여성의 활약도가 높다(제6장).

② 화이트칼라 정사원 가운데 남녀의 과장 이상의 비율의 차이를 단독으로 가장 설명하는 변수는 남녀 인적자본 변수의 차이가 아니라 노동 시간의 차이이다(제2장).

③ 화이트칼라 정사원 가운데 남녀 소득 차이에 대한 남녀 노동 시간 차이의 영향의 대부분은 남녀의 직급 차이를 통한 간접적 영향이다(제4장).

①의 발견은 엄밀하게는 편상관(다른 변수를 통제한 상관)이므로, 인과관계라고는 말할 수 없지만, 문제는 1인당과 1시간당의 차이이다. 1인당 기준에서는 장시간 노동의 영향을 고려한 총생산이며, 1시간당의 경우는 반대로 장시간 노동의 영향을 제외한 결과이다. 이 발견은 한편으로 일본이 시간당 생산성을 증대시키려고 한다면 여성의 활약 추진이 없어서는 안 되지만, 다른 한편으로는 일본 기업이 장시간 노동에 의존하는 1인당 생산성을 척도로 해서 인사 평가를 계속하는 한 여성의 활약을 진척시키는 인센티브가 없고, 여성의 활약은 진행하지 않는 것을 의미한다.

그럼 장시간 노동을 고려한 1인당 생산성을 기준으로 하는 것은 기업에서 합리적인가? 이 책의 제1장으로 언급한 보편적 전제 아래에서는 그것은 합리적이지 않다. 노동 총수요가 일정하고, 수요를 충족시키는데 노동자 수와 노동 시간의 대체성이 있으면, 노동 시간당의 생산성을 최대화하는 것이 더 합리적이기 때문이다. 그러나 노동자 수와 노동 시간은 훈련·채용 비용이 1인당으로 결정되는 만큼 대체성이 완전하지 않은데다가 일본 기업의 경우 정규 고용에는 강한 고용 보장과 그것에 따르는 고정 비용이 있어서 대체성이 지극히 작다. 또 1990년대의 경제적 침체 이후 기업은 이 고정 비용 부담의 경감과 노동력 조정의 원활화 때문에 정규 고용을 절감하여 비정규 고용을 늘려 왔다. 강한 고용 보장이라고 하는 것은 노동자에게는 좋을 것 같이 생각될지도 모르지만, 능력이 있어도 그것을 충분히 살릴 기회가 주어지지 않는 비정규 고용이라는 불완전 고용underemployment을 다수 창출하고, 또 그 불완전 고용의 담당자의 대부분이 여성이었다. 또 강한 고용 보장은 다른 방면으로 경력직 채용 시장의 발달을 저해하고, 정규 노동자의 퇴출 옵션을 강하게 제한하여 노동자로부터 선택의 자유를 빼앗는 결과도 되었다. 한 개의 불합리함이 여러 개의 다른 불합리함으로 전환된 형태이지만, 그것은 특히 정규 고용·비정규 고용이라는 대우 격차를 통한 남녀의 기회와 임금의 불평등을 증폭시켜, 여성의 활약 지체를 강화하는 결과를 낳았다고 말할 수 있다.

②의 발견에 대해서는, 이 책의 분석 자체에서는 그것이 장시간 노동을 하지 않으면 관리직이 될 수 없는 경향이 남성에 비해 여성이 보다 현저한 것을 나타내는 것인지 혹은 관리직이 되면 장시간 노동을 해야 하는 경향이 남성보다 여성에게 큰 것인지는 판별할 수 없지만, 필자는 여성에게 많은 '일반직'이 항상적인 잔업으로부터 면제되는 대신 관리직 후보에게서 제외된다고 하는 항상적인 장시간 노동이 가능한지의 여부를 이른바 관리직 등용 트랙의 '후미에(후미에란 에도막부가 기독교도들을 색출하기 위해 기독교인지 아닌지를 확인하는데 밟게 한 예수와 성모 마리아가 그려진 그림이다. 이를 비유해서 여기서는 장시간 노동이 가능한지 아닌지의 확인이 관리직 등용을 위한 식별 수단으로 적용되어 있다는 뜻)'로 하는 일본적인 고용 관행의 결과라

고 생각한다. 제4장에서 언급한 가토 등(Kato et al., 2013)의 기업 사례의 승진 분석의 결과도 이 해석과 정합적이다. 어쨌건 간에 일본의 관리직 장시간 노동이 여성이 관리직이 되는 데 큰 장애이며, 여성에 대하여 기업이 사용하는 간접차별적 시그널의 대표적인 예라고 말할 수 있다. 그러나 물론 장시간 노동을 관리직 후보 요건으로 하는 것에 아무런 경제적 합리성도 없다. 인원수에 의한 고용 조정이 어렵고, 1인당 고정 비용이 높은 특수 조건 아래에서 수단으로서 정착한 항상적 장시간 노동을 이른바 자기 목적화한 제도이기 때문이다.

그러나 제1장에서 언급한 바와 같이 상호보완적으로 완성된 일본의 고용 제도의 '열등균형'의 한 특성인 정규 노동자의 장시간 노동을 기업의 자주노력으로 개선하는 것은 어렵다. 열등균형을 깨기 위해서는 그 기본이 되고 있는 제도(여기서는 장시간 노동에 의존하는 고용 관행이지만)와 양립하지 않는 제도를 외부에서 강요하는 것을 생각해볼 수 있다. 이 점에서 필자는 아래의 두 가지 법제화가 중요하다고 생각하고 있다.

그 하나는 최대 노동 시간의 제한이다. 배경으로서 최대 노동 시간의 결정에 대해서, 일본에서 아직 그것이 노동자의 인권 문제로 여겨지지 않고 있는 것이 과로사 발생과 소위 말하는 블랙 기업의 횡행의 한 요인이 되고 있다고 필자는 인식하고 있다. 노동 시간에 대한 일정한 법적 제약을 기업에 과하는 것이 노동자의 인권을 지키는 데 필요하다고 하는 생각에 대한 구체적인 예로서, 2000년의 EU 국가의 기본적 인권에 관한 헌장Charter of Fundamental Rights of the European Union 제32조 제2항으로 노동자가 최대 노동 시간을 제한하는 권리를 가지는 것을 기본적 인권으로서 선언하고 있다. 또 이것에 앞서 1993년의 EU 노동 시간 명령Working Time Directive의 제정에서는 석용 세외opt-out를 선택한 영국 이외의 EU 가맹 국가는 잔업 시간을 포함한 노동자의 최대 노동 시간이 주 48시간을 넘어서는 안 되는 것으로 했다. 게다가 이 지침은 연간 4주간의 유급 휴가, 주당 1일 이상의 휴가일, 24시간 중 최저 11시간 이상의 휴식 시간의 보장(실제 노동 시간 하루 13시간 미만), 야근을 포함하는 근무는 하루 8시간을 넘어서는 안 되는 것 등을 정하고 있다. 이 결과, 영국을 제외한 EU 국가에서는 실제로 주당 노동 시간이 48시간을 넘는 나라는 거의 존재하지 않는다.

일본에서는 노동기준법 제36조의 규정에 따르면 초과 근무가 가능해지고 그 경우 동법은 최대 초과 근무 시간에 대해서 주 15시간, 월 45시간, 연간 360시간 등으로 한도 시간을 정하고 있다. 그러나 실제로 이 한도 시간은 전혀 지켜지지 않고 있다. 즉 소정 내 노동 시간과 최대 초과 근무 시간을 합치면, 주당 최대 노동 시간이 55시간이 되겠지만, 예를 들면 2007년 취업구조기본조사 속보에 의하면, 노동 시간이 60시간을 넘는 사람은 25~44세의 남성 정규 노동자로 20%를 넘는다. 이것은 흔히 상기의 노동기준법의 번호로부터 '사부로쿠(일본 노동기준법 제36조에서 의무화되어 있는 시간외 노동협정을 말함)' 협정이라고 불리는 잔업에 관한 노사의 합의에 대해서 '특별 조항을 첨가한 36협정'이 있으면, 이 잔업의 한도 시간을 지키지 않아도 된다고 되어 있기 때문이다.

그러나 이러한 제36조 규정 아래에서의 노사 특별 조항의 합의가 개개인의 노동자에 대해서 완전히 자발적인 것인지는 지극히 의심스럽다. 필자의 이전 분석(山口, 2009. 제6장)에서는 실제 노동 시간이 희망 노동 시간을 상회하는 과잉 취업자가 전체 취업자 가운데 차지하는 비율은 노동 시간이 긴 미국과 비교해도 훨씬 크다. 노동 유동성이 높고 보다 조건이 좋은 다른 기업으로의 고용에 큰 비용을 수반하지 않고 전출할 수 있는 '퇴출 옵션'을 가지는 영미나 덴마크 등의 노동시장에서는 기업과 노동자의 합의는 자발적인 것이라고 생각되는 사례가 많겠지만, 일본 기업의 노동자의 대부분은 그러한 퇴출 옵션은 없고, 그 결과 과잉 취업이 만연하여 과로사 등이 일어나는 상황이 있다고 생각된다.

따라서 노동기준법 제36조 규정의 특별 조항 규정을 폐지하여 한도 시간을 넘는 잔업을 원칙으로서 위법으로 하고 주당 최대 노동 시간을 55시간으로 정하는 것이 바람직하다. 또 긴급한 경우를 위한 대처의 필요성으로부터 특별 조항 폐지에 반대가 많은 것이라면, 최대 노동 시간 규제에 긴급시의 예외 조항을 마련하면 된다. 어쨌거나 현행의 노동기준법 36조의 특별 조항에 의한 한정 시간의 면제는 노동자의 인권을 지킨다는 노동기준법의 정신을 이른바 '골자를 뺀 상태'로 만들고 있다.

물론 상기한 바와 같이 한도 시간 규정을 엄격하게 적용하는 데 있어서 연구직이나 다른 재량 노동자 등 일부 업무에 대해서는 한도 시간을 마련하지 않는다는 예외 규정은 직종에 의한 규정이므로 '특별 조항'과 같은 애매함이 없고, 존속은 타당하다고 생각한다. 최근 아베安倍 정권 아래의 노동 개혁인 '일하는 방식 개혁'으로 36협정의 재검토를 포함하는 최대 노동 시간 규제가 논의되고 있다. 정부의 당초의 안案으로는 최대 노동 시간이 연간 720시간(월평균 60시간), 월 100시간의 잔업 시간이었다. 이 기준은 잔업 시간 100시간을 넘는 노동자가 적지 않은 상황에서 과로사 발생을 막는 것이 주된 목적이고, '일하는 방식 개혁'이라고 말하면서 하루당이 아닌 시간당 생산성을 중시하는 일하는 방식으로 바꾸거나, 워크 라이프 밸런스의 달성이 가능한 사회로 바꾸거나 하는 보다 근본적인 노동 개혁으로 이어지지 않는다고 생각된다. 또 최대 잔업 시간 월 100시간의 안은 앞서 언급한 최대 잔업 시간 월 45시간이라는 노동기준법에 따른 한도 시간보다 크게 후퇴했고 연간 720시간의 잔업 등은 필자에게는 인간으로서 사는 여지조차 주지 않는 것으로 느껴진다. 다행히 정부 안에 대한 국민의 강한 비판도 있어, 당초의 안에서 최대 잔업 시간을 월 60시간보다 낮은 수준으로 조정하는 등의 안도 나오고 있는 것 같지만, 본 책을 원고를 마친 시점에서는 최종안이 미정이다. 하지만 잔업 시간의 상한을 보다 엄격하게 정하는 것이 바람직하다.

장시간 노동의 관행을 타파하는 법제화의 두 번째 점은, 네덜란드·독일·덴마크 등에서 법제화되어 있는 노동자가 벌칙을 받지 않고 노동 시간을 일정 정도 선택할 수 있는 권리를 일본도 보장하는 것이다. 구체적으로 네덜란드에서 2000년에 시행한 고용시간조정법^{Adjustment of Hours Law}이 그 하나의 모델이다. 이 법에 의해 노동자에게 기업으로부터 벌칙을 받지 않고 스스로 노동 시간을 정하는 권리가 주어졌다. 법적으로 보장된 육아 기간을 제외하고 단시간 정사원 제도의 보급이 대부분 진보되지 않는 일본에서는, 육아 기간의 여성의 단시간 근무의 선택이 이직이나 비정규 고용에 이어지지 않을 수 없다는 현실을 만들고, 그것이 그 후의 미래에 걸쳐 많은 여성의 정규 고용 기회를 빼앗는다는 사실에 이어진다. 벌칙을 받지 않고 단시간 근무를 선택할 수 있는 제도는 인권 문제라고는 말할 수 없지만, 그 시행은 일본 기업에 '시간당 생산성'이 아니라 '1인당 생산성'을 생산성 효율의 기준으로 하는 관행의 근본적인 재검토도 요구된다고 생각된다.

8.6 다이버시티 경영과 여성의 활약 추진

이 책 제2장, 제5장, 제6장에서 다이버시티 경영에 관한 기업 시책 가운데 '성별에 관계없이 사원의 능력 발휘에 노력하고 있다'에 대한 실행 여부의 인사 방침(이하 GEO$^{gender\ equality\ of\ opportunity}$ 방침)과 조직적인 워크 라이프 밸런스(이하 WLB) 추진의 유무에 대해서 그 제도들이 남녀의 관리직 비율 격차, 남녀 임금 격차 그리고 기업의 생산성·경쟁력에 각각 어떠한 영향을 미치는지를 분석하였다. 또 제5장과 제6장에서는 근무지 한정정사원제도의 유무의 영향에 대해서도 함께 분석하였다. 주된 결과는 아래와 같다.

①GEO 방침이 있는 기업에서는 없는 기업에 비해 여성의 계장 이상의 비율이 유의미하게 높아지지만, 과장 이상의 비율에는 영향을 미치지 않고 있다(제2장).

②조직적인 WLB의 대처가 있는 기업에서는 없는 기업에 비해 남성의 과장 이상의 비율이 유의미하게 감소하고, 여성의 과장 이상의 비율은 유의미하게 증가한다(제2장).

③GEO 방침이 있는 기업에서는 없는 기업에 비해 여성의 평균 임금이 유의미하게 높고, 남녀 임금 격차가 유의미하게 작다(제5장).

④조직적인 WLB 추진은 GEO 방침이 있는 기업에서는 GEO 방침의 영향을 넘어서 여성의 평균 임금을 유의미하게 향상시켜 남녀 임금 격차를 유의미하게 더욱 감소시키지만, GEO 방침이 없는 기업에서는 여성의 평균 임금을 낮추는 경향이 보이며 남녀 임금 격차를 오히려 유의미하게 증대시켜버린다(제5장).

⑤근무지 한정정사원제도는 GEO 방침이 있는 기업에서는 GEO 방침의 영향을 넘어서 여성의 평균 임금을 유의미하게 향상시켜 남녀 임금 격차를 유의미하게 더욱 감소시키지만, GEO 방침이 없는 기업에서는 여성의 평균 임금도 남녀 임금 격차에도 유의미하게 영향을 미치지 않는다(제5장).

⑥GEO 방침이 있는 기업에서는 없는 기업에 비해 유의미하게 생산성·경쟁력이 높다(제6장).

⑦남성 정사원의 대졸도가 유의미함에 따라 높은 기업의 생산성·경쟁력과 결부되어 있는 것에 반해 평균적으로는 여성 정사원의 대졸도는 유의미하게 기업의 생산성·경쟁력에 영향을 미치지 않고 있다. 그러나 GEO 방침이 있는 기업에서는 여성의 대졸도는 유의미하게 기업의 생산성·경쟁력을 향상시키고 있다(제6장).

⑧조직적인 WLB 추진은 GEO 방침이 있고 정사원 수 300명 이상의 기업에서만이 GEO 방침의 영향을 넘어서 기업의 생산성·경쟁력을 높이고 있다(제6장).

⑨근무지 한정정사원제도가 있는 기업은 없는 기업에 비해 유의미하게 생산성·경쟁력이 높다(제6장).

⑩여성 정사원의 관리직 등용 기회가 큰 기업은 유의미하게 생산성·경쟁력이 높다(제6장).

이러한 결과는 관찰되는 교락요인은 통제하고 있지만 관찰되지 않는 교락요인을 통제하지 않고 있으므로 제5장과 제6장에서는 타당하다고 생각되는 일정한 가정 아래의 발견 사항이 인과관계인지 아닌지에 대한 검토를 함께 실시하였다. 하지만 제2장의 분석에서는 인과관계의 판단은 하지 않고 있다. 그 결과 발견 ①과 ②에 대해서 인과

관계는 알지 못하고, 일정한 가정 아래에서 발견 ③부터 ⑧은 인과적 영향의 가능성이 높은 것, ⑨에 대해서는 분석 결과로는 인과관계의 추정이 어려운 것, 또 ⑩에 대해서는 GEO 방침의 유무만으로는 파악할 수 없는 여성의 유효한 인재 활용이 관찰되지 않는 교락요인이고, 그것이 원인으로 한편으로 여성의 관리직 등용의 높이를 낮고, 다른 한편으로 높은 생산성·경쟁력을 낳는다는 해석이 타당하다는 결론을 얻었다.

이상의 발견은 성별에 관계없이 사원의 능력 발휘에 노력하는 인사 방침이 우선 여성의 활약 추진의 열쇠이며, 특히 조직적 WLB의 추진이 여성의 활약으로 이어지기 위해서는 이 GEO 방침의 존재가 전제이며, GEO 방침이 없으면 아마 '매미 트랙(mammy track: 커리어 우먼으로서 살아가기보다는 엄마로서 삶을 선택하는 여성의 살아가는 방식)'의 여성을 다수 산출해내는 것으로 남녀 임금 격차가 증대하는 결과를 나타낸 것이다.

이러한 발견은 기업이 GEO 방침을 가지는 것의 합리성을 나타냄과 동시에 그 방침 아래에서 노동자의 WLB를 지원하는 것이 여성의 활약 추진으로 이끌어가는 것을 나타내고 있으므로 기업과 여성 노동자의 윈·윈WIN-WIN 관계를 보여주고 있다고 생각된다. 그러나 이것은 일부 기업에 적합한 것이고, 평균적으로는 여성의 대졸도가 기업의 생산성·경쟁력에 영향을 미치지 않고 있다는 결과도 나타났다. 이것은 일본 기업이 평균적으로 고학력 여성의 인재 활용에 실패하고 있다는 뚜렷한 사실이며, 이것도 평균적인 기업의 인재 활용의 불합리를 명시하고 있다고 생각된다. 또 오완(大灣, 2017)이 밝힌 바와 같이 대졸자 간에서도 남성은 능력에 따라서 난이도가 높은 업무가 주어지는 것에 반해 여성은 능력에 따르지 않고 난이도가 낮은 업무가 주어지는 실정이 있다. 학력과 능력에 따르지 않고, 여성이 한 묶음이 되어 난이도가 낮은 업무에 배치되는 결과 능력 발휘도 못하고, 생산성 향상에도 공헌하지 못하고, 승진도 할 수 없다는 것이 대다수의 일본 기업 상황이다. 또 그것은 여성에게 다양성을 인정하지 않는다는 의미로 다이버시티의 결여이며, 일본의 여성에 대한 통계적 차별의 본연의 모습인 것이다. 그러한 관행에 아무런 경제적 합리성도 없는 것은 자명하다.

8.7 고용 형태의 임금 격차

제4장에서 밝힌 바와 같이 남녀 임금 격차의 최대 구성 요소는 정규 노동자 내의 남녀 임금 격차이지만, 두 번째 구성 요소는 남성에 비해 여성에게 비정규 노동자 비율이 훨씬 높고, 또 비정규 노동자의 임금은 연공 임금 프리미엄이 없기 때문에 근속 연수에 따르지 않고 낮게 억제되어 있는 것으로부터 생긴다. 현재 아베 정권의 일하는 방식 개혁에 '동일노동 동일임금'의 실현은 이번 장 8.5절에서 논의한 '장시간 노동의 개선'과 함께 구체적 지침의 하나가 되어 있고, 그 목적은 정규·비정규 간의 임금 격차의 해소라고 한다. 이 책에서는 이 문제에 직접 관계되는 분석은 진행하지 않고 있지만, 간접적으로 관련되는 사실로는 이 '동일노동 동일임금' 실현의 방침이 정규·비정규 노동자 간 혹은 남녀 간의 임금 격차의 해소에 유효하다고는 생각할 수 없다. 아래에서 그 이유를 언급하고 싶다.

그 전제로서 먼저 '동일노동 동일임금'의 경우 '동일노동'이란 무엇을 의미하는지 해석이 중요하다. 통상 미국에서는 '동일노동'은 '동일 직무'라고 해석되는 경우가 많지만, 이 의미에서는 일률적으로 '동일임금'은 합리적이지 않다. 직무가 같아도 노동자의 경험이나 업무의 달성도에 개인차가 있어, 그것에 대해 같은 임금으로 보수를 주는 것은 합리적이지 않기 때문이다. 실제로 미국에서 '동일직무 동일임금'이라는 것은 시급으로 일하는 블루칼라 노동자나 "루틴 화이트칼라"라고 불리는 일상적인 단순 사무에 종사하는 노동자만으로, 월급을 받는 노동자는 직무가 같아도 경험이나 실적·성과에 따라 임금이 바뀌므로 전혀 동일하지는 않다. 필자 자신은 블루칼라나 단순 사무직이라도 업무의 질에 개인차가 있어, 그 개인차를 무시하는 것은 불합리하다고 생각하고 있다. 기업에도 이 의미로 '동일노동 동일임금'에는 저항이 있을 것이다.

그렇다면 '동일노동'을 같은 직무뿐만 아니라 같은 정도의 노동생산성을 가지는 노동으로 했을 경우에는 어떠한가. 이것이라면 기업의 저항감은 적을 것이다. 그러나 이 경우 현재의 고용 관행인 채로는 남녀 임금 격차나 정규·비정규 노동자 간의 임금 격차는 없어지지 않는다고 본다. 왜냐하면 아사노·가와구치(Asano and Kawaguchi, 2007)가 보여주었듯이 남성과 비교한 여성의 상대 임금은 상대 생산성에 걸맞다는 연구 결과가 있고, 또 동일하게 후카오(深尾, 2010)에 의하면 정규 노동자와 비교해서 비정규 노동자의 상대 임금은 상대 생산성을 오히려 상회하고 있다는 연구 결과가 있기 때문이다. 그것이 사실이라면 필자는 그들의 연구 결과를 신뢰할 수 있다고 생각하는 것이지만, 노동 생산성에 걸맞은 임금이라는 의미로 '동일노동 동일임금'은 남녀 임금 격차도 정규·비정규 노동자 간의 임금 격차도 전혀 해소되지 않는다.

문제는 기업이 상대 임금이 상대 생산성에 걸맞하냐는 이유로 여성 및 비정규 노동자에게 상대적으로 낮은 임금을 지불하는 것을 합리적이라고 생각하기 쉬운 점이다. 이 책이 밝힌 바와 같이 그것은 합리적이지 않다. 왜냐하면 여성의 생산성이 낮은 것은 그녀들의 능력이 상대적으로 낮기 때문이 아니고, 기업 스스로가 만들어 내고 있는 것, 즉 기업이 여성 인재를 활용하지 않는 것이 진정한 원인이기 때문이다.

구체적으로는 이번 장의 각 절에서 논의했듯이 ①장시간 노동을 관리직 요건으로 하는 여성에 대한 간접차별(8.2절), ②높은 이직률을 이유로 하는 여성에 대한 통계적 차별과 그 결과로서의 여성의 자기투자 인센티브의 박탈(8.3절), ③남녀의 전통적 분업을 연장한 여성에 대한 스테레오타입stereotype의 직무 배치 및 직업 기회의 제공(8.4절), ④학력·능력에 관계없이 높은 노동 생산성을 낳는 직무로부터의 여성의 배제(8.6절), ⑤장시간 노동에 의한 워크 라이프 밸런스의 결여와 여성 부담에 치우친 과중 가사·육아 노동(8.5절) 등이 상대적으로 낮은 여성의 노동 생산성을 낳고, 이것이 여성의 활약 지체의 진정한 원인이라고 생각되기 때문이다.

따라서 목표로 해야 할 것은 여성 인재를 활용하지 못하게 만드는 이러한 고용 관행과 사회 상황을 개선하는 것이다. 실제로 제5장과 제6장에서는 "성별에 관계없이 사원의 능력 발휘에 노력하고 있다"라고 하는 기업은 그렇지 않은 기업에 비해 남녀 임금 격차가 감소하고, 대졸 여성에 의한 기업의 시간당 생산성·경쟁력으로의 공헌을 산출하는 결과를 얻고 있다. 따라서 문제는 남녀 임금 격차의 개선이 아니고, 남녀 노동생산성 격차의 개선이다.

'동일노동 동일임금'의 강조에는 또 하나의 큰 문제가 있다. 그것은 아마 의도하지 않는 결과로 보다 큰 남녀 임금 격차를 초래하는 원인이 '동일노동'의 남녀 기회의 평등이 없는 것에 있는 점이 경시되기 쉽다. 제3장 및 제4장에서 밝힌 바와 같이 여성의 화이트칼라 직장은 '일반 사무직'이나 휴먼 서비스계 전문직 및 경제 사회적 지위가 높지 않은 타입 2형 전문직에게 극단적으로 치우쳐 있다. 그리고 그러한 직무를 맡은 여성의 임금은 평균적으로 지극히 낮고, 여성 사무직의 경우, 승진 기회도 현저하게 낮은 것이 남녀 간 평균 임금의 격차를 초래하고 있다. 즉 '동일노동 동일임금'은 직장이나 노동이 동일하면 임금도 동등이어야 한다는 것이지만, 여성에게 '동일노동'의 기회가 열리지 않고 있는 것이 우선적인 문제이다.

그러면 비정규 노동자의 낮은 상대 생산성에 대해서는 어떠한가. 기업이 정규 노동자를 '핵심' 노동자, 비정규 노동자를 '말단' 노동자로서 다루고, 승진, 승급, 상여 등의 기회를 정규 고용에 한해서 계속해서 제공하는 한, 적어도 인센티브 문제상 비정규 노동자는 정규 노동자와 동등해질 수 없으며, 상대적으로 낮은 생산성을 가지는 것은 CL 이론에 의하면 기업 자신이 비정규 노동자에 대한 취급이 만들어 낸 결과이다. 게다가 기업 자신은 이 취급의 불합리함을 자각하기 어렵다.

정규·비정규의 구별은 일본 기업 내의 '신분 차이'와 같은 것이다. 그러므로 비정규 노동자에게 정규 노동자와 같은 수준으로 업무의 질 향상을 위한 노력을 다 할 것을 요구하는 것은 무리가 있다. 그러나 계속해서 증가하는 비정규 노동자 비율과 기업이 만들어 내는 비정규 노동자에 따른 낮은 비생산성은 큰 외부불경제의 원인이 되고 있다. 따라서 필자는 파견 노동과 임시 고용 등 일부 예외를 제외하고, 비정규 고용이라고 하는 카테고리에서의 고용을 줄이는 것을 정부가 장려해야 한다고 생각한다. 장기적으로는 대부분의 노동자가 한정 조건이 부가된 혹은 한정 조건이 없는 정규 노동자가 되고, 승진, 승급, 상여의 기회가 한정 조건의 유무에 관계없이 모든 정규 노동자에게 동등하게 주어지는 고용 형태가 바람직하다고 생각하고 있다. 여기서 말하는 '한정 조건이 부가된'이란 직무, 근무지, 근무시간에 관해 한정되어 있다고 하는 의미이다. 제5장과 제6장에서 근무지 한정정사원제도를 가지는 기업이 남녀 임금 격차의 측면에서도 기업의 생산성·경쟁력 측면에서도 보다 좋은 결과를 이룬 것을 밝혔다.

정규 고용화에 따른 기업의 노동 조정 곤란을 경감하기 위해 장기적인 시점에서 기업 경영 부진에 의한 구조 개혁상의 정리 해고 규제를 완화할 필요가 있다. 물론, 한편으로 해고자의 재고용이나 기업을 넘은 직업 경력의 연속성 촉진에 대한 정부의 지원도 적극적으로 추진해야 한다. 이 점에서 덴마크의 유연 안정성flexicurity 개념 및 정책이 참고가 되는 것은 말할 필요도 없다. 기업 간 노동 이동이 용이해지는 것은 퇴출 옵션의 비용이 높기 때문에 '블랙 기업'에 머무르지 않을 수 없는 노동자를 없애는 것에도 연결된다.

또 한정이 없는 정사원과 한정 정사원의 임금 차이에 대해서는 무한정적으로 일하는 만큼 직무에 의한 구속도 높은 것에 대한 '보상'으로서 '무한정 정사원'이 예를 들면 10~20% 정도의 임금 프리미엄을 받고, 또 '직무 한정' 및 '근무지 한정'의 고용에 따르는 정리 해고의 대상이 되지 않는다는 권리를 가지는 것은 타당할 것이다. 그러나 장기적으로는 '무한정 정사원'이 소수파가 되고 다수의 정규 노동자가 어떠한 한정 정사원이 되고, '무한정적으로 일한다'는 '멸사봉공'적 구속으로부터 노동자가 자유로워지는 사회가 바람직하다고 필자는 생각한다.

8.8 여성활약추진법의 운용

본 절은 2015년 8월 28일에 국회에서 통과된 '여성의 직장 생활에서의 활약 추진에 관한 법률(여성활약추진법)'에 관하여 책정 전에 후생노동성厚生勞働省에서 실시한 청문 내용을 후생노동성의 허가를 받아 경제산업연구소의 웹페이지에 2015년 7월 15일에 게재한 것을 일부 표현 등을 개정 및 보충한 것이다.

여성활약추진법에서는 제8조로 상용 노동자가 300명을 넘는 일반 기업에 대하여 여성의 활약 추진에 관한 행동 계획의 책정을 의무화하고 있다. 이것은 법 가운데 가장 중요한 사항으로 생각되지만, 그 운용에 따라 결과에 큰 차이가 생길 것이 예상되므로 본 절에서는 그것에 대해서 언급한다.

8.8.1 정규 고용, 비정규 고용별 구체적인 행동계획 책정의 지침에 대해서(제8조 관계)

먼저 법 제8조에서 행동계획 책정에 관해서는 '직원'으로 일률적으로 책정하지 않고, 정규 고용(혹은 무기고용)과 비정규 고용(혹은 유기고용) 별로 책정하는 것이 다음의 이유로 중요하다고 생각한다.

정규 고용이라는 고용 형태에서의 여성 활약이 지체되고 있는 원인은 ①여성에게 남성과 동등한 정규 고용의 기회가 주어지지 않고 있는 것, ②직장에서 여성에게 남성과 동등한 업무의 질을 향상시키는 기회가 주어지지 않고 있는 것, ③달성의 평가 기준이 여성에게 불리하기 때문에 여성의 활약이 남성과 동등하게 평가되기 어려운 것, ④업무의 달성 및 그 평가가 남녀 동등하더라도 여성의 관리직 승진율이 남성보다 현저하게 뒤떨어지는 것, ⑤가사 육아의 역알 부넘은 의

성이 남성보다 훨씬 크기 때문에 정규 고용의 전형적인 장시간 노동이 어려운 것, 이상의 다섯 가지다. 즉 '고용 기회', '경험 기회', '평가 기준', '승진', '워크 라이프 밸런스'의 다섯 가지 측면으로 여성이 핸디캡을 갖고 있는 것이 정규 고용에서의 여성의 활약이 진정하지 않는 주된 이유이다.

앞 절까지의 논의와의 관계로 말하면 ②의 '경험 기회' 문제는 기업 내 연수에 참여하는 여성의 비율이 낮은 것뿐만 아니라 보다 '쉬운', '책임이 낮은' 업무에 여성이 우선적으로 배치되기 쉽고, 그 결과 경험을 통해서 업무 능력을 향상시켜 가는 기회가 적은 것이 중요한 요소이다. 이 점에 대해서는 8.4절과 8.6절에서 자세하게 논의하였다. 또 이 경험 기회의 부족은 육아 이직 후의 재취직에 대해서도 그녀들의 시장 가치를 낮게 만들고 있다. ③의 '평가 기준'에 대해서는 시세이도資生堂의 전 부사장인 이와타 기미에岩田喜美枝 씨도 지적하고 있으며, 이 책의 제7장에서는 기업에 의해 여성에게 불리한 평가의 시그널 이용과 그 결과를 나타냈지만, 특히 평가 기준상 장시간 노동을 하는 사람이 유리해지는 많은 기업의 현상이 있다. 그것은 업무의 성과가 업무에 걸린 시간에 관계없이 목표를 얼마나 달성했는지에 따라 평가되고, 또 장시간 노동일수록 그 목표 달성이 가능하기 때문에 잔업 시간이 적은 여성이 낮게 평가되기 쉽다는 점이다. 이 개선에는 8.5절에서도 강조한 바와 같이 기업이 시간당 생산성 혹은 시간당 목표 달성도를 달성 평가 기준으로 할 필요가 있다. 또 '평가 기준'으로 여성이 부담을 지는 것은 바로 8.2절에서 논의한 간접차별의 문제이다.

④의 '승진' 문제는 가토·가와구치·오완(Kato, Kawaguchi, Owan, 2013)이 언급했듯이 장시간 노동이 관리직 여성의 등용에서만 이른

바 '후미에'적으로 요구되고 있는 상태(8.5절)가 우선적인 문제이지만, 필자가 제4장에서 언급했듯이 직무의 배속에서 여성은 특정한 직무(특히 사무직)에 집중하는 경향이 있고, 거기에서의 높은 평가를 받는 것은 다른 직무만큼 관리직 승진과 결부되기 어려운 결과도 있어, ②의 '경험 기회' 문제와 같이 여성을 특정한 직무에 배치해 널리 활용하지 않는 것에 주된 원인이 있다고 생각된다.

⑤의 '워크 라이프 밸런스'는 필자가 이전에 출판한 책의 중심 주제이며, 여기에서 다시 논의는 하지 않지만 8.5절에서 논의한 장시간 노동과 여성의 기회 문제이기도 한다. 또 ①의 '고용 기회'에 대해서는 이 책의 중심적인 분석 토픽에는 포함되어 있지 않지만, 갓 졸업한 사람을 대상으로 한 정규 고용 기회의 성별 차이 이상으로 육아 이직 후의 재고용의 정규 고용 기회가 현저하게 적은 것이 문제이다. 따라서 법의 운용 규칙에서, 정규 직원의 '고용 기회', '경험 기회', '평가 기준', '승진', '워크 라이프 밸런스'의 각 측면에 대해서 기업이 여성의 활약 추진에 대한 행동 계획에 포함시키는 것을 의무화하는 것이 중요하다고 생각한다.

한편, 여성에게 많은 비정규 노동자에 대해서는 정규·비정규의 구별에 중립적인 평가 기준으로 균등 대우를 실현하여 비정규 노동자의 질 향상에 관한 인센티브를 향상시키는 것이 중요하고, 이 점에 관한 기업의 실행 계획의 책정이 필요하다고 생각한다. 균등 대우는 '동일노동 동일임금' 이상으로 직무 기회나 성과 보수의 기회를 보다 균등하게 하여 비정규 노동자의 생산성 향상을 촉진하는 구체적인 행동의 행동계획 책정의 의무가 중요하다고 생각된다. 비정규 고용의 '일회용'은 일반적으로 외부 노동시장에서는 인재가 성장하지 않는다는 외부불경제를 야기하고, 특히 뛰어난 여성 인재가 묻혀버린 가능성이 커진다. 구체적으로는 비정규 고용 여성의 활용에는 기업이 ①성별이나 고용 형태에 관계없이 인재 활용상의 균등 대우의 실현과 보너스를 포함한 성과·실적에 걸맞은 보수를 제공하는 것의 실현, ②평가가 높고, 또 희망하는 사람에게 정규 고용·직접 고용으로의 이행에 대한 적극적인 대처를 하는 것이 중요하다고 생각한다.

8.8.2 사업계획 책정의 후속 조치에 대해서

행동계획 책정은 수치 목표를 올리는 것을 대상 기업에 의무화하고 있지만, 사실은 행동계획 책정 이상으로 목표를 거의 달성하지 못하는 기업이나 여성 활용도가 현저하게 낮은 기업에 관한 행정 지도(조언)의 기능을 제도화시키는 것이 지극히 중요하다. 사실 여성 활약의 추진에는 우량 기업의 표창 이상으로 '열등 기업'에 대한 관리가 중요하다.

강제성이 없는 형식으로 여성의 활약이 잘 진행되지 않는(행동 계획의 후속 조치로 실현 값이 수치 목표보다 현저하게 뒤떨어진다고 밝혀진 기업 및 동일 업종 가운데 다른 기업에 비해 여성 관리직 비율이 현저하게 낮은 기업 등) 종업원 수 300명 이상의 기업에 대해서 지방자치단체(지도 방침의 통일을 위해서는 중앙관청이 훨씬 바람직하지만, 법이 지방자치단체에 행동계획 책정을 의무화하고 있으므로 자치단체가 적절하다고 생각했다)로부터 담당 직원을 확충하여 기업에 파견하고 여성 활약이 진정하지 않은 이유에 대해서 청취와 필요한 조언을 하는 것을 제도화·의무화하는 것이 바람직하다고 생각된다. 여전히 중앙관청에 의한 이러한 자치 단체의 제도화 조정도 필요하다고 생각된다.

한국의 2006년 남녀 기회 평등에 관한 적극적인 조치 방법(종업원 500명 이상의 기업에 적용)은 법의 대상 기업에서 해마다 약 1%의 비율로 여성 관리직을 늘리는 것에 성공하고 있지만, 그 유효성의 주원인은 상기와 같은 행정 지도·감독을 포함하는 방법으로 여성의 활약 '열등 기업'의 관리에 성공했기 때문이라고 이해하고 있다.

8.8.3 기업의 여성 활용 지표의 '투명화'에 대해서(제16조 관계)

8조 3항으로 "일반 사업주는 일반 사업주 행동 계획을 정할 때 내각부령^{內閣府令}에서 정한 것에 따라 채용한 직원 중 여성 직원이 차지하는 비율, 지속 근무 연수의 남녀 차이, 관리적 지위에 있는 직원 중 여성 직원이 차지하는 비율 등 사무 및 사업에서의 여성의 직장 생활의 활약에 관한 상황을 파악하고, 여성의 직장 생활에서의 활약 추진을 위해 개선해야 할 사정을 분석한 뒤, 그 결과를 감안하고 정하지 않으면 안된다"라고 되어 있다.

이 수치들에 대해서 '정보 공개'는 큰 의미를 가진다. 이것은 제16조로 "후생노동성령^{厚生労働省令}에서 정하는 바에 따라 그 사업에서 여성의 직장 생활에서의 활약에 관한 정보를 정기적으로 공표해야 한다"라고 하는 일반 원칙이 나타나고 있지만, 구체적으로는 별도 시행 규칙 등으로 정한다고 이해하고 있다. 그 경우 상기 15조 3항으로 제시한 '채용한 직원 중 여성 직원이 차지하는 비율', '남녀별 평균 지속 근무 연수', '임원, 부장 이상, 과장 대우, 계장 대우, 일반사원' 등의 구분별의 '관리적 지위에 있는 직원 가운데 여성 직원이 차지하는 비율'에 더해 '정사원 1인당 연간 총 노동 시간', '1개월당 소정 외 노동 시간', '연휴의 평균 취득일 수' 등 노동 시간에 관계되는 항목에 대해서 개선 노력 및 정보 공개를 의무화하는 것이 중요하다고 생각한다. 또 '육아 이직 후의 채용 정사원(부정기 노동자) 수'도 개선 노력과 정보 공개의 의무를 부과하는 것이 여성 활약의 추진상 지극히 중요하다고 생각한다. '채용한 직원 가운데 여성 직원이 차지하는 비율'이 공정한 것인지 아닌지의 행정 판단에는 기업이 직원의 직종별 '응모자'와 '채용자' 수를 남녀별로 기록하고, 정보 공개의 의무에서 제외해도 좋지만 필요에 따라 담당 행정부서에 제출하는 의무를 지는 것을 운용상 정할 필요가 있다.

또 이 통계는 정규 노동자(무기노동자)에 대한 것이라고 이해하지만, 비정규 노동자에 대해서도 임시 고용이나 단기 파견 등 일정 기간 미만의 노동자는 별도로 하고, 남녀별 인원수와 여성 비율에 대해서, 또 '과거 3년간 정기 고용에서 부정기 고용으로 고용 형태가 바뀐 사람의 '수'와, 남녀별 '고용 형태의 변화 비율'에 대해서 개선 노력과 정보 공개를 의무화하는 것도 중요하다고 생각한다.

8.9 남녀의 기회 평등을 생각하는 데 유의해야 할 것

이상의 8.2절에서 8.8절의 고찰을 통하여 여성의 인재 활용에 대해서 일본 기업이 합리적으로 행동하고 있다는 추정적인 논의를 전개하는 것 자체가 지극히 문제가 많은 것은 분명하다. 그러나 논자에 따라 일본 기업은 그래도 남녀에게 기회를 평등하게 열고 있다고 주장하는 사람이 있을지도 모른다. 표면적으로는 많은 일본 기업이 '남녀의 기회 평등'은 옳고, '결과의 평등'은 경제 합리성이 없어서 불가하다고 생각하고 있기 때문이다. 그러나 이것은 기회 평등을 지극히 한정적으로 생각하는 결과라고 생각된다. 앞서 무라오(村尾, 2003)의 논의에 대해서 언급한 바와 같이, 많은 페미니스트는 결과의 평등을 주장해 왔으므로 기회의 평등의 의미 자체를 의문시하는 것은 별로 많지 않은 것으로 생각된다. 필자는 기본적으로 자유주의자이며, 잠정적 수단으로서 과도적인 포지티브 액션의 채용은 별도로 하고 결과의 평등 지향에는 찬성할 수 없다. 하지만 문제는 '기회'인지 '결과'인지의 단순한 이분법적인 것이 아니라고 생각한다. 그 이유는 몇 가지 있다. 거기서 마지막으로 기회의 평등이란 무엇을 의미해야 하는지에 대해서 재고해보자.

① 첫 번째로, 기존 제도를 전제로 한 기회의 평등은 진정한 기회의 평등이 아니라는 인식을 가지는 것이 중요하다고 생각한다. 항상적으로 잔업할 수 있는지 없는지를 '후미에'로 삼은 결과 여성의 일반직 선택이 진정한 의미로 자유 의지의 선택이 아닌 것은 명확하다고 생각하지만, 정규 고용을 갓 졸업한 사람을 대상으로 한 신규 채용에 한정하고 있었던 시기에서는(현재도 상당히 그렇지만), 일단 결혼·육아를 이유로 이직한 여성에게는 아무리 우수해도 비정규인 이른바 '파트타임 아르바이트'의 일밖에 없는 시기가 전후 오래 계속되고 있었다. 이들도 남녀의 기회 평등을 제도적으로 방해하고 있는 예이다.

보다 일반적으로 인사에 관한 내부 노동 시장의 최우선(신입사원 이외는 외부에서 사람을 고용하지 않고 이미 기업에 근무하고 있는 사람의 승진 혹은 이동으로 담당자를 정하는 것을 원칙으로 하는 것)도 현저하게 남녀의 기회 불평등을 만들어 내고 있다. 미국 정부나 대기업 등에서는 타자와 경합을 하지 않는 개인적 승진의 경우를 제외하고, 업무의 '빈자리'가 생기고 새롭게 채용이 필요로 할 경우에는 공모 광고를 내는 것이 원칙이다. 내부 응모가 많고 당연히 개인적인 업적이 알려져 있는 만큼 내부 응모자가 유리하지만, 외부 응모자가 채용되는 경우도 많이 있다. 내부 노동시장의 우선 정도가 강한 만큼 취업의 지속성이 남성보다 적은 여성에게는 불리해진다. 일본 기업의 인사에서 내부 시장의 최우선은 일본 기업 문화의 문제 등이 아니라 '종신고용 제도' 아래에서 정규 노동자의 고용이 강하게 보호되어 있는 탓으로 경력직 채용 시장과 그 인재 활용이 대부분 발달하지 않았다는 일본의 고용 제도와 노동 시장의 문제가 배경에 있다. 그리고 그것은 인재 활용상 합리적인 제도라고 말하기 어렵다. 또 단시간 정사원 제도나 잔업이 없는 정사원 제도, 재택 근무 제도 등이 보급되지 않기 때문에 가정과의 양립이 어렵다는 사정으로 정규 고용을 떠나는 여성의 사례도 제도가 만들어 내는 남녀의 기회 불평등이다.

일반적으로 기회 평등이란 무엇을 기준으로 하여 기회가 평등하다고 생각하는지가 중요하다. 기존 제도를 전제로 형식적으로는 남녀에게 기회가 동등하게 열려 있어도, 실질적으로는 제도상의 제약으로 여성에게 기회가 현저하게 좁혀져 있는 상황이 일본에서는 많다. 그러한 제약을 대폭으로 경감하는 고용제도 개혁의 필요가 있고, 그것 없이는 남녀의 기회 평등은 달성할 수 없다고 필자는 생각한다.

②두 번째로, '기업이 여성에게 불공평한 시그널을 이용하는 경우'의 모델에 근거한 분석 결과와 관련되지만, "주어진 기회가 어떤 기준으로 평가되는 것인가"라고 하는 점에 관하여 기준이 남녀에게 공평한지가 문제이다. 예를 들면, '일상적으로 장시간 노동을 할 수 있는지 여부'를 기준으로 삼는 것이 여성에게 불리한 것은 앞서 언급하였으나, 라이프 스타일이나 일하는 방식의 남녀 차이를 평가하는 중립적인 기준이 정해져 있지 않으면, 이번 장에서 분석한 여성의 시그널이 남성보다 뒤떨어지기 쉽다. 또한 기업에 여성에 대한 편견이 없더라도 이 시그널을 기준으로 남녀의 업무 능력을 측정하는 한, 여성에게 낮은 평가가 주어질 수 있다. 특히 지위가 높은 현직은 자격 기준이 엄격하므로, 여성의 자기 투자 인센티브를 빼앗아 자기충족적 예

언에 따라 무자격자의 비율을 높일 가능성이 크다. 따라서 평가의 기준이 육아 역할 부담의 차이 등 남녀가 두어진 상황의 차이나 노동 시간 등 남녀의 선호 차이에 중립적인 기준인 것이 필요하고, 그렇지 않으면 기회를 진정한 남녀 평등이라고 말할 수 없다.

③ 세 번째로, 사회적 기회의 평등을 저해하는 제도에 영향을 주는 가치관이나 의식은 단지 개인의 정신적인 자유의 문제가 아니라고 생각한다. 많은 경제학자는 개인의 가치관이나 선호를 바꾸려는 정책을 취해서는 안 된다고 생각한다. 예를 들면 만약 여성에 대한 '편견'이 내면적 선호 문제로 여겨진다면, 그것에 대해서 어떠한 대책을 취하려고 한다면 "공공이 개인의 내면에 깊이 파고들어서는 안 된다"라는 비판이 일어날 수 있다. 그러나 여성의 업무 능력에 대한 편견이나 직종에 관해 성별에 따른 적성의 스테레오타입의 강요나, 본인이 육아 이직할지 안할지의 결정을 내리기 전에 여성은 당연히 이직하는 것이라고 단정하고 통계적 차별을 하는 것도 그 윤리관이 문제가 된다.

마지막의 통계적 차별의 예는 이번 장의 첫머리에 『거울나라의 앨리스』의 패러디에서 표현한 것같이, 아직 본인이 실행하지 않는 이직을 이유로 기업이 여성 개인의 임금을 낮게 억제하고 인재 투자를 삼가는 것을, 그것이 통계적 차별이든, 윤리적으로 부당하다고 생각하지 않는 잠재 의식이 일본 기업에 있으며, 이들은 모두 단순한 개인의 내면적인 문제가 아니다. 문화적으로 개인의 행위·책임과 개인의 상벌을 결부시키는 경향이 일본 기업 문화에 약한 것은 이 책의 제1장으로 구미의 '보수의 개별성'에 대해 일본의 '보수의 연대성'으로 특징지었다. 그러나 이제 취업하려고 하는 세대의 여성이 과거에 이직했거나 혹은 이직하지 않을 수 없었던 다른 세대의 여성들과 이른바 연대 책임을 지는 것은 여성의 높은 이직률을 이유로 하는 일본의 여성에 대한 통계적 차별이다. 이러한 가치관이 통계적 차별이 합리적인지 아닌지의 판단과는 별개로 존재하는 것이 일본에서 통계적 차별을 강하게 존속시키는 이유의 하나라고 생각된다.

그러나 이것은 필자에게는 윤리적으로 부당하다고 생각되고, 직업 경력을 중시하는 여성에게는 늘 부당한 차별이 된다. 또 그 결과 이 가치관이나 의식이 장기간 고용·장시간 노동 우선이라고 하는 특수적 전제의 합리성의 판단과 더불어 여성의 인재 활용을 하지 않는 제도나 관습을 만들어 내고, 그 결과 여성 인재를 활용하지 않은 것에 의한 외부불경제나 여성 자기 투자에 대한 인센티브 박탈 혹은 남녀의 기회와 처우의 불평등을 재생산하고 있다. 따라서 이러한 문제가 있는 가치관이나 의식은 개인의 정신적 자유의 문제가 아니고 사회의 많은 사람들에게 상기의 ① 혹은 ②를 만족시키는 진정한 선택의 자유와 기회가 평등의 실현이라고 하는 관점에서 다시 평가되어야 할 것이다.

④ 네 번째로, 신념이 결과에 영향을 미칠 경우에 남녀의 기회 평등의 실현에 무엇을 가지고 합리적이라고 할지의 문제가 있다. 자기충족적 예언의 분석은 그것이 여성의 이직률이 높거나 노동생산성이 낮다 하더라도 기업이 그것을 예측하여 평가를 하면, 거기에 적당한 실상이 생길 가능성을 나타냈다. 일반적으로 행위자의 신념이 행동의 선택 결과에 차이를 초래하는 경우가 많이 있다. 통상 신념이 행동의 선택에 영향을 미칠 때 그 선택이 합리적인 것이 되기 위해서는 신념이 합리적인 필요가 있다고 생각되고 있었다. 엘스터(Elster, 1982)가 언급한 바와 같이 신념에는 합리적인 신념과 비합리적인 신념이 있다. 엘스터에 따른 이솝의 '신 포도'의 이야기와 같이 심리적으로는

만족을 주어도 사실과 모순되는 비합리적 신념이 있기 때문이다. 그러나 코트와 라우리의 이론 모델과 필자에 의한 추가 분석의 모델이 나타낸 바와 같이 기업이 여성의 자격에 대하여 편견을 가지고 있으면, 시그널이 남녀가 동등해도 편견에 맞는 자격 취득의 실태를 만들어 내고, 반대로 기업이 남녀의 자격은 동등하다고 믿고 있으면, 남녀가 시그널이 달라도 남녀에게 동등한 자격 취득의 실태를 만들어 낸다고 했을 경우에는 신념의 합리성은 지극히 애매하게 된다. 즉 사실과의 일치를 기준으로 한다면 합리적이지만, 그 일치 자체가 내생적으로 만들어지고 있기 때문이다. 그러기 때문에 행위자(이 경우 기업)에게는 신념의 합리성을 판단하는 외적 기준이 없다.

이러한 경우에 중요한 것은 행위자가 아니고 사회적 합리성의 기준이다. 예를 들면 CL 이론과 같이 여성에 대한 편견이 파레토 비효율적 균형을 만들어 낸다면, 그것은 사회적으로 바람직하지 않다. 또 정규 노동자의 경력직 채용 시장이 발달하지 않고 노동자에게 퇴출 옵션이 지극히 한정되기 때문에 사실상 노동자에 의한 고용주의 선택의 자유가 크게 제한되어 있다. 그 때문에 한편으로 정규 노동자가 비자발적으로 장시간 노동을 하는 상황과, 다른 한편으로 비정규 노동자의 생산성이 낮은 상황(深尾, 2010)이 만들어지고 있다고 생각되고, 그 고용의 방식은 사회적으로 비효율적이어서 바람직하지 않다. 기업의 정리 해고 요건의 완화와 함께 경력직 채용 시장에서의 노동자의 직업 경력 지속성이 높아지는 노동 시장으로의 변환이 필요하다. 제1장에서 언급한 합성의 오류 문제의 존재도 사회적 기준의 합리성이 중요한 것을 나타내고 있다.

결과의 평등 달성의 수단인 어퍼머티브 액션은 그것 자체가 시장가격의 왜곡을 초래하기 때문에 눈세가 있는 불완전한 수단이지만,

그것이 파레토 비효율적 균형을 타파할 수 있는 것은 CL 이론이 상정한 상황에서 나타내졌다. 또 네덜란드, 덴마크, 독일과 같이 노동자가 페널티를 받지 않고 고용 시간을 선택할 수 있는 일정한 권리를 법적으로 보장하는 것이나 EU처럼 최대 노동 시간을 법적으로 규정하는 것은 기업에 의한 노동자의 비자발적인 장시간 노동의 강요가 퇴출 옵션이 한정되기 때문에 가능해지고 있는 정규 고용의 현상을 타개하는 유효한 제도 설계가 된다.

이처럼 시장에 개입하는 것은 시장주의적인 기회 평등만을 인정하는 사람에게는 저항감을 불러올 것이다. 그러나 애덤 스미스^{Adam Smith}가 말하는 '신의 보이지 않는 손'이 기능하지 않는 상황은 많이 있고, 사회적으로는 보다 바람직하지 않은 상황이 균형을 유지한다는 상황이 일본에서 남녀공동참획이 잘 추진되지 않는 배경으로 존재한다고 생각된다(가와구치(川口, 2008)). 만약 그렇다면, 한편으로 노동자의 선택의 자유를 늘리기 위해서 기업의 자유를 제한하는 수단(예를 들면 노동자가 노동 시간을 선택할 수 있는 권리)이나, 잠정적인 수단으로서 포지티브 액션의 채용도 바람직하지 않은 균형을 깨는 방책으로서 충분히 생각될 수 있고, 기본적으로 자유주의와는 모순되지 않다고 생각한다. 기본 원칙은 여성 인재를 활용할 수 없는 사회가 경제적으로 합리적일 수 없다고 하는 인식으로부터 출발하는 것이다. 그 인식 아래 여성의 인재 활용에 정체 상태를 야기하고 있는 현상을 지탱하는 노동 시장, 고용, 가족의 본연의 모습을 궁구하고, 남녀의 진정한 기회 평등의 달성을 위해서 자유주의적인 원칙을 존중하면서도 그것들의 제도나 관습을 정부, 기업, 가정의 모두가 적극적으로 다시 설계하는 것이 지금 강하게 요망된다고 필자는 생각한다.

| 인용 문헌 |

大沢真知子. 2015.『女性はなぜ活躍できないのか』東洋経済新報社.

大湾秀雄. 2017. '働き方改革と女性活躍支援における課題 – 人事経済学の 視点から' RIETI Policy Discussion Paper .

深尾京司. 2010. 'RIETI 政策シンポジウム – 雇用・労働のシステム再構築' RIETI HIGHLIGHT 30.

村尾祐美子. 2003.『労働市場とジェンダー – 雇用労働における男女不公平 の解消に向けて』東洋館出版社.

森ます美. 2005.『日本の性差別賃金同一価値労働同一賃金原則の可能性』 有斐閣.

八代尚宏. 1980. '女性労働力差別の経済学'『季刊 現代経済』夏季号: 156- 67.

山口一男. 2008. '男女の賃金格差解消への道筋 – 統計的差別の経済的不合 理の理論的・実証的根拠'『日本労働研究雑誌』50: 40-68.

山口一男. 2009.『ワークライフバランス-実証と政策提言』日本経済新聞 社.

山口一男. 2013. '女性活躍の推進と日本企業の機能不全脱却について' RIETI-13-P-002.

Asano, Hirokatsu and Daiji Kawaguchi. 2007. "Male-Female Wage and Productivity differentials: A Structural Approach Using Japanese Firm-Level Panel Data." RIETI Discussion Paper.

Coate, Stephen and Glenn Loury 1993. "Will Affirmative-Action Policies Eliminate Negative Stereotypes?" *The American Economic Review* 83: 1220-40.

Elster, Jon. 1982 "Sour Grapes-Studies in the Subversion of Rationality," 219-38 in Sen, Amartya and Williams, Bernard(eds.)

Utilitarianism and beyond. Cambridge: Cambridge University Press: 219-38.

Hewlett, S.A., L. Sherbin, C. Fredman. C. Ho, and K. Sumberg. 2011. *Off-Ramps and On-Ramps Japan - Keeping Talented Women on the Road to Success*. Center for Work-Life Policy: New York.

Kato, Takao, Daiji Kawaguchi, and Hideo Owan. 2013. "Dynamics of the Gender Gap in the Workplace: An Econometric Case Study of a Large Japanese Firm." RIETI Discussion paper 13-E-038.

Kelly, Erin and Frank Dobbin. 1998. "How Affirmative Action Became Diversity Management." *American Behavioral Scientist*. 41,7: 960-83.

Phelps, Edmund S. 1972. "The Statistical Theory of Racism and Sexism." *The American Economic Review* 62: 659-61.

Yashiro, Naohiro. 1980. "Male-Female Wage Differentials in Japan: A Rational Explanation." *Japanese Economic Studies*: 28-61.

저자 후기

　이 책을 쓰기 전에 출판한 『워크 라이프 밸런스 실증과 정책 제언』 (일본경제신문출판사, 2009; 『일과 가정의 양립과 저출산』, 한국보건사회의원, 2010)과 같이 이 책의 각 장의 바탕이 되는 것은 경제산업연구소(RIETI)에서 작성하고 RIETI의 웹 사이트에서 발표한 디스커션 페이퍼(DP)이지만, 그 연구들은 대부분 일본에서 이른바 '시대의 변화와 함께' 살아왔다. 예를 들면, 기업의 워크 라이프 밸런스 시책의 노동 생산성에 대한 영향에 관한 제6장의 바탕이 된 DP는 일본경제신문의 「경제교실」(2012년 7월 16일)에 요점을 썼지만, 거기서 인용되고 있는 야마모토山本·마쓰우라松浦 논문(RIETI의 DP)과 함께 일본의 여성 활약을 추진하는 기업은 생산성이 높은 것에 대한 실증적 뒷받침으로 경제산업성이나 내각부 남녀공동참획국의 보고 자료로서 인용되어 왔다.

　제1장의 바탕이 된 것은 RIETI의 정책 디스커션 페이퍼(PDP)이지만, 그 일부를 『중앙공론中央公論』(2014년 12월호)에서 발표하였다. 중앙공론판은 내용을 상당히 단축시켜야 했으므로, 이 책에서는 바탕이 된 PDP를 더욱 개량한 형식으로 보고하고 있다.

　제2장에서 보고하고 있는 관리식 등용에는 학력의 성창보다 성변

의 영향이 훨씬 크게 반영되어 있는 사실이 밝혀졌다. 필자가 "(일본이) 근대 사회라고는 말할 수 없다"라고 일본경제신문의 「경제교실」(2014년 8월 29일)에 논술한 것이나, 또 거기서 인용하고 있는 가토加藤·가와구치川口·오완大灣의 논문(RIETI의 DP)과 같이 필자도 남성보다 오히려 여성에게 장시간 노동이 관리직 등용 요건이 되어 있다는 분석 결과를 얻었다. 이에 관하여 "여성에게 장시간 노동이 관리직 등용의 '후미에'가 되고 있다"라는 등의 사회적 발언을 한 것도, 몇 명의 저널리스트나 지식인들이 인용하기도 했다.

제3장의 여성전문직의 큰 편향에 대해서는 후생노동성의 'H28일과 가정의 양립에 관한 실태파악조사' 결과에서도, 유사한 두 가지 분류에 대해 언급할 수 있게 되었다. 이것은 동일한 조사기획처인 미쓰비씨UFJ 리서치와 컨설턴팅의 수석연구원인 야지마 요코矢島洋子 씨가 제3장의 원형인 DP의 분석 결과를 중시해 주신 것이므로 마음속 깊이 감사드린다.

또 이 책 제2장, 제4장, 제6장, 제7장에서 다방면에 걸쳐 문제가 되고 있는 여성에 대한 간접차별에 대해서는 이 책을 작성하는 중에 필자는 '중국전력中國電力 임금차별 소송'에 원고측 의견서를 제출하기도 하는 '비근한' 경험을 하게 되었다.

유감스럽게도 결과는 원고 패소가 되었으나, 강력한 통계적 근거라도 일본에서는 그것이 간접차별의 유무를 판단하는 데 유효한 근거가 되지 못하는 놀라운 사실을 마주하게 되었다. 고용기회균등법의 재개정으로 간접차별의 정의를 보다 포괄적인 것으로 설정할 필요가 있음을 강하게 느낀다. 이에 관한 보다 구체적 논의는 제8장 8.2절에서 실시하고 있다.

아베^{安倍} 정권에 의한 노동 개혁인 일하는 방식 개혁働き方改革은 그 목적 자체는 중요하지만, 구체적인 지침에는 다소 의문이 있다. '동일노동 동일임금'의 실현이 남녀 임금 격차나 정규·비정규직 간 임금 격차의 개선에 유효하다고 보고, 주된 지침의 하나로 다루고 있는 것 같지만, 필자는 이 책의 분석 결과를 통해서 보다 심각한 문제는 오히려 '동일노동' 혹은 동일한 직업을 얻는 기회가 남녀에게 동등하게 주어지지 않고, 그 결과 여성이 화이트칼라 일반 사무직이나 특정한 전문직에 크게 집중하고 있는 것이라고 생각한다. 같은 노동이라면 같은 임금이 주어져야 한다고 호소하기 전에, 남성과 '같은 노동'의 기회가 여성에게 주어지지 않고 있는 것이 우선적인 문제로 그 개선이 급무인 것이다. 이에 관련하는 또 하나의 문제는 여성의 일반직이나 비정규직이 인재로 활용되지 않으므로 '동일노동' 혹은 '동일한 직업'이나 '동일한 인적자본'의 특성을 가지고 있어도 노동 생산성에 남녀 간 차이나 정규·비정규직 간에 격차가 생기고 있는 것이다.

그리고 이 노동 생산성의 차이에 대해서 이 책이 밝히고 있듯이 여성의 직업의 치우침 문제와 같이 다양한 형태로 사회적 기회 평등이 남녀 간 혹은 정규·비정규직 간에 존재하지 않고 있기 때문이다. 노동 생산성이 다른데 임금을 같이 해야 한다고 하는 것은 경제 합리성이 없고, 오히려 여성 및 비정규 노동자를 남성 정규 노동자와 동등하게 기업이 인재로 활용하는 것을 강조해야 한다. 실제로 이 책이 밝힌 바와 같이 남성과 동일하게 능력 발휘에 노력하고 있는 기업에서는 그렇지 않은 기업에 비해 대졸 여성의 생산성이 높아지고, 남녀 임금 격차도 축소하고 있다. '동일노동 동일임금'보다 철저한 남녀의 기회 평등이야말로 일하는 방식 개혁에서 우선되어야 하는 것이다.

또 하나의 지침인 장시간 노동의 개선에 대해서도 싱징되고 있는 최대 잔업 시간(월 최대 잔업 시간 100시간, 연간 최대 잔업 시간 720시간)이 과로사를 없애는 등 노동자의 건강 배려를 목적으로 하고 있다. 그러나 이러한 지침은 노동자에게 노동 시간의 자기 결정권을 법적으로 보장하거나, 노동 시간의 자율적 관리가 가능해지는 것으로 보다 활발하게 활동할 수 있게 되고, 또 워크 라이프 밸런스가 달성하기 쉬운 일하는 방식이 가능해지는 사회의 실현이라고 하는 목표에서는 괴리가 있어 보인다. 종합하면 일하는 방식 개혁이 노동과 삶의 '질'을 높이는 것에 대한 관심에서 임금이나 노동 시간이라고 하는 양에 대한 관심으로 옮아가버렸다고 느낀다.

물론 과로사나 악덕 기업의 존재는 중요한 사회 문제이다. 그러나 필자에게는 응급대처적인 정책보다 앞으로의 바람직한 사회의 모습, 특히 일하는 개개인이 성별에 관계없이 그 잠재 능력을 충분히 발휘할 수 있는 사회를 구축하기 위한 노동 개혁이었으면 한다고 생각한다. 문제는 그러한 사회의 실현에 장애가 되는 사회 제도나 관습이 일본 사회에는 여전히 강하게 남아 있고, 이 책은 그 '뿌리'라고 말할 수 있는 여성에 대한 통계적 차별이나 간접차별, 부부의 전통적 분업의 사회적 강요, 여성의 직업 스테레오타입화 등 다양한 문제가 존재한다. 하지만 그러한 문제들이 상호적으로 각 문제를 더 강화시키고 있는 사실과 그 메커니즘을 이 책을 통해서 충분히 밝혔다고 생각한다.

여기서 감사의 말씀을 드리고 싶다.

본 한국어판 번역서를 출간하는 과정에서 출판사 및 번역자와의 중개를 주선해준 연세대학교의 염유식 교수와 선성혜 씨에게 깊은 감사를 드린다. 또 연암서가 권오상 대표께도 많은 신세를 졌다.

마지막으로 한마디 더 붙이고 싶다. 필자가 어떠한 사회가 바람직하다고 생각하고 있는지에 대해서는, 필자의 책『다이버시티-사는 힘을 배우는 이야기』(동양경제신보출판사, 2008)에서 소설의 형식으로 상징적으로 표현하였다. 이 책은 2010년에 한국 이레출판사에서 『여섯 개의 단추를 가진 미나-야마구치 교수의 사회학 세미나』라는 제목으로 번역 출판되었고, 한국간행물윤리위원회에 의해 같은 해 5월 문화체육부 청소년권장도서에 선정되었다. 최근 이 책을 쓴 동기와 의도에 대해서 좀 더 명시적으로 강연에서 발표했으면 한다는 의뢰를 오차노미즈여자대학 글로벌리더십연구소에서 받고 강연을 하였다. 그 강연과 질의응답의 내용이 '다이버시티와『다이버시티』(야마구치 가즈오 저)―성별에 따르지 않고 다양한 개인이 활발하게 살수 있는 사회란'이라는 주제의 소책자 형태로 상기 연구소에서 웹 출판되었고, 아래의 웹 사이트에서 무료로 다운로드가 가능하다.

만약 필자의 다이버시티 추진에 대한 견해나 생각에 관심이 있으시는 분이 계시면, 참고해주시기 바란다.

http://www.cf.ocha.ac.jp/igl/j/menu/publication/d003483_d/fil/leader10.pdf

야마구치 가즈오
2017년 12월 시카고 대학교에서

역자 후기

이 책의 저자인 야마구치 가즈오^{山口一男}는 사회학 학계의 최고봉인 미국 시카고대학교에 재직하며 사회학과 학과장을 역임한 시카고파의 주간이라고 할 수 있는 세계적인 학자이다. 일본의 경제산업연구소^{RIETI} 객원연구원으로 활동한 그의 연구는 일본 정부의 워크 라이프 밸런스 실현의 추진에 두드러진 공헌을 하였다. 그 연구 결과와 정책 제언을 정리한 것이 앞서 낸 책『일과 가정의 양립과 저출산』이다.

저자의 연구는 현대 사회가 안고 있는 과제에 대한 정책 입안에 필수불가결한 중후한 실증 분석의 결과에 근거하고 있다. 고도로 발전한 통계 수법을 구사하는 그의 치밀하고 견실한 분석 앞에서는 경외감을 느끼지 않을 수 없다. 물론 이 책의 전반적 분석에도 최신의 계량적 수법을 활용하고 있다. 저자의 그러한 공적으로 이 책은 일본경제신문과 일본경제연구센터가 주관하는 제60회 일경·경제도서문화상을 수상한 바 있다.

이 책은 경제활동에 있어서 왜 여성의 활약이 지체되어 있는지를 특히 고용, 승진, 직업 기회에 관한 남녀불평등, 남녀 격차에 초점을 맞추어 그 실태와 원인을 밝히고 그 시정안을 제안하고 있다. 저자는 이 문제에 대해 두 가지 분석 과제를 제시한다. 하나는 관리직 비율,

남녀 직업분리 및 임금불평등 실태에 대한 실증 분석이며, 다른 하나는 여성의 인재활용을 위한 기업의 대처가 남녀 임금 격차나 기업의 생산성·경쟁력에 미치는 영향에 대한 실증 분석이다.

여성의 고학력화와 사회진출이 활발해졌음에도 불구하고 노동시장에서의 남녀 격차가 줄지 않고 있는 이유는 과연 무엇일까. 저자는 그 이유 중 하나를 기업의 전근대적인 인재 등용 관행에서 찾는다. 그 결정적인 양상에는 기업의 합리적 선택에 의해 여성에게 불리한 직무배치나 평가기준을 적용하게 되는 '편견'이라고 할 수 있는 '간접차별'이나 '통계적 차별'이 메커니즘으로 작동하고 있다는 주장이다. 예컨대 여성의 관리직 비율이 낮은 이유에 대해서 기업은 근속 연수 또는 직무 수행 능력이 부족한 것을 그 이유로 든다. 그러나 저자의 분석에 따르면 여성의 관리직 등용을 결정짓는 큰 요건은 인적자본(연령, 학력, 근속 연수)의 차이도 아닌, 장시간 노동이 가능한지의 여부에 의존한다는 것이다. 성별이라는 선천적인 변수에 따른 기회의 불평등이 승진율의 남녀 불평등을 초래하고 남녀 간 소득 격차의 요인으로 고용 환경의 악순환을 고착화시킨다. 물론 기업은 모든 직원에게 중립적인 기준을 동일하게 적용하고 있을지도 모른다. 하지만 그 결과 남녀 간에 불균등한 결과를 야기하고 있다면 외면상의 시정만이 아닌 보다 다원적인 접근이 필요할 것이다.

고용 환경의 개선에 대한 논의는 한국에서도 끊임없이 제기되고 있고, 남녀 고용평등의 촉진과 삶의 질을 향상시키려는 다양한 법적 지원이 마련되어 왔다. 그러나 외형적인 제도의 변화와 달리 여전히 다양한 장애들이 존재하며 충분한 효과를 바라기에는 아직 이른 단계라고 할 수 있다. 일본과 한국은 과도기에 있다. 이 책에서 저자가 제시하는 내용들의 그 대부분은 한국 고용 환경의 남녀 불평등 실태의 그 원인을 모색하는 데 상당히 참고가 될 것이다.

또 이 책의 제2장부터 제6장까지는 최신의 고도로 발전한 계량적 분석을 추궁한 실증 분석으로 구성되어 있다. 그 대부분의 분석에서는 '반사실적 상황', 예컨대 '여성의 학력과 근속 연수가 남성과 같았다면'이라고 하는 동일조건하에서 성별만이 달랐다면 어떻게 되었는지, 사실과 반대인 상황을 데이터 상에서 만들어 내는 방법을 활용하고 있다. 이러한 분야에 관심이 있는 독자에게는 굉장히 중요한 자료가 될 것이다. 물론 전문적 지식이 없는 독자에게는 다소 어렵게 느껴질 수도 있다. 이는 역자가 번역하면서 어려웠던 부분이기도 한다. 그러나 고용 환경의 남녀 불평등 실태를 접하는 데 있어서 불가피한 내용이 담겨 있으므로 계량적 분석을 다루지 않은 제1장과 제8장을 훑어보는 것만으로도 충분히 가치가 있다고 생각한다.

역자가 저자인 야마구치 가즈오 교수를 처음 알게 된 것은 대학원생이었을 때다. 이렇게 시간 흐른 뒤에 번역이라는 작업을 통해서 그의 연구에 접할 수 있는 것은 역자로서 과분하면서도 영광스러운 일이었다. 저자의 연구를 한국의 많은 독자에게 어떻게 하면 보다 읽기 편하게 전할 수 있을까 심사숙고를 하면서 작업을 진행하였다. 만약 숙독에 불편함을 느끼게 했다면 그 책임은 모두 기량이 미숙한 역자에게 있다. 마지막으로 번역 기회를 만들어 주신 연세대학교 사회학과 염유식 교수님 그리고 연암서가 편집진에 진심으로 감사의 말을 전하고 싶다.

2018년 5월
역자 씀

지은이 야마구치 가즈오(山口一男)
일본 도쿄대학교 이학부를 졸업하고 총리부 통계국에서 근무하다 미국으로
건너가 시카고대학교 사회학과에서 석사, 박사학위를 받았다. 컬럼비아대
학교 공공위생대학원 조교수, UCLA 사회학부 조교수 등을 거쳐 1991년부
터 시카고대학교 사회학과 석좌교수로 재임하며 2003년부터 RIETI(경제산
업연구소) 객원연구원을 겸임하고 있다. 저서로는 『논쟁 일본의 워크 라이
프 밸런스』(공저, 일본경제신문출판사, 2008), 『다이버시티』(동양경제신문
사, 2008), 『워크 라이프 밸런스 실증과 정책 제언』(일본경제신문사, 2009;
한국어판 『일과 가정의 양립과 저출산』, 한국보건사회연구원, 2010) 등이
있다.

옮긴이 선성혜(宣聖惠)
일본 후쿠오카에서 재일교포 3세로 태어나 교토외국어대학교 독일어학과
를 졸업하고 연세대학교 일반대학원 한국학협동과정에서 석사학위를 취득
하였다. 일본 와세다대학교 교환연구원을 거쳐, 연세대학교 일반대학원 사
회학과에서 박사학위를 받았다.

직장에서의 남녀 불평등

1판 1쇄 인쇄일 2018년 9월 10일
1판 1쇄 발행일 2018년 9월 15일

지은이 야마구치 가즈오
옮긴이 선성혜
펴낸이 권오상
펴낸곳 연암서가

출판등록 2007년 10월 8일(제396-2007-00107호)
주소 경기도 고양시 일산서구 호수로 896번지 402-1101
전화 031) 907-3010
팩스 031) 912-3012
이메일 yeonamseoga@naver.com

ISBN 979-11-6087-039-8 93330

값 20,000원